세계사에서 역사교육의 방향 모색:
한국사 이론 모델의 구축과 활용

김백철

조선시대사 전공. 서울대학교 국사학과 문학박사. 계명대학교 사학과 교수.
주요 저서:『조선후기 영조의 탕평정치』(2010),『두 얼굴의 영조』(2014),『법치국가 조선의 탄생』(2016),『탕평시대 법치주의 유산』(2016),『왕정의 조건』(2021), 『17세기 군주와 신하의 소통방식』(2023),『정조의 군주상』(2023),『사법품보』가 그린 왕정과 인간』(2023) 등.

세계사에서 역사교육의 방향 모색: 한국사 이론 모델의 구축과 활용

초판 인쇄 2024년 06월 3일
초판 발행 2024년 06월 11일

지은이   김백철
펴낸이   변선웅
펴낸곳   그물

출판등록 2012년 2월 8일 제312-2012-00006호
서울특별시 서대문구 통일로25길 30, 102동 1502호(홍제동 한양아파트)
https://blog.naver.com/wsun1940
전화   070 8703 1363
팩스   02 725 1363

ISBN 979-11-86504-19-2   93910
값 26,000원
ⓒ 김백철, 2024

세계사에서
역사교육의
방향 모색

한국사 이론 모델의 구축과 활용

김백철

머리말

 이제 몇 년만 더 지나면 역사학 강좌를 맡기 시작한 지 강산이 두 번 변할 만한 시간이 흘러가게 되고, 역사 교사를 양성하는 교직 수업을 맡은 지도 한 번 정도는 바뀔 기간이 되어간다. 그럼에도 불구하고 여전히 역사학을 어떻게 가르칠 것인가 하는 물음에 대해 쉬 답하지 못하는 것은 예전이나 지금이나 마찬가지이다.
 그간의 강의방식을 반추해보면 몇 가지 방식으로 진행해온 듯하다. 하나는 학계의 연구 성과를 검토하여 시대별 과제와 그에 따른 변화추이를 추적하여 학설의 변동 과정을 교육하는 방식이었고, 다른 하나는 세밀하게 역사상을 추적하여 종래의 통설과 사료상의 차이점을 밝혀서 역사적 진실을 찾아가는 모습을 선보이는 방식이었으며, 또 다른 하나는 거시사적 관점에서 자국사를 통시적으로 살펴서 의의를 추출하거나 통시적으로 동서양사와 비교하여 시대상의 가치를 찾아보는 방식이었다. 이 때문에 개별 연구는 강의에 많은 도움을 주었으며, 동시에 강의 역시 종합적인 사고를 촉진시켜 연구에 적지 않은 선순환 효과를 가져왔다. 일련의 과정을 통해서 개념사 혹은 담론을 중심으로 역사상을 구성하되 비교사적 관점에서 원사료를 면밀히 살펴봄으로써 이론 모델을 추출해 보려는 시도로까지 확장되어 갔다.
 이번 책의 장으로 구성된 다양한 연구 논문은 대개 본래 발표 당시부터 이론 모델의 추출을 목표로 기획된 글이다. 1장은 서울대 규장각한국학연구원 인문한국사업단 의뢰로 안확(安廓)의 사상을 검토하다가 그가 1세기 전에 작성한 세계사 속 한국사 모델에 매료되어 한국사 모델을 소개한 것이다. 2장은 18세기 조선왕정이 지닌 세계사적 위치는 어디쯤일까 하는 의문에서 시작된 글이다. 이에 조선시대에 중국과 유럽 그리고 조선의 변화과정을 사상사와 경제사의 두 축을 통해서 공시성과 통시성을 조명해 보았다. 3장은 한일신진역사연구자회의 초청으로 지정 주제를 맡게 되어 한류 자료를 집대성하는 기회를 얻게 되어 작성한 글이다. 4장은 실록을 읽으면서 왕실의 수사(修辭) 표현에 관심이 생겨서 이를 정치적 변화와 사상사적 변동까지 연동시켜 살펴볼 수 있지 않을까 하는 가설을 세워서 논문화한 글이다. 5장은 한국역사연구회에서 중고등학교 교과서 분석을 맡을 기회가 생겨서 당시 검토했던 사례 중 서술 변화가 심했던 경제사 영역인 대동(大同)·균역(均役)을 대상으로 기존 학계의 학설과 사료에서 찾은 새로운 가능성을 연결지어 이론 모델을 시도해 본 것이다. 6장은 한국학중앙연구원 의뢰로 박문수(朴文秀) 관련 책을 집필하다가 사료의 범위가 너무 넓어져서 논문화까지 이루어진 작업이다. 다만 이론 모델로 작성한 원고를 모으는 과정에서 학술지 외에도 일부가 다른 단행본에 이미 축약되어 수록되기도 했으므로 책의 말미에 출전을 밝혀두었다.

그동안 여러 책을 집필하면서 역사교육이라는 제목을 붙일지 여러모로 고민이 많았다. 기존에 출간한 몇몇 책은 실제 역사교육을 목표로 저술하였음에도 이를 제목으로 삼기를 주저하였다. 여전히 '교육'이란 명칭은 필자에게 낯설다는 인식 때문이다. 또한 교육학에서 사용하는 번역어인 '교육공학(educational technology)'이라는 표현도 인문학도에게는 참으로 이상하다는 생각이 들곤 하는데, 이론 모델조차 공학적 접근으로 오인되지 않을까 하는 염려가 앞서기도 했기 때문이다.

하지만 이미 교육계도 다방면에서 변화하고 있다. 과거처럼 서구 이론을 직수입해서 현실과 동떨어진 교육론을 펴는 시대는 이미 지나가버렸고, 국내에 많은 교육학 및 역사교육학에 종사하는 연구자들은 우리의 전통문화나 현대교육의 역사도 서구와 대등하게 다루고 있을 뿐 아니라 현장교육에 적합한 자생적인 이론을 만들기 위해 노력하고 있다. 그러므로 처음으로 새로운 방법론의 제안을 역사교육이라는 대주제하에 전면에 내걸고 이론 모델의 탐색을 시도해보려는 것이다. 시론적인 글이므로 아직 미진한 점이 많을 것이다. 이에 대해서는 강호제현(江湖諸賢)의 질정(質正)을 기다린다. 끝으로 매번 출판에 아낌없는 지원을 마다하지 않은 '그물'의 변선웅 대표께도 감사의 말씀을 전한다.

영암관에서
2024. 3.
김백철.

차 례

머리말 · 5

서론: 역사교육의 체계화 방향 ……………………………………13

제1부 세계사와 한국사 비교 모델 · 17

1장 [한국사] 오래된 미래 교과서: 안확의 『조선문명사』 ……………19
  1. 사관(史觀)의 대전환: 역사 주체 회복 ………………………………19
    1) 한말(韓末) 타자의 시선으로 편찬된 통사(通史) 출현 ………20
    2) 일제강점기 우리 시각의 학문 주도권 회복 시도 …………22
  2. 고사(古史: 고대-고려)의 통사체계화: 동서비교사 도입 ………26
    1) 태고(太古): 역사의 시공간 확장 …………………………………26
    2) 상고(上古): 단군조선의 역사화 …………………………………28
    3) 중고(中古: 삼국-남북조) …………………………………………30
    4) 근고(近古: 고려) ……………………………………………………32
  3. 근세(近世: 조선) 입헌군주제의 희구(希求): 망국론을 넘어서 33
    1) 군주독재의 재검토 ………………………………………………33
    2) 자치제 전통의 모색 ………………………………………………38

2장 [조선시대사] 14-18세기 동서 공시성의 재검토 ·············45
  1. 문제의 제기 ···············45
    1) 내재적 발전론의 과제 ···············45
    2) 조선은 '근세' 사회인가? ···············51
  2. 세계사 속의 조선 ···············54
    1) 동서의 이상국가 모색 ···············54
    2) 계몽주의시대 '동양' 인식 ···············62
  3. 조선과 명·청의 사회변동 ···············69
    1) 국가체제의 재구축과 균열 ···············69
    2) 사회변동기 위기의식과 대경장(大更張) ···············74

3장 [현대사] 한류의 대두와 역사적 배경 ·············80
  1. 한류의 출발점 ···············80
  2. 세계와 동양의 시선 변화 ···············87
    1) 동서교류와 한류 ···············87
    2) 제국주의 유산 ···············91
  3. 동시대 한류의 대응방식 ···············96
    1) 국가 이미지의 재탄생 ···············96
    2) 변화의 원동력 ···············99

제2부 조선시대 이론 모델의 모색 · 109

4장 [사상사] 유교적 이상국가 만들기 ·················111
  1. 변화: 새로운 체제의 모색 ·················111
  2. 신성한 군주상의 계승 ·················115
  3. 서주(西周) 국가의 재현 ·················122
    1) 육조(六曹)의 이칭(異稱) ·················122
    2) 팔도 관찰사의 이칭 ·················129
    3) 종국(宗國)의 등장 ·················134
  4. 요순의 재인식 ·················137
    1) 탕평 군주의 요순화(堯舜化) ·················137
    2) 세도정치기 허위(虛僞)의 수사(修辭) ·················140

5장 [경제사] 재정개혁 모델의 모색: 대동·균역의 성격 ·················144
  1. 경제구조의 전환 배경 ·················144
    1) 전세의 표준화 ·················146
    2) 신역(身役)의 금납화(金納化) ·················148
    3) 공물(貢物)의 방납(防納) ·················151
  2. 대동의 파급력 ·················152

1) 토지 기준 …………………………………………………152
   2) 중앙재정 …………………………………………………154
   3) 환곡(還穀) 재원 …………………………………………155
   4) 화폐 유통 ………………………………………………156
  3. 균역을 향한 길 ……………………………………………160
   1) 양역변통론 ………………………………………………160
   2) 진휼 재원과 총예산 ……………………………………162
   3) 균역순문(均役詢問) ………………………………………164
  4. 경장(更張)의 여파 …………………………………………168

6장 [인물사] 탕평관료의 중층적 성격: 박문수의 정계 활동 ……173
  1. 두 개의 정체성 ……………………………………………174
   1) 출사(出仕) 과정 …………………………………………174
   2) 탕평과 당인 ……………………………………………179
  2. 경세관료의 면모 …………………………………………186
   1) 군정(軍政)장관과 군제 정비 ……………………………186
   2) 진휼과 재정 개혁 ………………………………………191
  3. 청류(淸流)를 꿈꾼 훈신 …………………………………203
   1) 신료들과 마찰 …………………………………………203

2) 국왕의 직신(直臣) ···206

결 론 ···217

미 주 · 226
참고문헌 · 286
출 전 · 333
찾아보기 · 334

서론: 역사교육의 체계화 방향

    종래에 국내 교육학 개설서에 실린 상투적인 이론은 의외로 1-2차 세계대전을 거치면서 만들어진 외국어교수법(내지 언어학)을 배경으로 삼는 경우가 적지 않았으며, 여기에 시대별로 주목받은 단기교수법 및 특정 개념이 추가된 정도에 불과했다. 따라서 해외에서 탄생한 배경을 이해하면 크게 어렵지 않은 이론이었다.[1] 하지만 대개 교육학에서는 그 과정은 생략한 채 최종 결론만을 도식적으로 소개하는 경향이 있어서 실제 교직과정(敎職課程: curricula for teaching profession)을 이수하는 학생에게는 여간 어려운 분야가 아니었다. 더욱이 언어이론과 전혀 관련이 없는 전공 분야에도 이러한 교육이론이 만고불변(萬古不變)의 진리처럼 소개되어 공통으로 적용받아 왔으므로 피교수자의 이질감은 더욱 클 수밖에 없었다.

    다행히 최근 들어 지나치게 이질적이고 기능론에 입각한 학설 나열은 교육학에서도 다소 사그라들고, 국내 현장 교육에 부합하는 형태로 일정 부분 개편이 이루어졌다.[2] 동시에 역사학에서도 역사교육 분야가 독립적인 연구 성과를 성취하기 시작하면서 다양한 이론적 탐색이 시도되고 있다. 가장 오래된 역사이론의 번역작업부터 착실히 이루어졌을 뿐 아니라,3) 국내외 역사교육의 상황을 면밀히 점검해보면서4) 교육 현장의 목소리까지 담아내어 역사학에 적합한 교수법에 이르기까지 다양한 성과가 축적되어 왔다.5) 게다가 역사상에 대한 이해 방식도 점차 변화하여 도식적인 인식체계에서 벗어나 입체적인 담론 위주의 접근을 시도한다든가,6) 혹은 자연과학과 접목하여 기후학의 시선에서 역사를 재조명한다든가,7) 혹은 지리학과 연계하여 공간을 중심으로 재구성한다든가,8) 혹은 비교사적 관점에서 세계사와 한국사를 상호 검토한다든가9) 혹은 세계시민의식을 바탕으로 하는 역사인식을 제안한다든가10) 하는 등의 다양한 연구 방식이 추진되기에 이르렀다.

　과거 역사학 연구자가 부족했던 상황에서 서구 이론을 수입하기에 급급했던 상황에서 벗어나 이제 최소한 우리의 관점에서 국내 현실을 반영하여 이론적 토대를 구축하려는 노력이 다방면에서 이루어진 것이다. 그럼에도 불구하고 한 가지 아쉬운 점이 없지 않다. 통상 인문학에서 이론 모델의 탐색을 꺼릴 뿐 아니라 단지 이를 사회과학의 영역으로 간주하는 현상이 짙다. 그렇기에 그동안 주로 다른 분야에서 역사학에 대한 이론 도출을 시도해왔다. 그러나 이 과정에서 외국 이론을 직수입해서 전혀 역사적 전통이 다른 이질적인 공간에 투영함으로써 이론 모델에 대한 불신이 더욱 가중되기만 했다. 특히 사회구성체론은 역사학 내부에서도 오랫동안 진통을 앓다가 2000년대 이후 거의 폐기되다시피 했으며, 그 밖의 다른 다양한 서구학자의 이론 모델 역시 도입되었다가 역사적 맥락과 전혀 다른 각도에서 활용되면서 효용도는 급감되었다.

　하지만 시대사 구분 논쟁이 모두 실패한 것만은 아니었다. 서구 이론

적용의 부적합성과 무관하게 역사적 실체에 다가가서 증빙하려는 다양한 시도를 통해 역사학 연구의 내용은 풍부해졌다. 더 이상 서구의 역사와 대등성을 증명하려는 시대사 구분론이 아니라 독자적인 성격을 부여하는 데까지 한국사 연구가 발전하기에 이르렀다. 예컨대 조선시대의 3시기 혹은 5시기 구분법은 자국의 역사학 연국를 집대성한 대표적인 성과였다. 그럼에도 아직 한국사 혹은 시대사에 대한 이론 모델을 구축하는 데에는 여전히 인과관계의 적합성에 대해 우려가 큰 것이 사실이다. 그러나 처음부터 완벽한 이론을 구축하는 것은 어려우며 다소 거친 가설일지라도 점차 논쟁을 통해서 해당 모델의 개연성을 검토해볼 필요가 있다.

이러한 문제 인식을 바탕으로 본서에서는 크게 두 가지 관점에서 이론 모델을 통한 역사교육의 가능성을 살펴보려고 한다. 먼저 제1부는 한국사를 세계사 관점에서 이론 모델의 개연성을 검토해보는 작업이다. 1장에서는 약 1세기 전에 유사한 생각을 갖고 한국사를 세계사에서 비교해보면서 이론 모델을 구축하려고 했던 안확(安廓)의 『조선문명사』의 논리 구조를 살펴보고자 한다. 2장에서는 조선왕조와 동서양의 정치·사상·경제적 변동에 대해 공시성을 비교해볼 것이다. 3장에서는 동시간대에 일어나고 있는 한류 문화 현상에 대해 동서교류사의 관점에서 검토해보고자 한다.

다음으로 제2부는 조선시대 내적 변화 동력에 대한 이론 모델 검토이다. 4장에서는 사상사적 관점에서 조선왕조의 정치사상의 변화과정을 살펴보고자 한다. 5장에서는 경제사적 관점에서 조선시대의 변동성을 점검해보려는 것이다. 6장에서는 인물사의 관점에서 단선적인 정치 성향 분석을 넘어서서 정치, 경제, 군사 등 다방면의 업적을 바탕으로 탕평관료의 중층적 성격에 대해서 입체적으로 다가가 보고자 한다.

 이상의 연구작업을 통해서 한국사를 이론 모델의 관점에서 접근해보고, 이를 활용하여 역사교육에서도 단편적인 지식이나 학설의 나열에서 벗어나 다양한 사료와 학설을 유기적으로 결부시켜 우리 역사를 총체적으로 인식할 수 있는 토대를 구축해볼 수 있기를 기대해 본다.

제1부
세계사와 한국사 비교 모델

1장 [한국사] 오래된 미래 교과서: 안확의 『조선문명사』

1. 사관(史觀)의 대전환: 역사 주체 회복

자산(自山) 안확(安廓; 1886-1946)은 19세기 말부터 광복 직후까지 다방면에서 활약한 대표적 근대 지식인이다. 주요 저서로 『조선문법』(1917), 『조선무사영웅전』(1917), 『조선문학사』(1922), 『조선문명사』(1923), 『시조시학』(1940) 등이 있으며, 약 140여 편에 논저를 집필하였다. 그러나 1980년대까지도 납북 지식인으로 알려져 있다가 최근에서야 1946년 병사(病死) 기록이 확인되었을 만큼 잊혀진 존재였다.[1)]

그의 박학풍(博學風)은 오히려 학문을 계승하는 후학의 출현을 쉽지 않게 하였다. 국어학에서는 주시경학파와 대립하여 오랫동안 다루어지지 못하였지만, 역사학에서는 1980년 붕당정치론이 제기되면서 안확의 복권이 이루어지기 시작했다.[2)] 이때부터 일본제국주의 당쟁사관 극복 노력의 일환으로 현대 정당과 비교했던 시각이 주목받았다.[3)] 2000년대를 전후하여 비로소 국어학, 국문학, 사상, 음악 등 다방면에서 새로운

평가가 나타나고 있다.[4]

최근 국내 학문적 기반이 확대되고 미시적 연구가 활발해지고 있으나, 역설적으로 거시적으로 한국사 통사체계를 구축하는 데 더욱 어려움을 겪고 있다. 영미학계는 서구 중심 주의에서 벗어나 동서교류사적 시각의 글이 쏟아져나오고 있는데,[5] 안확은 그보다 훨씬 이른 시기에 진일보한 연구를 시도하였다. 그럼에도 종합적인 검토는 아직 이루어지지 못했다. 이에 여기에서는 전공 영역 간 한계에도 불구하고 시론적으로 안확의 역사관, 동서비교사적 관점, 통사체계 등을 살펴보고자 한다.[6]

1) 한말(韓末) 타자의 시선으로 편찬된 통사(通史) 출현

한국사의 통사체계는 조선왕조 개창과 밀접한 관련이 있다. 고려말 삼한(三韓) 유민(遺民) 의식(意識)의 극복 과정에서 고조선(古朝鮮)이 부각되자 국호로 채택되었다.[7] '고조선' 계승을 표방한 신왕조는 고조선의 역사에서 당시까지 역사를 체계화할 필요가 있었다. 그것이 『고려사절요(高麗史節要)』와 『삼국사절요(三國史節要)』(상고사 포함) 편찬을 거쳐 『동국통감(東國通鑑)』으로 집대성되었다. 『동사강목(東史綱目)』 등에서도 거의 같은 대본이 활용되었다.

하지만 조선시대 역사는 현대사로 인식되어 당시 서술에서 배제되었다. 실록 열람이 제한된 상황에서, 관찬 사서 『국조보감(國朝寶鑑)』이나,[8] 야사(野史) 『연려실기술(燃藜室記述)』[9] · 『당의통략(黨議通略)』[10] 등만이 참고 가능하였다. 일제강점기 거질(巨帙)의 『국조보감』은 열람이 어려웠으며 분량이 적은 야사류(野史類)가 보급되었다. 조선광문회(朝鮮光文會) 주도로 간행한 이건창(李建昌)의 『당의통략』은 조선을 정쟁(政爭)의 역사로 이해하는 데 큰 역할을 하였다.11) 광복 이후 실록 영인본이 보급될 때까지도 당파적 시선을 품고 있던 야사류는 마치 정사(正史)인 듯 인용되면서 막강한 영향력을 발휘하였다.

그 사이 하야시 타이스케(林泰輔)가 개설서를 집필하였다. 먼저 기존 서술이 잘 갖추어진 고대-고려의 역사를 『조선사(朝鮮史)』(1892)로 재서술하였다.12) 이것은 『동국통감』과 『동사강목』의 역사체계를 기본골격으로 삼은 듯하다.13) 이후 『조선근세사(朝鮮近世史)』(1901)를 집필하여 조선시대도 마무리하였다.14) 일본제국주의 관학자의 『한국정쟁지(韓國政爭志)』(1907),15) 『붕당사화의 검토(朋黨士禍の檢討)』(1921)16) 등과 비교하면 '당쟁(黨爭)'의 표현이 가장 앞서 등장하므로, 당론서(黨論書) 등도 적극 활용한 듯하다.17) 하야시의 두 책은 『조선통사(朝鮮通史)』(1921)로 합본되어 통사체계를 완성하였다.18)

이보다 앞서 현채(玄采)는 하야시의 두 저작을 통합하여 『중등교과 동국사략』(1906)으로 번안본을 만들어 학부 검정교과서로 활용하였다.19) 현채의 번안본(飜案本)은 수차례 요약본으로 만들어져 보급되었다. 이 교과서는 대한제국기 왕대별 즉위 순서나 간략한 치적만 한두 줄만 나열하던 당대 교과서와 차별화된 역사서술을 보여주었다. 따라서 하야시의 한국사 체계는 왜곡된 사관에도 불구하고 외형상 근대 학문으로 인식되었다. 현채는 나름대로 타자의 시각을 불식시키려고 노력했으나, 그 체제를 빌려왔기에 사관에서 자유로울 수 없었다.

2) 일제강점기 우리 시각의 학문 주도권 회복 시도

1923년 『조선문명사』의 간행은 기존 역사 인식의 근간을 뒤흔들었다. 안확은 구한국(舊韓國) 관리의 구술까지 채록하였고, 일본 및 중국의 도서관 자료까지 두루 섭렵하여 8,500책을 참고하였다. 『조선문명사』 서두의 저작 목록에는 '조선문명사'를 일종의 총서로, 『조선민족사고』·『조선미술사개론』·『조선학예사』·『조선문학사』·『조선정치사』·『조선경제사』·『조선외교사』·『조선육해군사』 등 8책으로 기획하였다. 그 중『조선문학사』, 『조선정치사』, 『조선육해군사』(부록)만이 간행되었고, 다른 책에는 총서명을 붙이지 않아서 『조선정치사』(1923)만이 실제 '조선문명사'를 대표하였다.[20] 주요 특징은 다음과 같다.

첫째, 서양사와 비교가 두드러진다. 피뉘시아(페니키아), 아덴(아테네), 스파타(스파르타), 희랍(希臘: 그리스), 나마(羅馬: 로마), 콘스단지제(콘스탄티누스대제), 일이만(日耳曼: 게르만), 프랭크(프랑크왕국), 노르맨(노르만족), 흉아리(凶牙利: 헝가리) 지방제도, 영국, 불란서·불국(佛國: 프랑스) 루이 14세, 루이 18세, 보국(普國: 프러시아) 풀레데릭 윌리암(프레드릭 윌리엄) 4세, 프리드리히 빌헬름, 서서(瑞西: 스위스), 구주(歐洲: 유럽), 독일(獨逸), 이태리, 리스트(프리드리히 리스트) 등이 인용되었다. 특히, 리스트의 경제단계에 대해서 조선에 목축이 없었으므로 목축 이후 농업생활이 일어난다는 학설은 틀렸다고 비판하였다. 한국 역사를 토대로 독일 학설을 비판한 점이 주목된다.[21]

마치 펑유란(馮友蘭)의 『중국철학사』(1929-1934)에서 동양철학을 서양과 끊임없이 비교하여 대등성을 입증하려는 방식이나,22) 주치앤즈(朱謙之)의 『중국사상이 유럽문화에 미친 영향(中國思想對於歐洲文化之影響)』(1940)에서 르네상스부터 계몽주의나 혁명기까지 중국 열풍의 영향을 받았다는 설명이나,23) 나이토 토라지오(內藤虎次郎/內藤湖南)의 『중국근세사』(1947)에서 당송변혁기를 르네상스보다 앞서 설정하는 방식,24) 크릴(H. G. Creel)의 『공자: 인간과 신화(Confucius: The Man and the Myth)』(1949)에서 동양 유교정치를 미국 혁명기 민주주의 발생과 연관시키는 설명,25) 미야자키 이치사다(宮岐市定)의 『대당제국(大唐帝國)』(1968)에서 오호십육국(五胡十六國) 성립을 게르만민족 대이동을 연상케 하는 서술26) 등은 모두 동서양사를 비교사적 관점에서 접근하거나 동양을 우위에 놓고서 서양사와 대등하게 평가하려는 방식이다. 안확의 저술은 이같은 동서비교 연구 중 선구적 위치에 있다고 하겠다.

둘째, 근대적 서술 방식으로 도표를 활용하였다. 하야시의 저작에서 돋보였던 현란한 도표도 안확의 저서에서 두드러진다. '신라 관직 체계 분류',27) '신라, 태봉, 고려 정치제도 비교',28) '고려 신관제 설명',29) '지방관 신라와 고려 표로 비교',30) '당, 고려 형법 채용률 비교',31) '조선 행정각부',32) '품계표',33) '지방정치'(군현통계)34) 등이 대표적 사례이다.

셋째, 저술 의도가 분명히 드러나 있다. 그는 서두에서 조선 정치사를 들여다보면 그동안 잘못 관찰한 것을 고치기가 어렵지는 않다고 하였다.35) ①그동안 10여 차례 외적이 침입해 온 적이 있지만 5천 년간 이민족 제왕(帝王)이 없었다고 하였다. ②외래문명을 수입한 일은 많았지만 수용을 잘하여 일방적 모방이 아니라 본래 법제와 문명을 조화시켜 발전하는 데 참고하였다고 보았다. ③자치제는 단군시대부터 존재하여 그리스와 같으며, 법제는 스파르타 헌법처럼 고정성이 있었고, 로마와 같이 변화가 더디지만 퇴보하지 않았다고 평하였다. ④오류를 배제하고 새로운 견지에서 올바른 역사를 관찰하여 정치사 토대 구축이 시급하며, 과학적 입장에서 시대구분이 가능하다고 설명하였다.

당시 일본제국은 끊임없이 한반도는 한사군(漢四郡) 이래 외침(外侵)을 받아온 역사로 설정하여 식민지 현실의 당위성을 옹호하고 있는 상황이었다. 그래서 안확은 구역사가(舊歷史家)가 삼국의 역사를 한족(漢族) 제도의 모방이라는 설명에 대해 비판하였는데, 역사적 본질은 과거의 폐해를 교정하여 자각적·자발적 문명으로 진화하고 무의식적인 외부 모방은 아니라고 역설하였다.36) 그는 고유문화를 외래문화의 수용과 전통문화의 조화에서 탄생하였다고 반박하였다. 동시대 야나기 무네요시(柳宗悅)가 조선을 비애미(悲哀美)로 평하는 것보다 훨씬 진전된 평가이다.37) 안확의 논지는 이기백의 전통문화론으로 이어졌다.38)

넷째, 독자적 시대구분론을 제시하였다. 하야시의 『조선사』 및 『조선근세사』에는 태고사(太古史: 고조선-삼한), 상고사(上古史: 삼국), 중고사(中古史: 고려), 근세사(近世史: 조선) 등으로 하였고,39) 현채의 번안본도 그대로 수용하였다. 반면에 안확은 태고(太古) 부락생활시대(조선족), 상고(上古) 소분립정치시대(단군-삼한), 중고(中古) 대분립정치시대(삼국-남북국), 근고(近古) 귀족정치시대(고려), 근세(近世) 군주독재정치시대(조선) 등으로 시대구분을 일부 수정하되, 삼국 이전 역사 분량을 늘리고 (3천 년→5천 년) 각 시대에 정치적 성격을 부여하였다. 이 과정에서 단군→(주몽·박혁거세·온조)→문무왕 신라통일-(대조영의 발해 건국)-천수대왕(왕건)→이성계 위화도회군 등이 강조되었다. 특히 삼국통일, 위화도회군 등을 모두 긍정하고 부정적 평가에 대해 반론을 펼쳤다. 단순히 현재로부터 아득히 먼 과거란 시간 개념보다 좀더 발전적 시각에서 한국사 체계를 세운 것이다.[40]

다섯째, 그의 역사관은 경계에 위치하였다. 『조선무사영웅전』, 『조선육해군사』 등을 저술할 정도로 고대사 체계 복원에 노력하고 상무(尙武)정신을 중시하였으나, 진보사관과 숭문주의(崇文主義)도 주요하다고 보았다. 특히 고려 최충헌의 무신정권을 매관매직이나 일삼는 정권으로 비판하여 숭무주의(崇武主義)와 무단통치를 구분하였다. 특히, 일본에서 유학하면서 일본 관학자(官學者)와 교류하여 문명론을 수용하였으나 일본제국의 문화정치와 자치론에 타협하는 노선에 명백히 반대하였고,[41] 조선의 독자적 정치문화인 정당정치(政黨政治)의 우수성을 강조하였다. 이것은 이시이 도시오(石井壽夫),[42] 이태진 등을 통해서 붕당정치론으로 발전하였다.[43]

더욱이 『자각론』과 『개조론』을 설파하여 마르크스주의자와 대립하였으나, 고려의 '노예운동'을 별도의 절로 폭넓게 설정하여 역사 발전단계상 하층민 성장을 높이 평가하였다.[44] 광종대 재판, 노비소송도, 노비군대의 몽골 격퇴 등이 포함되었다. 삼국시대에 '노예' 항목을 설정하여 고려의 만적 연설을 소급해서 실어 놓았다.[45] 더욱이 고구려 하호(下戶)를 노예에 비정하였는데,[46] 이것은 백남운의 『조선사회경제사』(1933)에도 그대로 반영되었다.[47] 이같은 인식은 자신이 3·1운동 주동자였기 때문으로 이해된다.

하지만 삼국시대 귀족에 대해서 백성은 군주 국체의 관념이 있어서 국가의 관리를 존중하고 정치적 능력 있는 계급은 인민의 존경을 받았다고 서술하여,48) 계급사관에 투철하지 못하였다. 또 '민국(民國)'이라는 용어를 삼국, 고려, 조선 등에 폭넓게 사용하였다.49) 이것은 17세기 이후 왕정(王政)의 대민관(對民觀)이자 국가관(國家觀)인데, 이를 전체 역사상에 투영하였다. 이 표현은 20세기까지 활용되다가 공화정(共和政)과 혼융(混融)되면서 국호로까지 채택되었다.50) 이같은 중도적 입장은 일본제국주의 관학자나 친일파, 무장 독립 투쟁가나 마르크스주의자 등과 온전히 뜻을 함께 하기 어려웠고, 이른바 '경계의 지식인'의 현실을 여실히 보여준다.51)

2. 고사(古史: 고대-고려)의 통사체계화: 동서비교사 도입

1) 태고(太古): 역사의 시공간 확장

안확은 고사(古史: 태고-상고-중고-근고)를 열정적으로 복원하고자 하였다. 하야시가 조선 역사를 3천 년으로 평가한 데 비해서, 안확은 '5천 년 역사'라고 강조하였다.52) 조선족의 기원에 대해서 화려한 고대사를 갈망하던 지식인이 선호하는 밝다함,53) 치우(蚩尤),54) 동이(東夷), 단군(檀君) 등의 표현을 두루 언급하였다. 특히 구려의 임금 치우가 청구(靑邱)

에서 죽었는데 청구가 조선이라거나, 치우는 구이(九夷)의 일파(一派)라 거나, 순(舜) 임금은 동이족(東夷族)이며(이익『성호사설』인용) 선양이 아니라 방축(放逐)이라거나(劉知幾『史通』인용), 중국을 병탄한 선비·요·금·만주족 등은 모두 조선 민족의 일파라고 주장하였다.55) 더욱이 한토(漢土)에 식민(植民) 활동까지 설정하였다. 이것은 일본제국주의 관학자의 한사군(漢四郡) 대응 성격으로 보인다. 요서(遼西)와 북경(北京) 일대를 우리 민족의 활동 지역으로 평하고,56) 서국(徐國)이 8단부를 통합하여 주나라를 공격한 것으로 설명하였다.57) 이것은 중국에서 동이족과 화하족(華夏族) 대결로 역사 체계를 설정한 푸스니앤(傅斯年)의 「이하동서설(夷夏東西說)」(1935)에서도 일정 부분 활용되었다.58)

그는 역사 공간을 만주와 한반도로 설정하였는데,59) 이것은 한·중·일 3국의 역사 전쟁을 반영하였다. ①청의 만주족론(滿洲族論)이다.『만주원류고(滿洲原流考)』(1777)를 편찬하여 한반도를 만주에 부용시키고자 했으나,60) 정약용이『아방강역고(我邦疆域考)』(1811)로 반론을 폈다.61) ②대종교(大倧敎)의 관점이다. 일본제국이 1909년 남한대토벌작전(南韓大討伐作戰)을 벌이고 이듬해 강제 병합함으로써 국내 무장투쟁의 근거지가 모두 사라지자, 간도 개척의 경험을 살려서 무장 독립 운동기지를 건설하였다. 만주를 중심으로 국내 진공 작전을 준비하였고, 1920년 청산리대첩 및 봉오동전투가 일어났다. 당시『신단실기(神壇實記)』(초판 1914, 재판 1923)가 유행하였다.62) ③일본제국의 만선사관(滿鮮史觀)이다. 1908년부터 남만주철도주식회사(南滿洲鐵道株式會社)에 만선지리역사조사실(滿鮮地理歷史調査室)을 설치하였고, 1931년 만주사변을 일으키고

괴뢰 만주국을 만들어서 지배권을 확고히 하였다. 만선사관을 구체화하여 일선동조론(日鮮同祖論)과 짝하여 일본 중심의 역사관이 탄생하였다. 결국 만주를 영위했던 세력에 따라 역사 인식틀이 세 차례나 바뀌었다.

당시 지식인은 고대사를 복원해내서 암울한 식민지 치하를 상쇄시키고자 노력하였다. 신채호의 『조선사연구초』(1924-1925 발표, 1929 간행)·『조선상고사』(1931 간행)·『조선상고문화사』(1925 발표, 1931 간행),63) 최남선의 『불함문화론』(1925 간행),64) 안재홍의 『조선상고사감』(1947 간행)65) 등이 차례로 간행되었다. 하지만 이같은 역사서는 시대가 내려올수록 퇴보했다는 인식을 만들어냈다. 안확 역시 숭무사상과 영웅사관을 견지하였으나,66) 그는 상고주의에 반대하였고,67) 시대별 성격을 부여하여 문명이 점진적으로 발전한다는 역사인식을 체계화하였다.68)

2) 상고(上古): 단군조선의 역사화

단군에 대해서 체계적으로 서술하였다. 첫째, 건국 시조로 묘사하였다. 조선 최초의 건국과 입법은 단군이 즉위하여 정치제도를 창설하였고, 마치 유태인의 모세, 아테네의 솔론, 로마의 루마와 같이 입법과 입국이 함께 실현되었다고 설명하였다.69) 대한민국 임시정부에서 1924년 개천절(開天節)을 국경일로 지정한 것도 유사한 의식이었다. 심지어 제1공화국에서 서기(西紀) 대신 단기(檀紀)를 공식적으로 사용하였고, 현재 개천절을 영어로 'Foundation Day'로 표기할 정도로 파급력이 컸다.

둘째, 성문법(成文法) 국가론이다. 튜턴족(게르만족 일파)은 공개적으로 평의하여 법률을 선언하고 백성 스스로 법을 결정하는 것은 관습법인데, 단군 당시 종교와 정치를 혼동한 것은 로마나 고조선이 서로 같았으나, 로마가 12동표(銅標: BC 451, BC 449)를 공표하기 전에는 성문법이 없었으므로 고조선이 더 발달하였다고 주장하였다.70)

셋째, 봉건제론이다. 백성의 동의로 군주를 추대하되, 광대한 영토의 통치가 어려워서 봉건을 행하였다고 설명하였다. 조선의 봉건제는 게르만 왕국이 로마를 정복하고 신민으로 국가적 복종을 보충하기 위해 성립한 봉건과 다르고, 영국 노르만 왕조가 백성에게 적의를 품게 한 봉건과 다르며, 주나라에서 궁중대관의 봉급으로 백성과 토지를 주는 것과도 다르다고 하였다. 한족(漢族)은 요·순·우·탕 등 군주제가 먼저 성립하고(주나라) 봉건제가 성립한 반면에, 우리는 봉건제가 혈족관념으로부터 자치적 정치에 기초하여 국가를 건설하던 초창기(단군시대)에 성립하였다고 비교하였다.71)

넷째, 삼한사회론이다. 독일연방의 황위(皇位)를 프로이센 왕으로 잇도록 한 것을 진한과 변한이 마한 사람으로 왕을 삼은 것과 비교하였다.72) 또 그리스 아케이아 동맹, 튜턴족의 촌제(村制)정치를 책화(責禍)에 비견하였다.73) 별읍(別邑)은 조차지(租借地)에 비정하였다.74) 특히 '도시(都市)' 항목을 설정하여, 지방 상업의 중심이 되고, 시내에는 신전(神殿)이 있고 국가의 제전, 희생(犧牲), 회의(會議), 법정(法庭), 무장병력이 있었다고 설명하였다.75) 마치 그리스 폴리스와 비견하는 듯하다. 이러한 비교는 이기백·천관우의 '성읍(城邑)국가론'이 제기된 배경으로 보인다.76)

3) 중고(中古: 삼국-남북조)

첫째, 왕위계승 방식이다. 삼국시대는 단군 신앙인 대종(大倧)이 부여의 대천교(代天敎), 신라의 숭천교(崇天敎), 고구려의 경천교(敬天敎)로 분파했다고 설명함으로써 고조선과 연결고리를 만들어냈다.77) 또 '민족이동' 항목을 설정하여 주몽·온조·박혁거세는 국민이 신조(神祖) 후예로 군주를 추대하는 경향이 있다고 지적하였다.78) 또한 신라의 3성(姓) 교대를 스파르타 2왕 제도에 비견하였다.79) 신라는 대신(상대등)이나 부군(副君)이 능력에 따라 왕위 계승이 가능했는데, 이것은 도덕적 위험성을 인지하여 뛰어난 인격을 길러서 후사를 맡기도록 한 것이며, 여왕 출현도 같은 맥락으로 옹호하고, 백성의 애중협동(愛衆協同) 정신이 풍부하다고 보았다.80) 곧 능력 위주의 후계도 '자치'의 일환으로 설정하였다. 점차 선거 왕제를 배척하고 세습군주제로 변화되는 과정은 중우(衆愚)정치 폐단을 극복하기 위함이라고 하여 역사발전적 시각을 드러냈다.81)

둘째, 행정제도 발달이다. 백제의 제도를 영국 중앙정부의 수백 개 분과에 비견하였다.82) 신라는 상대등(上大等) 이하의 월권, 위법, 부정 등을 감독하는 사정부(司正府)를 설치하였고, 이를 조선 사헌부(司憲府)의 유래로 보았다. 특히 행정관 외에 왕족, 왕실을 감찰하는 내사정전(內司正典)이 설치되었는데, 마치 유럽의 내정직사(內廷職司)가 로마 콘스탄티누스 대제의 궁정직사(宮庭職司)를 본받은 것과 비교하였다.83) 행정대권이 왕 1인에게 있지만, 상대등은 관리 의견을 종합하여 왕의 결재를 받았기에 품주(稟主)로 지칭된다고 설명하면서 '입헌군주제'에 비교해도 손색이 없다고 극찬하였다.84) 관리의 선거법으로 상대등을 예로 들어, 그리스가 시민회(市民會) 추첨을 받아서 결정한 것과 비교하였다.85) 품주나 상대등은 이기백의 연구로 이어졌다.86)

셋째, 법치(法治)이다. 사법은 한당(漢唐)의 법제, 1814년 프랑스 루이 14세, 1850년 프로이센 프리드리히 빌헬름의 헌법은 모두 삼국 헌법처럼 흠정법(欽定法)이이므로 국가 주권이 군주에게 있고, 서양 삼권분립은 형식일 뿐이라고 지적하였다.87) 또 진흥왕 순수(巡狩) 시 지방 백성의 불복에 대한 고소가 가능한 것을 중히 여기고, 반면에 프랑스의 지방민은 법정에 월권행위 고소가 불가능하다면서 인권 보호 장치를 극찬하였다.88) 이같은 평가는 18세기 상언(上言), 격쟁(擊錚), 순문(詢問) 등 연구 시각과 유사하다.89)

넷째, 경제이다. 신라가 상업을 중히 여긴다고 하면서, 아라비아, 페르시아, 인도, 한나라, 일본 등과 교류 사실을 적시하였는데, 이것은 정수일의 동서교류사 시각과 일맥상통한다.90)

다섯째, 신라의 삼국통일에 외세를 끌어들였다는 평가에 반대하였다. 신라가 당나라를 의지한 것은 스위스가 프랑스혁명기 지원 병사에 의지하여 통일한 것에 비견되며, 당시 민족 관념이 없었고 국민의식도 상이했다고 변론하였다.91) 동시에 통일 이후 '대신라'로 칭하고 발해까지 인정하여 '남북조시대'로 서술하여 양자의 가치를 모두 인정하였다.92) 이러한 삼국통일론과 남북국시대론은 학계에서 계승되고 있다.93)

4) 근고(近古: 고려)

첫째, 고려사회 성격이다. 고려를 귀족정치시대로 전제하고 사성(賜姓)이나 외척으로 형성된 세족(世族: 문벌귀족), 승(僧), 무신(武臣), 궁신(宮臣) 등 4대 세력이 권력을 장악했다고 보았다.94) 궁예나 견훤은 회고적 사상이라고 평가절하한 반면에,95) 천수대왕(왕건)은 극찬을 아끼지 않았다.96) 신정치의 사대강령(四大綱領)으로 종교, 왕위계승, 관료의 경계, 법제의 참작 등을 제시하였다.97) 이상은 호족연합제설이나 가산관료제 논쟁으로 이어졌다.98)

둘째, 중앙기구 분석이다. 상서도성(尙書都省)을 백관 총령으로 설명하고, 입법부로 문하성을,99) 사법관으로 형부와 어사대를 들면서,100) 정부기구를 세밀하게 분석하였다. 이러한 흐름은 박용운의 대간·중서문하성·상서성·중추원 연구 등으로 계승되었다.101)

셋째, 형정(刑政) 분석이다. 게르만인이나 로마인은 지체(肢體)를 상하게 하는 잔인한 형벌이 있지만, 신라나 고려는 자비(慈悲)를 근본으로 삼고 은혜를 베풀어, 한제(漢制)나 게르만 같은 참혹한 형벌을 사용하지 않으며, 이것이 동양과 서양을 능가하는 조선 문명의 자부심이라고 강조하였다.102) 사법 문제를 한국사 전반에 걸쳐 통시적으로 살피는 것도 하야시가 사법 문제를 주요하게 다룬 데에 대응조치로 이해된다. 이 역시 최근 고려율에 복원 연구로 계승되었다.103)

3. 근세(近世: 조선) 입헌군주제의 희구(希求): 망국론을 넘어서

1) 군주독재의 재검토

안확은 역사의 발전단계 상 마지막에 조선의 '군주독재'를 설정하였는데 고려의 귀족정치보다 발달한 정치유형으로 보았다.[104] 오히려 오직 쇠난(衰亂)의 말기(末期)만 보고 조선 500년 정치를 군주 1인의 전횡과 압제로만 치부하여 군주를 질시하며, 정치사의 실상을 알지 못하고 감정만 드러내고 있다고 비판하였다.[105]

첫째, 역성혁명 재평가이다. 위화도회군으로 독재정치가 유래하였다고 보았는데,[106] 이태조(李太祖: 이성계)를 개혁당의 수령으로 보고 그 변호사(辯護士)를 자처하였으며, 전제 개혁과 연루시켜 애민정신의 일환이었다고 반박하였다. 이같은 인식은 여말선초를 사회개혁으로 재평가하는 형태로 이상백에게 이어졌다.[107] 특히 이성계가 왕건과 대별되는 특징은 정치개혁에 집중하였고, 귀족정치를 타파하고 군주 중심의 독재정치를 건설하였으며, 동시에 서민 발달에도 편리를 부여하고 지위를 향상시켰다고 평하였다.[108]

둘째, 군주 독재론이다. 유가의 천명(天命)사상이 그 출발점이라고 이해하였다. 이 때문에 군주는 신민(臣民)에게 법률상 전제권(專制權)을 지니지만, 한 번 이루어진 법률을 함부로 폐할 수 없다고 하였다. 군권(君權)은 무상하지 않다고 강변하였다.[109] 또 군주가 절대권을 행하거나 백성이 무제한의 복종을 행하지 않으며, 군주와 백성이 권한과 책임의 정도가 있다고 하였다.110) 이같은 군주관(君主觀)은 마치 명대(明代) 구준(丘濬)의 『대학연의보(大學衍義補)』나 영조(英祖)의 『자성편(自省篇)』을 연상케 한다. 이러한 시각은 박병호 등의 법사학(法史學) 연구로 구체화되었다.111)

더욱이 500년 '전제정치(독재정치)'는 발전 능력이 있는 우리 민족 우리 백성에게 다른 정치체제로 변화해가는 과도적 단계이며, 이른바 '계몽의 정치'라고 하였다.112) 안확은 독재정치로 표현하다가 전제정치와 계몽정치라는 표현도 혼용했는데, 마치 프랑수와 케네(François Quesnay)의 『중국의 전제정치(Le Despotisme de la Chine)』(1767)에서 청대(淸代)를 긍정적 '전제정치'로 묘사하는 방식이나,113) 나이토의 『중국근세사』(1947)에서 송대(宋代)를 당대(唐代)보다 발전한 '군주 독재정치'로 표현하는 것과 다르지 않는 방식이다.114) 미국 학계에서 청의 성조(聖祖: 康熙帝, 재위 1661-1722)·세종(世宗: 雍正帝, 재위 1722-35), 조선의 영조(재위 1724-76) 등의 발달된 군주정을 'autocracy'로 평가하는 용례와 일맥상통한다.115) 이것은 몽테스키외·헤겔·막스 베버·비트포겔 등이 묘사하는 부정적 전제정치와 다른 관점이다.116)

셋째, 서구 삼권분립에 대해서 회의적 시각을 지녔다. 입헌국가의 입법부 분리를 문명 정치로 보는 것은 잘못이라고 하였다. 1665년 덴마크 흠정헌법 군주 대권에 제한이 없고, 대혁명 전 러시아와 터키도 무제한적 군주정체이며, 독일은 군주의 의사가 국가행정에서 중심이 된다고 하였다. 영국은 행정부가 입법부에 지도자로서 임무와 책임을 지고, 프랑스는 절반의 지도 임무와 충분한 책임이 있으며, 프로이센과 스위스는 지도 임무만 있고, 미국은 입법부와 분리되어 있다고 평하였다. 또한 현대 입헌군주제 국가에도 3부가 분립되지 않은 경우가 많은데, 프랑스는 입법과 행정 2부간 의사가 소통되지 않아서 재무적으로 정부가 상당히 약하고, 국회의 예산안에 관해 내각대신을 조금도 신임하지 않으며, 독일은 입법과 행정의 두 직권은 원만하지만 사법은 혼동되는 모습을 보이고, 스위스는 3부가 불가분의 직권으로 조직되어 있다고 보았다. 조선의 입법부가 완전히 독립되지 않은 것도 같은 배경이라고 설명하였다. 오히려 조선 관제 3부는 문관(6조·3관), 무관(군사·경찰), 규찰관(사헌부·사간원) 등으로 구분해야 한다고 보았다.[117] 특히, 각국 국회가 자국 정부에 대해 질책권을 행사하는 것처럼 대성(臺省: 사헌부·사간원)은 왕과 정부를 상대로 질문하는 것을 장점으로 들었다.[118]

 넷째, 국정운영 방식이다. 오직 왕의 자의 독단으로만 행하지 않으니 궁정회의라고 하였다.[119] 국왕과 대신 사이에 정기회의(次對·常參·輪對)와 임시회의(賓廳會議·大輪次)가 열린 점에 주목하였다.[120] 회의에서 왕의 의견에 항거하거나,[121] 국민 대표가 일어나 항거하는 경우도 있다고 하였다. 이러한 사례는 민권(民權)이 발전하여 귀족정치를 탈피하였기 때문이며, 또 국왕의 강압적 의결도 왕실의 사사로운 것에 불과하다고 하였다.[122] 이를 서양은 귀납적으로 발달한 반면에, 조선은 연역적으로 발달했다고 비교하였다.[123]

 다섯째, 고위 관료의 역할이다. 대신은 가장 중대한 국가의 정무를 수행하며 각 지방의 정무를 감독하는 중책을 맡는 수장이다. 곧 수석 대신 영의정, 차석 대신 좌·우의정, 전직 대신(중추부·돈녕부) 등이다.

조선의 3정승은 삼각구도의 초석처럼 행정에 불가결한 장관이라고 평하였다. 군주의 책임 있는 대리자로서 왕에 의해 임명되고 왕의 호오(好惡)에 따라 진퇴가 결정되지만, 직책에 있는 동안 실질적 수장으로서 백관의 서정(庶政)을 총괄하고 시사(時事) 및 국책을 경영한다고 설명하였다. 이러한 1품 대신 그룹의 형태 규정도 최근 연구로 이어졌다.124) 또 명(明)에는 대신이 없고 6부 상서가 천자에 직속되어 천자가 6부에 명령을 내리고, 천자의 비서관인 내각대학사(內閣大學士)가 형식상 대신과 유사하다고 비교하였다.125) 이같은 시각은 현재 명대 내각제 연구와 일치한다.126)

6조 장관은 회의에 참석하고, 정부(3부 지칭)는 국무를 통해 정치활동을 포괄하되 정치를 통일한 것이지만, 정부는 정치상 자유의 상실이 군주 독재정치의 요소로 보았다.127) 세조대부터 육조직계를 실시하였으나 대신이 감독하는 방식에 변화가 없다고 하였다. 6조 판서가 직접 상주해서 의정부의 권력이 약화되어도 모든 업무를 감독하는 최고 권력은 유지하였으며, 특히 비변사가 의정부에 속하고, 홍문관장·예문관장·태자사부·춘추관장·승문원장을 모두 겸임함으로 감독권을 유지했고,128) 복상(卜相) 절차는 현직 대신의 추천으로 진행하고 왕의 재가를 받아서 인사권이 보장된다고 평하였다.129) 비변사는 최근 종합적 연구가 산출되었다.130)

여섯째, 국왕 행정 수반론이다. 조선의 행정제도가 처음부터 왕의 통솔하에 조직된 이상, 왕이 행정의 수장일 수밖에 없고, 왕의 의사가 국가행정의 주도적 의사였으며, 왕의 의사는 정책의 원천이자 정책 기틀의 중심이니, 6조 장관은 왕의 의사를 집행하고, 의정부 대신은 행정장관을 통솔하고 행정을 감독하지만 실제 행정사무를 분배하지 않았다고 설명하였다. 이러한 조선은 독일 황제의 권력과 흡사하다고 보았다. 영국과 프랑스(20세기 초)는 군주나 대통령이 명의상 행정수장이고 총리대신이 행정수장이며, 미국과 독일은 조선처럼 군주나 대통령이 행정수장이라고 비교하였다.131) 마치 오늘날 헌법에서 대통령을 행정수반으로 하는 것과 유사한 비유이다.

일곱째, 관료제 성격이다. 관부(官府)는 군주 1인의 종사관에 불과하다는 시각도 있으나, 왕실을 위하여 마련한 직사(職司)는 군주의 영역을 제한하여 오히려 국가와 군주를 분립시킨 측면이 있다고 반박하였다.132) 관제가 번잡하기보다는 왕사와 국사를 분간하여 왕 개인의 일에 대한 것은 제한을 두고 왕의 권력 남용을 예방하는 효과가 있다고 설명하였다.133) 비슷한 시기 막스 베버(Max Weber)의 『경제와 사회』(1921)에서 주창한 가산제관료설과 상반되는 주장이다.134) 이는 18세기 탕평군주상 논의와 직접 연관된다.135)

여덟째, 지방정치이다. 그는 감사, 수령, 어사의 역할을 중시하였으며 숙종대 지방행정이 완성되었다고 평가하였고, 『춘향전』을 인용하여 현장감을 높였다.136) 최근 숙종대 면리제의 강화나 팔도구관당상(八道句管堂上) 등과 같이 지방행정이 강화된다고 평가하는 연구와 유사하며,137) 『춘향전』연구로 계승되었다.138)

아홉째, 사회경제정책이다. 상업은 신라부터 발달하여 근세(조선)에 완비되었다고 설명하고, 도량형, 화폐, 도가(都家), 향시, 임방(任房), 외국

무역 등을 사례로 들었다.139) 도가는 정조대 도고(都賈)를 의미하며,140) 상업사 연구 경향과 일치한다.141) 공업은 고려보다 발달하였다고 하면서 토목행정을 공업에서 분리시켜 제시하였다.142) 공업이나 어염, 삼림 등은 『반계수록(磻溪隧錄)』이나 『경세유표(經世遺表)』에서 주목했던 분야이다. 더욱이 구제(救濟)행정에서 영조연간 진휼 비용이 상세하며, 의정부에 제언사가 설치되었다고 하면서 서양보다 선진적이라고 평가하였다.143) 이것은 최근 환곡이나 대동-균역 연구와 일치하는 설명이어서 주요하다.144)

2) 자치제 전통의 모색

안확은 '자치제' 전통을 부각시키고 '입헌군주제'로 확장시켰다. 당시 문화통치를 표방하던 시기에 우승열패약육강식(優勝劣敗弱肉强食)의 사회진화론에 동조한 다른 친일 지식인과 차이가 있다.145) 고대사에서 중앙집권국가가 출현하기 이전 시기를, 자치제의 전통으로 이해하고 있는 점이 특이하다. 곧 자치제는 단군-삼국시대부터 유래하여, 조선시대까지 발전적으로 계승되었다고 역설하였다. 그 증거로 공론정치와 향촌자치를 제시하였다.

(1) 공론정치: 조지(朝紙)와 민론(民論)

첫째, 정사(政事)의 공개이다. 전제주의 국가는 정사를 비밀에 부치지만, 조선은 조지(朝紙)를 통해 정사를 백성에게 널리 알리니 정치가 발달했다고 평하였다. 조지는 관보(官報)이자 정사신문지(政事新聞紙)라고 칭하였다.146) 여론이 나중에는 토의와 논란을 거친 결과로 생긴 사회 전체의 의견, 공론이 일어나는데, 공론이 민중 권력이 되어야 입법과 행정에 대한 교섭을 일으킨다고 보았다. 조선은 형식적으로 전제(專制)지만 본질은 백성에게 참정(參政) 권리를 부여하기에 입헌적 기운을 지녔다고 칭찬하였다. 오히려 (영국) 찰스 10세의 국무대신이 1830년 정기출판물을 다툼과 소요가 일어난다고 금지시킨 데 비하여 조선 정치의 발전상을 알 수 있다고 하였다.147)

둘째, 국민 대표의 발안(發案)이다. 로마 황제는 법학자를 존숭하고, 프로이센 왕도 제도에 통달한 학자에게 정사를 맡겼는데, 조선도 산림(山林)을 존중하였으며 학자의 세력은 국가정책에 발안권이 국회제도보다 컸다고 평하였다. 국민 대표로 인정할 만한 유생이 국정에 대해서 공론을 제출하면, 국왕과 정부가 정사에 반영하여 공공의 안전을 담보하니 정치적 자유가 보장되었다고 평하였다.148) 특히 유소(儒疏: 公議 결집)와 통문(通文)을 제시하고 심지어 어가(御駕) 아래까지 시비를 따지는 경우도 소개하였다. 역으로 국왕이나 대신이 상소문을 물리치거나 유생을 도성 밖으로 내보내는 등 사론(士論)에 반항할 수 있는 것도 전제정치의 권리라고 하였다. 오늘날 입헌국가에서 의원이 정부를 반대하다가 해산을 당하고 재선출하여 행정부를 찬성하는 것에 견주어, 조선이 훨씬 낫다고 평하였다.149) 이는 공론정치 연구로 귀결되었다.150)

(2) 향촌 자치: 유향소(留鄕所)·향회(鄕會)·촌회(村會)

유향소의 헌장(憲章)에는 향원(鄕員)이 매사를 처리할 때 유향소에 모여 통의 후 결정하고, 수령의 행정도 규찰하여 감사에게 교섭하고, 군수가 부재하면 좌수가 수령을 대리한다고 하였다. 그러나 도(道) 감영에는 좌수가 없는데, 프로이센의 지방제도에서 정치 구역에 자치기관을 두지 않는 것과 유사하다고 비교하였다.151)

향회는 자치단체로서 백성이 모여 행정상 부정을 탄핵하거나 자치사무를 의논하는데, 2종으로 상원·하원과 유사하다고 하였다. 반면에 유회(儒會)는 유림을 대상으로 하여 귀족의 성격을 띠고 향교에서 개최하고, 다른 유림과 연락하여 경성에서 대회를 개최할 권한이 있다고 하였다. 또 향청회(鄕廳會)는 고을 주민 대표를 소집하고 본읍에 한정한다고 하였다.

촌회(村會)는 프로이센 연초(煙草) 국회, 그리스 연향(燕饗) 국회처럼 술과 음식을 준비한다고 설명하면서, 회식장(會食場)이 의사당(議事堂)에 해당한다고 하였다. 고을 주민 소집은 고을 어귀에서 고을 어른이 공표하는 방식으로 진행한다고 하였다. 민중의 소리는 사회와 국가 행위의 방향을 결정하는 잠재적 세력이었다. 스파르타 민회(民會)의 구두직결법보다 원만하게 운영되었다고 보았다.152)

따라서 유향소, 향회, 촌회 등으로 이어지는 지방자치의 구조가 구현되었다. 향회는 그리스의 정회(政會)보다 발달하였고, 동양에는 조선에서만 발전하였다고 평하였다. 향회가 있을 때 군주 독재정치는 입헌군주제나 공화제와 다름이 없고 나라가 태평하고 백성이 안락함을 이루었다고 보았다. 이 제도가 발달하였다면 오늘날 문명국의 정치제도를 부러워할

이유가 있겠는가라고 반문하였다.153) 이는 사족의 향촌 지배체제 연구로 계승되었다.154)

(3) 정당(政黨)의 발생

첫째, 붕당과 군주독재의 관계이다. 안확은 이건창(李建昌)의 『당의통략(黨議通略)』을 근시적, 소극적으로 과도한 제도와 해이한 정치적 폐단에 근거하였다고 비판하였다.155) 그는 정당 발생을 이건창이 선조대로 제시한 것과 달리, 연산군대 사화(士禍)로 보았다. 이것은 각종 당론서(黨論書)의 증보판 부록에서 나타나는 이해 방식이며, 이를 원용한 호소이 하지메(細井肇) 등의 『붕당사화의 검토(朋黨士禍の檢討)』(1921)와 일치한다. 그러나 이들이 단순히 시기만 확장시킨 반면에, 안확은 정치발전론을 역설하였다. 특히, 정치토의가 자유롭고 가부(可否)의 입장을 서로 견지하면서 논쟁이 양방향으로 흐르는 것은 자연스러우며 여기서 정당이 발생한다고 주장하였다. 안확은 동양 국가 중에서 조선 정치가 발달한 것은 붕당 때문이며, 독재정치가 500년 동안 지속된 것도 정당이 있었기 때문이라고 역설하였다. 오히려 정당으로 인해서 정치가 발달하면 군권이 축소되는 반면에, 정객(政客)의 권리는 신장되고 정치상의 자유가 생긴다고 평하였다. 사화 문제까지 당쟁이 아닌 군주독재의 폐단으로 보았는데, 이는 근래 연구와 유사하다.156) 동시에 선조 · 영조 · 정조 모두 당의(黨議) 때마다 중정(中正)의 도(道)를 모색함으로써, 조화를 추구하여 한쪽으로 치우치지 않았다고 평하였다.157) 이시이가 탕평 군주에게 전적인 책임을 돌린 것과도 다르다.

둘째, 정권교체의 성격이다. 정당으로 인해 정부의 교체가 빈번해진다는 비판에 대해서, 오히려 각 붕당이 자기주장의 관철을 위해 권력을 차지하므로, 이념적 동지를 등용하게 되고 이 과정에서 초야에 은거하는 인사가 발탁되어 인재의 다수가 세상에 나와 활동할 수 있다고 하였다. 만일 군권(君權)을 축소시키고 행정을 군주전제로 고착시키면 관료의 엄격한 승진제도 때문에 인재의 출세에 장애가 될 것이라고 보았다. 정당으로 인해 정치가 발달하고 인재 등용이 과거보다 발전했고, 학자나 문집의 숫자가 전대보다 100배나 많아졌고, 상인(常人) 계급도 벼슬길에 나갈 기회가 많아졌다고 설명하였다.[158]

셋째, 이념 정당의 가치이다. 당쟁 비판에 대해서 정당정치가 발달하면 다수의 여론과 당의(黨議)가 일어나는 과정에서 절충을 통하여 이루어진다고 설명하고, 정당으로 인해 정치가 진보하는 이유라고 하였다.[159] 붕당에 현대적 의미를 부여하여 청년가-국민당-의사파-동인, 노장가-관료파-외척파-서인, 자유당-노론, 보수당-소론, 북인, 남인 등으로 구분하였다. 자유당은 활발하고 시기를 잘 살펴 개선과 발전을 모색한 반면에, 보수당은 자부심과 독선주의와 권위적, 절의적인 다양한 보수의 수단을 통해서 역사를 구축한다고 평하였다. 여기서 노론은 서얼허통, 공노비 혁파 등이 주요하게 작용한 듯하고, 북인은 당시 만주가 주목되면서 광해군정권 재평가가 이루어지는 상황과 연동되었다.[160] 광복 이후 소론과 남인은 육경고학(六經古學)을 선호하는 학풍으로 언급되는 데 영향을 미쳤다.[161] 안확은 세상 사람은 이념이 없다고 하지만, 사색(四色) 붕당 모두 주의(主義)가 있다고 평하였다. 영국의 정통당·서계당,[162] 아테네

솔론 시대 산림당·해변당·평지당163) 등이 이익을 위해 경쟁한 것과 달리, 심지와 이념을 지녔다고 비교하였다. 이는 붕당정치론으로 계승되었다.164)

넷째, 세도정치 책임론이다. 정당은 어느 때를 막론하고 각자 주장을 펼침에 따라 반역과 혼란에 빠지기 쉬운 것도 당연하다고 보았다. "선조가 붕당 자체를 근심하지 않고 정당한 붕당이 소수임을 근심한다"는 말을 인용하여 붕당의 도덕을 강구하지 않고 멸절(滅絕)만을 바라는 것은 비판하였다. 정조 중엽 영영 당의가 끊어지고 무언(無言)이 주류를 이루어 세도(世道)가 생기고 문벌이 극심해져 국정이 쇠퇴하였다고 평하였다. 18세기 건저(建儲) 문제로 변고가 발생하였으나, 정당 간 쟁의(爭議)는 영국의 장미전쟁과 같이 왕실 문제였다고 비판하였다.165) 그는 세도정치의 원흉으로 홍국영을 제시하였는데,166) 황현(黃玹)의 『매천야록(梅泉野錄)』(1910?)과 같은 인식이다. 당론서(黨論書)에서 영조대 당론이 사라졌다고 평가한 것과 다르다. 안확은 홍경래의 난이 독재정치의 첫번째 반동운동이라고 평하였다.167) 이는 민중사관으로 계승되었고, 최근에는 정조 책임론까지 대두하였다.168) 하지만 세도정치기 관리가 악화되었고 민지(民志)도 타락하였다고 평가함으로써 지배층만의 책임으로 보지 않았다.169)

결과적으로 『조선문명사』는 약 1세기 전에 집필되었음에도 불구하고, 현재 역사서보다 역사적 맥락을 훨씬 더 정치하게 분석해냈다. 안확이 후학에게 남긴 과제는 매우 무겁다. 그는 많은 독립운동가가 겪었던 근대 학문체계의 미비점을 극복해야 했고, 동시에 친일파처럼 일본의 근대성에 경도되어 우리의 시선을 잃지 않으려고 노력하였다. 단지 일본 제국과 대등한 정도가 아니라, 학문적으로 압도하기 위해서 역사의 주체의식을 회복하고, 세계사적 시각의 논의를 주도하며, 독자적 이론틀을 만들고자 노력하였다. 안확의 과제는 표면적으로 식민사학의 극복이었으나, 궁극적으로 세계사 속에서 "우리는 과연 누구인가"라는 물음에 답하고자 노력하였다. 그가 남긴 거시적 안목은 오늘날 전(全)지구사적 관점을 필요로 하는 시대에 더욱더 그 가치가 빛을 발하는 듯하다.

2장 [조선시대사] 14-18세기 동서 공시성의 재검토

1. 문제의 제기

1) 내재적 발전론의 과제

조선왕조에 대한 역사상의 재구축은 국망(國亡)을 전후하여 시작되었다.[1] 조선시대에는 왕조사의 체계화에 부담을 느껴 대부분의 통사류는 고려시대까지를 주요 내용으로 하고 제한적으로만 당대사(當代史)를 다루었다. 그러다가 18세기 말-19세기 초부터 다수의 당론서를 필두로 야사류가 대거 편찬되었다. 앞서 간략히 살폈듯이 19세기 말에는 『당의통략』이 만들어져 일종의 대체 역사서처럼 보급되었다. 당대 작성된 실록이나 『승정원일기(承政院日記)』를 일반인이 참고할 수 없는 상황에서 조선의 역사상은 한쪽으로 치우친 당론서로 이해되고 있었다. 특히 대한제국 말기 외세 침탈의 현실 속에서 이러한 역사관은 비판적으로 자국사를 바라보는 계기가 되었다. 1910년 조선광문회에서는 일제에 맞서서 우리 전통문화를 계승하고자 고서(古書)를 간행하였으나,[2] 이때 보급도서로 선정한 것이 다름아닌 『당의통략』이었다.3) 이는 당시 역사관을 짐작할 수 있는 대목이다. 그러나 일본제국은 지식인의 자성(自省)의 목소리를 악용하였다. 식민사학자는 당론서를 여과 없이 활용하여 조선을 부패하고 무능한 사회로 묘사하였으며 '당파성론(黨派性論)'으로 체계화하였다. 당쟁사관(黨爭史觀)은 이렇게 근대 식민지 교육과 함께 급속히 확산되었다.

1934-35년에 일어난 조선학 운동에서는 다산(茶山) 정약용(丁若鏞)의 『여유당전서(與猶堂全書)』를 처음으로 활자화하여 간행함으로써 실학(實學) 담론이 본격화되었다.4) 이 운동은 당시 식민지 치하임에도 불구하고 우리 전통문화와 역사에서 희망의 새싹을 찾아보고자 하는 간절한 기원을 담고 있었다. 국망의 현실 앞에서 대부분의 역사가가 고대사로 눈을 돌릴 때, 극소수의 사람만이 그래도 조선시대에서 다시 긍정적인 요소를 찾아보고자 노력하였다. 하지만 아직 여기에는 무능한 조선 정부의 이미지가 희석되지는 못하였다. 실학 담론에는 조선의 위정자는 무능했으나 재야의 지식인은 그래도 근대사회를 예비하고 있었다는 안타까움을 담고 있었다. 이는 망국의 현실을 직접 경험한 사람들에게 어쩌면 당연한 비판정신이었을지도 모른다.

이러한 인식은 광복 이후에도 더욱 확대되었다. 1960-70년대 동아시아 각국에 자본주의 맹아론이 강타하였다.5) 아시아 국가들이 비록 제국주의 열강의 식민지가 되었으나, 사회경제적 흐름은 근대를 지향하고 있었음을 밝히고자 하는 연구였다. 이러한 연구의 공통점은 중앙정부의 무능을 전제로 그밖의 요소에서 희망을 찾아보고자 하는 방식이다. 이는 실학의 정치사상적 측면을 사회경제적 영역으로 확장시켜 나간 사례이다. 이후 사회구성체론과 민중운동사적 관점이 결합되면서, 프랑스혁명기 구체제(舊體制)의 대상으로 지목된 '봉건'적 요소를 조선왕조에 무리하게 적용하고 부패상을 극대화하는 방식도 활용되었다.6) 특히 독재정권하에서는 감히 비판할 수 없었던 군사정부를 조선왕조에 빗대어서 타파해야 할 '구체제'이자 '봉건사회'로 지칭하는 연구가 다량으로 양산되었다.

그러나 새로운 연구 경향도 대두하였다. 1980년대부터 사림정치 연구가 축적되어 붕당정치론으로 대두하면서 당파성론에 대한 비판이 시작되었으며,7) 1990년대에 탕평정치론이 부각되면서 조선후기 사회에 대한 이해 체계도 일신되었다.8) 수십 년간 지속된 조선후기 사회변동 논쟁은 우리 학계의 학문 수준을 한 단계 끌어올려 맹목적으로 임진왜란 이후 300여 년간 망해간 왕조라는 냉소에 찬 선입견을 차츰 떨쳐버리는 데 공헌하였다.9) 그러나 아직 붕당과 탕평을 조화롭게 이해하기보다는 양자를 대립적으로 바라보는 관점이 완전히 극복되지는 못하였다. 일제강점기 당파성론이 부각되자 상대적으로 영·정조의 문물제도 정비에 주목하였던 반면에,10) 붕당정치론이 제기되었을 때는 탕평을 군부(軍府)에 빗대어 전제군주의 전횡으로 몰아붙이기도 했다.11) 최근까지 중·고교의 교육과정에는 서로 출발점이 달랐던 실학 담론과 자본주의 맹아론, 그리고 붕당정치론과 탕평정치론 등이 한데 어울려 조선후기를 설명하는 기재(器材)로 활용되고 있다.12)

하지만 1990년대에서 2000년대를 넘어가면서 아직 상충되는 학설을 재검토할 겨를도 없이, 우리 학계에서는 식민사학 극복을 위하여 구축해 왔던 내재적 발전론에 대해서 심각한 고민에 직면했다.13) 사회주의 경제권의 몰락으로 인한 사회구성체론에 대한 회의적 시각, 서구 제국주의 패권하에서 만들어진 근대의 기준에 우리 역사를 일방적으로 적용하고자 하는 관점 등이 모두 문제점으로 인식되는 시기였다. 그러면서도 세계는 냉전 이데올로기 해체 이후 신자유주의의 물결하에 급속한 혼돈에 진입하였고, 학계에서도 포스트모더니즘의 망령을 쓴 기억담론(記憶談論)을 바탕으로 '자유로운 역사인식'을 제창하는 시기가 도래하였다. 더욱이 과거 이념의 시대에 목적을 위해서 실증에 다소 관대했던 학계의 빈틈을 비집고, 경제사학계에서는 통계지표를 적극 활용하여 '조선후기 정체된 사회'·'식민지 근대화'라는 시각을 만들어냈다.14) 그러나 국수주의 비판에서 출발한 연구였음에도 불구하고, 본래 제창한 실증적 연구와는 상당한 간극을 보였다.

우리는 이제껏 과거 제국주의 열강의 식민통치에 반박하기 위한 연구에 매진하였으나, 기실 그 방법은 서구에서 만든 기준에 근거하고 있었다. 어떤 의미에서는 이러한 불공정한 잣대를 가지고 극복한다는 것 자체가 처음부터 불가능한 일이었다. 그런데도 그것을 세계사의 보편주의로 받아들이고 경도된 나머지, 이러한 기준으로 한국사의 보편성을 확인하는 데 몰두하였다. 이것이 논란의 불씨가 되었다. 그간의 내재적 발전론 비판의 주요 골자는 서구의 이론 틀을 명확히 이해하지 못하고 있다거나 서구사회의 동일 개념과 모델을 한국사에 적용하는 게 부적절하다는 내용이었다. 그러한 상황에서 정체성론에 입각한 식민지 근대화론만이 새로이 영역을 확장하고 있는 듯하다.

이와는 대조적으로, 최근 영미 학계를 중심으로 19세기 초반까지도 여전히 동양의 정치문화에 대한 미화나 동경해마지 않았던 미국과 유럽의 상황을 소개하고 있으며, 제국주의 열강의 아시아 식민지화가 본격화되는 19세기 중반 이후가 되어서야 비로소 동양에 대한 비하의식이 만연해졌다고 평가하고 있다.15) 그리고 20세기 세계 패권 경쟁에서 승리한 제국주의 국가의 관점에서 세계사를 재서술하여 마치 처음부터 승리하는 국가상으로 부회했다고 밝히고 있다. 이러한 주장의 근거에는 18세기 계몽주의 시대의 유럽, 특히 영국과 미국, 그리고 프랑스혁명기 지식인의 근대적 국가의 모델이 바로 중국의 유교식 관료제와 일원적인 황제의 통치체제를 상정하였다는 사실에 있다.16)

그런데도 아시아의 피식민지 국가들은 오랫동안 오히려 혁명부재론(革命不在論)에 대한 변명거리를 찾기 위해서 분주하게 움직여 왔다. 혁명만이 근대국가로 나아가기 위한 필수 코스로 상정해 놓고 반드시 거쳤어야 했다는 주장이다. 마치 봉건제를 근대화에 필연적인 과정으로 상정한한 논의와 마찬가지였다. 그러나 돌이켜 생각해보건대, 미국과 프랑스 두 나라 외에 다른 서구의 근대국가는 모두 그러한 수준의 혁명을 거쳤는가? 기실 프랑스를 제외하면 봉건제의 전형(典型)이 통용되는 나라가 유럽에서 얼마나 될까? 매번 예외적인 경우를 상정하거나 억지로 유사성을 찾는 데 분주한 방식이 과연 얼마나 유효한 것일까? 그런데도 불구하고 이러한 어설픈 일반화에 장시간 학문적 토대를 빼앗겨 왔다.

이러한 분위기는 아마도 세계대전 이후 제국주의로 경제적 부(富)를 축적한 경험이 있는 열강은 다시 자신들 주도의 세계체제를 건설하여 경제대국으로 성장한 반면에, 오히려 식민지를 경험한 국가는 사회주의 국가가 되거나 경제발전에 크게 성공하지 못하여, 당대 불의(不義)한 현실에 대한 합리적인 설명이 필요했기 때문이다. 그래서 모든 국가의 근대지향성을 열강에 의해서 빼앗긴 기회로 설명하는 방식이 동아시아 3국에서 유행하면서 자본주의 맹아론이 보급되기에 이른다. 아직 상당한 컴플렉스에 시달리는 상황에서는 승자가 만들어놓은 이데올로기와 세계관을 맹목적으로 추종하지 않을 수 없었다. 다른 지역의 국한된 역사적 경험에서 추출한 귀납적 결론을 우리 역사에 연역적으로 적용한다는 발상 자체가 무리한 시도였다.

또한 한동안 서구의 근대화만을 기준으로 서양의 작은 단서는 침소봉대해온 반면에, 타지역의 더 큰 실존 요소는 애써 외면해 왔던 비합리적인 태도는 배제되어야 한다. 이는 모두가 현재적 관점에서 이전의 역사상까지도 부회하여 재해석하는 왜곡된 이해 방식이다. 혹은 서구의 전혀 다른 시간대에 추출된 역사이론을 무차별적으로 동양사회에 적용시키는 방식도 주의를 요한다. 동서양이 단절된 사회가 아닌 다음에야 이러한 비교가 처음부터 성공하기는 쉽지 않은 일이었다. 이는 동서양의 교역로에서 배제되었던 서유럽 해양국가의 사고방식에 지나지 않았다. 자신들의 대양(大洋) 항해를 기준으로 비로소 세계사의 시대가 열렸다는 황당한 주장은 오랜 세월 동안 별다른 검증 없이 당연시되어 왔다. 이러한 논리는 역으로 서유럽 국가가 그동안 동서 교류의 무대에서 한 번도 주역으로 활동하지 못했음을 반증한다. 연구의 시각과 기준은 합리적이어야 하고, 비교의 공간과 시간도 공평해야 한다.

2) 조선은 '근세' 사회인가?

 다른 한편으로, 서구 중심 사고뿐 아니라 중국 중심주의도 또 다른 부작용을 낳았다. 우리 학계에서는 한동안 조선왕조를 '근세' 사회로 평가하고자 노력해왔다.[17] 최근에는 '조선시대사'로 부르지만 거의 반세기 이상 시대사 구분 논쟁을 벌이며 '근세'에서부터 '중세' 등 다양한 용어가 대립해왔다.[18] 그런데 근세의 연원을 살펴보면 더욱 당황스럽다. 이 표현 자체는 근대지향의 표현이기는커녕, 오히려 송대(宋代) 신유학(新儒學)에서 즐겨 쓰던 용어였다.[19] 이는 아마도 일본 메이지(明治)연간에 주자학(朱子學) 교육이 강화되면서 지성계에서 보편화된 듯하다. 일제는 이중잣대를 들이대어 조선에서 유교를 망국의 원흉으로 부추기며 전근대성의 상징으로 내몰았지만, 정작 자신들은 주자성리학과 퇴계학으로 무장하여 메이지유신(明治維新)을 주도하였다. 그런 그들에게 성리학자의 표현은 매우 익숙한 용어였다. 본래의 뜻은 그저 '가까운 시대'를 가리킬 뿐이었다. 그런데 나이토가 『중국근세사』를 서술하면서 전혀 다른 의미가 부여되었다.[20] 곧 '근세'는 그가 제창한 당송변혁기(唐宋變革期)를 이르는 역사 용어로 변모하였다. 여기서는 10세기 당(唐)에서 송(宋)으로의 교체기를 역사 발전단계 상 대변혁으로 제시하였다.
 이러한 주장은 사실 서양의 개념을 매우 염두에 둔 듯한 인상을 지울 수 없다. 바로 서양이 '중세사회에서 근대사회로 이행되는 시기'라고 평가하는 지점이다. 더 직접적으로 말하자면 '르네상스기'가 고려될 수 있다.[21] 그런데 서양사에서 르네상스기는 대략 14-16세기를 이른다.

르네상스기 이후 점진적인 발전단계를 거쳐서 근대국가를 형성하였으므로, 초기의 변화를 초점에 두고 중국사를 체계화하고자 한 것이다. 그런데 흥미로운 점은 양자의 비교 대상 시기가 전혀 다르다는 사실이다. 전자는 10세기에 해당하고 후자는 14-16세기의 산물이다. 그러므로 나이토(內藤)는 약 500여 년 이상을 앞당겨서 중국사를 평가하고자 했음을 알 수 있다. 이는 일견 서구의 역사 발전단계에 대응시켜 동양인의 저력을 보여주고자 중국의 역사를 그 이상의 발전된 사회로 평가한 듯하다.22)

하지만 다소 난감한 점은 이러한 '근세'의 접근법이 일제강점기 이후 수용되면서 전혀 다른 각도로 우리 학계에서 쓰이고 있다는 사실이다. 근세란 용어는 일반인에게 단순히 중세와 근대의 중간 지점으로 받아들여지는 경우가 많지만, 실제 학계에서는 조선사회에서 일종의 준근대성을 증명하기 위한 목적으로 고안된 역사 용어였으며, 여말선초를 당송변혁기에 필적하는 대변혁기로 설정하고 싶은 의도가 상당 부분 반영되어 있다.

그런데 이러한 입론의 전제에는 동아시아 3국의 시차발전론(時差發展論)이 당연시되었다. 중국이 가장 앞서고, 그 다음이 한국이며, 일본의 역사 발전단계가 가장 늦었다는 설명이다. 그래서 동아시아 3국의 고대와 중세, 그리고 근대는 모두 다른 시기에 설정해야 한다는 지극히 일국사(一國史)의 관점에서 역사 발전단계를 설정하고자 하는 방식이다. 서로 다른 역사 발전단계가 동시간대에 이루어지고 있다는 설명 방식에도 아무런 모순점을 느끼지 못하였다.

이와 같은 설명이 유효할 경우, 동시간대 동아시아를 여행하는 일본의 고대인(古代人)은 한국에 오면 중세인(中世人)이 되기도 하고, 중국으로 가면 근세인(近世人)이 될 수도 있다.23) 오늘날도 선진국과 후진국의 구분은 존재하지만, 같은 시간대를 살아가는 사람이 이토록 전혀 다른 역사 발전단계를 경험할 수 있는 것일까?24) 좀 더 극단적으로 비교하자면, 일제강점기 경제사학자가 주창한 당시 '식민지 조선'은 '일본의 고대'에 해당한다는 정체성론의 논법과도 과연 얼마나 차이가 있을까 하는 의문마저 떨쳐버릴 수 없다.25)

더욱이 당송변혁기 이론을 여말선초에 적용함으로써 애초의 순수한 의도와 무관하게 영미학계에서 한국사는 중국보다 500여 년 이상 늦추어진 정체된 사회로 이해되는 측면이 없지 않았다.26) 당송변혁기가 동시간대에 우리 역사에서는 10세기 나말여초에 해당하며, 이 시기는 동아시아 전역에서 당에서 송으로, 발해(渤海)에서 요(遼)로, 신라에서 고려로 전환되는 막대한 사회변동이 있었음에도 불구하고, 같은 시간대의 역사적 사실은 왜 직접 검토 대상이 되지 못하고 500여 년이나 떨어진 14세기 말 고려와 조선의 교체기로 비교되어야만 했을까? 또한 14-15세기 급변기에 세계제국인 원(元)의 붕괴로 명(明)과 조선이 각기 향유했던 자국 중심의 문화운동은 어째서 동시대에 유럽에서 일어나고 있던 르네상스와 함께 비교하면 안 되었을까? 이와 연장선상에서 조선의 18세기 문물제도의 재정비를 동시대 계몽주의 시대의 흐름과 비교하지 않고, 굳이 '문예부흥'으로 상정하여 서구의 14-16세기 르네상스기에 견주는 방식도 과연 비교 대상이 적절한 것인지도 의문이다. 이러한 모순점이 현재 우리가 설계해 오고 만들어 온 역사관에 대한 궁극적인 질문이다.

14세기 조선왕조의 성립 시점은 서양의 르네상스기에 해당하며, 조선 후기는 서구의 근대국가 체제의 형성기와 맞닿아 있었다. 이러한 사실을 자각할 때, 세종시대의 문화예술과 과학기술은 별반 놀라운 일이 아니며, 탕평정치기 국왕 중심 국가체제의 정비와 실질적인 정책으로 드러나는 백성관(百姓觀)은 서구사회에서 근대정신이라고 불러왔던 내용과도 상당히 닮아있다. 따라서 세계사의 변화추이에서 전통사회를 살펴볼 필요가 있다. 아득히 먼 조선왕조가 신기하게도 때때로 근대와 유사한 요소를 지녔다기보다는 전 지구적인 변화의 흐름 속에 있었던 데 불과하다. 그러므로 동양과 서양으로 나뉜 이분법적인 시각에서 벗어나 동시대사라는 측면에서 접근해 보아야 한다. 이제 한국사 연구에서 공시성(共時性)에 대한 고민이 필요한 시점이다.

2. 세계사 속의 조선

1) 동서의 이상국가 모색

유럽에서는 약 14세기경부터 르네상스 운동이 일어나기 시작하며, 15-16세기에 전성기를 맞이하였다. 이때는 대체로 조선의 건국과 세종-성종 연간 문물제도의 정비가 이루어지던 시기와 일치한다.[27] 유럽에서 고대 그리스와 로마 문화가 부활하면서 인간 중심의 새로운 문화가 도래하였듯이, 조선왕조 역시 '고조선'의 존재가 고려 후기부터 재인식되고 있었고,28) 성리학의 도입으로 중국 고대 이상사회인 요순 및 주(周)나라의 이미지와 겹쳐지면서 유교적 이상사회를 실현시킬 수 있는 국가로서 신왕조(新王朝)가 개창되었다.29)

조선의 국호는 우리 역사에서 고조선을 부활시켜 낸 데서 출발하였으며,30) 그 구체적인 통치 모델을 유교의 이상사회인 주나라에서 찾고자 했다.31) 이는 역성혁명(易姓革命)을 주도한 신진사류(新進士類)의 정치적 이념을 단적으로 드러낸 표현이었다. 당시 혁명을 일으킨 세력은 새로운 국가상으로 유교적 이상사회를 내세웠으나, 일방적으로 중국 고대의 이상사회를 꿈꾸지는 않았다. 오히려 단군과 기자를 토대로 중국의 이상사회인 요순시대와 주나라의 이상향이 모두 같은 시대 고조선에서도 실현되었다는 인식을 전제로 하였다.32) 고려 말엽-조선 초기 지식인은 단군은 요임금과 동시대 인물로 비정하여, 우리나라의 역사의 출발이 중국과 동일함을 강조하였으며, 은주교체기(殷周交替期) 현인(賢人) 기자(箕子)가 주무왕(周武王)에게 요순의 도통을 잇는 은나라의 홍범(洪範)을 전수하고 조선으로 이주하였으므로, 고조선은 주나라와 같은 도통을 이어받았을 뿐 아니라 기자의 통치를 직접받은 문명국으로 발전했다는 논리구조를 제창하였다. 이러한 주장은 결국 조선이 중국과 대등하고 독자적인 천하관을 지니는 문화국가임을 강조한 논법이었다. 조선왕조의 개창은 우리의 역사 전통을 재발굴하였을 뿐만 아니라,33) 신유학에서 표방하는 이상사회의 모델을 우리의 시각에서 접목시켰으며,34) 주나라의 이상향을 조선에서 재현시켜 보고자 하는 변혁운동이었다.35)

왕조 개창 이후 누대에 걸쳐 이룩한 각종 문물제도가 세종-성종 연간에 집대성되었다. 이 시기의 화려한 문화는 사실 서구의 르네상스기와 비교하면 거의 동시대의 산물이었다.36) 마치 유럽이 십자군 원정을 통해서 이슬람제국과 조우하면서 고대 그리스와 로마의 고전을 획득하고 과학기술 등을 전수받아 문예부흥과 과학혁명을 이루었던 상황과 유사하다. 당시 세계는 이슬람제국(셀주크·오스만)과 몽골제국이 동서 세계를 양분하고 있었으며, 두 거대 제국의 문화는 상호 교류되면서 주변부에 영향을 미쳤다. 이슬람제국의 유산이 서구의 르네상스를 일깨웠듯이, 원(元)제국 하에서 결집된 세계적인 학문적 토대는 명과 조선에서 새로운 문화를 꽃피웠다. 동양과 서양은 두 거대 제국의 유산을 밑거름 삼아, 동시대에 르네상스를 구현해 나가고 있었다. 마치 유럽이 이념적으로는 고대 그리스와 로마의 고전을 부활하고자 했으나 실제 과학적 유산은 이단시했던 이슬람의 영향을 받은 것처럼, 명과 조선 역시 이념적으로 자국 중심의 중화中華 회복을 주창했지만 오랑캐로 멸시하던 몽골의 유산에 상당 부분 의지하지 않을 수 없었다.37) 그러므로 현실적 수용과는 달리, 이념적으로는 독자성과 자주성을 강조하기 위한 사상적 무장과 재편이 필요했으며, 이에 따라 전통에 대한 재인식과 대대적인 문물제도의 정비가 이루어졌다.38)

그 방식은 몇 차례의 물결로 대별된다. 하나는 강력한 중앙권력을 지닌 국가체제를 만들려는 흐름이다. 명의 육부직주, 조선의 육조직계, 프랑스의 국가주권 등은 비슷한 형태로 구현된 모델로 보인다. 다른 하나는 비대한 중앙권력에 대한 비판 현상이다. 명의 '사도부흥(師道復興)'이나 조선의 '사림정치', 영국의 '르네상스 지식인' 등이다. 향후 두 가지

사상이 점차 파장을 일으키면서 절충된 모습으로 청과 조선의 '성인군주론'이나 유럽의 '계몽절대주의'로 등장하였다. 이에 동서의 이상국가 모델을 살펴볼 필요가 있다.

14세기 후반 정도전(鄭道傳: 1342-1398)은 쇠락해 가는 고려사회를 재편할 수 있는 강력한 신왕조의 출현을 갈망하였다. 그가 편찬한 『조선경국전(朝鮮經國典)』과 『경제문감(經濟文鑑)』에서는 『주례(周禮)』를 모범으로 하는 일원적인 국가 통치구조를 이상으로 삼았으며, 조선 국호의 유교적 가치, 민본주의, 재상 중심의 정치체제 등을 구체적으로 제시하였다.39) 정도전은 조선의 국가체제를 직접 기획한 인물이었으며 1차 왕자의 난(1398)을 일으킨 태종과의 대립으로 정계에서 축출되었으나 오히려 그의 국가론은 태종은 물론이거니와 후의 왕들에게도 영향을 미쳤다.

이와 유사한 형태의 이상국가론에 대한 고민은 중국과 서구에서도 나타났다. 15세기 후반 명대(明代) 구준(丘濬: 1421-1505)은 『대학연의보(大學衍義補)』를 편찬하여, 신유학의 성학론(聖學論)을 착실히 계승하면서도 국가제도의 재구축을 상세히 서술하였으며, 특히 군주와 신료의 관계, 군주와 백성과의 상호관계 등에 초점을 두었다.40) 사도(師道)의 주장과 대간(臺諫) 기능 강화를 통한 신하의 역할론은 당시 재상 정치가 폐지된 명대의 상황에서는 파격적인 주장이었다. 뿐만 아니라 그는 맹자(孟子)의 논지를 계승하여, 군주는 백성을 위해서 존재하며 백성이 있어야 군주의 지위도 가능하다는 발언을 서슴지 않았다. 당시 명나라는 영종(英宗: 正統帝·天順帝)이 몽골에게 포로로 잡히는 토목의 변(土木之變: 1449)을 겪고 대종(代宗: 景泰帝)이 즉위하였으나 곧 영종이 귀환하여 탈문의 변(奪門之變: 1457)을 일으켜 제위를 탈환하였고, 1487년 영종 사후 헌종(憲宗: 成化帝)이 즉위했으나 혼란을 수습하지는 못했다. 이후 효종(孝宗: 弘治帝)이 즉위하고서야 개혁을 단행하여 황실의 친척과 권문세가가 토지를 겸병하는 것을 금지하고 조세를 탕감·면제했으며, 이재민을 구휼하고 농업생산을 발전시킴으로써 정국을 비교적 안정시켰다. 이른바 '홍치중흥기(弘治中興期)' 정계에서 보좌했던 대표 인물이 바로 구준이었다. 그의 파격적인 국가 개조론은 사족의 적극 협력하에서 백성의 생활을 안정시키고 실추된 황제의 권위를 재구축하는 데 상당히 매력적인 것으로 인식되었다. 이러한 분위기는 명말까지 사도부흥운동으로 지속되었다.[41]

한 세대후인 15-16세기 영국의 토마스 모어(Sir Thomas More: 1478-1535)는 상상의 섬, '유토피아(Utopia)'라는 이상적인 공간을 만들어내어, 르네상스인의 이상을 제기하고 그들은 부나 권력에 대해 욕심이 없음을 강조하고, 영국의 현실에 대비시켜서 전쟁 수행에만 골몰하는 군주와 아첨하는 자문관을 비판하였다.[42] 그의 시대는 영국과 프랑스의 100년전쟁(1337-1453)이 종식됨으로써 양국의 독자적인 국가의 모습이 서서히 형성되던 무렵이었다. 그의 비판 정신은 향후 영국이 대륙 국가와 다른 왕정관(王政觀)을 만들어가는 데 일조하였으며, 조선과 명의 사대부의 정치 지향과도 상당 부분 공통분모를 그리고 있었다.

16세기 무렵에는 유럽에서도 절대왕정(Absolute Monarch)이 출현하기 시작하여, 교회를 중심으로 하는 중세 질서를 세속의 국왕권 아래에 재통합하고자 하였다.[43] 장 보댕(Jean Bodin: 1530-1596)은 전통적인 기독교적 군주관에 국가 주권의 요소를 가미한 왕권신수설(王權神授說)을 체계화하여 절대왕정을 이론적으로 뒷받침하였다.[44] 이러한 군주 모델은 일견 마키아벨리즘이나,[45] 명초 태조(太祖: 洪武帝)나 태종(太宗: 成祖/永樂帝)의 황제독재권 구축, 조선 태종과 세조의 육조직계제(六曹直啓制) 추구에 비견되는 정치 입론이다. 그러나 마치 명대의 사도 부흥이나 조선의 사림정치 등과 같이, 유럽에서도 집권화된 왕정을 비판적인 시선으로 바라보았던 사상이 점차 파장을 일으키면서 보다 절충된 모습으로 국가의 체제가 재편되었으며 향후 17-18세기 계몽절대주의(Enlightened Absolutism)의 형태로 귀결되었다.[46]

동시대 조선에서는 이미 확립된 전통적인 왕정체제에 새로운 요소가 나타나기 시작했다. 조광조(趙光祖: 1482-1519)를 필두로 한 기묘사림(己卯士林)의 정계 진출로 실천지향적인 현실개혁 논리가 조선 성리학에 가미되어 중앙정계는 물론이거니와 점차 향촌사회로까지 확산되었다.[47] 그러나 사림은 아직 세력이 미약하여 '사화(士禍)'로 대변되는 훈구(勳舊) 세력과의 일대격돌을 피할 수 없었다. 사림은 요순 정치론을 주창하여 임금이 성인(聖人) 군주가 되기를 갈망하였으나, 훈구를 견제해야 하는 상황에서 왕권의 절대적인 신성함을 부정할 수 없었다.[48]

하지만 17세기에 접어들면 사림이 집권에 성공하고 붕당정치가 공인되면서 사림의 정치이념은 한층 더 공고해져만 갔다. 점차 군주성학론(君主聖學論)이 자리를 잡아나가면서 조선의 국왕은 더 이상 왕통의 신성함만으로 군주의 권위를 요구할 수 없는 시대에 접어들기 시작했다.[49] '산림(山林)'으로 칭해졌던 각 붕당의 영수는 수신(修身)이 부족한 군주를 성인 군주로 이끄는 스승으로서 자신들의 위치를 비정하고 사대부의 정치이념을 국왕에게 요구하는 새로운 정치형태가 출현했다.50) 이른바 붕당정치의 대두는 정치세력의 견제와 균형을 토대로 왕정을 운영해나가는 조선 정치체제의 일대 변동을 의미했다.

중국에서도 명말청초의 대변혁기를 맞이하여 기왕의 사도운동을 한 단계 뛰어넘는 새로운 사상이 태동하였다. 황종희(黃宗羲: 1610-1695)는 『명이대방록(明夷待訪錄)』(1662-1663)에서 천하에 큰 해를 입히는 것은 군주뿐이니 없다고 하더라도 사람은 각기 사리(私利)를 얻을 수 있다고 하여 군주정의 문제점을 신랄하게 비판하고 파격적인 민본사상에 입각한 국가상을 주창하였다.51) 황종희는 명나라의 멸망을 직접 경험하였기에 더욱 급진적일 수밖에 없었다.

또한 서구에서는 17세기 절대왕정이 전성기에 접어들었다. 문화운동에서 시작된 르네상스는 점차 정치사상과 조우하면서 새로운 변혁의 이데올로기로서 변신하여, 인간의 이성을 중심으로 자연 만물을 설명하고자 하는 흐름인 계몽주의로 나타났다.52) 토마스 홉스(Thomas Hobbes: 1588-1679)는 가톨릭의 국왕에 대한 도전을 강력히 비판하고 절대왕정의 정당성을 주장하는 동시에, 자신을 더 이상 보호해줄 수 없는 군주는 폐위하고 새로운 군주에게 충성을 바칠 수 있는 신민의 권리를 주창하였다.53) 하지만 그는 교회 권력을 부정하였기에 끝내 왕권신수설의 지지자인 왕당파의 배척을 받았고, 사회계약론의 시초가 되는 논리를 제시했음에도 불구하고 절대왕권을 주장하여 의회파에게도 호감을 얻지 못하였다. 그가 이러한 모순적인 행보를 보인 이유는 크롬웰(Richard Cromwell:

1626-1712)의 청교도혁명(1640-1660)과 제임스 2세(James II: 1633-1701)의 왕정복고(1685-1688)라는 양극단의 정치적 상황을 연이어 경험했기 때문이다.54)

여기서 장 보댕의 왕권신수설이나 홉스의 절대왕권은 일견 성학론과 비교해 볼 만하다. 성리학자는 천명을 부여받은 제왕이 학문을 닦아 요순의 덕을 갖추면[體天], 성인 군주가 될 수 있다는 이상적인 군주론으로 체계화하였다.55) 그런데 16세기 사림은 정작 이러한 성학론을 온전히 주장하지 못하고 현실타협적인 입장을 견지해야 했다. 본래 성학은 선천적인 왕실의 혈통에만 기반한 존왕(尊王)사상이라기보다는 후천적 노력[修身]을 강조한 진일보한 사상이었다. 명대 사도 운동 역시 자득(自得)에 기반한 왕학(王學)의 영향이 적지 않게 작용하였다. 비교의 층위는 다소 다르지만, 홉스의 사상이 절대왕권 개념에서 장 보댕의 신(神)을 배제한 것에 비교해 볼 만한 진전이다. 그러나 아직 사림이 훈구세력과 대결을 벌이고 있는 상황에서, 군주에게 학문에만 집중할 것을 요구할 수 없었다. 오히려 사림은 군주의 지지를 얻기 위해서 왕실의 신성함을 더욱 강조하였고, 힘겹게 얻은 국왕의 신뢰를 바탕으로 점진적인 변화를 꾀해야 했다. 국왕은 훈구와 사림의 균형점이 무너질 때면 어느 쪽이든 버리기를 주저하지 않았으며, 그것은 후대 집권에 성공한 사림의 입장에서 '사화'로 명명되었다. 홉스의 교회 배척이나 사림의 훈구 비판의 맥락은 모두 국왕의 절대권력을 전제로 이루어졌다. 사림의 초기 정치 입론은 현실권력의 옹호라는 측면에서 절대왕정의 이론체계와 부합하는 측면이 많았다.

다른 한편으로, 홉스의 군주를 교체할 수 있다는 주장 역시 전통적인 맹자관(孟子觀)과 황종희가 주장한 방벌(放伐)과 역성혁명에 가까운 발상이다. 실제 14세기말 조선왕조의 개창은 신유학으로 무장한 신진사류의 혁명운동의 산물이었으며, 이러한 사상으로 무장한 조선 지식인은 역성혁명에 이어서 16세기 초와 17세기 초 두 차례나 반정(反正)을 일으키고도 그 정당성을 부여해냈다. 왕정체제와 혁명론이 공존하는 이율배반의 사상이 자리매김하였다. 그래서 조선에서 혁명은 단지 관념이 아니라 실제적인 사상으로 받아들여졌다. 16세기 후반-17세기 전반 조선에서는 선조대 평화적인 붕당 공인과 인조대 물리적인 군사력이 동원된 반정으로 붕당정치가 본궤도에 올랐으며, 17세기 중후반 영국에서도 군사쿠데타인 청교도혁명, 평화적인 권력 이양인 명예혁명으로 왕정체제하의 새로운 국가관이 태동하여 마침내 의회파가 권력을 장악하기에 이르렀다. 양국의 정치 상황은 여러모로 비교 검토가 필요한 동시대 변화이다.

2) 계몽주의시대 '동양' 인식

명·청에서 활발한 활동을 벌인 예수회(Society of Jesus: 1534-1773, 재건 1814-)가 중국 선교사업에 대하여 적극적인 홍보사업을 벌임에 따라, 이를 토대로 막연한 동양[56]에 대한 신화적 이미지마저 유럽 사회에 전해지기 시작하였으며,[57] 동양에서도 서구를 재인식하는 계기가 되었다.[58] 당시 유교사상이 유럽 사회에 전해지면서 관료를 능력에 따라 시험으로 뽑는 과거제는 상당한 충격을 불러일으켰다.[59] 특히, 유학을 공부한 국왕과 관료의 통치는 일견 플라톤(Platon)의 철인(哲人) 정치를 연상케 했다.60) 계몽주의시대 서양의 지식인에게 학문을 매개로 정교하게 발달한 관료제를 갖춘 동양의 유교정치 모델은 이상적인 근대국가의 상으로까지 자리매김하였으며 더 나아가 혁명기 새로운 국가를 꿈꾸는 계기가 되었다.61)

영국에서 명예혁명(1688-1689)에 적극 가담했던 존 로크(John Locke: 1632-1704)는 입헌군주제와 대의제를 주장하여 홉스보다 진전된 근대국가상을 꿈꾸었는데도, 오히려 명나라의 사례를 긍정적으로 소개하기에 이른다.62) 심지어 프랑스의 볼테르(Voltaire/Franois-Marie Arouet: 1694-1778)는 중국을 유럽의 어느 나라보다도 고결한 나라로 칭송했으며, 유교의 합리적인 가치에 따라 황제가 지배하는 개명군주제(開明君主制)의 본보기라고까지 주장했다.63) 또한 중농학파(重農學派)에게 유교 정치이념은 모범적인 국가 통치 이데올로기로 각광받았다.64) 프랑수아 케네(François Quesnay: 1694-1774)는 7년전쟁(1756-1763)에서 영국에게 크게 패한 프랑스 재건의 방법으로 중국을 모델로 하는 농업중심의 경제정책을 주창하였다.65) 그는 '유럽의 공자'로까지 불렸는데,『중국의 전제정치(Le Despotisme de la chine)』(1767)를 저술하여 유교 정치제도에 대한 동경을 유감없이 드러냈다.66) 당시 '전제정치'는 19세기 이후의 부정적 의미와는 전혀 달랐다.67) 여기에서는 일사분란하게 제국통치가 이루어지는 효율적이고 동경의 대상으로서의 군주제를 의미하였다. 이 시기 중국의 정치제도에 대한 긍정은 스코틀랜드의 아담 퍼거슨(Adam Ferguson: 1723-1816)에서도 드러난다.68) 더욱이 미국의 벤자민 프랭클린

(Benjamin Franklin: 1706-1790)이나 토마스 제퍼슨(Thomas Jefferson: 1743-1826) 등과 같은 대표적인 정치가이자 사상가들에게도 상당한 감명을 주었으며,69) 미국의 독립혁명(1775-1783)과 프랑스혁명(1789-1794)에도 일정한 반향을 일으켰다.70) 이는 17세기 후반-18세기 중국에서 청 성조[康熙帝]·세종[雍正帝]·고종[乾隆帝: 재위 1735-1796) 등이 즉위하여 국내외의 총체적인 위기를 극복하고 문물제도를 집대성하는 데 성공함으로써 학자 군주의 면모를 유감없이 드러내어 청의 최전성기를 누렸기 때문이다.71)

조선에서도 17세기 후반부터 재야에서 당시 정치구조에 반발하는 움직임이 포착된다. 남인(南人) 유형원(柳馨遠: 1622-1673)은 『반계수록(磻溪隧錄)』을 저술하여, 군주를 중심으로 하는 정교한 관료제의 복구와 토지제도의 개혁 등을 통하여 새로운 국가상을 제시하였다.72) 서인(西人) 박세채(朴世采: 1631-1695) 역시 황극탕평론을 통하여 군주 주도의 정치체제를 제시하고 수십 년간 준비해온 국가의 대경장안인 시무만언소(時務萬言疏)를 숙종에게 올렸다.73) 그는 법전의 증수 및 법치주의 확립, 군제의 개편, 인사정책의 개혁 등 국가제도의 총체적인 개혁을 주장하였다. 17세기는 국제전쟁을 수 차례 경험하였을 뿐만 아니라, 천변재이의 잦은 발생으로 인한 대기근 발생은 전후 복구사업을 더디게만 하였다. 더욱이 다양한 정치세력의 잦은 교체는 대경장을 추진하는 데 상당한 어려움을 야기하였다. 이에 통일된 국가권력의 출현을 희구한 것이다. 실제 18세기에 이르면 탕평정치의 시대가 도래하여 군주 성학론의 의미가 재해석되었다.74) 이른바 탕평군주로 일컬어지는 숙종(재위 1674-

1720)·영조·정조(재위 1777-1800) 등은 학문의 수양을 통하여 성인 군주론을 완전히 체득하고, 군주이자 스승으로 불릴 수 있는 군사(君師)의 면모를 유감 없이 과시하였다. 청과 조선의 제왕은 유교의 이상국가를 현실세계에 구현한다는 정치구호를 내걸고 통치체제를 재정비하고 사회 전반의 개혁을 직접 주도하였다.

결국 동아시아에서는 군주가 학문을 연마하여 사회의 변화를 주도하고 급기야 개혁을 성공시켜서 부강한 평화의 시대를 만들어낸 반면에, 서구의 절대왕정은 새로운 변화에 부응하지 못하여 민심의 이반(離叛)을 초래하였으며, 급기야 구체제(Ancient Regime)로 낙인찍혀 혁명을 경험해야만 했다. 18세기 동아시아의 평화기는 서양에서 흠모해 마지않았던 이상향이었다. 유교 정치문화는 서구사회에서 새롭게 발굴해낸 또 하나의 이상화된 사회로 인식되었으며,[75] 계몽주의시대 고대 그리스·로마 문명 및 중세 기독교적 세계관과 더불어 새로운 근대국가상을 꿈꾸는 데 활용되었다.[76]

하지만 18세기 후반부터 서서히 반 중국정서가 나타나기 시작하고,[77] 19세기 중엽에 이르면 이성을 초월하는 낭만주의 사조의 유행과 서세동점(西勢東漸)의 흐름 속에서 오리엔탈리즘(Orientalism)이 급속히 확산되었다.[78] 이러한 유럽 사회의 부정적인 중국 인식의 근원은 명청교체기라는 특수한 역사적 상황에서 비롯되었다. 만주족의 중원(中原) 장악은 비단 조선의 사족뿐 아니라 서구의 계몽주의시대 지식인에게도 현실로 받아들이기 어려운 대단히 충격적인 사건이었다. 예수회 주도의 중국문명에 대한 강한 긍정과 동경은 서구사회에서 명나라를 문화의 대국으로 각인시킨 반면에, 만주족은 야만의 오랑캐로서 전파되었다. 서구 사회는 그토록 동경하던 문명사회[明]가 야만인[淸]에게 붕괴되었다는 현실을 도저히 받아들일 수 없었다.79) 마치 조선이 북학 운동 이후에야 비로소 청을 이적(夷狄)에서 새로운 중화로 재인지했듯이,80) 대다수 서구 지식인도 혼란을 극복한 청나라가 다시 정교한 통치 질서를 회복하는 과정을 지켜본 연후에야, 명과 청을 동일한 하나의 중국 문명으로 받아들일 수 있었다.

그러나 19세기를 전후하여 점차 제국주의 열강이 아시아 식민지 쟁탈전에서 두각을 드러내자, 더 이상 중국 문명을 동경할 필요가 없어졌다. 오리엔탈리즘의 대상도 중국에서 인도로 재편되었다. 이제 서구 고대문명에 대한 강한 자부심을 바탕으로 낭만주의가 유행하였고,81) 중국 사상을 모델로 하는 계몽사상은 더 이상 유효하지 않았다. 만주족의 침입은 야만의 약탈로 받아들여졌고, 청의 통치질서 재편은 강압정치의 상징으로 재해석되었다.

공교롭게도 강력한 절대왕정을 경험한 프랑스나 독재 권력의 역사를 간직한 독일 출신의 학자에게서 중국의 전제정치를 부정적으로 개념화하는 일이 많아졌다. 마치 자신의 역사적 경험과 현실의 모순상을 이국적(異國的) 절대악(絶對惡)에 대입시켜서 극복하기를 희망하는 듯했다. 프랑스 루이 15세 치하 몽테스키외(Baron de La Brde et de Montesqu: 1689-1755)는 이웃 나라 영국의 명예혁명을 지켜보면서 자국에서도 삼권이 분립된 정교한 법치주의가 이루어지기를 희망하였고, 이 과정에서 영국의 입헌군주제와 중국의 전제정치를 대조시켜서 서구 제도의 우월성을 주장하였다.82) 하지만 같은 시기 영국에서 오히려 중국의 내각제(內閣制)

를 원용하여서 명예혁명을 성공시켰던 사실을 되새겨보면,83) 이러한 몽테스키외의 주장은 허황되기 그지없었다.84) 더욱이 제네바 출신의 루소(Jean-Jacques Rousseau: 1712-1778)는 사회계약설을 발전시켜 개인의 자유의지를 강조하였는데,85) 청나라를 바로 개인의 자유가 억압되는 사회로 간주하여 중국을 타락한 문명으로 묘사하였다고 한다.86) 이는 당시 루소 자신이 경험한 제네바의 극심한 신·구교 간의 종교전쟁에서 개인의 의지가 억압당하는 현실과 무관하지 않은 설정으로 보인다.

 이러한 입론은 헤겔(Georg Wilhelm Friedrich Hegel: 1770-1831),87) 막스 베버(Maximilian Carl Emil Weber: 1864-1920),88) 비트포겔(Karl August Wittfogel: 1896-1988)89) 등으로 이어져 근대 서구사회의 일반적인 상식으로 굳어졌다. 독일 출신의 헤겔은 19세기 초 프랑스혁명에 반대하는 신성동맹(Germany Holy Alliance: 1815)이 결성되어 반동 체제가 더욱 공고히 유지되는 것을 지켜보았고, 이에 반대하는 학생들이 자유와 통일을 요구하는 부르셴샤프트운동(Burshenschaft: 1817)을 일으키는 것을 목도하였다. 헤겔은 당대의 과제를 분열된 독일을 강력한 통일국가로 만들기를 간절히 바랐으나, 여전히 시민의 자유와 권리가 보장되는 법치주의 국가로 발돋움하기를 희망하였다.90) 이 때문에 그는 중국을 억압의 상징으로 제시하여 개인이나 단체가 독립된 권리를 가질 수 없다고 질타하였다.91) 또한 막스 베버는 헤겔이 갈망했던 독일제국의 시대(Deutsches Kaiserreich: 1871-1918)를 누렸지만, 여전히 독일 귀족은 근대적인 관료제 위에서 군림하였다. 이는 그가 '가산관료제(家産官僚制: Patrimonial-bürokratie)'라는 개념을 설정하여 중국 사회를 비판했던 궁극적인 목적이

어디에 있었는지 가늠해볼 수 있다. 그는 독일제국이 일으킨 세계대전에 참전하여야 했고, 이 와중에 독일혁명(1918)에도 가담하여 바이마르공화국(Weimarer Republik: 1919-1933)의 헌법을 기초하고 베르사유조약 체결 때 대표로도 활약하여 자국의 근대국가로의 변신을 갈망하였다. 비트포겔 역시 막스 베버의 제자였다. 그는 나치정권(Zeit des Nationalsozialismus: 1933-1945)의 탄압을 피해서 미국으로 망명한 후 유목민족인 거란족이 세운 요(遼)를 연구하여 극단적인 '동양의 전제주의(Oriental Despotism)'라는 개념을 체계화하였다. 두 사람은 강력한 독재 권력의 폐단을 경험한 바 있으며, 그 대안으로 급진적인 사회변혁을 갈망했다.

비판론자의 공통점은 대체로 자신들이 경험했던 자국사(自國史)의 불안정성을 구체제로 인지하고 있다는 점이며, 이를 가상의 중국(정복왕조)을 통하여 효과적으로 부각시키는 듯한 인상을 지울 수 없다. 곧 17-18세기 당대 유럽의 '중국' 인식보다 후대에 해당하는 19세기 후반 자국사의 관점을 바탕으로 동양의 역사상이 재구축되었다.[92] 더욱이 한 세기 이전에는 그토록 혁명을 통해 극복하고자 애썼던 구체제에 해당하는 서구의 절대왕정이 동양의 전제주의와 어떻게 차별화되는지에 대한 효과적이고 합리적인 설명은 거의 해내지 못하였다.[93] 따라서 19세기 승자의 입장에서 서구의 혁명만을 근대의 기준으로 삼아서 동아시아 사회를 재단해 왔던 일련의 과정이 얼마나 실제 역사상과 동떨어진 것인지를 가늠해볼 수 있다. 전통시대에 대한 재조명은 당대 사회의 작동 원리와 그 시대의 맥락이 어떻게 작동되었는지를 검토해보는 방법이 선행되어야 한다.

3. 조선과 명·청의 사회변동

1) 국가체제의 재구축과 균열

몽골제국은 13세기 중엽 유라시아대륙 전역으로 팽창하여 원거리 교역에서 막대한 상업적 이익을 축적하였고, 대외 개방정책은 이러한 경제구조를 가속화시켰다. 고려 역시 몽골의 경제 블럭 내에 급속히 편입되었다. 그러나 14세기 중반 대외교역은 급속한 국제질서의 재편으로 변동기에 있었음에도 불구하고, 중앙재정의 확대는 지속되었으며 그로 인한 과중한 수세는 농업생산성을 급속히 약화시켜 원말(元末) 농민이반(農民離叛)의 배경이 되었다.94) 급기야 왕위계승 전쟁으로 농민반군을 제어할 겨를조차 내지 못하였다. 이러한 배경하에서 동아시아의 각국은 왕조가 교체되었다.

14세기 말-15세기 조선과 명은 마치 르네상스기 고대 그리스·로마의 고전을 대하듯, 양국 공히 당(唐)이 만들어낸 국제질서와 문물제도에 새삼 열광하였다. 두 신생 국가는 당대(唐代) 전(典)-예(禮)-율(律) 삼법(三法) 체제를 새로운 모델로 활용하여 약 1세기 이상 정교한 국가의 통치체제를 구축해 나갔다. 고려말부터 이미 이념적으로는 고조선과 주나라가 이상적인 국가상으로 부각되었으며, 전자는 국호로 채택되었고 후자는 고려말부터 『주관육익(周官六翼)』, 『조선경국전(朝鮮經國典)』 등의 육전(六典) 체제로 표현되었다. 그러나 실제 국가의 통치 규범은 명의 제도 정비 과정을 참조하여 『경제육전(經濟六典)』(1397)을 시작으로 상당한 진통 끝에 『대명률직해(大明律直解)』(1395), 『경국대전』(1466-1485), 『국조오례의(國朝五禮儀)』(1474) 등의 체제를 성립시켰다. 이보다 앞서 주원장(朱元璋)은 오왕(吳王) 시절부터 『율령직해(律令直解)』(1367)를 반포하여 법치주의 국가를 선언하였으며, 명 건국 후 수십여 차례 문물제도의 정비과정을 통해서 마침내 『대명집례(大明集禮)』(1369-1370), 『대명률(大明律)』(1374-1397), 『대명회전(大明會典)』(1502-1587) 등의 국법체계를 완성하였다.

더욱이 당제(唐制)는 부세(賦稅) 제도에도 영향을 미쳤다. 두 신왕조가 추구했던 경제정책은 백성의 생업 기반을 안정시키고 국가의 재정 및 군사적 기반을 확보하는 일이었다. 고려는 공민왕대 육성된 신흥세력이 혁명의 명분으로 제시했던 당위(當爲)도 전민변정도감(田民辨正都監)에서부터 이어지는 전제개혁(田制改革)이었다. 이미 혁명 세력은 우왕대(禑王代) 군사 및 행정 전권을 부여한 도관찰출척사(都觀察黜陟使)를 지방장관으로 임명하여 권세가를 막론하고 전 토지를 양전(量田)사업에 포함시키도록 하였으며, 그 성과는 공양왕대(恭讓王代) 과전법(科田法)의 반포와 이듬해 신왕조의 개창으로 나타났다. 조선은 당대(唐代) 균전제(均田制)-조용조(租庸調)-부병제(府兵制)를 모범으로 전세(田稅)-신역(身役)-공납(貢納) 등의 부세제도를 확립하였으며, 명은 당제를 변형하여 전세-요역-잡역 등을 호등(戶等)에 따라서 부과하는 이갑제(里甲制)를 실시하였다.[95] 곧 토지의 안정을 기반으로 하는 농업사회 모델이 추구되었다. 당시 위정자는 대외 여건 변화에 따라서 신축성이 높은 상업기반의 사회보다는 국내안정을 유지하기 용이한 농업사회를 꿈꾸었다.

그러나 당 전기(唐前期) 제도를 모델로 하는 농업국가의 표방은 상당한 난관에 봉착했다. 15세기 중엽 조선과 중국에서 공히 국내의 자생적인 경제구조의 변화가 두드러지기 시작하였고, 16세기에 접어들면 일본의 대규모 은광 개발의 여파와 서구 세력의 아시아 접근이 더해져서 새로운 사회경제 체계로의 변동을 촉진시켰다. 조선에서도 대외무역이 증가하고 지방의 장시(場市)가 형성되어 사회변동기에 직면해 있었으며,96) 부세체계 전반에 영향을 미쳤다.97) 그 여파는 먼저 과전법 체제에서부터 균열이 감지된다. 과전법은 세조대 직전법(職田法: 1466), 성종대 관수관급제(官需官給制: 1470) 등으로 변모하다가, 명종대에 이르면 직전제가 폐지되기에 이른다(1556). 마침내 국가의 토지 장악력의 상징이었던 공적 수조권적 지배질서는 붕괴되었으며, 지주전호제(地主佃戶制)의 출현으로 토지의 사적 활용과 그에 따른 상품성이 배가되었다.

다음으로, 신역(身役)에서도 변화가 나타났다. 세종대 이미 고인(雇人) 및 정군(正軍)의 자대(自代) 문제가 제기되기 시작했다.98) 세조대 보법(保法: 1464)의 실시로 군역(軍役)의 요역화(徭役化)가 촉진되었고, 성종대 중앙에는 대립제(代立制: 1474), 지방에는 방군수포제(防軍收布制: 1492)가 출현하여 군사를 돈을 주고 대신 세우는 방식이 나타났다. 여기에는 군역의 요역화로 인한 번거로움을 피하고자 하는 욕구와 중간 차익을 취하고자 하는 관리의 농간이 함께 작용하였다. 아직 불법이던 이러한 변용은 중종대에 이르러 군적수포법(軍籍收布法: 1541)으로 공인되어 군역을 포(布)로 대납하는 부세(賦稅)로까지 변질되었으며,99) 16세기 말에는 요역도 연호(煙戶)가 노동력 대신 포를 받침으로써 같은 궤적을 그려나갔다.100) 결과적으로 신역은 모두 금납화(金納化)가 이루어졌다.

또한 공납(貢納)은 고려말에 이미 사회문제로 대두되어 신왕조에서 강도 높게 금지한 일이었다. 그런데도 세종대부터 방납(防納) 문제가 불거져 나왔으며(1422),101) 중종대에 이르면 사회의 고질적인 폐단으로 언급될 정도였다(1510).102) 구하기 어려운 특산물을 대납하는 제도로 출발했지만, 실제로는 중간 이익을 취하고자 하는 관리의 이권이 되었다. 심지어 선조연간에는 10배의 폭리를 취하였을 정도였다.103)

16세기 과전(科田)의 붕괴, 대립과 방납 현상 등은 더 이상 조·용·조 체제가 정상적으로 작동하지 않는다는 사실을 확인시켜 준다.104) 바야흐로 15세기에 구축한 국가체제는 보완이 필요한 시점이었다. 이러한 사회경제적 배경하에서 새로운 정치세력이 출현하였다. 사림은 지역사회의 문제를 목도하고 실제로 세조대 이래 부세이권(賦稅利權)에 상당히 개입하고 있던 훈구세력을 비판하였다.105) 사림과 훈척(勳戚)의 경쟁은 4차례 사화(士禍)로 표면화되었으나 아직 어느 누구도 압도적인 우위를 점할 수는 없는 상황이었다. 직전(職田)의 폐지 및 군적수포(軍籍收布) 등과 같은 조정의 조치는 새로운 대안이 아닌, 현재 상황을 인정하는 수준이었으며, 이것은 당시 정치권의 역학 구도를 여실히 반영하였다.

한편 명초 홍무제는 금은(金銀)의 유통을 엄단하였으나 15세기 중엽 화폐가치의 몰락으로 국내 은 수요가 증가하자, 녹봉이나 징세까지 은의 대납을 허용하였다. 상품유통이 활발해지자 중국 자체의 은광 개발이 붐을 이루고 왜은(倭銀)이 들어오면서 은을 근간으로 하는 경제구조가 등장하였다.106) 이는 농업사회의 국가체제 전반의 균열을 의미하였다.

더욱이 16세기 중엽 유럽과의 교역으로 막대한 은이 유입되자, 전부(田賦)와 요역은 각기 토지와 인정(人丁)을 기준으로 통합하고 은으로 세금을 징수하는 일조편법(一條便法: 1530-1592)이 시행되었다. 이제 복잡다단했던 부세 구조는 전세(田稅)와 인두세(人頭稅)로 이원화되었을 뿐만 아니라 이 조치로 금납화가 이루어졌다. 사실상 국초의 부세체계는 와해되었다.107)

일조편법이 당시 중앙재정을 안정시키는 데 공헌한 세제개편이었으나, 부과 기준은 여전히 명초 이갑(里甲)에 기반하고 있었다. 십단법(十段法: 1565)을 필두로 균세를 실현시키고자 하는 노력이 일조편법으로 이어졌으나, 호구의 이동과 토지소유의 집중도가 높아지고 이갑 사이에 빈부격차가 커지면서 역부담의 불균등은 갈수록 심화되었다. 이에 전토를 기준으로 이갑을 재편성하는 보갑(保甲) 논의와 이를 바탕으로 요역을 균등하게 부과하고자 하는 균전균역법(均田均役法: 1581경)이 대두하였다.108) 이 법은 강남 지방을 중심으로 시범 운영되어 일정한 성과를 거두었으나, 전국적인 실시에까지는 미치지 못했다.

사회경제적 흐름은 정국 변화와도 맞물려 있었다. 15세기 중엽 명은 토목의 변을 겪으면서 명초에 구축한 황제 독재체제가 위기를 맞던 시기였다. 홍치제는 사대부를 적극 기용하여 국란 타개를 모색하였고, 홍무제 때 자문관에 불과하던 내각의 위상을 강화하였다.109) 사대부의 성장과 중앙 진출은 16세기 지방 신사층(紳士層)의 광범위한 우면(優免: 면세)을 초래하여 중앙 재정의 불안정성은 더욱 커지기만 했다.110) 명말 이자성(李自成)은 귀천균전(貴賤均田)을 봉기의 구호로 내걸 정도였다.

이러한 상황은 조선의 상황과도 유사했다. 16세기 사림의 진출로 훈구

대신이 납세 과정에서 방납이나 대립 등으로 이권에 개입하는 현상을 비판하였지만, 사회 전반의 금납화 현상을 추인할 수밖에 없었다. 오히려 16세기 말 사림이 집권에 성공하자, 그동안 불법적인 군역 면제는 임진왜란 때 의병 활동을 명분으로 합법적인 혜택으로 바뀌었다. 군역이 금납화되었던 만큼 중앙재정의 비중이 높아졌는데, 여기서 사족(士族) 전체가 제외됨으로써 세수(稅收)의 불안정성도 그만큼 늘어만 갔다.111)

또한 광해군대에 경기 선혜법(宣惠法)의 실시(1608)는 공납제 개혁인 대동법의 효시로 볼 수 있지만 아직 전국적인 확산은 요원하였다.112) 이는 강남에 실시된 균전균역법(1581)의 성과와 별반 다르지 않았다. 두 나라의 미완의 부세 개혁은 민심을 얻는 데 실패하였다. 그 결과 조선은 인조반정(1623)이 일어나 집권 세력이 교체되었고 연이은 이괄(李适)의 난(1624)과 정묘·병자호란(1627·1636) 등을 겪으면서 사회체제는 급격히 동요하였다. 또한 명은 농민 반군인 이자성에게 북경(北京)을 함락당해 멸망하였고(1644), 곧이어 청의 대대적인 공격으로 이민족 왕조가 들어서기에 이른다(1645). 양국은 모두 내부로부터 먼저 무너지기 시작하였다.

2) 사회변동기 위기의식과 대경장(大更張)

16세기 말-17세기 초반 동아시아 국제전쟁이 수차례나 반복되면서 지역 세계의 정치환경도 급격히 변모하였다. 첫째, 양국 조정은 위기관리에 나서지 않을 수 없었다. 조선에서는 사림이 집권에 성공하고 붕당이 처음으로 공인되었으나 새로운 정치체제가 본 궤도에 오르기도 전에 장기간의 국제전쟁을 경험하면서 조정은 전시체제에 돌입하였다. 설상가상으로 천변재이와 그로 인한 대기근이 창궐하여 극심한 인구 변동을 경험해야 했다. 비변사(備邊司)로 대변되는 합좌 기구는 비상시국을 주도하면서 사실상 변용 가능한 모든 정책을 현실화하였다. 이때 만들어진 둔전(屯田), 허통(許通), 구휼(救恤), 속오군(束伍軍) 등 다양한 정책은 부세개혁이 완료되지 못했음에도 불구하고 조선의 사회구조를 한동안 유지시켜주는 데 기여하였다. 17세기 중반-18세기 초반 비변사는 전후 복구와 진휼 사업을 주도하면서 급격히 성장하였다. 재야의 비판자에서 집권세력으로 탈바꿈한 사림은 근본적인 부세제도의 개혁 없이는 국가의 보존이 어렵다고 판단하였다. 당시 가장 문제시되던 공납제(貢納制)를 안정시키기 위해서 특산물 납부를 토지에 결부시키는 방식이 제한적으로 실시되기 시작했다. 17세기 초 광해군 즉위년(1608)에 발의된 이 사업은 18세기 초 숙종 34년(1708)에 이르러 비로소 대동법으로 안착하였다.

중국에서는 그 사이 중원의 주인이 명에서 청으로 바뀌었다. 17세기 전반 맹렬한 위세를 떨쳤던 청도 한 세대가 지나자 내우외환에 봉착하였다. 어린 강희제가 즉위하였으나 아직 오배(鰲拜)로 대변되는 공신 세력을 제압하는 데 상당한 어려움을 겪었다. 게다가 입관(入關)의 결정적인 역할을 했던 오삼계(吳三桂) 등 삼번(三藩) 세력과 명의 잔여 세력인 대만(臺灣) 정성공(鄭成功) 일파, 몽골의 중가르(Züüngar: 準噶爾), 러시아 등 여러 세력을 상대로 수십 년간 대내외전쟁을 수행해야 했다.

청은 전시체제를 오랫동안 이끄는 동시에, 부세제도 개혁에 나서지 않을 수 없었다. 군비는 막대한 재정이 뒷받침되지 않고는 불가능한 일이었다. 명은 한 세대 이전에 북방 민족을 방어하기 위해서 만리장성을 신축하고 방어선을 유지하는 데만 상상을 초월하는 군비를 쏟아부어야 했으며, 이것이 부담이 되어 중앙재정의 파탄과 왕조 멸망의 원인이 되었다. 그런데 강희제는 4개의 서로 다른 적과 전면전을 수행해야만 했다. 그래서 최대한 동시 전쟁을 피하고 순차적인 진압을 선택하였다. 삼번 진압 후 막대한 군사력을 해체하여 군비를 줄이고 그 비용으로 부세를 개혁하여 민심을 달래고 국가재정을 안정시켜 나갔다. 또한 강희제는 대재난시 이재민에 대한 각종 면세 조치를 취했는데, 이는 같은 시기 숙종연간 조선에서 이루어지는 조치와 거의 유사하다. 강희연간 민심과 부세체계의 안정은 수십 년간 지속된 전쟁을 승리로 이끄는 원동력이 되었다.

둘째, 부세의 기준이 생산력에서 정액 단위로 바뀌었다. 조선전기에 토지의 결(結)은 생산량을 기준으로 측정되었다. 실제로 세종연간 토지의 비옥도에 따라서 전분육등법(田分六等法)이 실시되었으며, 이 외에도 풍흉(豊凶)에 따른 연분구등제(年分九等制)가 운용되었다. 명의 이갑제(里甲制)도 호(戶)의 생산력에 따라서 등급을 3개로 나누어서 세금을 차등부과하는 방식으로 세정이 이루어졌다. 여기에는 토지당 생산되는 양(糧)을 기준으로 하였기에 조선전기와 유사한 방식이었다.

그러나 조선에서는 수 차례의 국제전쟁을 치르면서 황폐해진 전토에 대한 측정이 용이하지 않았다. 선조 39년(1606)경 전세는 이미 '하지하(下之下)'로 고정되기 시작하였으며, 17세기 인조대에 이르면 영정법(永定法:

1634-1635)으로 1결당 4두가 공인되어 세정의 안정을 기하였다.113) 이러한 조치는 전세(田稅)의 안정화에 기여하였을 뿐만 아니라 결의 단위가 상대적인 생산력에서 절대적인 면적 단위로 변화되는 바탕이 되었다.114) 이로써 정액토지(定額土地: 절대면적)를 근간으로 하는 세제가 출현하여 공납개혁의 논의를 전결(田結)과 결합시킬 수 있는 개연성을 열어주었다. 이러한 추이는 중국에서도 유사하게 전개되었다. 명말 십단법(十段法)에서는 이갑(里甲)의 생산력에 기반한 호수 단위에서 벗어나 정수(丁數)와 토지를 기준으로 재편되기 시작했다. 이를 기반으로 하는 일조편법(一條便法)의 등장은 은납과 더불어 이갑 전체에 매년 세금이 부과되어 향촌 지배 질서마저 재편되었다. 더욱이 강남의 균전균역법은 우면을 제외한 나머지 액수를 토지 무수(畝數)에 근거하여 전부(田賦)와 요역(徭役)의 징수가 균일하게 이루어졌다.115) 청대 성립한 지정은제(地丁銀制)는 '이전량재정(以田糧載丁)' 방식의 귀결점이었다.116)

셋째, 총액제를 국가재정에 도입하였다. 조선에서 대동법이 전국에 시행된 지 얼마 되지 않은 시점인 청의 강희(康熙) 50년(1711, 숙종 37) 정세(丁稅) 개혁이 추진되었다. 이 해 이전의 인정(人丁) 2462만, 정은(丁銀) 335만여 냥을 정액으로 하고 이후 추가 징수를 금하는 성세자정은(盛世滋丁銀) 조치가 단행되어 세금의 총액이 고정되었다.117) 이는 조세 수취 단위의 변화에 힘입은 바 컸다.

조선에서도 숙종대부터 세수의 총액 파악이 시작되었으며,118) 영조 20년(1744)부터 연분에서 재해(災害)의 결수를 제하고 토지 총액에 세금을 부과하는 비총제(比摠制)가 운영되기 시작하였다.119) 또한 영조연간

『양역실총(良役實摠)』(1748)을 편찬하여 양역 대상을 재조사하고 기본세액을 확정하였다. 특히, 『탁지정례(度支定例)』(1749)를 만들어 중앙재정을 개편하고, 균역법 이후에는 『여지도서(輿地圖書)』(1757-1765)에 각 군현의 부세액을 적시하여 반포함으로써 총액제 운영을 뒷받침하였다. 총액제의 실시로 중앙재정의 지출 금액을 최소로 고정시켜서 계획예산을 운영하였다.120) 정조 역시 『탁지지(度支志)』(1788) 및 『부역실총(賦役實摠)』(1794)를 편찬하여 중앙재정의 합리화에 기여하였다.

넷째, 부세제도의 개편 추이도 화폐납과 토지소유에 초점이 맞추어져 양국 간 비슷한 궤적을 그렸다. 일조편법이 발의되어 전국으로 확대실시되는 데 무려 약 60여 년 이상이 소요되었으며, 그 사이에 십단법(1565)과 균전균역법(1581) 등이 연이어 후속대책으로 나타났다. 명말 강남에서만 한시적으로 시행했던 균전균역법은 청 강희연간 다시 실시되어 인정(人丁)에 부과되던 정은(丁銀)을 토지에 징세하는 지정은제로 점차 전환시켰으며 옹정(雍正) 7년(1729)년에는 마침내 전국적으로 시행되기에 이르렀다.121) 이로써 인두세가 토지에 결합하고 토지의 다과에 따른 경제적 지위에 맞추어 세금을 부과하는 부세제도가 만들어졌다. 이는 일조편법에서 요역과 전세 두 가지로 나누어 납부하던 방식을 전세를 기준으로 일원화한 것이다.

조선에서도 세제개혁은 지속되었다. 숙종대 공납을 토지에 부과하는 대동법(1608-1708)이 완성된 데 이어서 약 1세기 간 논의만 무성했던 양역변통 논의가 영조대 균역법(均役法: 1750-1751)으로 타결되었다. 영조는 양역(良役)을 포 2필에서 1필로 반감하였으며, 부족한 세원은 궁방에 어염선세(魚鹽船稅)를, 부유한 양인에게 선무군관포(選武軍官布)를, 토지소유자에게는 결전(結錢)을 부과하였다. 양반과 부유한 양민이 군역에서 이탈하여 소민에게만 부여되던 양역이 마침내 전 사회계층에 고루 분배되었다. 특히 어염선세와 같은 새로운 상업이익을 국세화하였을 뿐만 아니라, 공납에 이어서 양역마저도 토지에 세금을 부과하게 되었다. 이로써 조선전기 조·용·조는 대부분 금납화와 동시에 토지에 결부되는 방식으로 전환되었다.

결과적으로, 16세기 일조편법이 세제의 통일과 화폐납의 변화를 가져왔다면, 17-18세기 지정은제에서는 경제력(토지)에 따른 차등 부과 원칙이 천명되었다. 이는 조선의 16세기 금납화 현상과 17세기 영정법의 세수 고정화, 대동법의 토지소유에 따른 부과 원칙, 18세기 균역법에서 나타나는 인두세의 완화 및 전세의 결합과도 매우 유사한 흐름이다. 더욱이 청 조정에서는 신사우면(紳士優免)을 적극적으로 금단하고 지정은제(地丁銀制)를 실시하였고, 조선에서도 대동법과 균역법에서 대동미(大同米)와 결전(結錢)을 통해 양반을 부세체계 내에 편입시킨 것은 내치(內治)에 결정적인 영향을 미쳤다. 동아시아 지역 세계가 17세기 후반부터 약 100여 년 이상 이룩했던 평화의 시대는 부세개혁에 성공하여 내정이 안정되었기에 가능한 일이었다. 청의 강희·옹정·건륭제와 조선의 숙종·영조·정조 치세의 업적은 규모는 다르지만 상당 부분은 닮아 있었다. 이것이 바로 계몽주의시대 서구에서 동양을 인식하는 밑거름이 되었다.

3장 [현대사] 한류의 대두와 역사적 배경

1. 한류의 출발점

한국 대중문화의 해외선호 현상인 한류(韓流: Korean Wave)는 이미 20여 년 이상 지속되고 있다. 동남아 각국과 중국, 대만, 일본, 몽골 등 아시아를 넘어서 이슬람 문화권과 구 소비에트 연방의 러시아어 문화권, 그리고 남아메리카 등 라틴문화권, 그리고 유럽과 캐나다나 미국 등지에 이르기까지 광범위하게 확산되고 있다. 특히 사회적 관계망 서비스(Social Network Service)와 유튜브(You Tube) 등 인터넷매체의 발달로 팬층이 날로 다국화되고 있는 상황이다. 최근에는 드라마를 넘어서 K-POP이 한류의 새로운 흐름과 세대교체를 이루어내고 있으며, 예능프로그램조차 한류의 영향력을 행사하고 있는 실정이다. 이러한 한국 대중문화의 선호 현상은 매우 이례적일 뿐만 아니라, 다른 경제대국의 문화석권 현상이 비교적 짧은 시기에 쉽게 사그러든 것과는 대조적이다.

최근 들어 문화콘텐츠의 창출이나 경제적 성과를 분석하는 산업적인 측면의 다양한 한류 연구가 이루어지고 있으나, 아직 역사학에서는 본령으로 받아들여지지 않고 있다.1) 단편적으로 고대 백제의 일본열도 내 선호 현상을 '구다라열풍'으로 이름짓거나 '조선통신사'의 행렬을 복원하는 문제 등 두 가지 사건만이 주목되어 왔을 뿐, 총체적인 한일관계의 양상이나 동아시아 지역세계 혹은 세계사의 문명교류라는 시각으로까지 넓혀나가지 못하고 있다.

이것은 전통시대를 연구하는 데는 일정한 사료의 한계가 정해져 있고, 이를 울타리로 삼아서 연구의 엄밀성을 높일 수 있는 반면에, 한류와 같은 동시대사의 분석은 방대한 자료에서 취사선택을 요할 뿐만 아니라, 세계사의 변화 양상을 종횡으로 조망할 수 있는 통찰력이 모두 필요하기 때문이다. 따라서 한류 연구는 검토의 당위성에도 불구하고 개별 연구자가 감당하기에는 능력 밖의 일로 치부하기 일쑤였다. 하지만 이미 20여 년 이상 지속되는 국제적 현상에 대하여 일정한 검토가 필요한 시점이 아닌가 한다. 그러므로 시론적인 차원에서나마 세계 속의 한류의 의미에 대해서 다각도로 검토해 볼 필요가 있다.

1990년대 말 한류는 동남아시아에서 중화권 일대로 번져나갔으나, 정작 국내에서는 크게 주목받지 못하였다. 당시 한국 가수의 대만 내 활동이 급격히 늘어나고 성황을 누렸지만 정작 국내에서는 전혀 알려지지 못하는 국지적 현상에 지나지 않았다. 그리고 이를 단순히 경제적 성장에 따른 제2의 일본의 이미지 정도로 이해되는 측면이 없지 않았다. 1980년대 전후해서 일본이 경제적 호황으로 인한 버블시대 아시아의 영향력과 같은 선상에서 이해되는 측면이 컸다.2) 특히 당시 일본의 불황을 간접적으로 경험하면서 섣부른 기대를 대단히 경계하는 분위기였다.

그러나 해를 거듭할수록 단순히 스쳐 지나가는 유행이 아니라 지역을 넓혀나가고 종류를 다양화하면서 새로운 형태로 진화해 나가고 있다.[3] 1970-1980년대 미국 대중문화의 유행이나 1990년대 홍콩영화 신드롬이 아시아를 강타했을 때 등을 연상했으나 시간이 지날수록 이와는 다소 다른 형태로 변화되는 듯하다.[4] 특히, 대만을 필두로 중화권에서 씨앗이 뿌려지기 시작한 한류는 일본이라는 지역 공간을 통해서 폭발적인 성장을 거듭했다.[5] 이전까지 중화권의 한류 현상이 인지도를 상승시키는 데에는 크게 기여했으나 엔터테인먼트(entertainment) 시장의 불투명한 운영 등으로 경제적 효과가 거의 미미한 수준이었음에 반해서, 일본에서 드라마「겨울연가」이후 관련 산업의 성장은 눈에 띄는 결과를 가져왔다. 그 사이 국내 엔터테인먼트 시장도 새로운 거대 자본을 가진 대형 기획사로 재편되었다. 일본 진출의 경험과 국내시장의 재편성을 통해서 수익사업 창출 모델도 갖추기 시작함으로써 가수와 작곡가 등이 서로 이익을 나눌 수 있는 구조가 마련되었다. 이것이 최근에는 중화권까지 역수출되는 경과를 거쳤다.[6]

국내에서 적어도 일반대중에게까지 폭넓게 한류가 인식된 계기는 일본의 한류 붐 때문이었다. 욘사마 열풍으로 대변되는 배용준의 인기로 한일 간 문화적 격차는 일거에 해소되는 듯이 보였다.[7] 한일관계는 앞으로 동시대사를 다루는 역사 기록에서는 아마도 '겨울연가' 이전과 이후로 나누어야 할지도 모를 만큼 급격한 변화를 겪었다.[8]

한국 드라마의 인기가 있기 전까지만 해도 한국 음식인 김치의 냄새는 혐오의 대상이었고, 일본 거리에서 '조센징'으로 불리는 재일교포에 대한 비방이나 비난을 듣는 일은 그다지 드문 일이 아니었다. 심지어 일본 내 조선학교의 교복 차림으로 검은 치마와 흰 저고리를 입은 여학생이 돌팔매질을 당하는 기사 역시 낯설지 않은 게 현실이었다.9) 동시에 한국 내에서도 반일감정은 좀처럼 수그러들지 않았으며, 분명한 역사적 과오에 대한 청산 외에도 설명하기 어려운 모든 것에 대한 책임을 일본으로 돌리는 책임전가론 역시 횡행하였다.10) 양국간 앙금은 개선될 기미가 전혀 보이지 않았다.

그 와중에 욘사마가 혜성과 같이 나타나 일본의 30대 이상 여성의 마음을 사로잡으면서 '조선'이 아닌 '한국'의 이미지가 한국을 대표하기 시작했다. 여전히 '조선반도'와 '조선전쟁'이라는 표현을 주로 쓰는 일본에서 '한국'보다는 비하된 '조선'의 이미지가 더욱 컸으며, 여기에는 식민지 조선과 북조선(조선민주주의인민공화국/북한)의 이미지가 크게 투영되어 있었다. 이를 한국으로 적극적으로 대체하기 시작한 것은 한류 붐 이후였다.

한국 드라마가 부각되자 드라마에 삽입되는 OST와 관련 가수의 인기도 더불어 늘어갔다. 이를 전후해서 대중가수의 일본 현지화 전략도 시작되었다. 하지만 데뷔 자체를 일본에서 시작하거나 국내 정상급 가수(동방신기)가 심지어 일본 현지에서 신인가수와 동일한 절차를 거쳐서 데뷔해야 할 정도로 처음부터 인정받지는 못하였다. 더욱이 배용준 신드롬은 처음 일본 내에서 아줌마들의 로맨스 정도로 비하되면서 남성과 젊은 세대로부터 냉소적인 대우를 받았다. 당시 중장년 여성을 바라보는 일본 내 시선은 1970-1980년대 일본의 로맨스 위주의 드라마에 대한 향수 정도로 치부되는 경향이 있었다.

　그러나 이제 드라마를 넘어서 대중가요로 영역이 확장되기 시작하면서 시선도 서서히 변화했다. 한류에 대한 관심은 비단 노래나 드라마에 국한되지 않았고 이들이 출현하는 각종 예능 프로그램에까지 관심이 미쳤다. 그래서 2000년대 초반 당시 국내 최대 인기를 구가하던 SBS의 토크쇼 '야심만만'은 일본 내에서 DVD로 제작되어 판매에 돌입하며 일본 내 최대 서점인 키노쿠니야(紀伊國屋) 등지에서 별도의 코너로 개설될 정도였다. 드라마나 영화가 아닌 예능 프로그램이 DVD로 제작되는 것도 처음이거니와 해외에서 판매되었다는 사실은 경이롭기까지 하였다. 최근 SBS 예능 프로그램인 '런닝맨'의 중화권 인기 역시 이에 못지 않은 형국이다.11)

　더욱이 초기 중장년층 여성들 사이에서 유명 한국 드라마가 CD나 DVD로 비공식 경로로 제작되어 유통되는 데서 진일보하여 공식 대여점은 물론이거니와 실시간으로 케이블을 통해서 방송되는 상황까지 만들어졌다. 보통 국내 방송이 끝나고 판권계약 등을 토대로 선별적으로 일본 내 방송되는 일반매체와 달리, 한국 드라마만을 별도로 상영하는 전문 유료 채널이 개설되었으며, 거의 1시간 정도의 터울을 두고 자막까지 제공하면서 국내 공중파 드라마가 일본에서 볼 수 있기에 이르렀다. 최근에는 아예 한국 방송국의 인터넷을 통한 실시간 시청이 가능해졌으며, 특히 대만을 비롯한 중화권에서는 온라인 카페나 클럽 등에서 거의 대부분의 인기 드라마가 게재되고 있는 상황이다. 날이 갈수록 외국어 지원이 용이치 않은 한국어 홈페이지로 한류 팬의 접속이 늘어났으며,

초기에는 저화질로나마 실시간 방송을 보고자 하는 팬들도 적지 않았다. 더욱이 최근에는 각 방송사 간 경쟁적으로 온라인으로도 고화질 HD영상 서비스를 제공하고 있는 실정이다. 특히 한반도 인접국가, 황해를 주변으로 비교적 방송상태가 고른 지역에서 KBS WORLD를 위시하여 방송 3사의 위성방송을 시청하는 가정이 늘어만 가고 있다. 마치 1990년대 초반 남해안 인접 지역에서 일본의 NHK 위성방송인 BS에 대한 국내 시청 가구가 생기는 것과 같은 현상이 한국 위성방송에도 나타났다. 이제 변화된 환경이 도래하였다.

최근 일본에서는 장르를 막론하고 사극, 로맨스 드라마 등 다양한 한국 드라마가 방영되고 있다. 아마도 제작비의 절감 효과가 있기도 하겠지만 후쿠시마 원전사태 이후의 경제 상황 악화와도 맞물려 있는 듯하다. 더욱이 한류 드라마가 이전에는 제한적으로 상영된 데 비해 최근에는 거의 무차별적으로 황금시간대에 방송되는 수준이다.12) 이는 일본 내 방송사업 종사자의 반발을 불러왔으니 당연한 귀결이기도 했다. 사실 이러한 역기능은 이미 대만에서 오래전부터 지속되었다. 방송 산업 환경이 제한된 대만 내에서 한류 드라마의 급증으로 자체 제작 편수가 급감하였다. 대만 연예인 노조의 대규모 파업이 수 차례 이어졌으나 거대 방송매체는 당장의 이윤 창출을 위해서 저렴한 외국 방송물을 매입하는 것으로 시청률을 올렸다.13) 문제는 한동안 유행이 지나면 사그러들 줄 알았던 한류 드라마의 인기가 쉽게 시들지 않는다는 점이다. 심지어 MBC 사극 '대장금'이 대만에서는 정치계에서까지 인기를 끌어서 선거전에서 후보자의 이미지 차용으로까지 나타날 지경이었다.14) 이른바 '혐한류嫌韓流'로 통칭되는 대만·중국·일본 내 분위기는 단순히 선입견이라고만 보기 어려우며, 현실적으로 과다한 외국 문화의 차용에서 나타나는 부작용에 대한 반발이다.15)

일본의 경우는 극우가 이를 악용한다는 데 문제가 있지만, 놀라울 정도로 일본의 시민은 침착하게 대응해 나가고 있어서 크게 우려되지 않는 실정이다.16) 생각보다 한류의 순기능이 여전히 작동하고 있기 때문이다. 더욱이 양국 간 상호 관광 인구도 폭발적으로 늘어만 갔다. 최근 10년 내외로는 일본과 한국의 환율 차가 급격히 줄어들면서 일본인 손님을 반기는 데서 벗어나 한국인 관광객의 일본 방문도 줄을 이으면서 마치 양국 간에는 국내여행하듯 이동하는 정도로까지 가까운 이웃처럼 인식되고 있다. 한국의 고물가로 인해서 항목별 차이는 있지만, 사실상 일본의 물가수준과 크게 다르지 않는 상황이 오랫동안 유지되었으며, 환율변동기에는 일본의 쇼핑을 선호하는 상황까지 나타났다. 이것이 일본을 대단히 먼 나라 혹은 관광 가기 부담스러운 나라라는 인식에서 벗어나게 된 배경으로 이해된다. 최근에는 일본작품이 한일 간 동시상영을 통해서 국내에서 별반 선입견 없이 인기리에 방영되기도 했다.17) 양국 정치권의 불협화음에도 불구하고 2000년대 이후 역사상 한국과 일본은 가장 가까운 이웃이 되지 않았나 싶다. 그러므로 한류는 어느 일방의 해바라기는 아니라고 생각한다. 한류가 일본에서 한국을 바라보는 시선이 바뀐 데서 출발하고 있지만, 그 여파는 사실 한국에서 일본을 바라보는 관점의 변화도 이끌어냈다. 이전까지 역사 청산 문제를 두고 일본의 모든 것을 적대시하던 사고방식에서 벗어나 일본의 극우 정치인과 일반시민을 구분해서 이해하는 방식으로 변화하였다.[18] 더욱이 상호 인식의 전환은 2002년 한일 월드컵 공동 개최를 시작으로 2010년에는 한일 양국의 지식인 약 1100여 명이 모여서 한일병합의 원천무효를 선언하는 수준에까지 도달하였다.[19]

2. 세계와 동양의 시선 변화

1) 동서교류와 한류

현재는 특정 대중문화의 선호 현상을 한류 등으로 표현하고 있지만, 기본적으로 동서 간 교류의 역사는 장구한 인류의 역사만큼이나 유구한 전통을 지니고 있다. 근대주의자의 시선에서는 '지리상의 발견'으로 마치 동양사와 서양사가 조우한 듯이 통념적으로 제시해 왔지만,[20] 동서 문화 교류의 역사는 그보다 훨씬 이르며 동시간대 교류 흔적을 남기고 있다.[21]
가장 유구한 전통에 해당하는 '초원의 길'을 필두로, '비단길'과 '바닷길'이 각기 그 시대를 대변하는 민족의 이동 수단이자 무역로였다. 한(漢)제국을 위협하던 흉노가 서구에서는 훈족(Huns)으로 등장해서 게르만민족 대이동을 촉발시키기도 했으며, 당(唐)제국을 압도하던 돌궐은 동유럽에 투르크(Turks)로 나타나서 향후 유럽사의 전개과정에 결정적 영향을 미쳤다.[22]
고대에 이미 뚫린 초원의 길에서부터 한·당대 활성화되는 비단길

및 바닷길 등은 서양과 동양의 만남이 얼마나 오래된 전통인지를 새삼 되새겨보게 한다. 로마와 한제국의 만남 역시 익히 알려진 사실이다.23) 동서 간의 만남으로 서구 사회가 상정한 동양 혹은 오리엔트의 이미지도 점차 확대되었다. 오리엔트는 로마시대에는 소아시아(Levant 일대)를 의미하는 소극적 아시아관(觀)에 불과했으나, 대항해시대를 거치면서 궁극에는 중국을 정점으로 동양 사회를 이해하는 방식으로 확대 재생산 되었다.

특히 오스만 투르크가 근대까지 생명력을 갖고 있었기에 자신들의 근원지에 대한 탐구에 연구비를 보태고 있었으며, 이로 인해서 우랄-알타이어족어족에 대한 학설이 만들어졌다. 고양된 근대 언어학과 고고학에 힘입어, 제국주의시대 식민지 경영을 위한 지역학 전통이 때마침 민족지(民族誌) 작성 등과 함께 유행을 타면서 다양한 지리정보가 광범위하게 교환되었다.24) 이러한 정보를 바탕으로 일찍이 20세기 초반 화려한 고대사를 꿈꾸는 일군의 사람들은 고대문명권을 제창할 정도였다.25) 오늘날 역사학에서는 거의 인정되지 못하는 수준이지만, 동·서양과의 교류 흔적만은 한반도에서도 쉽게 확인된다.

신라에서 출토되는 금관과 황금보검(黃金寶劍), 유리잔, 인면(人面)유리구슬 등은 본래 신라에 없던 독특한 유물이다. 금관의 전통은 시베리아 유목민족의 전통에 가까우며 황금보검이나 유리잔 등은 지중해 연안의 레반트 인근 지대의 영향이며, 인면유리구슬은 동남아시아 자바섬 일대의 문화가 바닷길을 통해서 전파된 듯하다.26) 이러한 황금 보물의 전통은 돌무지덧널무덤[積石木槨墓]을 사용하는 내물왕계(奈勿王系)의 김씨(金氏)

유일세습체제를 마련한 직후에 나타나는 특성이다. 더욱이 금관가야의 김수로(金首露)와 허황옥(許黃玉)의 설화는 이미 인도와 왕래한 사실을 설명하고 있다.27) 그 외에 명시적이지 않은 해상교류의 흔적까지『삼국유사(三國遺事)』등에서 찾으면 더 많으나, 소재지가 불명확하여 학계에서 통용되는 설은 이 정도이다. 일본과의 관계에서는 백제계가 야마토(大和) 왜(倭)와 유착되면서 구다라(百濟) 열풍을 일으킨 사례도 확인된다.28)

신라 중대(中代) 이후 이슬람 상인으로 추정되는 처용설화(處容說話)마저 나타나고 있다.29) 혜초의『왕오천국국전(往五天竺國傳)』에는 인도뿐 아니라 서단(西端; 페르시아·아랍·비잔티움)의 기록마저 나타나고 있어 주목된다.30) 비단 마르크 폴로의『동방견문록(東方見聞錄)』에서 원(元)제국을 황금의 나라로 그리는 경우뿐만 아니라, 이보다 앞서 이슬람에서도 각종 문헌에서 'Shilla'(또는 'Alshilla'·'Beshilla'·'Bashilla')를 황금의 나라로 묘사하였다.31) 이는 당이 바닷길을 통해서 이슬람과 교류하였던 영향이 신라까지로 항해망을 넓힌 결과였다.32) 실제 당에서는 회교도(回敎徒)의 현지 체류가 상당 부분 확인되고 있으며, 신라인은 신라방(新羅坊) 등 독자 기구까지 두었다. 이러한 마당에 신라와 이슬람 간 상호인식은 놀라운 일이 아니다. 또한 당대(唐代)에는 이슬람뿐 아니라 동방기독교[大秦景敎]도 확산되었으며, 발해의 십자가 문양과 신라의 성모마리아 상으로도 나타나서 교류 양상을 확인할 수 있다.33)

아울러 중국의 자기(磁器) 기술은 서양에 막대한 영향을 미쳤다. 이미 비단길을 통한 비단의 수출은 보편화되었으며, 송대 차(茶) 문화의 발달로 자기의 상품화가 진전되었다. 당대 귀족문화를 대변하는 당삼채(唐三

彩)를 넘어서는 자기의 제작이 송대에 대유행하였다. 이 시기 청자 기술은 오직 송과 고려에서만 보존되었다. 도자기는 송의 자기가 서양에서 고대 그리스의 'Ceramics'를 대신해서 'China'로 불리면서 보통명사화되었다. 이때 고려의 비색청자(秘色靑磁)도 송을 통해서 타국으로 전파되었다. 게다가 몽골이 유라시아대륙의 패자(覇者)로 발돋움하면서 동서문화의 교류는 더욱 촉진되었다. 단일한 교통망을 지닌 세계제국의 출현으로 상품의 유통도 원활해졌다.34) 원에서는 고려양(高麗樣),35) 고려에서는 몽고풍(蒙古風)의 유행이 불기도 했다. 몽골제국의 교역망을 통해 이슬람 상인까지 고려로 내방하였으며 고려인의 해외 진출도 늘어났다.36) 오늘날 한국의 로마자 표기인 'Corea'의 어원이 유럽에 소개된 데는 유라시아 세계제국 몽골의 교역망이 주요한 역할을 하였다.37) 현존하는 아시아 최초의 세계지도인 「혼일강리역대국도지도(混一疆理歷代國都之圖)」가 조선 초에 제작된 것도 원의 서구에 대한 지리정보의 영향이었다.38)

한편, 한동안 대일(對日) 관계는 상반된 곡선을 그리고 있었다. 백제의 중흥기에 야마토(大和) 왜와 밀착되었던 한반도와의 유대관계는 백제와 운명공동체로 간주하는 사고방식이 폭넓게 확인된다. 역설적으로 백제가 붕괴된 백강전투 이후 한반도는 적국으로 간주된 듯하며,39) 『일본서기(日本書紀)』 편찬자의 시각은 더욱더 그러한 확신을 굳혀준다.40) 얼마 지나지 않아 통교는 회복되었지만,41) 이는 신라가 한반도를 석권한 이후 일정 기간 일본과의 긴장 관계가 유지되었음을 의미한다. 더욱이 세월이 한참 흐른 후 고려말에는 여몽연합군의 존재와 왜구의 발흥 등이 양국 간 관계를 악화시키는 요인이 되기도 했다.42)

다시 문화교류의 시기는 동아시아에서 왜구의 출현이 사라지기 시작하고 일본의 중앙정부의 통제력이 회복되면서 점차 외교 창구의 단일화마저 서서히 가다듬어지는 시점에서 비로소 가능해졌다. 조선전기에는 최소한 서너 개 창구를 통해서 일본과 교류하고 있었다.[43] 대장경과 식량 지원을 통한 문화 및 경제교류가 지속되었다.[44] 조일(朝日) 간 7년전쟁(임진왜란)의 발발로 한동안 소통이 중단되었지만, 17세기를 거쳐 18세기에 접어들면 한중일 3국의 문화교류는 그 어느 때보다도 활발하게 전개되었다. 조선의 중국 문물의 수입도 적극적으로 전개되었으며 자생적인 문화도 산출되었다. 이 시기 일본의 중국 및 조선에 대한 문물 수입도 오랜 전란 끝에 맞이한 평화기를 맞이하여 에도(江戸)막부 하에서 적극적으로 추진되었다. 한일관계에서는 통신사를 통한 문화교류가 절정에 달하였다.[45] 조선의 일본에 대한 안무책(按撫策)과 일본정부의 새 쇼군(將軍)에 대한 대내외 홍보용으로 조선통신사(朝鮮通信使)는 양자의 목적에 합치되었다. 특히, 일본 내 민간에서 조선 지식인의 글월에 대한 동경이 일종의 구다라 열풍을 재현하는 듯했다. 조선 내 학자의 경우도 일본 문헌의 탐독이 일상화되었다.[46] 이러한 평화의 시대는 약 100여 년 이상 지속되다가 19세기 후반 제국주의시대 광기로 인하여 우호 관계는 마침내 막을 내렸다.[47]

2) 제국주의 유산

세계사의 전개는 결국 동양과 서양의 접합점을 찾는 데 있다. 일찍이 초원의 길을 통한 유목민족의 대이동이 전개되었고, 비단의 길로 상품유통 경로가 열렸으며, 바닷길로 대규모 문화교류와 교역로가 확보되었다. 이러한 동과 서의 만남은 중개무역을 거치지 않고는 어려웠으며, 이 과정에서 비잔티움제국과 오스만제국, 당제국과 몽골제국 등이 거대변수로 자리매김하였다. 그러나 동서교류가 용이치 않았기 때문에 양자에 대한 환상과 상상이 날로 발전하였다. 마르크 폴로의 『동방견문록』을 통한 황금의 나라에 대한 유포 등은 전형적인 동방에 대한 신비주의 이미지의 전형이었다. 뿐만 아니라 르네상스 이후에는 문화에 대한 동경(憧憬)도 강해졌다. 실제로 17-18세기까지도 유교 관료를 갖춘 중국의 통치체제를 근대국가의 모델로까지 칭송하는 것이 계몽주의시대 서구 지식인의 일반적인 시각이었다.48) 자신들의 절대왕정이 학문을 연마한 지성인들을 관료로 임용하기를 바랐으며, 그리고 학문을 공부한 이들이 통치하는 플라톤의 철인정치를 꿈꾸기도 했다. 실제 그들은 미국의 독립혁명과 프랑스혁명의 과정에서 유교정치 이념과 중국의 황제체제를 모델로 설정했다. 이러한 동양에 대한 막연한 동경은 19세기 초반까지 지속되었다.49)

그런데 어느 순간 서구사회에서 동양에 대한 이미지가 돌변하고 만다. 이미 계몽주의시대에도 중국에 대한 비하를 주장하는 의견이 없지 않았으나 크게 주목받지 못하였다. 오히려 새로운 문물에 관심이 많았던 식자들은 중국에 대한 정보에 민감하게 대응하면서 근대국가상에 적용시키기를 주저하지 않았다.50) 예수회(Society of Jesus: 1534-1773)를 통한 정보의 제공은 선교활동의 정당화를 위해서 다소 과장되거나 피선교

대상의 문화에 대한 우월함을 홍보할 필요가 있었다. 이 과정에서 유럽은 환상을 접하였다. 더욱이 이 시기 도자기 무역으로 중국에 대한 갈망은 더욱 퍼져나가서 아직 자기 기술을 지니지 못했던 유럽은 물론이거니와 중동과 아프리카, 아메리카 일대까지도 청자 및 청화백자 등의 수요는 하늘을 찔렀다.51) 최근 연구에서는 서유럽의 계몽주의 절대왕정의 모델이 중국의 유교관료제로 밝혀지고 있다.52)

하지만 19세기 중반 서세동점의 시대가 출현하면서, 중국의 반(半)식민지화가 촉진되자 중국에 대한 동경심은 어느 순간 모멸감으로 바뀌기 시작했다.53) 동일한 중국 전통에 대한 연구임에도 불구하고 18세기에 다루어진 유럽의 글과 19세기 후반-20세기 전후에 나타나는 글은 시각 자체가 확연히 다르게 설정되었다. 특히 서유럽에 비해 근대국가 건설이 늦었던 독일 지역에서는 이미 제국주의시대에 접어들었기에 중국을 더 이상 이상국가로 받아들일 수 없었다. 그래서 독일 연구자는 서유럽을 성공한 사례로, 중국을 실패한 사례로 전제하고 자국은 중국이 아닌 서유럽 모델을 본받아야 한다고 역설하였다. 막스 베버의 『경제와 사회』(1922)에서 가산관료제의 설정,54) 비트포겔(Karl A. Wittfogel)의 『동양적 전제주의』(1957) 등은 한결같이 서구 근대의 절대군주제 모델과 동양의 관료제 모델을 비교하여 그 열등함을 입증하기를 주저하지 않았다.55) 이는 바로 서구사회에서 혁명기를 거쳤을 때의 동양관과는 전혀 다르게 변화했음을 알 수 있다. 이미 식민지화된 현실을 목도하였기에 막연한 신비주의나 이상주의가 썰물처럼 사라져버렸다. 동일한 역사적 용어조차 전혀 다른 뜻으로 쓰였다. 18세기 계몽사상가가 중국의 황제정을 전제주의로 평가할 때는 절대왕정의 이상적인 모델로서 추구했으나, 20세기 중엽 독일 학자 비트포겔이 동양의 전제주의를 평할 때는 서구의 절대왕정보다 뒤지는 부정적 의미로 사용했다. 이후 서양사에서는 후대 개념이 표준으로 자리잡았다.56) 20세기 초엽 막스 베버의 가산제관료제론도 결국 반식민지화된 중국의 모습에서 서양의 절대왕정에 덜떨어지는 관료제로 평가한 설명이다. 이것은 18세기 계몽주의 학자로서는 도저히 이해할 수 없는 주장이었지만, 19세기 낭만주의시대 세계제국의 식민지 경영에 도취된 학자들은 전혀 다른 입장을 취하였다. 그리고 18세기 대혁명의 시대에 동양을 따라잡을 것을 제안했던 현실을 어느새 쉬 지워버리고 동양에 식민지를 건설한 이후에는 도리어 왜 동양은 서구의 혁명을 이룩하지 못했는지를 묻기 시작했다. 이는 전제 자체가 상당히 전도되었음을 의미한다. 서구 혁명기 목표가 동양의 유교관료제의 추구였는데, 도리어 동양사회가 서구사회를 따라잡지 못한 이유로 혁명을 하지 못했다는 전제가 사회과학을 필두로 광범위하게 동아시아 국가에까지 전파되었다. 한동안 마르크시즘의 대유행과 더불어 아시아 국가들은 근대성을 찾아나섰고, 발전된 서구사회를 따라잡지 못한 이유를 혁명부재론(革命不在論)으로 돌리기에 급급했다. 이러한 서구사회에 대한 경도된 인식이 19-20세기를 지배했다.

　다소 거친 접근일지 모르겠으나 단순히 외환보유고만으로 경제활동을 비교한다면 한국, 중국, 대만, 일본 등을 합치면 거의 세계의 대부분의 부를 갖고 있을 정도로 타 지역과 경쟁이 되지 않는데도 불구하고,57) 아시아 4국의 신용지수는 유럽에 비해서 현저히 낮은 상황이다.58) 최근에 불어닥친 재정위기를 겪는 유럽 각국의 GDP나 신용지수는 아시아 국가에 비해서 비상식적으로 높은 편이다. 미국 역시 누대의 적자를 각 가지 편법으로 극복하면서 최근의 신용하락에도 불구하고 여전히 경제지표 상에서는 절대강자를 역임하고 있다. 어떤 의미에서는 장부상의 마법에 불과하다. 이는 세계 각국에 대한 실질적인 경제 상황과 그 평가가 상당히 왜곡되어 있는 상황을 의미한다. 실제로는 경제적으로 위기에 처한 유럽 국가들이 허구인 신용등급을 내세워 국가적 채무를 늘려온 것이 문제가 되었다. 오히려 경제적으로 훨씬 여유가 있는 동아시아 국가들은 도리어 신용등급이 낮음을 이유로 들어서 더욱 긴장감을 놓지 않고 경제를 운영하고 있다. 이같은 모순된 현상은 대개 세계대전 이후 세계 경제체제의 건설에서 비롯되었다. 대체로 전후 경제체제를 건설하는 과정에서 미국 주도의 브레튼우즈체제(Bretton Woods System)에서 만들어지고 과거 제국주의 국가의 영광을 반영한 신용 산정이 이루어졌다.[59]

세계경제의 운영 양상을 보면 가장 객관적이고 공정할 것 같은 각종 지표와 통계, 그리고 신용평가 등이 지극히 자의적이고 전통적인 패권의 향유 여부에 따라서 향배가 정해지고 있다는 사실이 흥미롭다. 이는 황혼의 제국이 향유했던 마지막 유산으로 지난 1세기 간의 국제질서와 경제체제를 만들어왔음을 의미한다. 이제 세계는 다시 새로운 국제질서의 재편기에 바짝 다가와 있으며, 이 상황에서 새로운 활력소가 필요한 시점이 되었다. 경제계의 절대 강자로 부상한 중국과 전통적인 서구사회의 중심 역할을 해온 미국문화의 두 갈래 길에서 전세계는 자국의 미래상에 대하여 의도했든 그렇지 않든 간에 진지하게 고민을 하고 있는 듯하다.

3. 동시대 한류의 대응방식

1) 국가 이미지의 재탄생

한류는 지엽적 현상인가? 세계사의 문명 교류의 보편적 현상인가? 처음 동남아를 중심으로 하는 한국문화에 대한 환대는 경제개발의 성공 모델처럼 받아들여졌다. 이것이 대만을 필두로 중화권의 관심에도 여전히 한때의 유행이 아닌가 했다. 그러나 경제적으로 더 발전한 일본에서 한류의 유행은 다른 관점을 만들기에 충분했다. 더욱이 곧 시들 거라는 예상을 뒤엎고 오히려 확대되어 가는 양상이다.

중동과 같은 이슬람 문화권에 전폭적인 지지를 받고 있으며, 남아메리카를 필두로 하는 라틴문화권, 러시아를 필두로 몽골 등과 러시아연방 및 동유럽, 그리고 유럽과 영미권에서조차 새로운 바람으로 일고 있다.[60] 이 알 수 없는 변화의 계기는 무엇이었을까? 한때의 유행이라고 치부하기에는 너무나 오랫동안 지속되고 있다.

물론 여기에는 다른 요소도 복합적으로 나타나 있다. 러시아의 경우에는 모라토리움 선언 후 경제위기 상황이 출현했을 때 오직 한국의 기업들만 철수하지 않고 끝까지 버티었고 AS망을 오히려 확대하였다. 그 결과 LG나 삼성은 러시아 국민기업의 이미지를 갖고 있다. 이는 한국기업이라

는 인상보다는 개별 기업의 성공 사례이다.(61)

중동의 경우에도 대규모 수로공사 등에서 보인 성과가 주요했다. 특히 건설업에서는 전쟁 상황 등 거의 목숨을 걸고 잔류하면서 공기를 지키는 신뢰를 보여주었다. 중동 정권의 잦은 교체에도 불구하고 한국기업에 대한 이미지는 바뀌지 않았다. 더욱이 반미감정 등이 대체재(代替財)로서 한국의 전자 상품을 선택하는 계기가 되기도 했다. 모순적이게도 가장 미국과 친교관계에 있는 한국의 상품이 미국과 유럽을 대신하여 선택되었다.(62)

튀르키예나 몽골 등은 국내 정서와는 사뭇 다르게 혈맹의 형제국이나 무지개의 나라로 한국을 대단히 우호적으로 바라보는 관점도 무시할 수 없다.(63) 전자는 6·25전쟁 참전을 계기로, 후자는 몽골제국 이래의 고려와의 관계에서 비롯되었다. 더욱이 자원이 전혀 없고 약소국이던 한국이 경제적 어려움을 극복하고 성공한 사례를 마치 자신들의 미래의 발전 모델로 생각하는 듯하다. 한국인에게는 예상 밖의 선물이라 하지 않을 수 없다.

중국의 경우도 전염병인 사스(SARS)가 횡행하던 시기 오직 일본과 한국만이 안전했는데, 이때도 한국의 기업만이 중국을 철수하지 않고 더욱 적극적인 마케팅을 벌였다.(64) 특히 식품회사의 선전도 한 몫을 했다. 사실 이러한 한국기업의 전략은 유럽과 일본의 기업들에게는 지극히 비상식적인 기업 운영이었다. 전쟁 상황, 경제불황, 전염병의 창궐을 모두 감수하고 시장 개척을 위해서 잔류한다는 것은 엄청난 도박이었으며, 그리 추천할 만한 행태는 아니었다. 그럼에도 불구하고 상대적으로 세계시장에서 후발주자에 속했던 한국기업이 현지화 성공과 기업 브랜드를 알리는 데는 마치 해당 지역에서는 위기 상황 속에서 함께 하는 일종의 국민기업이라는 이미지를 통해서 시장 점유율을 폭등시킨 것이 가장 큰 이유였다.

다만 이러한 마케팅의 그늘도 있었다. 해당 기업 브랜드의 이미지는 폭넓게 알려졌지만, 이들 기업이 대한민국에서 왔다는 것은 거의 알려지지 않았다. 대한민국의 브랜드는 최근까지도 가치가 상당히 낮았던 데서 기인한다. 그래서 대개 일본 혹은 영미권의 기업으로 알려진 경우가 많았으며, 삼성이나 엘지도 굳이 한국을 내세우지 않고자 했다. 한국 이미지가 오히려 저가 모델 이미지와 동일시된다고 본 것이다. 그래서 한동안 한류가 아시아에 전파되는 동안에도 유럽과 아메리카 등지에서 한국 기업은 자사의 브랜드로만 홍보했을 뿐 한국기업이라는 사실을 애써 감추어왔다.[65]

그런데 변화의 바람이 일었다.[66] K-Pop이 기대 이상으로 선전하면서 한국의 대중가요라는 형태로 알려졌다.[67] 한국의 이미지가 비단 저개발국이나 개발도상국을 넘어서 선진국으로 퍼져서, 유럽과 아메리카 대륙 일대에도 광범위하게 확산되었다.[68] 드라마를 넘어서 가요로 확장되자, 일반 예능프로그램까지 한류 바람이 불고 있다. 최근에 방영되고 있는 '런닝맨'의 경우는 단지 연예인 다수가 등장하는 예능프로에 불과한데도 동남아시아와 북경, 홍콩 현지 촬영에서 구름 인파가 몰려서 당혹스러울 만큼 한류의 인기를 실감하고 있다. 연예인도 국내와 해외의 지명도가 전혀 다른 상황이 나타나고 있다. 비(정지훈)나 슈퍼 주니어의 경우도 국내보다는 해외팬이 더 많은 편이다. 과거 일본이나 중국, 홍콩, 대만 등지에서 단독 진출은 있어 왔지만 지금과 같이 큰 흐름으로 인기를 구가한 적은 없었다. 이는 확연히 구분되는 점이다.

2) 변화의 원동력

도대체 무슨 연유로 한류라는 바람이 전 세계에 일고 있는 것일까? 여기에는 한국 현대사회의 변화과정에 대한 선행적 고찰이 필요하다. 점차 증폭되는 한류의 요인으로는 대내외적으로 몇 가지를 살펴볼 수 있다.

첫째, 공간 제약상의 변화이다. 조선시대에만 해도 명이나 청에 매년 최소 3차례 이상 정기 사신이 파견되었으며, 출국과 귀국에 수 개월이 소요되는 점을 감안해볼 때 연간 극히 짧은 시간을 제외하면 언제나 최소한 하나 이상의 사신단이 북경에 체류했음을 알 수 있다. 20세기 이후에도 중국의 양계초(梁啓超)가 글을 발표하면 국내 박은식 등이 시차를 두고 우리 신문 지면에 소개하거나 활용하는 일이 비일비재했을 만큼 동아시아의 블록 망은 견고하기만 했다.[69]

그런데 냉전 이데올로기 하 1948-1989년 사이에 극단적인 분단체제가 지속되면서 남한은 거의 모든 아시아 국가로부터 고립되었다. 일본과도 선택적 외교관계만이 유지되었다. 국내인의 자유로운 해외 출국 역시 국가로부터 철저히 통제받는 시기였다. 독재정권 하의 단절은 극심하였다. 1990년대 초반부터 공산권의 붕괴로 전통적인 냉전체제가 전세계적으로 와해되었다. 그리고 6월항쟁 이후 민주화의 초석이 만들어지면서 대통령직선제가 자리하였다. 이후 대한민국 역시 중국과 러시아, 동유럽과 적극적인 수교를 실시하여 북방외교를 시작했다. 해외여행의 자율화 조치도 이때 이루어졌다. 이제 더 이상 남한의 고립된 상황이 아니라, 일본과 중국, 대만, 러시아 등 북한을 제외한 거의 모든 인접국과 자유로운 교류 협력의 시대를 만들어갔다. 이후 단지 안보협력을 위한 외교관계나 수출을 위한 경제관계에서 벗어나 해외 방문객의 증대로 진정한 의미의 문화교류의 시대가 도래했다. 민간교류의 확대는 자연히 국수주의적 경향의 쇠퇴를 가져왔다.

분단체제하 고립된 상황에서는 조그마한 전통도 모두 독자적인 한국의 것으로 설명하거나 찬미하는 국수주의적 분위기가 있었으나, 정작 개방 후 한·중·일 3국만 비교해도 모두 존재하거나 유사한 사례를 목도하면서 기왕의 설명 체계에 대한 신뢰가 급속히 무너졌다. 특히 10여 년 이상 해외 교류가 촉진되자, 1990년대 후반부터는 전혀 다른 차원의 연구 성과가 나오기 시작했다.

둘째, 대한민국의 중첩적 위상도 영향을 미쳤다. 대표적인 사례는 중동에서 반미감정 혹은 그러한 정책 노선을 이끄는 곳에서 한국기업의 전자제품이 대체재로 각광받는 현실이다.[70] 이는 한국의 미국과의 친교관계를 고려할 때 다소 당황스러운 인식틀이다. 물론 이러한 인식을 주는 국가적인 정책이 전혀 없었던 것은 아니었다. 지난 참여정부 시절에는 중립외교가 상당 부분 진척되었다. 실제 내용을 들여다보면 한미FTA 체결 등 미국의 요구에 가장 폭넓게 응하였지만, 대외적으로는

미국과 갈등관계처럼 비추어졌다.71)

　동아시아의 외교적 축은 과거 러시아와 미국의 군사적 대립 구도에서 현재는 중국과 미국의 긴장 관계가 가장 직접적인 축으로 등장하고 있다. 여기에 중국에는 북한과 러시아, 미국에는 대만과 일본이 전격적인 후원자를 자처하고 있으며, 대한민국은 중국과 미국 사이를 오가면서 줄타기 외교를 해왔다. 특히 1990년대 초반 북방외교 추진으로 중국과 러시아와 우호 관계를 수립하면서 대만과 미국으로 강력한 항의를 받은 바 있으며, 참여정부 시절에는 특히 더욱더 미국의 서운함을 공개적으로 인정해야 했다. 물론 그 덕분에 사상 초유의 한국인 UN 사무총장이 탄생하였다. 미국을 의식한 견제표가 친미 진영이 아닌 곳으로 몰표되면서 한국은 이번에도 미국의 영향권이 아닌 곳을 선택하기 위한 대체재 역할을 톡톡히 하였다. 사실 한반도의 미군 주둔 사실이나 실질적인 한미관계를 고려하면 실상은 대외 이미지와 전혀 달랐지만, 적어도 제3세계를 설득하는 데 효과적이었던 듯하다. 기실 UN의 반기문 사무총장의 입성은 이러한 정세를 여실히 보여준다.72) 이는 동북아시아 균형자론(均衡者論)을 통해 이해하는 편이 훨씬 쉬운 듯하다.73) 과거 20세기 초반 동아시아는 세계열강이 이권을 두고 다양한 각축을 벌여왔다. 영국과 러시아의 대결 구도는 큰 지축이 되었다. 이제 다시 100여 년이 흘러 21세기에는 중국과 미국이 이러한 흐름을 주도하고 있다. 최근 상황만 놓고 보면 중국 진영에 러시아와 북한 등이 참여하고 미국 진영에 대만, 일본, 한국이 포진해 있다. 참여정부 시절과 같이 한국이 균형추를 조금 옮겨올 때는 평화가 유진된 반면에, 차기 정부와 같이 한쪽으로 치우친 경우는 극단적 대립

구도만 더 키운 듯하다.74)

셋째, 세계체제의 변화 과정도 한류 콘텐츠의 세계화에 주요한 영향을 미친 듯하다. 20세기 약 100년 간 지속된 서구 근대화의 신화와 이를 지지기반으로 작동되던 세계의 정치·경제의 시스템이 이제 한계에 봉착하였다.75) 과거 제국주의 유산에 기반한 선진국의 허상이 여지없이 드러나고 있다. 마치 2, 3세기 전의 중국에게서 서구사회가 목도했던 세계제국의 몰락과정을 오늘날 역으로 영미권의 정치·경제적 몰락을 통해서 그대로 보고 있다.76) 이러한 격변기의 정신적 공백을 메우는 과정에서 한류가 두 개의 문화를 연결 짓는 고리로서 등장하고 있다.

한국은 매우 독특한 국가이다. 유목민족이 세운 정복왕조는 한결같이 중원에 진출하면서 한족에 융화되기 일쑤였다. 그런데 한반도의 한 자락을 영위하면서 독자적인 언어와 문자, 그리고 역사를 지키며 독자 문화를 고수해 온 작은 나라가 주목을 받기 시작했다. 그것은 한국이 중화권의 전통에 익숙하면서도 서구식 문화에도 절충하는 데 매우 신속했기 때문이다. 영미권과 일본에서는 변화에 익숙하지 못하고 오랜 고민과 절충 속에서 서서히 변화하는 과정을 겪어왔다. 그러나 한국은 압축성장을 실현시키면서 합의만 이루어지면 단번에 모든 것이 바뀌는 이른바 '다이나믹 코리아(Dynamic Korea)'로 불리는 급격한 변화를 추진해오고 있다.77)

따라서 일종의 완충제 역할로서 한국문화를 검토해 볼 필요가 있다. 중화권에서는 아직 서구문화에 대한 완전한 도입이 꺼려지거나 회피하고 싶은 마음, 그리고 아시아의 약소국으로서의 경제적 정치적 성공을 이룬 모델에 대한 동경 등이 한류 드라마 등에서 복합적으로 작용하는 듯하다.

반대로 서구에서는 K-Pop 등에서는 비교적 자신들에게 친숙한 서구화된 동양의 모습으로서 한국의 대중음악에 열광하는 것이 아닌가 한다. 과거 신비주의에 빠져 있거나 정신세계의 가치로만 치부되던, 그러면서도 문명화와 반대의 이미지의 동양에서 벗어나 쉽게 다가갈 수 있고 향유할 수 있는 한국문화를 통해서 동양을 새롭게 인식하기 시작한 듯하다. 과거 중국과 일본이 누리던 동양의 대표 이미지에 새로운 변수로 한류가 등장하였다.

   세계 각국에서도 한국 드라마에 대한 선호도 역시 각기 다르게 나타난다. 「대장금」과 같이 아시아, 중동, 영미권 등 비교적 전 세계적으로 사랑을 받는 경우도 있지만, 「다모」와 같이 대만에서는 좋아하지만 일본에서는 별로 반향을 불러일으키지 못한 경우도 있다. 더욱이 「사랑이 뭐길래」와 같이 십수 년 전 제작된 가족간 사랑을 다룬 현대드라마는 중국에서 폭넓은 지지를 받았다.[78] 바로 현재 중국의 경제발전 과정과 드라마의 시대 배경이나 소재가 일치하기 때문이다. 중국에서 인기를 얻었던 시트콤 「세친구」 역시 미국의 「프렌즈」보다는 한국화된 극이 한결 이해하기 쉬웠기 때문이다.[79] 중동 여성에게 한국 로맨스 드라마가 인기를 구가하는 것도 사회활동이 제약된 사회환경의 영향이 큰 듯하다.[80] 중동을 넘어서 아시아 전역에서 마치 한국 드라마를 통해서 대리만족의 세계를 구가하는 듯하며, 한국 드라마의 남성상은 이상화된 캐릭터로 그려졌기 때문이다.[81] 또한 2000년대 초반 캐나다 벤쿠버 등지에서는 케이블텔레비전을 통해서 KBS 대하사극 「용의 눈물」이나 「왕과 비」 등이 상영되었는데, 동양문화에 비교적 관대한 캐나다에서 아시아를 이해하는 소재로 활용되기도 했다.

  넷째, 최근 국내외의 평가가 서로 엇갈리는 교육열에 대한 평가이다. 국내에서는 대체로 병폐로 생각하는 과도한 교육열에 대해서 해외에서 오히려 주목하는 상황이다. 특히 미국의 오바마 정부는 한국 교육을 모델로까지 삼고 있어서, 한국에서는 상당히 의아한 반응을 보이고 있다.82) 이는 아마도 현재 영미권의 사회구성과 운영 방식의 차이에서 연유하는 듯하다. 기실 가장 전통이 오래되었을 것 같은 한국에서 오히려 기득권층의 대물림은 최근 1-2세대에 불과하며 구래의 귀족이라고 할 만한 특권층은 거의 없다는 점이다. 심지어 부자조차 반백 년이 안 되는 신흥계층이다. 이는 국망의 경험과 6·25동란의 발발 등으로 어느 특정한 주도 세력이 오랫동안 한국 사회를 영유할 수 없었기 때문이다. 그리고 과거제 전통이 계승되어 누구라도 열심히 공부하면 높은 지위에 오를 수 있는 사회적 공감대가 형성되어 갔다. 현재 한국 사회의 과도한 교육열은 누구라도 공부를 잘하면 성공이 가능하다는 믿음 때문이다. 부모 세대가 이루지 못한 것을 자식에게 바라는 마음이 강한 교육열로 나타나고 있다. 사실 교육이 성공을 보장할 수 없다면 그렇게 열렬히 추구할 이유도 없었다. 자원이 부족한 한국에서 오로지 교육열 하나로 국가의 성장을 이룩한 것에 대한 신뢰일 것이다. 특히 다른 나라와 같이 오랜 가문의 배경이나 경력을 우대하는 사회에서는 시험만으로 고속 승진이 가능한 한국과 많은 차이가 날 것이다. 따라서 학벌사회나 교육열에 대한 국내의 냉소적 평가와는 무관하게 국외에서는 현저히 낮은 문맹률과 높은 대학 진학률이 경이로워 보였을지 모른다.83)

더욱이 특유의 경쟁 시스템은 또 하나의 이변을 낳았다. 2000년대 이후 재편된 국내 엔터테인먼트 산업 분야에서 '연습생' 제도를 도입하여 교육을 통해서 연기자나 가수 등으로 만드는 상황이 연출된 것이다.[84] 교육열 하나가 무기인 나라에서 이를 연예산업과 접목시켰다. 뿐만 아니라 국내 인구 4-5천만에 불과하여 내수시장이 턱없이 부족한 상황에서는 미국이나 일본과 같이 전국 현지를 돌면서 성장하는 밴드 활동을 통한 가수로의 발돋움은 애초부터 상정하기 어려웠다. 아울러 내수시장이 적어서 이윤 창출이 한계에 봉착하자, 국내시장에서 치열한 경쟁을 뚫고 성공한 이들만이 세계무대로 진출이 허락되기도 했다. 국내는 일종의 시범 무대 같은 성격이 짙었다. 그래서 오직 중앙의 무대에서 성공하여야 역으로 국내 전역을 돌 수 있었고 해외 진출까지 가능했다. 이러한 방식이 최근 '슈퍼주니어'나 '소녀시대' 마케팅에 적용된 듯하다. 이전까지 '동방신기', '보아', '원더걸스' 등은 현지 적응형 모델이었는 데 반하여,[85] '슈퍼주니어'나 '소녀시대', '싸이'는 발달된 인터넷 문화를 바탕으로 YouTube나 SNS를 통해서 전세계 팬클럽을 공유하면서,[86] 오직 국내의 인기만으로 아메리카, 유럽, 러시아, 아시아 등지를 석권하고 있다.[87] 이같은 배경에는 지상파 3대 방송사의 음악프로그램이 전세계에 동시에 생방송으로 송출되는 것도 한 몫을 하고 있다. 「뮤직뱅크」만 기준으로 해도 72개국에 생방송으로 전파를 타고 있다고 한다.[88] 이는 한국 무대의 중요성을 그만큼 배가시키고 있다. 마치 프랑스나 이탈리아 현지 패션쇼의 전세계 중계로 인한 세계 패션계의 변화를 보는 듯하다. 이른바 국내 콘텐츠로 해외에 직수출하는 계기가 마련되었다.[89]

이같은 현상은 다른 분야에서도 널리 나타나고 있다. 건설과 조선 등지에서는 이미 세계 1, 2위를 점하고 있으며,90) 국제공항이나 한국거래소 등의 운영 기술의 수출도 이루어지고 있다.91) 이는 해외에서 압축성장의 전형적인 모델로서 인식되었기 때문이다. 대부분의 관련 기술을 불과 반세기 전에 일본 등 선진국에서 배운 것에 비하면 놀라운 고속성장이다. 최근 알제리 등지에서 진행되고 있는 약 20여 개에 달하는 신도시 건설 프로젝트 역시 특이하다. 이는 서울 인근의 '분당신도시 조성'을 모델로 그대로 재현하는 방식이다.92) 다른 선진국이 도시를 건설하는 데 짧게는 반세기에서 100여 년 이상을 소요하는 데 반하여, 한국은 불과 1/10에 해당하는 10여 년 내외에 전체 도시기능을 갖추어 나가는 데 따른 경제적, 시간적 효율성이 채택되어 수출된 것이다. 고속성장에 대한 놀라울 정도의 집착은 아직 경제발전이 상당히 절실한 국가에게서 모범사례로 도입되고 있다. 심지어 국내에서는 상당히 냉소적인 '새마을운동'조차 아프리카 등 현지에서는 마을 개발사업에 적극적으로 활용되고 있는 상황이다.93)

다섯째, 국내 세계관의 급속한 변화를 들 수 있다. 1989년 이래 공산권과의 교류가 활성화되고 해외여행 자율화 조치가 단행되면서 근 20여 년간 세계 각지를 실제 보고 듣고 경험하고 오는 사람들이 늘어났으며, 한국을 방문하는 외국인도 상당하였다. 더욱이 최근에는 다문화사회로 진입하여 이미 국제결혼은 대도시뿐만 아니라, 농촌까지고 광범위하게 퍼져 있다.94) 이는 단기 증가율로는 유럽의 영국, 프랑스, 독일 등의 해외 이민자 수 증가 비율보다 더 훨씬 더 폭발적이다. 유럽 학계가 '근대 민족주의' 담론을 만들 때가 근대국가와 제국주의의 환상을 경험했기 때문이었고,[95] 최근 '상상의 공동체'를 주장하는 것은 현재 사회에서 비유럽계 이민자 비율이 비약적으로 높아졌기 때문이다.[96] 철저히 현재의 경험을 축으로 학문적 세계관이 만들어지는 것과 같이, 현재 대한민국의 국내 여건의 급격한 변화 속에서 세계관도 점차 '단일민족', '국수주의', '피해의식' 등에서 벗어서 개방된 사회로 나아가고 있기 때문이다. 이 모든 여건의 변화에는 정치적 민주화의 영향이 가장 큰 듯하며, 다음으로 경제적 발전의 성과가 이를 뒷받침하고 있는 듯하다.

결과적으로 한류는 단순히 한국문화의 해외 진출이라든가 그로 인한 문화적 자긍심의 고양, 혹은 경제적 효과 등의 천편일률적 피상적인 접근으로는 현재 일어나고 있는 현상을 설명하는 데는 상당한 한계에 봉착해 있다. 이는 오히려 국내·외 요인을 두루 고찰해볼 필요가 있다. 우선, 대내적으로는 광복 이후 한국의 자생적인 경제적 성장 및 민주화 과정과 밀접한 연관성을 갖고 있다. 경제적 풍요와 정치적 자유의 신장은 자유로운 무형문화의 창출에 새로운 활력을 불러일으켰다. 검열과 이데올로기에 종속되었던 문화산업은 이제 바야흐로 상상력의 제약을 받지 않을 수 있었다. 특히 민주화 이후 약 반세기 간 동아시아 주변국과 고립되었던 분단체제에서도 벗어나 동아시아 지역 세계는 물론이거니와 세계시민으로서 개별 국민 스스로가 각성할 수 있는 전기가 마련되었다.[97]

제2부

조선시대 이론 모델의 모색

4장 [사상사] 유교적 이상국가 만들기

1. 변화: 새로운 체제의 모색

　조선왕조의 개국은 유교를 정치이념으로 하는 새로운 사회가 열린 것으로 평가되어 왔다.[1] 새로운 이념에 의한 사회구조의 전환은 여전히 유효한 설명 방식이다. 하지만 새로운 가치를 주장하는 정치세력의 등장이 곧바로 사회 전반의 변화를 가져온 것은 아니었다. 유교 이념이 사회 전체로 확대되어 나가는 데는 수많은 계기적 요소와 상당한 시간이 필요했다.[2] 따라서 조선사회의 지향점이 서서히 싹트기 시작해서 점차 뚜렷한 상을 그려나가게 되는 과정을 검토해 볼 필요가 있다.

　14세기 후반 고려는 새로운 운명의 기로에 서 있었다. 고려 초기의 규범과 제도인 조종성헌(祖宗成憲)은 유명무실해졌으며, 무신란(武臣亂)과 원 간섭기를 거치면서 왕실의 권위나 황제국 체제를 지향했던 고려의 정체성도 상당 부분 희석되었다. 무신정권의 종식과 조정의 수륙 환도에 사실상 원의 영향력이 크게 작용되었기에 이제 왕실은 원이라는 변수를 주요하게 고려하지 않을 수 없게 되었다. 고려의 국왕은 원 황실의 부마

(駙馬)이자, 심양왕(瀋陽王), 정동행성(征東行省)의 좌승상(左丞相) 등 복합적인 지위를 모두 겸할 때에만 온전한 군주로서 국내 통치가 가능하였다. 이는 사실상 군주의 보위도 현존하는 강대한 원제국과의 연계 속에서만 지탱되었음을 의미한다.

신료들 역시 크게 다르지 않았다. 고려 조정에 출사한 다수의 신료들은 원 조정에서 벼슬을 했거나 유학 및 사신 경험 등을 토대로 어떠한 형태로든 원과의 밀접한 연관성을 지니고 있었다. 심지어 원과 고려 모두에서 벼슬을 하는 경우도 심심치 않게 확인된다.3) 그래서 이 시기 원을 매개로 한 지식인은 이러한 동아시아 질서를 부정할 수 없는 세계체제로서 인정하고 받아들였다. 이는 대몽항쟁기의 저항의식과는 전혀 다른 분위기로서, 세대교체가 이루어졌음을 의미한다. 또한 주자성리학이 역설적이게도 한족 왕조인 남송대(南宋代)에는 이단으로 배격되다가 몽골족의 원대(元代)에 와서 관학화하면서 공인되었기에, 이들의 성리학은 제국의 지배체제에 봉사하는 이데올로기로서 변질되어 있었다.

그러나 공민왕대(恭愍王代)에 들어서면서 원과의 직접 소통이 컸던 만큼, 무너져가는 원에 대한 정보도 시시각각으로 위정자들에게 전해졌다. 이에 기민하게 대응하여 국왕이 먼저 원과의 일정한 거리 두기를 시도하면서 신료들도 이제는 원을 버려야 할 시기라고 판단하였다. 국왕은 원나라의 간섭없이 왕실의 존엄함을 회복하려 하였고, 신료들은 기울어가는 원 대신에 자신들의 권력을 지탱하게 해 줄 새로운 무언가를 열심히 찾고 있었다. 당시의 권문세족은 부원배(附元輩) 소탕으로 당분간 국왕의 편이 되는 것이 유리하다고 판단하였다. 하지만 언제나 권력의 향배에 따라 변할 수 있는 상황이었다.

　공민왕대 이후 조종성헌을 회복한다는 기치 아래 고려의 정체성을 회복하기 위한 일련의 사업이 전개되었다.4) 그러나 부원배의 소탕에 성공하고 권문세족의 일시적인 협력을 이끌어냈으나 자신의 개혁을 추진할 세력을 양성하는 데는 아직 성공하지 못하였다. 이러한 때를 당하여 국왕이 신돈(辛旽)을 시켜 성균관(成均館)을 복설하게 하는 등 차후 원과의 연결고리를 배제한 고려의 자생적인 지식인 양성에 돌입하였다. 그러나 공민왕 당대에는 아직 미약하여 정치세력으로 큰 힘을 발휘하지 못했다. 다만, 이때 씨앗을 뿌려두었기에 향후 점차 세력을 넓혀나갈 수 있었다. 이에 이들은 원제국 지배 이념으로서 성리학이 아닌, 고려의 자존적인 입장에서 학문을 연마하는 신진사류로서 새롭게 자리매김하였다. 자연 이들의 구상은 공민왕이 꿈꾸어 왔던 새로운 고려의 국가 창출의 연장에 있었다.

　하지만 공민왕의 훙거(薨去)로 신진사류만 남겨지면서 이제 고려 초기 강력한 왕권을 바탕으로 하는 조종성헌의 회복이라는 기치(旗幟)보다 아예 새로운 유교적 이상사회를 만들고자 하는 흐름이 제창되기에 이르렀다.5) 고려말 신진사류는 신유학의 경서(經書)를 자신들만의 독법(讀法)으로 연마하였기에, 근본주의자적 성향을 유감없이 드러냈다.6) 원제국 치하에서 현실과 타협적이던 관학(官學), 성리학은 이제 고려에서는 가장 급진적이고 진보적인 성향의 체제개혁 논리로 변모하게 되었다.7) 이들은 구래의 원제국 체제에 얽매이지 않을 수 있었고, 보다 자유로운 상황에서 새로운 이상국가를 갈망할 수 있게 되었다. 경서 속에서만 접해왔던 유교적 이상사회를 현실사회에 구현해 보겠다는 강한 자신감과 희망이 우왕(禑王)·창왕(昌王) 대의 정치개혁으로 이어져,8) 결국 왕조 교체의 사건으로까지 나타나게 되었다.

 이제 고려라는 틀을 버리고 중국 고대 이상사회인 서주(西周)에 걸맞는 역사를 지닌 성인(聖人) 기자(箕子)의 조선(朝鮮)을 국호로 제시하면서 새로운 유교적 이상향의 모델을 적극 제시하였다.9) 이러한 상황은 조선이라는 국가체제와 왕실의 위상에 복합적인 영향을 미치게 되었다.10) 이른바 황제국 체제인 고려로부터 물려받은 신성한 왕실의 유산과 신진 사류가 새롭게 주창한 유교적 이상사회의 청사진이 하나의 방향으로 귀결되기 시작했다.

 이러한 변화의 분위기는 어떠한 형태로든 범주화해 볼 필요가 있다. 이러한 고려말의 새로운 국가상의 인식이 조선에서 어떠한 방식으로 구현되어 나갔는지에 대해서 거시적인 틀에서 조망해 보고자 한다. 이를 위해서 그간 단순히 '수사(修辭)'로만 인식되어 온 전통시대 표현에 대해 변화상을 추적하여 시기별 차이를 검토해 보려고 한다. 기실 특정 표현만으로 시대상의 변화를 설명하는 데는 많은 제약이 따르지만, 연구사에서 제기되어 온 조선시대사 구분론의 관점을 일부 원용하여,11) 우선 문제 제기의 형식으로나마 관련 내용을 갈무리해 볼 것이다. 이상의 검토를 통해서 조선시대 위정자들이 인식하고 추구하고자 했던 국가상(國家像)에 대해 시론적이나마 밑그림을 그려볼 수 있을 것이다.

2. 신성한 군주상의 계승

고려말의 신진사류는 당대를 난세(亂世)로 인식하고 치세(治世)로 전환하기 위해 악전고투하였다. 조선은 이 시기의 정비된 제도를 상당수 물려받았고, 이를 기반으로 새로운 왕조의 틀을 구축할 수 있었다.[12] 고려 우왕·창왕대 급진전되었던 개혁은 국가체제를 일정하게 갖추는 데 기여하였다. 공양왕대까지 각종 개혁 입법이 점차 누적되어, 신왕조 수립 후 얼마 되지 않아 『경제육전』(1397)을 반포할 수 있을 만큼 상당한 법제를 갖추어 나갔다. 또한 8도의 관찰사제도를 확립하였고 말단 고을까지 모두 중앙에서 수령이 직접 파견되었다.[13] 중앙의 지배력은 점차로 심화되어 국가의 일원적 지배체제가 고도로 갖추어지기 시작했다. 이는 14세기 후반 신진사류의 정계 진출로 빚어진 대경장의 성과였다.

공민왕대 성균관의 복설로 새로운 정치세력인 신진사류의 토양이 갖추어지기 시작한 것처럼, 이 시기 왜구 토벌 및 홍건적 진압, 원군(元軍) 격퇴 등에서 혁혁한 공적을 쌓으며 신흥무장세력도 성장해 나갔다. 양대 세력 중에서 구래의 귀족가문 출신은 고려왕조의 유지를 제창하였고, 상대적으로 신분이 미천하거나 한미한 가문의 출신은 기존체제에서는 성장하는 데 한계에 봉착하자 새로운 왕조의 개창에 동조하였다.[14] 이 시기 신흥무장의 대표 세력으로 동북면 출신의 이성계(李成桂)가 두각을 나타냈으며, 군사력을 바탕으로 신진사류의 개혁을 뒷받침하며 국왕으로의 등극을 꾀하였다. 왕조의 개창을 전후하여서는 향후 조선 시기 전체를 통털어 가장 강력한 왕권을 행사하였다.[15] 그랬기에 개국 초의 상황에서 왕권의 위상에 대한 부분은 도외시할 수 없다 하겠다.

기존 연구에서는 조선시대 사용된 '성(聖)' 혹은 '천(天)'과 같은 국왕이나 왕실에 관계된 표현에 주목하지 않았다. 이는 의례 사용되던 개념으로 보았고, 이미 일반 수사로 정착된 용어에 대해 의미를 되새길 필요를 느끼지 못했기 때문이다. 고려시대에는 이미 군주에게 '성상(聖上)'이라는 호칭은 일반적이었다.[16] 하지만 이 '성'은 단순히 유교적 성군(聖君)만을 표현하는 것이 아니라 천자(天子)에 대한 존호였다. 중국의 황제 생일을 '성절(聖節)'이라 하고, 이에 대한 축하 사절이 성절사(聖節使)인 것은 그 때문이다. 고려 때까지 '절일(節日)'은 고려 국왕의 생일을 의미하였다.[17] 주지하다시피 이는 고려가 황제국 체제를 지향하였기에 가능한 표현이었다.[18]

반면에 조선 초에는 『고려사』의 편찬 과정과 예제(禮制)의 정비 과정에서 수 차례 천자국 예를 참칭한다는 논란은 계속되었고 이를 타개할 방안을 모색하려고 하였다.[19] 그만큼 외형적으로는 일단 대명(對明) 관계를 감안하여 제후국 체제를 지향했음을 의미한다. 다만 모든 것을 일괄적으로 바꾸지는 못하였기에 『고려사』에서는 "무릇 '종(宗)', '폐하(陛下)', '태후(太后)', '태자(太子)', '절일(節日)', '제(制)', '조(詔)' 등은 참람한 호칭이지만 여기에는 당시에 부르던 그대로 써서 그 사실을 보호한다"고 기록하였다.[20]

그러나 실록을 살펴보면 묘호(廟號)에서 여전히 황제를 칭하는 '조종(祖宗)'을 사용하고 있었다. 조선이 대명 관계에서 제후국임을 자처하는 상황에서 제후국 예를 사용하는 정도가 고려보다 훨씬 강해졌는데도 불구하고, 묘호나 왕실을 지칭하는 존어(尊語)는 한결같이 전왕조의 용례를 답습하고 있었다. 이것은 조선초기 왕실이 아직 고려의 황제국 체제의 전통 속에 어느 정도 기반하고 있음을 의미한다.21)

게다가 이러한 다소 모순된 전통의 계승 속에서 몇 가지 새롭게 주목되는 어휘가 확인된다. 조선전기부터 이미 중국의 황제에게 보편적으로 활용되던 '성'이나 '천' 자(字)가 광범위하게 실록을 통해서 산견되고 있기 때문이다.

조선전기 '성'자 계열 조어(造語)를 분석해보면, 우선 외교문서상 중국 황제에 대해 '성' 자를 사용하는 전형적인 용례가 확인된다.22) 중국의 조정을 '성조(聖朝)'라고 하고 황제에게는 성심(聖心), 성명(聖明) 등으로 칭하였을 뿐만 아니라, 각종 용어로는 성총(聖聰), 자성(慈聖), 성후(聖后), 열성(列聖), 성지(聖旨), 성수(聖壽), 성정(聖情), 성절(聖節) 등이 다수 나타나고 있다. 아울러 '천' 자 계열로도 천총(天聰), 천사(天使) 등도 확인된다. 대부분 명과 외교관계에서 사용되던 천자에 대한 격식을 담아내던 표현이었다. 이러한 수사(修辭)는 조선후기 청조(淸朝)의 사신을 '노사(虜使)'로, 청 황제를 '노주(虜主)'로 비하하는 것과는 사뭇 대조적인 표현 양상이다.23)

그런데 이상하게도 이와 같은 황제에 대한 극존칭에 대해서 대내적으로는 조선의 왕실에 대해서도 동일한 표현을 사용하고 있어 흥미롭다.24) 처음 명과 외교관계를 맺은 상황에서 쓰였던 용례는 이후 국내에서는 조선왕실을 상징하는 표현으로 바로 쓰였다. '천(天)' 역시 중국 황제나 자연적인 덕목뿐 아니라 임금의 권위를 나타내는 용어로 점차 대체되고 있는 실정이다.

조선에서는 군주에 대해 '성상(聖上)', '성총(聖聰)', '성명(聖明)', '성유(聖諭)', '성궁(聖躬)', '천총(天聰)', '천안(天顔)' 등을 칭하고, 조종(祖宗)에 대해 '열성(列聖)', '성조(聖祖)', '조성(祖聖)', '성군(聖君)', '성왕(聖王)', '대성인(大聖人)' 등으로 한결같이 높였다. 이 중 '자성(慈聖)'의 경우와 같이 전형적인 조선화의 길을 걷는 경우도 확인된다. 본래 자성은 중국에서 황제의 모후에 대한 존어로 사용되어 왔다.25) 그러던 것이 조선에 들어와서 단종(端宗)이 어린 나이에 즉위하자 당시 정국을 주도했던 숙부 수양대군(首陽大君: 世祖) 부인[貞熹王后 尹氏]의 위엄을 높이기 위한 존호로 쓰이게 되었다.26) 이후 세조가 왕위를 차지하면서 왕대비에 대한 일반존칭으로 굳어져버렸다.27) 조선 초부터 왕실은 나름의 전통을 만들어 나가면서 신성한 '성조'의 후예라는 인식이 싹터 나갔음을 알 수 있다.28)

조선에서 사용된 신성한 왕실을 상징하는 용례를 살펴보면, 성고(聖考), 성교(聖敎), 성군(聖君), 성궁(聖躬), 성덕(聖德), 성명(聖明), 성상(聖上), 성세(聖世), 성수(聖壽), 성심(聖心), 성왕(聖王), 성유(聖諭), 성은(聖恩), 성의(聖意), 성자(聖慈), 성조(聖朝), 성조(聖祖), 성지(聖旨), 성총(聖聰), 성효(聖孝), 성후(聖后), 대성인, 양성(兩聖), 열성, 자성(慈聖), 조성(祖聖), 천덕(天德), 천안(天顔), 천총(天聰), 천혼(天閽) 등의 다양한 표현이 확인되며 이러한 용례가 광범위하게 퍼져나갔다. 그러면서도 당대인은 이에 대한 모순을 전혀 느끼지 못한 듯하다. 이는 이미 당대 위정자들이 관행으로 굳어진 표현에 대해서 굳이 황제와 제후의 체제로 구분해서 인식하지 못했음을 의미한다.29)

중국은 대외적으로는 황제로서 제후를 거느리고, 대내적으로는 '하늘의 아들임[天子]'을 강조해 왔다. 중국의 천자호(天子號) 사용은 이미 주나라가 은(殷)을 정벌하고 상제(上帝)를 자신들의 부족신 천(天)으로 대체한 이후부터 새로운 천하(天下), 천왕(天王), 천자(天子), 천명(天命) 등의 용어를 활용하였다.30) 전국시대(戰國時代)에 이르러 천자만이 쓰던 왕호(王號)가 문란해지자 이와 차별화하기 위해 진(秦)의 6국 통일 후 황제호(皇帝號)가 출현하게 되었다. 중국의 통일제국이 이후 수 차례 들어서면서 황제와 천자는 등가(等價)의 용어로 정립되었다.

'천' 자는 바로 하늘의 권위를 대변하는 것이기 때문에, 하늘에 대한 제사권과 함께 천자의 고유한 권위를 반영하였다. 그리고 '성'은 국내에서 가장 신성한 존재를 수식하기 때문에, 이것은 신성한 군주상의 상징인 동시에 천자의 전유물이었다. 두 가지 표현 '천'과 '성'은 천자국 고려에서는 사용할 수 있었으나, 제후국을 자처한 조선에서 사용하는 것은 상식적으로 모순이었다. 그렇다면 어떠한 연유에서 고려의 체제가 참람되다고 비판했던 조선에서 이러한 극존칭을 사용할 수 있었을까?

여기에는 먼저 이전의 역사를 검토해 볼 필요가 있다. 우리나라의 전통에서는 독자적인 천하관(天下觀)을 이미 형성해 온 지가 오래되었다.31) 고조선이나 부여, 고구려, 백제 등에서 천손(天孫) 의식을 강조하여 왔고, 신라에서도 전륜성왕(轉輪聖王)이나 성골(聖骨) 등을 통해 신성한 왕실의 이미지를 구축해 온 전통이 있었다. 이는 몽골, 흉노, 돌궐 등 북방의 유목민족이 대개 중원의 화하족(華夏族)과 대비되는 독자적인 천하관을 통해서 황제에 대응되는 칭호를 갖추고 있었던 사례와도 유사하다. 이러한 계승 인식은 조선전기 성종연간에도 확인된다. 성절사는 북경에서 명의 식자층과 문답을 나누면서, 조선 국왕[成宗]을 '성주(聖主)'로 치켜세우면서 "우리나라 옛날의 고구려·신라·백제·동옥저·북옥저·예맥 등지를 모두 하나로 합하여 땅은 수천 리를 보유하고 갑병이 수십만이며, 나라는 부유하고 병정은 강하다"는 것을 근거로 내세우기도 했다.32) 이는 고래의 전통 속에서 중원 이외의 독자적인 질서를 유지했던 조선의 유구한 전통에 대한 자긍심의 표현이었다.

아울러 황제국 체제를 표방했던 고려왕조에서 '천' 혹은 '성'이란 표현은 보다 친숙했다. 이러한 승국(勝國: 전왕조)의 신성한 권위를 계승하는 방식은 조선 초부터 단행된 이전 왕조의 모든 시조에게 제사를 지내는 의례에서도 확인된다.33) 이러한 흐름은 이미 고려말에 새로운 체제개혁 논의에서 단행된 '선왕성헌(先王成憲)', '조종성헌', '성조성헌(聖祖成憲)' 등으로 일컬어진 성헌(成憲)의 회복이라는 가치와도 맞닿아 있었다. 곧 왕실의 권위를 회복하는 문제는 국왕권의 문제로 각인되어, 신료들조차 쉬 범할 수 없는 영역이 되었다. 따라서 조선이 취했던 국가의 운영 틀은 고려의 천자국 체제의 풍습을 일정하게 유지하면서도 제후국의 예제를 점차 도입하였다고 생각된다. 그랬기에 조선왕조는 고려의 신성한 군주상도 물려받을 수 있었다.

그런데 여기서 눈여겨볼 변화는 단지 고려말의 상황의 계승이라고 하기에는 뭔가 부족한 점이 없지 않기 때문이다. 국초 신성한 왕실의 권위를 나타내던 '성'자로 표현되는 존어는 조선전기에 점차 중대되는 것을 알 수 있다. 통상 고려말 제도가 문란하여 조선 세종대 이전에는 문물제도의 정비가 제대로 이루어지지 못했다고 평가받아 왔으나, 제도

정비 이후에도 신성한 표현의 사용은 오히려 강화되었다. 조선의 건국 당시 불과 9개 정도의 용례에 불과하던 신성한 표현이 명종-선조대가 되면 대부분의 용례가 갖추어지게 되어 약 30여 개의 표현으로 증가한다. 대체로 이러한 표현은 향후 신성한 왕실을 나타내는 대표적인 표현으로 정착하게 되었다. 어째서 왕실에 대한 신성한 용어가 이토록이나 중대한 것일까?

이러한 변화의 밑바탕에는 고려말 새롭게 인식된 성리학의 관점이 주요하게 작용하였다. 유가(儒家)에서는 상제(上帝≒天)를 본받는 것이 곧 요순(堯舜)의 큰 덕으로 여겨졌다.34) 이는 하늘을 본받는다는 것과 성인 군주상이 동일시되어 있음을 의미한다. 특히 이러한 인식이 성리학의 보급 단계에서 주요한 논제로 부각되었다. 성학(聖學)이 꼭 천자만의 전유물이 아니었기 때문에 제후국에서도 성군론을 통해서 군주가 신성한 이미지를 활용하는 것도 충분히 가능하였다. 국초에 조선왕조가 고려로부터 물려받은 신성함은 국왕의 존귀함을 나타내는 것이고 왕실의 권위를 세우는 의미가 있었다. 여기에 사림이 중앙정계에 참여하면서 '왕실의 신성화'는 성인군주론과 함께 더욱 가속화되었다.

15세기 중반부터 사림세력이 정계에 재진출하게 되는데, 이 과정에서 특히 성리학의 철저한 이해와 보급을 주도하고 당대에 살아있는 국왕 성종(成宗)을 요순(堯舜)으로 칭하기 시작했다.35) 그랬기에 사림의 진출로 고려에서 유래한 신성한 왕실의 이미지는 새롭게 성리학의 군주성학론을 매개로 하는 성인군주상과 하나로 합쳐지는 계기가 되었다. 사림이 정치 참여의 명분으로 내세운 도학(道學) 정치론은 결국 군주가 요순과 같이 되는 것이었고 이것은 성학으로 체계화되었다. 성학을 닦는 주체가 된 군주에 대해 '성'을 활용하는 것은 자연스러운 현상이었다.36) 정치 명분에서 성인군주상은 사림에게서는 이상적인 국가를 건설하기 위한 새로운 모델이 되었고, 군주에게는 성스러운 권위를 창출해 내는 전거가 되었다.

특히, 16세기 후반 명종(明宗)이 후사 없이 훙거하자, 뚜렷한 기반 없이 갑자기 즉위한 선조는 사림의 지지가 필요하였다. 이제 사림이 중앙정계를 완전히 장악하고 붕당정치가 공인되는 시대가 열리게 되었다. 사림은 정계 진출을 위해 국왕 권위의 신성화를 명분으로 활용하였고 국왕 역시 이를 국왕의 위상 강화에 적극적으로 활용하였다. 선조대는 이것이 정점에 이른 것으로 생각된다.

3. 서주(西周) 국가의 재현

1) 육조(六曹)의 이칭(異稱)

국왕과 왕실에 대한 표현이 고려왕조의 유산 혹은 이전부터 유래된 동방의 천하관에 대한 계승을 기반으로 신유학의 전통과 결합한 것이었다면, 국가체제에 대한 '서주 국가 만들기'는 신왕조를 개창한 위정자들이 새롭게 만들어낸 청사진이었다. 여말 지식인은 『주례(周禮)』 체제에 대한 현실적 활용에 많은 관심을 가지고 있었다. 비록 전해지지는 않지만 고려 국가의 방략을 담은 『주관육익(周官六翼)』이 이미 편찬되었다.37) 정도전(鄭道傳) 역시 『주례』를 원용한 『조선경국전』을 저술하는 한편, 실제 정치에 참여하여 이에 부합하는 정치체제를 만들어 나갔다. 국초에 관제를 개혁하면서 정도전의 주장에 따라 주제(周制)에 입각해 삼공(三公)과 육경(六卿)을 두었으며,38) 이러한 방향성은 성종대 『경국대전』의 찬집에도 그대로 반영되어, 조선의 제도에 대해서는 주나라를 모범으로 인식하게 되었다.

여기서 삼공은 곧 삼정승(三政丞: 領議政-左議政-右議政)을 의미하고, 육경은 육조의 장관이었다. 이는 『주례』의 육관과 『서경』 「주관(周官)」의 삼공설(三公說)을 두루 혼용한 것이다.39) 그 중 육관은 『주례』에 나오는 명칭으로, 조선시대에는 육조의 이칭(異稱)으로 각각 사용되었다. 육조는 천관(天官: 吏曹), 지관(地官: 戶曹), 춘관(春官: 禮曹), 하관(夏官: 兵曹), 추관(秋官: 刑曹), 동관(冬官: 工曹) 등의 육관으로 별칭되었다. 그 장관은 각기 총재(冢宰: 吏曹判書), 사도(司徒: 戶曹判書), 종백(宗伯: 禮曹判書), 사마(司馬: 兵曹判書), 사구(司寇: 刑曹判書), 사공(司空: 工曹判書) 등으로 불리었다. 육조의 장관인 판서는 정2품직으로 의정부(議政府) 좌참찬(左參贊), 우참찬(右參贊), 한성판윤(漢城判尹)과 더불어 구경(九卿)으로 칭해졌다. 그밖에 경서를 이용한 표현도 상당수 확인된다.40)

정변을 통해 집권한 태종 역시 이러한 국가 운영의 큰 흐름에 대해서는 동일한 시각을 지니고 있었다. 그는 성균관에 나아가 문묘(文廟)에 참배하고 유생에게 시험을 보이는 자리에서 친히 책문(策問)하면서 "삼공이 치도(治道)를 논하고 육경이 직분을 나누는 것은 주나라 관제의 남은

뜻이나 지금 오히려 조정의 성대한 제도가 되었다"고 자평하였을 정도였다.[41] 이는 이방원 역시 성균관 출신의 문사였기 때문이기도 했다. 따라서 재상 중심주의에 기반해 건국을 주도한 정도전이나 그를 타도하고 국왕 중심주의를 내세워 집권한 태종 역시 서주의 제도에 조선이 기반하고 있다는 대전제에 대해서는 같은 입장이었다. 이는 조선의 건국과 통치체제의 확립을 이룬 세력이 모두 같은 전제에서 출발하고 있음을 의미한다. 서주 이상향의 구현에 대해서는 마치 시대정신을 나타내는 듯이 모든 세력이 한목소리를 내었고, 단지 그것을 어떻게 현실에서 구현해 낼 수 있는가에 대한 세부 방법(권력구조)에 대해서만 차이가 났을 뿐이었다.

  조선왕조의 이러한 서주에 대한 지향은 연구자들에게 일찍부터 폭넓게 받아들여졌다. 그래서 육조를 육관으로 바로 대입해서 이해하는 것은 상식이나 다름없었다. 하지만 과연 조선 전시기에 걸쳐서 두 가지의 범주는 완벽히 일치되는 것이었을까? 언제부터 이러한 의식구조가 형성되었을까?

  이에 대해서는 다소 신중한 검토가 필요하지 않을까 한다. 조선왕조는 조종성헌을 계술(繼述)한다는 기본 입장을 견지하고 있었기 때문에 전반적인 왕정의 큰 틀은 연속성을 유지하였다. 그러면서도 세기별 다양한 변화 양상을 보이고 있어 주목된다. 곧 조선시대 전반을 규정하는 국초의 성격과 추후 세기별 변화상, 양자를 모두 고려하여야만 조선왕조의 시대상을 제대로 파악할 수 있다 하겠다. 이 시기 유가의 이상사회를 지칭하는 표현은 그 어느 때보다도 광범위하게 사회 일반에서 통용되었다.

하지만 조선시대 전체를 놓고 볼 때 이칭 혹은 별칭 등으로 활용되는 다양한 수사가 처음부터 통용되었던 것은 아니었다. 시대정신을 담아내던 표현은 장기간에 걸쳐서 새로운 전통으로 탈바꿈하게 되었다. 실록을 검토해 보면, 육관의 명칭이 곧 바로 육조의 이칭으로 통용된 것은 아니었으며, 육관 모두가 동일한 시기에 이칭화된 것도 아니었다. 전자의 '성'에 대한 용례는 처음부터 사용되었지만 조어가 점차 증대하고 활용 빈도가 늘어나는 데 상당한 세월이 필요했던 것처럼 육관의 별칭 활용에도 많은 시간이 필요했다.

육조의 각 장관이 육관에 비견되는 시기를 찾아보면, 총재는 중종대,[42] 사도(司徒)는 현종대,[43] 종백(宗伯)은 예종대,[44] 사마(司馬)는 세조대,[45] 사구(司寇)와 사공(司空)은 성종대부터 확인된다.[46] 대체로 실록 상 가장 빠른 시기는 세조대부터 육관의 명칭을 실제 육조 판서에 직접 이입(移入)해서 사용하는 용례가 보이기 시작했음을 알 수 있다. 하지만 일련의 시점은 간단히 비견하기 시작하는 시점에 불과하며 완전한 형태의 별칭으로 굳어진 것은 아니었다.

먼저 육관의 으뜸인 천관 총재의 경우, 국초와 이후 용례에 많은 차이가 발견된다. 처음 총재는 『주례』에서 왕을 대신해 국정을 총괄하는 역할이었던 만큼, 의정부의 수장(首長)인 영의정을 지칭하였으며,[47] 때에 따라서는 삼정승을 모두 칭하기도 하였다. 이는 조선이 취한 삼공과 육관의 제도가 그 근원을 달리했기 때문이다. 전자는 『서경』에 뿌리를 두는 것이었고 후자는 『주례』에서 기원하였는데, 『주례』에서는 천관 총재가 국정운영 전반을 책임지는 직위였기 때문에 삼공과 매우 혼돈될 수밖에 없었다. 이는 두 가지의 서로 다른 전통을 하나의 제도로 채택한 조선왕조의 딜레마이기도 했다.

그러다가 이후『주례』육관을 조선의 육조에 일치시키고자 하는 흐름이 나타나면서 그 대상이 이조판서와 혼용되기 시작했다. 한편 이것은 국왕과 의정부와의 관계에도 일정한 변화가 나타나고 있었음을 의미한다. 의정부에서 국정을 총괄하게 되면 천관 총재는 삼정승을 지칭하는 것으로 여겨졌고, 국왕이 육조직계제를 통해 국정을 직접적으로 장악할수록 총재의 위상은 격하되면서, 일개 육조의 관서를 담당하는 장관으로서 인식되었다. 조선전기 의정부서사제와 육조직계제 양 체제의 반복은 다양한 이미지가 병존하는 결과를 초래하였다.[48] 양자의 혼용은 어느 시점을 축으로 획일적으로 정해지지는 않았으나 시간이 지나면서 점차 한쪽으로 수렴되어 갔다. 조선후기가 되면 총재는 극소수를 제외하면 이조판서를 칭하는 경우가 다수를 차지하게 되었다.[49]

조선 초기에는 지칭 대상에도 혼돈이 있었을 뿐만 아니라, 육관의 용례도 각각의 인지 정도에 시간 차가 확인된다. 세종연간까지도 사도와 사공이 모두 조선의 관제가 아니라고 인식하였다.[50] 육관이 주나라의 제도를 따른 것이긴 하지만, 그 명실이 반드시 조선의 관제와 일치한다고 보지 않았다. 그리고 동일한 직명이 아니라 상대적으로 비견할 만한 직명으로 육조 판서를 두고 있다는 것은 구별되는 사례이다.

반면에 예종대(睿宗代) 이후 분위기는 사뭇 반전되는 듯하다. 예종은 박원량(朴元亮)에 대해 업적을 높이 평가하면서 예조판서를 겸직했던 사실을 종백(宗伯)을 들어 비견하였다.[51] 종백이 고려에서는 과거시험을 주관하는 지공거(知貢擧)의 별칭이었음을 감안한다면 의식구조가 상당히 바뀌었음을 확인해 볼 수 있다. 또한 성종대 이조판서 서거정(徐居正)은 "본조(本曹: 吏曹)는 곧 주나라의 천관과 같다"고 하면서,52) 이조를 천관에 비견하면서 연원을 따지고 있다. 역사적 연혁을 따져나가는 데에 『주례』 육관을 활용하였다. 중종대가 되면 참관 김정(金淨) 등은 옛날 총재는 삼공이 겸하였다고 하면서도 이조판서가 총재의 직으로 백사(百司)를 통괄하고 인물을 선발한다고 하였다.53) 이는 총재의 국정 주도의 일면을 강조하면서도 직분은 어디까지나 이조판서를 직접 표현한다고 본 것이다.

이러한 표현은 명종-선조 연간에 단순한 비교 대상에서 벗어나 보다 명확한 형태로 드러나게 된다. 명종연간 사신(史臣)은 정사룡(鄭士龍)이 종백(宗伯)의 장관[禮曹判書]을 점거했다고 개탄하였고,54) 명종은 친히 전교에서 사구(司寇: 형조판서)의 소임은 형옥(刑獄)을 삼가야 한다고 하였다.55) 선조대 사헌부에서 "정유길(鄭惟吉)은······총재[吏曹判書]가 되어서는 물망(物望)에 맞지 않았다"고 비판한 대목도 확인된다.56) 여기서는 아예 총재가 이조판서를 직접 지칭하였다. 또한 이정구(李廷龜)의 사직차자(辭職箚子)에서도 "탁지(度支: 戶曹)의 장관은 곧 주나라 때 대사도(大司徒)의 직[호조판서]이다"고 평하였기도 했다.57)

한 걸음 더 나아가 광해군대에는 심종도(沈宗道)를 호조참의로 삼은 실록 기사의 주에서 "소사도(小司徒)에 두었다"고 하여,58) 호조참의를 바로 소사도로 칭하고 있다. 이는 호조판서를 바로 대사도로 칭하지 않는다면 불가능한 표현방식이다. 같은 방식으로 소사공(小司空)이 공조참의를,59) 소사구(小司寇)가 형조참의를 칭하였다.60) 이는 육조의 장관

뿐만 아니라 참의에 대한 이칭까지 확인해 볼 수 있는 사례이다.

이로써 점차 육조는 『주례』육관에 비견되는 사례가 늘어남을 알 수 있다. 이는 단지 연원을 따지는 것과 달리, 점차 직접 지칭하는 단계로 변화되었음을 알 수 있다. 이제 육관은 비견의 대상이기보다는 관직의 별칭 그 자체로 자리매김하였다. 태종연간 『주례』에 근거했다는 소박한 인식은 세조 대에는 육관으로 인식하기 시작하고, 명종-선조대가 되면 육조 판서는 단순히 비견하는 정도가 아니라 육관으로 완전히 바꾸어 부르게 되었다.61) 이것이 의미하는 것은 무엇일까?

국초에 단선적으로 제시된 국가의 지향점 혹은 방략이 심화 단계를 거쳐 추구하는 정도가 아니라 일치시키는 단계로 점차 진전되었으며, 특히 이러한 인식 변화가 선조 대 명백한 형태로 굳어지고 있어 주목된다. 주나라의 제도는 처음 현실과 동떨어진 먼 이상향으로 제기되면서 단지 비유의 대상에 지나지 않았으나, 일정한 시점을 경계로 조선 관제의 별칭으로 굳어지게 되었다. 점차 사림이 중앙 정계에 다수 진출하면서 일정한 의식 틀이 변화되고 있었었으며, 이러한 현상이 국초의 성왕상(聖王像)이 점차 심화되면서 선조 대 이르러 최고조에 달하는 것과 비슷한 궤적을 그려 나갔다. 여기에는 붕당정치의 시작점을 알리는 사림의 본격적인 출사라는 부분이 크게 작용한 것으로 생각된다.

2) 팔도 관찰사의 이칭

조선의 육조에 『주례』육관의 별칭을 부여한 것은 새로운 유교적 전통의 인식 틀이 작용했음을 의미한다. 육조가 중앙의 관직에 해당한다면, 이에 대응하는 외관직에 대한 인식 틀도 함께 만들어져 나가야 했다. 이에 자연히 지방관에 대한 이칭에 대해서도 검토가 필요하다.

고려시대 지방 장관은 여러 차례 변경되었으나, 대체로 후기에는 안렴사(按廉使)로 불리었다.62) 고려 창왕대(昌王代)에는 신진사류가 정권을 장악하면서 개혁 입법의 일환으로 안렴사는 품계가 낮다 하여 도관찰출척사(都觀察黜陟使)로 고치고 2품 이상 재신(宰臣)을 임명하면서 교서와 부월을 주어서 파견하였다. 이는 기존의 4-6품관을 6개월 단위로 보내는 임시직과는 달랐다. 이후 조선초까지 여러 차례 안렴사, 도관찰출척사의 이름으로 개정을 반복하였다.63)

그러나 조선전기 형성된 일반적인 이름은 '관찰사'란 직명이 압도적이다. 여기에 '감사(監司)'라는 이칭이 붙었다. 감사는 정도전이 감사론(監司論)을 펴면서 건국 초 수령에 대한 감찰권 강화 차원에서 주장하여, 명칭으로까지 남게 되었다.64) 감사 혹은 관찰사란 명칭은 조선말까지 병칭되었다. 뿐만 아니라, 도백(道伯),65) 도신(道臣),66) 방백(方伯),67) 외헌(外憲)68) 등으로도 불렀다.

실록을 토대로 용례를 분석해 보면, 조선후기에는 이 외에도 몇 개의 별칭이 더 생겨났다. '북백(北伯)'은 선조대부터 처음 보이는 표현이다.69) 이것은 '관북백(關北伯)'의 약칭이며,70) '함경도관찰사'의 이칭이었다. 이후 '함경백(咸鏡伯)' 등으로도 불렀다.71) 이같은 사례는 팔도에 모두 적용되었다. 그래서 팔도관찰사는 관서백(關西伯: 평안도관찰사), 관북백(關北伯: 함경도관찰사), 관동백(關東伯: 강원도관찰사), 기백(畿伯: 경기관찰사),

해서백(海西伯: 황해도관찰사), 호서백(湖西伯: 충청도관찰사), 호남백(湖南伯: 전라도관찰사), 영남백(嶺南伯: 경상도관찰사) 등으로 불리었다.72) 여기서 한결같이 '백(伯)'을 사용하는 것이 눈에 띈다.73)

  조선시대 관찰사는 종2품으로 국왕을 대리하여 도내 행정, 사법, 군사 등 3권을 모두 장악하였기 때문에 그 권한은 지대하였다. 관찰사의 이칭 중 '방백(方伯)'은 이미 국초부터 이용되었다. 조선후기 각 지역명에 '백(伯)'을 결합할 때 '백'은 바로 '방백'을 줄인 것이다. 이는 제후의 등급을 나타내는 "공(公)-후(侯)-백(伯)-자(子)-남(男)"의 '백'이 제후 상호 간 작위를 구분하는 것과는 좀 다른 개념이다.74) 방백의 유래는 중국 고대 은말(殷末)까지 거슬러 올라간다. 『사기』「주본기(周本紀)」에는 "(주)문왕(文王)이 낙서(洛西) 땅을 바치니 주(紂)가 궁시(弓矢)와 부월(鈇鉞)을 하사하여 마음대로 정벌할 수 있게 하고 서백(西伯)으로 삼았다"고 하였다.75) 여기서 '서백'은 서방 제후국의 우두머리란 뜻으로 이용되었다. 곧 '백(伯ㄴ覇)'이 단순히 제후를 의미하는 것만이 아니라, 여러 제후를 통솔할 수 있는 천자의 대리자 혹은 그 다음의 위치를 비정한 것이다.76)

  고려 창왕이 교서와 부월을 하사한 것은 바로 이 때문이다.77) 이는 고려말에 신진사류가 추진한 지방제도 개혁의 일환이었다. 또한 조선에서는 고려의 '경기(京畿)'라는 개념을 적극적으로 계승하여 서울 주변에 '경기'를 설치하였다.78) 이는 주대(周代) 천자가 사는 왕기(王畿)의 개념을 서울 주변에 설정한 것이고, 경기를 중심으로 방사선으로 방백이 배열되는 구도가 되었다. 이 시기 정치개혁의 모델이 유가의 전범이었음을 쉬 짐작할 수 있는 대목이다.

주자(朱子)의 방백과 관련된 주석을 검토해 보면, 방백은 천자의 명을 받들어서 제후를 거느리고 토벌에 나설 수 있는 제후 중 우두머리이다.[79] 곧 천자를 대행하는 역할을 책임진 것이다. 이러한 방백은 고대 국가 건설기에는 중앙집권화와 더불어 외직(外職)으로 수용되어, 일찍이 신라에서도 방백은 외관직으로 나타난다.[80] 고려시대에도 방백은 일찍부터 수용되어, 성종연간 12목(牧)을 설치하면서 백성을 살피는 데 방백의 공(功)에 의지한다고 표현하였다.[81] 곧 방백은 천자 혹은 왕을 대신해서 지방을 통치하고 살피며, 관할 지역 내 뭇 크고 작은 고을을 거느리는 제후와 같은 위치를 부여받았다. 조선 초기에도 이같은 인식은 계승되어, 태조는 대마도(對馬島) 정벌을 명하는 교서에서 관찰사를 방백으로 바꾸어 표현한 사례가 확인된다.[82] 그러나 이 경우에도 관서백, 관북백, 관동백, 기백, 해서백, 호서백, 호남백, 영남백 등으로 완전히 이칭으로 드러난 것은 선조대 이후에나 가능하였다.

한편, 관찰사를 지칭하는 표현으로는 '백' 외에도 선조대부터 '번(藩)'의 용례 역시 나타나고 있다. 이 또한 천자국을 중심으로 하는 울타리가 되는 번국(藩國)인 제후국을 칭하는 용례이다. 하지만 이 칭호 역시 국초부터 사용되지는 않았다. 당초 동번(東藩)은 대명(對明)외교 시 "동방의 번국", 곧 우리나라가 제후국임을 나타내는 칭호였다.[83] 명종대에는 대마도를 지칭하기도 하였다.[84] 이는 상대적인 개념으로 중국에 대해서는 조선이, 우리나라에 대해서는 대마도가 각기 번국으로 불렸다.[85] 북번 역시 중국의 북방 제후를 칭하는 용어였다.[86]

그러다가 호번(湖藩)이 선조대에 이르러 조선의 영역 내를 지칭하기 시작하였고,87) 점차 팔도로 확대되어 나가는 추세였다. 이제 전국은 북번(北藩: 北伯/關北伯/함경도관찰사), 관서번(關西藩: 關伯/關西伯/평안도관찰사), 동번(東藩: 東伯/關東伯/강원도관찰사), 해번(海藩: 海伯/海西伯/황해도관찰사), 영번(嶺藩: 嶺伯/嶺南伯/경상도관찰사), 호서번(湖西藩: 湖伯*/충청도관찰사), 호남번(湖南藩: 湖伯*/湖南伯/전라도관찰사) 등으로 칭해지기 시작했다(*은 중첩).88)

그런데 조선전기에는 관찰사 혹은 감사로 칭해지다가 유독 선조대부터 각 지역명에 '백' 혹은 '번'을 덧붙이는 것은 어째서일까? 국초부터 '방백'이라는 인식이 존재했다는 것은 얼마든지 확인 가능한데도 상당한 시간이 경과된 이후에야 관념상 방백을 표방하는 것에서 벗어나, 실제 직함을 대체하는 이칭에 이런 표현이 쓰이는 것은 무엇 때문일까?

여기에는 조선 초기와 조선 중기 사회로의 진입 과정에 대한 이해가 필요하다. 고려말 개혁의 추진 과정에서 고려 전기 화려한 고려왕조의 부활을 주창하는 이들과 새로운 체제로의 지향을 외치며 신왕조의 개창을 주장하는 흐름이 나뉘게 되었다. 주지하다시피 후자가 권력투쟁에서 승리하여 조선의 개국으로 이어지게 되었다. 이들이 결국 14-15세기 조선의 국가체제 형성에 직접적으로 간여하게 되었다. 이들은 철저히 현실주의자로서 국가제도의 정비에 열과 성을 기울였다.

반면에 건국 과정에서 뜻을 달리했던 사림세력은 중앙정부와 일정한 거리를 두면서 지방에 정착해서 자신들의 경제적 기반을 만들고 지방자치의 전통을 만들어 나가기 시작했다.89) 이러한 물적 토대가 기반이 되어 15-16세기 사림이 중앙에 진출할 수 있는 원동력이 되었다. 사림은 재야에서 고려왕조에 대한 절의를 바탕으로 명분론을 부양하였다.

신왕조 건국에 동참한 이들이 국가의 제도적 면모를 갖추는 데 역점을 두었다면, 사림은 새로운 국가의 정치 운영체제를 만들기를 갈구하였다. 서로 다른 양자의 세계관은 보다 거시적인 틀 속에서 융합될 필요가 있었다. 사화로 대변되는 사림의 중앙정계 진출 과정의 마찰은 바로 새로운 조선의 국정운영 틀을 만들어내기 위한 진통이었다.[90] 사림은 처음 절대왕권과 사림 공론의 조화를 명분으로 출사하였다. 심지어 왕권의 수호자로서 자신들을 위치짓고 훈구세력을 견제하기에 이르렀다.[91] 1세기 이상 사림의 꾸준한 진출 시도로 인해서 조선은 건국기와는 또 다른 성격의 국가관을 만들어 나가게 되었다.

이러한 표현은 조선전기 단지 방백이란 개념에 근거한 것과는 구분되는, 한 차원 진전된 용례로 생각된다. 이는 상술한 몇몇 관념과도 일정한 관련성이 있어 보인다. 처음, 왕실의 신성한 표현이 신유학의 개념을 빌어서 한층 세련되게 확장되었고, 또한 조선 초부터 육조가 『주례』에 근거했다고 하였지만, 점차 육조를 육관에 비견하기 시작하다가 마침내 선조대 전후로 직접적인 별칭으로 자리잡는 것과도 비슷한 양상을 보이고 있다. 이는 16세기 말 완전한 사림정권의 등장으로 인해 사림이 그리는 이상향이 국가관에 그대로 투영되었기 때문이다. 정치권력에서 상당 부분 소외되었고, 재야에 오래 머물렀던 만큼 이들은 근본주의적 경향이 강했을 뿐만 아니라, 현실세계에 대한 이상사회 건설 의지도 드높았기 때문이다. 이러한 경향은 17세기 붕당정치기가 되면 더욱 가속화되고 일반화되는 경향이 짙었다.

3) 종국(宗國)의 등장

이제까지 유교적 전통 속에서 왕실과 중앙과 외방의 관직을 어떠한 체계 속에서 이해해 왔는지에 대해서 검토해 보았다. 그러면 이러한 제요소를 묶어주는 나라 전체에 대한 이미지는 없었을까? 조선시대 나라를 표현하는 용어는 다양하다. '국가', '군국(軍國)', '종국(宗國)', '민국(民國)' 등이 대표적이며, 왕실과 국가에 대해 다소 복합적인 의미의 '종묘사직', '사직(社稷)', '조가(朝家)' 등이 쓰였고, '군민(軍民)'도 '군국(軍國)'의 대응짝으로 자주 거론되었다.

가장 오래 사용된 '국가'는 "가(家)가 변하여 국(國)이 되었다[化家爲國]"는 뜻을 내포한다고 보았다.[92] 송대 유행한 이같은 풀이 방식은 태조 때부터 널리 통용되었다.[93] '군국'은 조선 초기에는 주로 군무(軍務)와 관계되는 국가의 중대사를 결정할 때 주로 쓰이다가 이후 점차 일반적인 국가 및 국가의 중대사를 칭하는 것으로 전차(轉借)되었다. '종국'은 주왕실의 종주국(宗主國) 개념이 도입된 것이다. '민국'은 민본의식의 발현이 국가 개념으로 확대된 사례이다.[94] '종묘사직'은 국가를 건설할 때, 중국 고대에 국왕의 선조를 모시는 종묘를 만들고, 백성의 토착신을 받드는 사직을 만드는 데에서 유래한 것으로 점차 국가를 상징하게 되었다. 통상 줄여서 '종사(宗社)'라고 하거나 '사직'만을 일컫기도 하였다. '조가'는 특수한 개념으로 왕실과 조정을 상징함과 동시에 의미가 전차되어 국가까지 상징하기도 하였다.

그런데 이 중 주목되는 용어는 선조대 이후 나타나는 '종국'이란 표현이다. 본래 종국이란 서주 왕실을 지칭한다. 대종(大宗)-소종(小宗) 관계에서 대종 곧 종주국을 표시하는 것이다.[95] 주나라는 대부분이 혈연으로 맺어진 동성(同姓) 제후가 봉지(封地)에 피봉되었기 때문에 천자와 제후는 한 가족이나 다름없었고, 이들은 적장자(嫡長子)의 관념으로 나누어지게 되었다. 적장자가 천자가 되고 나머지 형제가 제후가 되었다. 그래서 종국은 일반적으로 대종을 칭하는 것으로 천자와 제후 사이에서는 천자국(天子國)을 의미한다. 아울러 제후는 자신의 나라에서는 다시 적장자가 되었기 때문에 제후국 내에서는 공(公: 제후)이 대종이 되고 경(卿)·대부(大夫)가 소종이 되는 상대적 개념이었다.

그런데 선조-인조대 '종국'은 중국의 역사적 전통을 논하는 자리에서 '나라'의 일반명사로 치환되어 조선의 현실을 비견하는 데 사용되었다.[96] 이때는 국가체제에 대한 위기의식이 팽배해진 상태였다. 조선전기에는 '종국'이 오랫동안 중국과 우리나라를 중의적으로 칭하는 용어로 쓰였으나 조선후기에는 자국을 지칭하는 것으로 보편화되었다.[97] 여기서 조선은 바로 종국, 곧 종주국으로 상정되어 있다. 이것은 무엇을 의미하는 것일까? 조선을 정점으로 하는 문화 및 정치질서의 체계를 구축했다는 전제 없이는 함부로 사용할 수 없는 개념이다.

특히, 선조대는 임진왜란으로 전황이 좋지 않아, 국가체제에 대한 위기의식이 팽배해진 상태였다. 주지하다시피 선조는 전란이 발생하자 피난가기에 급급했으며, 그를 따르는 신료들조차 희소하기 그지없었을 만큼 왕권이 극도로 실추된 상황이었다. 또한 명백히 황제국 명의 군대가 천사로서 지칭되면서 조선에 주둔하고 있었음에도 불구하고, 원망스러운 군주를 대상으로도 감히 쉽게 '성', '천'을 폐할 수 없었으며, 위기상황에서조차 통상적으로 쓸 수 있을 만큼, 조선 왕실이 수백 년에 걸쳐 쌓아온 권위가 일정 수준에 도달했음을 의미한다.98)

조선은 종국에 비견되었으며, 중앙관직은 육관에, 외직은 방백이 되었다. 일정하게 서주를 모델로 하는 이러한 표현이 과연 제후국의 예제로서 가능한 일이었겠는가? 오늘날 역사가의 평가와는 달리, 조선후기 사림은 선조연간을 한결같이 '목릉성세(穆陵盛世)'로 칭하였다. 이는 전란을 겪은 시기에 전혀 어울리지 않는 평이지만 사림 주도의 붕당정치를 처음으로 공인한 군주에 대한 칭송이었다. 16세기 말 사림의 정권 장악으로 이미 조선은 새로운 국가상을 꿈꾸고 있었다.

조선 초기 군주는 성군 이미지를 고려왕조로부터 온전히 물려받았다. 여기에 『주례』에 기반한 국가체제와 관료체계가 수립되기 시작하였다. 서주 이상향에 대한 추구가 명시적으로 제창되었지만, 왕조의 틀을 『주례』에 기반하여 만들었다고 해서, 곧바로 당대(當代) 현실을 주대(周代) 제도와 동일시하지는 않았다. 어디까지나 주나라는 역사 속의 현장이었을 뿐이다.

그러나 15세기 후반부터 사림의 정계 진출과 짝하여 점차 군주에 대한 신성한 표현이 증대하는 사태가 벌어졌다. 이것은 사림의 성인군주론(聖學) 제창이 본래의 신성한 왕실의 이미지와 결합되어 증폭된 결과로 추정된다. 또 중앙의 육조에 대해서도 국초에는 『주례』 육관에 대한 상대적인 비교 대상에 불과하였으나, 점차로 동일시하려는 분위기가 싹트기 시작했다. 이에 따라 선조대는 군주에 대한 신성화가 극에 이르면서, 육관뿐만 아니라 외신인 관찰사에 대해서까지 주나라의 방백으로 비정하였다. 그래서 한성(漢城)을 중심으로 전국을 8개의 백(伯; 藩)으로 재편하였다. 그것은 행정상 재배치가 아니라, 기존의 관찰사를 하·은· 주 삼대 방백으로 재인식한 것이다. 게다가 조선을 종국으로 칭하는 사례가 나타나는 것도 바로 이때이다. 이 세 가지는 모두 새로운 제도가 나타난 것이 아니라, 기존의 제도가 지속되는 가운데 새로운 가치체계 하에서 현실을 재인식하는 방식이다. 이는 바로 인식체계 상에서 '서주 사회의 현실구현'과 다름없었다. 사림 진출시 최종 구현 목표가 삼대 이상사회였으므로 사림이 집권한 당시에 이러한 현상은 어쩌면 자연스런 결과였다.

4. 요순의 재인식

1) 탕평군주의 요순화(堯舜化)

고려왕조의 전통에서부터 여말선초의 신진사류가 꿈꾸었던 유교적 이상사회의 국가상은 이미 17세기 붕당정치기에는 극한을 이루는 듯하였다. 여기에 정치구조의 재편 과정에서 새로운 이미지가 주목받게 되었다. 조선전기 국왕권의 위상은 지대하여 왕실 혈통이라는 그 자체만으로도 존엄하고 신성한 존재였다. 이에 사림은 출사와 동시에 극도의 아첨에 가까운 요순 군주상을 당대의 국왕(성종·중종)에게 직접 비유하기를 서슴지 않았다.

　이러한 요순(堯舜: 唐·虞) 인식은 위정자 일반이 모두 유교적 소양을 지닌 지식인이었기 때문에 가능했다. 유교 전통에서 요순은 이상사회를 구현한 군주로 인식되었다. 이는 왕도정치의 규범에서 주요 요소로 받아들여졌다. 이는 당시 주자의 제자인 채침(蔡沈)의 『서경집전(書經集傳)』 서문(序文)의 인식 틀을 그대로 수용한 결과였다.99)

　그러나 견제 대상인 훈구세력을 격퇴해 내고 정권을 오로지 할 수 있었던 붕당정치기에 더 이상 군주는 신성한 존재로 부각되지 않았다. 오히려 사림은 재야에서 세도(世道)를 주관하며 붕당을 대변하는 산림(山林)을 명예롭게 하는 데 치중하였고, 군주는 성군이 되기 위해서 끊임없이 수양해야 하는 학생에 지나지 않았으며, 신료는 성학을 훈도하는 스승으로서 위치짓고자 했다. 그랬기에 붕당정치기인 17세기에는 요순의 권위는 절대적이지 않았을 뿐만 아니라 현실과 동떨어진 존재였을 뿐이다. 붕당정치기 신료가 정국을 주도하는 상황에서 군주의 신성함을 상정하는 요순은 얼마든지 상대화가 가능한 유교 경전의 고전 세계로만 인식되었다.100) 남인(南人)과 서인(西人)이 세력이 비등한 상황에서 붕당 간의 논리가 주요 논제로 대두되었을 뿐 요순으로 대변되는 군왕의 정치 명분과 전통에 대해서는 그저 자유로운 고사 세계로만 인식되었다.

　한편 18세기 탕평정국에서는 사뭇 다른 분위기가 나타나기 시작했다. 영조대 정국에서는 유독 '요순지치(堯舜之治)'에 대한 활발한 논의가 진행되었다.101) 이때 요순정치상(堯舜政治像)은 유가적 이상사회를 구현한 임금으로만 그치지 않고, 조선 초의 전통과도 연결되었다.102) 북송대(北

宋代) 고사(故事)를 차용하여 요순의 정치를 실현하기 위한 구체적인 방법으로 '조종의 훌륭한 법과 아름다운 제도'를 본받을 것을 천명하였다.103) 여기서 한 걸음 더 나아가 한갓 선왕을 본받겠다는 상투적 어구에서 벗어나 조종에 대해서도 구체성을 띠기 시작했다. 요순의 정치는 조종의 아름다운 제도로 승화되었으며, 조종의 대표로는 세종대 문물이 선택되었다.

이상적인 군주상은 중국 고대에서는 요순을, 조선에서는 조종의 대표 주자로 세종을 들어 비견하면서, 그것이 조종을 본받는다는 표현으로 나타났다. 유교적 이상사회를 대담하게 조선의 현실에 상정할 수 있었던 것은 이미 17세기까지 전개된 사림의 전통 인식이 밑거름이 되었기 때문이다. 이를 국왕이 전면에 나서 활용하면서 재천명한 것이다.

아울러 요순이라는 인물은 탕평의 이념적 군주로도 각인되어 정국 운영 원리에도 영향을 끼쳤다. 이는 탕평에서 논의되는 "황극을 세운[建極]" 인물로 요순을 들었기 때문이다. 요순은 유학에서 만고불변의 이상적인 군주이고, 그런 만큼 이들이 탕평정치를 실천한 인물로 보면서 현세의 군주와 연결짓고자 했다.104)

게다가 『경국대전』이나 『국조오례의』와 같이 실제로는 성종대 산물에 대해서도 굳이 세종조의 것으로 소급 적용하여 이해하고자 하였다.105) 이는 조선전기 문물제도를 정비한 조종의 대표로 세종 한 왕에게 모든 권위와 전통을 재부여한 사례로서 사실과 무관한 일종의 재해석에 해당한다. 건극(建極)은 하·은·주 삼대 탕평의 내용인데도, 굳이 당(唐)·우(虞)의 요순에게로까지 확대 해석하였으며, 요순은 지극한 성군일 뿐만 아니라 탕평의 구체적 실현인 건극을 실천한 인물로까지 인식되었다.106) 이것은 지금 국왕이 취하는 정치가 곧 요순의 탕평이며, 그것은 국초의 세종, 중국 고대에서는 요순을 잇는 길로 인식되었다. 그리고 이것이 바로 국왕 영조가 정치 명분을 세우는 중요한 논거로 이용되었다.107)

결국 요순에 대한 강한 바람은 탕평이란 새로운 정국 운영 원리와 하나의 흐름으로 합쳐져, 탕평정치 실현의 이론적 근거로 작용하였다. 이에 영조는 이제는 더 이상 요순이 되기 위해 수신해야 할 군주가 아니라, 이미 성인군주인 요순이라고 주장하며, 삼대 이래 치통(治統)과 도통(道統)을 모두 갖춘 군사(君師)로서 자신의 위치를 비정하기에 이른다. 탕평군주의 정국 주도가 정점에 오르면서 당대 신료조차 국왕을 요순으로 부르는 것을 서슴치 않았다. 이에 살아있는 현왕(現王)이 요순으로까지 추앙되었다.

2) 세도정치기 허위(虛僞)의 수사(修辭)

한편, 탕평군주가 쌓아놓은 강력한 왕권을 상징하는 요순이라는 칭호는 이후 후왕에게는 매우 손쉽게 계승되었다. 19세기가 되면 요순은 이제 선왕의 격상된 평가에 주로 활용되는 양상이 확인된다. 순조대(純祖代) 요순에 대한 직접적인 계승 인물로 지목되는 이는 정조(正祖)였다. 이것은 영조가 생전에 반강제로 신하들에게 요순이라는 평을 얻어낸 것과는 사뭇 다른 분위기이다.108) 정순왕후(貞純王后)는 순조 즉위년 언문교지를 내리는 자리에서 유독 정조의 생전 하교를 언급하면서, 그것을 근거로 자신과 사왕(嗣: 純祖)과 정치적 위상을 표방하였다.

그런데 흥미로운 것은 정조가 의도했던 오회연교(五晦筵敎)와는 전혀 다른 곳에 강조점을 두고 있다는 점이다.109) 이러한 정순왕후의 시도는 이후 자신이 수렴청정을 통해 국왕의 세도를 이어받으면서 자연스레 '요순'이라는 평가 역시 실질적인 왕권의 상징으로 자신에게로 가져올 수 있었다. 그것이 국초보터 사용된 '여중요순(女中堯舜)'이라는 표현으로까지 굳어지게 되었다.110) 국왕이나 왕세자에 대한 요순이라는 평가도 지속되었다. 그야말로 왕실 가족은 모두 요순의 집안이 되었다.

더욱이 순조가 훙거한 이후 바로 세실(世室: 不遷之主) 논의가 진행되었다.111) 이는 앞서 정조의 경우도 마찬가지였다.112) 이같은 현상은 종묘에서 세실로 정해지는 시기가 점점 빨라짐을 의미한다. 숙종만 하여도 몇대 뒤에 결정되었으며, 영조는 사후 6년이 필요하였다. 이에 비해 정조와 순조는 훙거 이후 바로 세실로 정해졌다.113) 이는 요순 개념과도 같은 궤적을 그리고 있다. 곧 숙종대 국왕에 대한 요순 개념은 잘 받아들여지지 않았고 매우 조심스러웠으나, 영조대 요순 개념이 광범위하게 수용되기 시작했고, 순조대 이후로는 일반적인 국왕에 대한 수사 표현으로 쓰일 수 있었다.114)

19세기에는 훙거한 국왕이나 왕세자에 대해서조차 직접 요순이라는 평가를 하고 있다. 이는 영조가 그토록 어렵게 요순이라는 칭호를 얻어낸 것과는 대조적이다. 왕권이라는 측면에서 순조나 헌종(憲宗)이 강력한 왕권을 행사했다고 보기에는 무리가 있는데도, 어떻게 이들은 그렇게 수월하고도 자발적으로 신료들에게 요순이란 평가를 얻어낸 것일까?

이에 대해서는 두 가지 측면에서 생각해 볼 수 있다. 하나는 이미 영조가 왕권의 상징으로 얻어낸 명칭을 후왕들이 자연히 그 이미지를 승계하는 데 큰 어려움이 없었을 것이라는 점이다. 다른 하나는 명목상의 국왕에 대한 신료들의 적당한 배려라는 점이다. 세실 문제나 '조종' 묘호 문제 등은 정조 사후 국왕에게 상대적으로 대단한 평가와 격상이 이루어진다.115) 특히, 실록 등 왕실 서적 간행시 한결같이 국왕의 휘(諱) 등에 붉은 비단으로 가리는 특별한 조치가 이루어진 것도 19세기 왕실 존숭의 한 사례이다.116)

이러한 변화 양상이 요순이라는 평가와 짝하여 같은 궤적을 그리고 있다는 것은 매우 흥미롭다 하겠다. 이는 국왕권이 위축되는 세도정치기와 전혀 상반되는 모순된 현실이기도 하다. 곧 실권은 세도가문이, 명분은 국왕이 갖는 구도를 그린 것으로 생각되기 때문이다. 이전 시기 세실 논의뿐만 아니라, '종(宗)'에서 '조(祖)'로의 격상은 대단한 논란과 검증 작업을 수반하는 것이었음에도 불구하고 이 시기에는 대단히 손쉽고도 후한 평가가 진행되었다. '영종(英宗)'과 '정종(正宗)'은 대한제국기가 되어서야 비로소 '영조'와 '정조'로 추존되었으나 순조는 처음부터 '창업지주(創業之主)'에 걸맞는 '수성지주(守成之主)'로 평가받아 종묘의 묘호에서 '조'를 부여받았다. 결국 세도가문은 자신의 정치권력 행사의 명분을 국왕에게서 위임된 권력(世道→勢道)의 행사라는 데서 찾고 있었고, 그 때문에 실권 없는 국왕은 이전보다 더 훌륭한 칭호를 가져야만 했다.

결과적으로, 왕조의 틀이 바뀌면서 고려로부터 물려받은 유산과 새롭게 만들어 나가고자 했던 신유학의 이미지가 융합될 수밖에 없었다.

조선 건국 과정에서 이탈했던 사림이 조선 중기 다시 중앙정계에 합류하면서 분위기가 쇄신되었다. 창업기에는 새로운 국가제도의 창설에 주력하였으나, 이제는 어떠한 방식으로 운영할 것인지가 논의의 대상이 되었다. 사공학적(事功學的) 분위기는 도학(道學: 心學)으로 옮겨오게 되었다. 붕당정치의 심화로 왕권의 위상이 제약을 받기 시작하자 18세기 국왕 주도의 탕평정치가 열리면서 요순에 대한 새로운 의미 부여가 시작되고, 국왕은 도통과 치통을 아우르는 군사(君師)의 권위를 내세우게 되었다. 이제까지 산림(山林)이 차지한 세도(世道) 역시 탕평군주의 몫이 되었다. 이러한 군주의 전통의 재인식은 기실 사림이 오랫동안 만들어온 유교적 이상사회에 대한 이미지가 밑거름이 되었기에 가능하였다. 19세기 이후 세도정치가 만연해지면서 왕권은 실추되었으나, 한번 만들어진 국왕의 요순의 이미지는 쉽게 사라지지 않았다. 이로써 신성한 고려 왕실의 유산은 조선에서 한층 더 신장되었다. 이에 조선시대 위정자들은 조선을 '동방의 서주'로 이해하고 있었고 후기에는 '요순의 왕실'로 부르는 데 아무런 거리낌도 없었다.

5장 [경제사] 재정개혁 모델의 모색: 대동·균역의 성격

1. 경제구조의 전환 배경

조선은 사회변동기마다 끊임없이 경장을 모색함으로써 장기간에 걸쳐 국가를 보존할 수 있는 원동력을 확보하였다. 특히, 대동법과 균역법은 경장의 대표적인 성과로 인식되었다.[1] 그동안 사회경제적 변동을 면밀히 살피거나,[2] 정치사상적인 측면에서 소민의 안정에 주목한 연구도 산출되었다.[3] 그럼에도 불구하고 토지에 세금이 부과되어 농민층에게 부담이 전가되었다거나 일원적 세제가 아니기 때문에 불완전한 개혁에 불과하다거나,[4] 19세기 삼정 문란의 책임까지 전과하는 설명도 비일비재하였다.[5]

이것은 그동안 개별 연구는 지속적으로 제기되어 왔으나 연구 성과를 종합적으로 고려할 기회가 충분하지 못하였기 때문이다. 우선, 통시적인 접근에서 조선 전기와 후기 경제체계의 질적인 변화에 대한 전반적인 청사진을 마련할 필요가 있다. 둘째, 공시적인 관점에서 사회경제적 변화에 대한 총체적인 접근이 이루어져야 한다. 이에 그동안 각기 검토해온 학계의 연구 성과를 집대성하고 새로운 사료를 보충하는 방식으로 시론적으로나마 대동과 균역이 지닌 역사적 위상에 대해서 한 걸음 더 접근해 보고자 한다.

13세기 후반-14세기 전반 약 1세기 동안 몽골제국은 유라시아 대륙을 단일경제권으로 연결하여 동서무역을 통한 막대한 통상이익을 바탕으로 국가재정을 운영하였다. 이른바 유럽과 아시아를 잇는 세계 경제체제가 도래하였다.[6] 그러나 14세기 중반 동서교류망에 균열이 일어나자 더 이상 대외교류로 인한 재정수익은 기대하기 어려웠다.[7] 중국은 농민층 이반이 홍건적의 난으로 표면화되었다. 명을 건국한 주원장(朱元璋)은 홍건적 3대 군벌 세력 중 하나였으며, 유학자와 제휴하여 국가체제를 재정비했다. 이때 대외변수가 지나치게 높은 통상경제를 문제로 인식하였으며, 국가가 국내 산업을 통제할 수 있는 소박한 농업경제를 꿈꾸었다.[8] 고려 역시 몽골제국의 경제권역에 편입되어 있어 그 여파가 유사하였다.[9] 고려 말 신흥 무장세력 중 하나인 이성계 역시 신진사류와 연대하여 전제개혁을 실현시켜 역성혁명에 성공하였다. 이른바 조선의 건국은 위화도회군 직후부터 전국에 파견된 도관찰출척사가 양전을 시행한 데에서 출발하여 공양왕대 고려 토지문서의 소각과 과전법 반포로 종결되었다.[10]

이 시기 명과 조선에서 강조된 '무본억말(務本抑末)'은 세계제국하 최첨단 통상무역 경제의 폐해를 접해본 이들의 역설적인 구호였다.[11] 15세기 중앙집권적 관료국가 체제가 궤도에 안착하자 토지를 근간으로 하는 조(租)·용(庸)·조(調)도 재건되었다. 국초부터 위정자들은 농본주의 이상국가론을 제창하였다. 이들은 전쟁으로 황폐해진 전토를 복구하고 강력한 통제정책으로 사무역을 차단하여 대외변수의 영향을 받지 않는 자생적이고 독립적인 농업경제를 재건하였다.

하지만 조정에서 시장의 변화를 인위적으로 막기에는 역부족이었다. 이미 15세기 중엽부터 조·용·조 체계의 균열이 확인되며, 16세기에는 국내 장시(場市)가 발달하고 세계 은(銀) 경제망에도 조선이 연결됨으로써 경제는 더욱 활성화되었다.12) 이제 전세의 곡물, 신역의 노동력, 공납의 특산품 등 필요한 자원을 직접 수취하는 전통적인 농업국가 체제로는 더 이상 재정 운영이 불가능하였다.13)

이 시기 경제변동의 여파 속에서 사대부는 국가의 통제에서 벗어나 자유로운 공론정치도 주창하였다. 사대부는 향촌사회에서 신농법을 도입해 토지 개간을 주도함으로써 경제적 기반을 마련하였고, 더 나아가 향음주례(鄕飮酒禮), 향사례(鄕射禮), 향약(鄕約), 서원(書院), 사우(祠宇) 등을 통해서 향촌 사회의 윤리 질서까지 장악함으로써 사족 지배 질서를 구축하였다.14) 이러한 힘을 바탕으로 중앙정계에 사림이란 이름으로 재진출하였다. 이같은 배경 하에서 다음과 같은 세제의 변화를 초래하였다.

1) 전세의 표준화

첫째, 토지의 소유관계가 바뀌었다. 국초의 과전법은 세조대 현직 관리에게만 지급하는 직전법(1466)으로 바뀌었다. 이것은 계유정란(1453) 이후 조정 출사자에 대한 특권 보장과 현실적으로 경기에 국한된 과전의 부족 때문이었다. 그러나 현직 관리에게만 국한하자 은퇴자금을 고려한 가혹한 수취가 이루어졌다. 그래서 성종대에는 관리가 직접 조(租)를 거두지 않고 관에서 거두어서 지급하는 관수관급제(1470)가 실시되었다. 사실상 수조권을 회수하고 일종의 준녹봉으로 전환한 조치였다. 16세기 중엽 명종대에 접어들어서는 이마저도 폐지되기에 이른다(1556).[15] 이른바 경제외적 강제가 내포된 수조권적 지배질서가 쇠퇴하여 순수경제관계인 지주전호제로 점차 전환되었다.[16] 후대에 궁방과 아문의 절수지에서 수조권이 일부 부활하였으나 특수목적 토지에 국한되었다.[17]

둘째, 전세의 세율이 고정되었다. 본래 전세는 조·용·조 중 가장 부담이 높았다. 그래서 15세기 세종대부터 공법을 개혁하여 전세를 안정화시켜 나갔다. 이때 연분구등(年分九等: 上上-下下)과 전분육등(田分六等: 1-6等田)을 실시하여 토지 생산력에 세밀한 차등을 둠으로써 세금 부담의 형평성을 제고하고 국고의 안정적인 확충도 가능해졌다.[18] 그러나 16세기 후반부터 전세의 세율이 점차 하향하는 추세로 나타났다.[19] 16세기 말-17세기 초에 접어들면 조선은 국제전쟁의 후유증과 기후변화에서 자유로울 수 없었다. 이에 조정의 전후 복구사업은 버려진 진전(陳田)을 다시 농사를 짓는 기경전(起耕田)으로 바꾸는 데 온 힘을 기울였다. 17세기 약 100여 년간 토지 결 수의 증대는 가파른 상승곡선을 보여서 조선전기 수준까지 거의 회복하였다.[20] 여기에는 조정의 정책도 주요하였다. 한 해의 풍흉을 재는 연분구등은 이미 선조 초반부터 하지중(下之中: 6斗) 혹은 하지하(下之下: 4斗)의 최저 세율로 고정하는 문제가 논의되기 시작하였다.[21] 이후 동아시아 국제전쟁의 지속과 장기간 천변재이로 인해서, 17세기 초 선조 후반-인조대는 최저 세율이 제도화되었으며,[22] 점차 4두로 영구히 고정되었다.[23]

셋째, 토지의 측정 방식이 바뀌었다. 양전은 세종 26년(1444)에 1-6등전을 등급에 따라서 달리 측정하였으니[隨等異尺], 효종 4년(1653)부터 1등전의 자[尺]로 통일한 후 각 등급에 맞추어 산술적으로 감하여 결을 산출하는 방식이 도입되었다.[24] 유형원은 생산량 단위의 결부법(結負法)을 토지 단위인 경무법(頃畝法)으로 바꾸자고 주장하고,[25] 세종대 수등이척(隨等異尺)에 대해 비판적인 입장을 취하였는데,[26] 거의 동시기에 재야의 비판이 조정에서 수용되었다. 생산력을 바탕으로 인식되던 토지 결수는 절대면적에 생산력 일부를 결합하는 방식으로 변화하였다. 이른바 토지 생산력과 한 해의 풍흉 정도를 복합적으로 측량하던 방식에서 절대면적 우위의 원칙과 고정 세율이 결합하는 형태로 바뀌었다.

이것은 전쟁과 대기근이 반복되는 상황에서 생산력을 촘촘히 살피는 방식이 크게 의미가 없어져 세율을 단순화할 필요가 있었기 때문이다. 한편으로는 사림의 성장과 더불어 수조권적 지배 질서가 쇠퇴하였기에, 전세에서 절대면적의 도입과 및 정액화 경향을 촉진하였다. 다른 한편으로는 조정은 세금 체계를 재편하는 데 혁신된 전세제도를 활용할 수 있는 기회를 얻었다.

2) 신역(身役)의 금납화(金納化)

신역은 노동력을 제공하는 방식에서 점차 현물 화폐를 납부하는 형태로 바뀌었다. 첫째, 천인(賤人)의 역에서부터 변화가 보인다. 세종대부터 선상노자(選上奴子) 문제가 제기되었다.27) 중앙 각사는 외방의 공노비가 순번대로 입번하여 업무를 보좌하였는데, 이때 올라오는 노비를 '선상노자'로 칭하였다. 이것은 아마도 태종대부터 시행된 대규모 사찰 노비의 몰수 조치의 여파로 보인다.28) 이전까지 공노비의 입번 문제는 연구사에서 거의 거론되지 않았다. 건국 초 과전법과 태종대 노비소송 허용으로 토지개혁과 양민안정이 일정한 궤도에 오르자, 사원경제에 대한 개혁이 추진되어 사원전(寺院田)과 사사노비(寺社奴婢)가 몰수되었다. 태종대 각사는 막대한 토지뿐 아니라 노비까지 확보하게 되었다.29) 갑자기 불어난 공노비를 모두 중앙의 아문에서 근무시킬 수 없어 외방의 거주지에서 차례로 입번하게 하였는데, 이것이 선상노자의 문제로 나타난 것이다.

처음에는 경제력이 서로 다른 노자 사이에 입번 순서의 불공정이 주로 문제로 거론되었으나,30) 단종대에 이르면 대립의 문제로 발돋음하였다.31) 심지어 성종대에는 대립가(代立價)를 합법화하였다.32) 선상노의 역가를 빼돌려 사적으로 사용하다가 처벌받는 사건까지 등장하였는데,33) 이것은 역가가 이미 주요 재원으로 인식되고 있었음을 보여준다. 특히, 중종대에는 사복시의 입역가도 선상하는 예로 정하였다.34) 이처럼 대립은 점차 분야를 넓혀 나갔다.

둘째, 양인의 군역도 급격한 변화를 보인다. 본래 국초의 양천제하에서 양인은 광의의 개념으로 사대부까지 포함하며, 16-60세의 양정(良丁)은 군역의 의무를 졌다. 하지만 세종대 이미 일반 고인(雇人)이나 정군(正軍)의 자대(自代)가 출현하였다.35) 아직 관에서는 불법으로 간주하여 금단하고자 하였으나 관행을 완전히 통제하지는 못하였다. 이후 평화기가 지속되자, 대립 관행이 군역까지 미쳐서 사람을 대신 사서 보내는 대립이 만연하였다. 아울러 정군을 경제적으로 보조하기 위해서 봉족(奉足) 2명을 두는 세조대의 보법(保法)이 왜곡된 결과였다. 사람들은 정군보다는 보인(保人)이 되기를 선호하였다.

성종대에 이르면 중앙은 5위(衛)에서 대립(代立)이 만연해지고 지방은 군사를 놓아주고 면포를 받는 방군수포(放軍收布)가 횡행하였다. 중종대는 대립을 추인하고 역가(役價)를 국가에서 통일하여 세율이나마 낮추고자, 보병 정군에 대한 군적수포제가 실시되었다.36) 이것은 전세의 관수관급제와 같이 국가통제하에 세금 부담을 경감시키기 위한 조처였다. 현종 4년(1663) 기병(騎兵)에 대한 번상의무도 일부 면포 납부를 허락하였다.37) 중앙과 지방의 광범위한 수포군화는 현지의 고을에서 군사를 보유하면서 직접 방어하는 형태인 진관체제의 근간을 붕괴시켰다. 번상병이 완전히 없어지지는 않았으나 점차 상당수의 군사는 명부로 존재하면서 군액은 재정 수입으로 인식되었다.

셋째, 군역의 금납화 현상은 요역에도 영향을 미쳤다. 요역은 팔결작부(八結作夫)로 운영되었고, 각종 토목공사에 노동력을 제공하는 연호군(煙戶軍)은 연간 6일을 넘길 수 없었다.38) 그래서 요역의 비중은 본래 매우 낮은 편이었다. 다만, 법외에 동원이 이루어질 경우 부담이 가중될 수 있었으며, 이것은 오로지 현능한 목민관에 달려 있었다.

15세기부터 선상노자의 납공노비화가 진전되었으며,39) 16세기에는 군역의 대립이 조정의 추인을 받았다. 이에 16세기 말-17세기 초에 이르면, 요역도 연호군이 직접 입번하는 방식에서 면포를 대신 내는 형태로 바뀌었다.40) 이른바 노동력을 제공하는 각종 신역이 모두 현물 화폐인 면포로 대신 내게 되면서 세제의 금납화 현상은 촉진되었다. 이것은 16세기 대외무역의 활성화와 전국적인 장시가 출현하여 교환경제가 한 단계 진전됨으로써, 임노동자를 손쉽게 고용할 수 있었던 상황과도 무관하지 않았다.41)

3) 공물(貢物)의 방납(防納)

공물의 방납 현상이 만연해졌다. 본래 현지 특산물을 바치는 공납은 요역에 준하여 징수되었다.42) 따라서 조・용・조의 중심은 전세와 군역이었으며, 요역과 공납은 부수적인 세제에 지나지 않아서 가벼운 역에 불과했다. 세종대부터 방납이 출현했는데 처음에는 박리다매의 효과와 물류비의 절감을 내세우는 편의를 이유로 등장하였다.43) 세월이 더 흐르자 공안(貢案)에 등재된 특산물의 현지 생산이 되지 않는 경우에도 다른 지역에서 물산을 사서 납부할 수밖에 없었다.44)

그러나 세종대부터 폭리를 취하는 폐단이 적발되었고,45) 세조대에 이르면 공신이 방납에 관여하여 균열이 감지된다.46) 더욱이 공납에는 각 고을의 수령이 납부하는 과정에서 운반비를 포함한 다양한 공무 비용이 필요하였다.47) 또 점차 경주인(京主人)을 대신하여 사주인(私主人)이 중앙의 각사와 왕실의 각전에 납부하는 업무를 담당하였는데, 현지 물품 가격 외에 타지역 특산물을 사오는 데 들어가는 비용, 납부 비용, 중앙에서 처리하는 데 각종 수수료가 거품처럼 부풀어 오르면서 특산품 가격보다 높아져 버렸다.[48] 명종-선조대 방납 비용은 10배에 달하였다.[49]

이 과정에서 방납 상인이 중앙의 실력자와 연관되는 경우가 많아서 그 이익에 가담한 훈척은 원성의 대상이 되었다.[50] 해당 군현 백성이 희망하지 않는데도 임의로 방납하고서 막대한 수수료를 챙기는 횡포가 만연하였다. 같은 시기 전세는 점진적인 세율 인하가 이루어지고 있던 반면에,[51] 부수적인 세제에 지나지 않던 공납이 주요 세금으로 등장한 것이다.[52] 특히 지역 특산물을 바치는 방식에서 방납상인에게 돈을 지불하는 형태로 바뀌어 사상(私商)을 매개로 일종의 준금납화가 진행되었다. 공물의 방납화 과정은 진상(進上)에도 영향을 미쳐서 향후 대동법 체계 내에 일부 수렴되거나 공인의 체계를 원용하는 방식으로 도입되었다.[53]

2. 대동의 파급력

1) 토지 기준

향후 방납으로 고통받던 백성을 구제하는 문제가 초유의 관심사로 주목받을 수밖에 없었다. 방납을 담당한 사주인은 중앙의 실력자와 결탁하기 마련이었고, 훈척 세력을 비판하고 정계에 진출한 사림이 최우선 개혁 과제로 공납을 거론한 것은 당연한 결과였다.

16세기 말부터 공납을 토지의 다과에 따라 쌀로 대신 납부하는 개혁안이 점진적으로 추진되었다.54) 이것은 대공수미법, 선혜법, 상정법, 대동법 등 다양한 명칭으로 지역에서 적용되었으며, 대개 1결당 12-16두 정도로 통용되었다.55) 실시 과정에서 지역 편차가 존재하였다. 전국 단위에 같은 세금을 부과할 경우에는 명실상부한 '대동법'으로 칭하였으나, 고을별로 부과 액수를 조정해야 할 경우에는 '상정법'으로 불리었다.

세제개혁은 18세기 중반까지도 지속되었다. 실제 완성에는 숙종 후반기 정국 변화가 큰 역할을 하였다. 갑술환국(1764) 이후 초기 탕평정국에 진입하자, 각종 세제개혁, 법제 정비, 양역이정(良役釐整) 등이 추진되었다. 대동법 역시 정국 안정을 배경으로 전국 단위의 확대 실시가 가능하였다.

토지의 다과에 따라 세금을 납부함으로써 백성의 부담이 현격히 줄어들었다. 같은 시기 중국의 세제 개혁의 방향과 상당히 유사했다.56) 공납은 대략 1/5수준까지 경감되었다.57) 이 조치로 고을 단위의 공동납이 아니라 경제적 규모에 따라 개별적으로 세금을 거두게 되었으며, 전세에서 최저 세율의 혜택을 받고 양역에서 피역을 누리던 양반계층을 지주라는 잣대로 다시 세금체계 내로 편입시키는 효과를 가져왔다. 이것은 16세기 말-17세기 초 전세의 절대 면적화 경향과 최저 세율 조치가 전제되었기에 공납에도 토지를 활용하는 방식이 가능하였다. 토지를 기준으로 하는 세금 체계의 출현은 백성에게는 감면 혜택을, 피역층에게는 부족분에 대한 추징을 통하여 균등한 세정을 실현하는 밑거름이 되었다.

2) 중앙재정

대동법은 경제체계의 근간을 바꾸어 놓았다. 그동안 공납은 방납을 통해 사적으로 금납화되었으나, 대동법을 통해서 국가체계 내로 편입됨으로써 별도의 중앙재정이 출현하였다.[58] 이전까지 백성이 방납으로 인하여 특산물이 아닌 현물 화폐인 쌀이나 면포를 방납 상인에게 지출한다고 해도, 정작 조정에서 받는 공납은 이미 구입된 특산물로서 방납 이전과 별반 차이가 없었다. 그러나 백성이 국가에 대동미를 직접 납부하게 되자 새로운 재원이 마련되었다.

특히 전세가 영정법 하에서 1결당 4두로 맞추어진 데 비해, 숙종대 대동미가 12두 내외로 확정되었기에 전세보다도 그 비중이 3배 이상 높았다. 이것은 지주층에게는 세금 부담을 확대시켰으나, 조정에서는 대규모 자금을 운영할 수 있는 기회로 작용하였다. 실제 광해군대 경기 선혜법의 효용은 전후 복구사업과 사신 접대 등과 같은 비상시 소용되는 재원 마련에 있었다. 이 때문에 조정에서는 선혜청(宣惠廳)이라는 독자적인 재정기구를 설치하여 호조와 더불어 중앙재정 전반을 관할하게 하였다.[59]

방납(防納)을 담당하던 사주인(私主人)은 선조연간부터 이미 공물주인(貢物主人)으로 칭해지기 시작하더니,[60] 대동법 이후로는 정부에 등록된 관용 상인으로 전환되었다.[61] 선혜청은 막대한 대동미(大同米)를 거두어들이는 수세 기관으로 출범하였으나, 그에 못지않게 공인(貢人)에게 지불하는 공가(貢價)의 결정을 통해서 물품의 조달이나 시장 가격에 영향을 미쳤고, 각종 중앙 아문의 급대(給代)를 담당하여서 막대한 재정 지출

권한을 행사하였다. 이것이 과거 최대 세원인 전세를 전담하던 호조 이외에, 별도로 선혜청을 설치한 근본 이유였다.[62] 이른바 17세기 국가 주도의 유통경제가 활성화되는 단서가 마련되었다.[63]

3) 환곡(還穀) 재원

대동법의 발효는 중앙재정뿐 아니라, 지방 관아에도 관수(官需), 아록(衙祿), 사객지공(使客支供), 유청지지(油淸紙地) 등 각종 수요를 유치미(留置米)를 통하여 해결하는 기회를 재공하였다.[64] 더욱이 진휼에 대비하는 환곡 역시 대동법의 영향으로 확장되었다.[65] 대동미 중 절반 가량을 저치미(儲置米)로 현지에 남겨두었기 때문이다.

17세기 대동법의 확대 실시는 환곡의 점진적 증가와 재정보용(財政補用) 현상을 촉진하였다. 저치미의 확산으로 환곡 확보가 용이해졌기 때문이다. 경기 선혜법이 실시된 이유는 경기도가 방납 때 폭리가 극심하여 백성의 원성이 높았던 이유가 컸지만, 그 외에도 전란 직후 필요한 비상재원을 확보하는 데 효과적이었기 때문이다.[66] 실제 외교 사신의 접대 등에 이 재원이 활용되었다. 조정의 입장에서는 백성의 구제와 재원의 확보가 모두 가능한 일거양득의 정책이었다. 하지만 국가가 백성과 이익을 다툰다는 따가운 시선도 적지 않아서, 재정보용책을 전면적으로 추진하는 데는 상당한 세월이 걸렸다.[67]

18세기에 접어들면 지방에서 군포를 받아들이던 병조와 각 군영도 면포의 일정분을 외방의 각 고을에 남겨두고 목민관에게 재정 운영을 위임하였다.68) 대동미(大同米)가 작전(作錢), 작목(作木)이 가능했던 것처럼, 군포(軍布) 역시 작전, 작미(作米)가 가능하였다. 과거에는 조·용·조에서 전세가 세제의 근간이었으나 이제 세제 전반이 금납화되자, 공납과 군역이 주요한 세원으로 재인식되었다. 이것은 대동법과 균역법이 국가 재정의 주요 골자가 되고 그 운영 기관이 선혜청 및 균역청이 최대 재정 아문으로 발돋움하는 계기가 되었다.69)

더욱이 중앙회계에 모곡(耗穀)을 편입시키는 방법뿐 아니라, 환곡의 반출량을 조정하는 방식을 통해서 수익을 극대화하였다. 통상적인 환곡은 절반을 비축하여 진휼에 대비하고, 매년 절반을 풀어서 새 곡식으로 바꾸는 개색(改色)을 실시하였다[半留半分]. 그러나 재정보용적인 기능이 확대되자, 분급액도 이류일분(二留一分), 일류이분(一留二分), 일류삼분(一留三分), 진분(盡分) 등으로 다양해졌다.70) 이같은 비율 조정은 국왕의 특별한 재가를 받아야만 가능했다.71) 그것은 탕평정치기 진휼정책과 부세개혁의 결과, 부족해진 중앙과 지방의 재정을 충당하기 위한 대안으로 마련된 방법이었기 때문이다. 숙종 후반부터 영조대까지 대대적으로 취해지는 농민, 공노비, 공시인에 대한 각종 탕감은 중앙에서 그에 상응하는 경비를 마련하였기에 가능한 조치였다.72)

4) 화폐 유통

16세기에 접어들어 장기간 평화가 지속되자, 산업이 회복되고 전국적인 장시가 만들어졌다. 더욱이 일본의 왜은(倭銀)이 조선을 통해서 명에 들어감으로써, 조선은 거대 은 유통망의 일원으로 자리하였다.73) 이것이 양국 모두가 세제의 금납화로 접어드는 배경이었다. 양국은 몽골의 세계체제에서 벗어나고자 계획경제 국가를 꿈꾸었지만 불과 한 세기가 못되어 유럽을 넘어서 아메리카까지 연결된 세계경제망에 합류하였다. 급격히 진행된 세금 제도의 와해는 인위적으로 유지해온 농업 입국의 균열 현상이었다. 더욱이 16세기 말 명군(明軍)의 임진왜란 참전으로 은이 조선 시장에서까지 대량으로 유통되어,74) 경제구조의 변동을 촉진하였다.75)

조선의 은 유통은 17세기 대중 및 대일 무역에서 정점에 달하였으며,76) 국내 유통에까지 영향을 미쳐서 사실상 고액 화폐로서 기능하였다.77) '은화(銀貨)'는 중앙아문의 이식이나 은납에도 활용될 정도로 보편화되었다.78) 하지만 점차 대청무역에서 은화 유출이 대규모로 이루어지는 데 비해서, 오히려 대일무역을 통해 국내로 유입되던 은화는 일본 도쿠가와 막부의 통제로 급격히 감소하였다.79) 이에 국내에서 은화의 유통이 현격히 감소하고 상대적으로 동전의 유통 영역이 점차 확대되었다.80) 더욱이 서울을 중심으로 광역 단위의 대도시화가 진행되고 지방에는 장시의 수가 폭발적으로 증가하여 전국적인 시장망이 확대되었다. 이로 인해 농업생산물과 수공업 제품이 상품화되어 시장판매가 폭넓게 이루어졌다.81) 교환의 매개 수단이 되는 동전의 수요가 날로 늘어나고 가치가 널리 인정되자 부의 축적 수단으로 활용되었다.

이러한 상황에서 대동법의 시행은 화폐 유통의 전환점을 마련하였다.82) 유형원은 쌀과 더불어 동전을 함께 받을 것을 제안하였는데,83)

대동법 확대 과정에서 산군(山郡)에서 쌀이 귀하였으므로 면포나 동전을 대신 내도록 함으로써 동전납이 채택되었다. 15세기 태종대 저화(楮貨; 紙幣),84) 세종대 조선통보(朝鮮通寶: 銅錢),85) 세조대 팔방통보(八方通寶: 箭幣)86) 등이 발행되었으나 유통은 한시적이었다. 민간에서 사적인 활용을 장려하기 위해서는 국가가 공적인 차원에서 수요를 만들어야 했으나, 당시 조·용·조 체제하에서 공가(公家)의 화폐 수요가 매우 낮았기 때문이다. 태종은 제용감과 사섬시를 동원하여 저화의 관용 입출을 보장하고,87) 수속(收贖), 공물(貢物), 상세(商稅) 등에 활용하였으나 시장의 환영을 받지는 못하였다.88) 15세기 명목화폐인 저화와 동전은 수속에 주로 이용되었다. 16세기 전국 시장의 출현으로 교환경제가 형성되어 점차 조세의 금납화가 촉진되고 있었으나 아직 현물화폐인 쌀이나 면포로는 국가의 재정체계와 충분히 연동되지 못하였다.

반면에 17세기 초에는 세제가 이미 금납화된 상황에서, 인조 원년(1623)에 대동법이 경기, 충청, 전라 3개 도까지 확대되었고,89) 인조 4년(1526)부터 동전을 시행하였다.90) 그러다가 인조 초반 대동법이 후퇴하여 실시 지역이 축소될 때에는,91) 동전 역시 얼마 못가서 폐지되고 말았다. 한동안의 정체기를 극복하고 세제개혁이 재개되면서 대동법의 점진적인 확대가 이루어졌다. 숙종 3년(1677)에 이르면 경상도에서 대동법이 실시됨으로써,92) 전국 5도까지 확대되었다. 다음해(1678) 상평통보가 법화로서 공포되었다.93) 대동법의 확대와 동전 유통의 본격화는 상호 밀접하게 연동되었다.94) 이 과정에서 동전 2냥을 정은(丁銀) 1냥으로 교환가치를 설정하였다.95) 또한 숙종 13년(1687) 호조가 은점(銀店)을 전담하자 그 수는 전국적으로 68개소에 달하였다.[96] 곧 화폐 가치를 보존하는 태환가치가 법제화되었다.

18세기 후반 정조대 『부역실총』에는 강원도와 함경도가 제외되어 있으나 나머지 재정의 총액을 합산하면 약 886만 냥에 이르며, 그 중 동전납은 약 300만 냥에 달한다. 국가의 1년 예산은 약 1천만 냥 내외로 추정되고,[97] 동전유통의 규모도 약 30-40%에 비중을 차지한다.[98] 조정에서 동전의 공적 사용을 보장하자 민간에서도 공신력을 얻었다. 17세기부터 전후 복구사업과 진휼정책에 앞장선 정부 주도의 유통경제가 성장하였고, 18세기에는 장시가 전국적으로 되살아나고 수도권이 점차 상업경제망을 형성하여 화폐경제가 진전되었다.[99]

이후 대규모 화폐교환 체계도 출현하였다. 대동법은 기본적으로는 미(米)로 받는 것을 원칙으로 하였으나, 지역차에 따라서 목(木) 혹은 포(布)나 전(錢)의 납부를 허락하였다. 그런데 이같은 현물화폐인 쌀이나 면포, 그리고 명목화폐인 상평통보 등 3종 이상의 화폐가 활용됨으로써 화폐 간 교환 비율에 따른 일종의 환전이익이 발생하였다. 각 군현의 수령은 점차 쌀로 바꾸는 작미, 동전으로 바꾸는 작전, 면포로 바꾸는 작목, 계절 간 가격 차를 이용하는 입본(立本), 지역 간 가격 차를 이용하는 이무(移貿), 동전으로 분급하는 전환(錢還), 다른 곡물로 대신 받는 대봉(代捧) 등 다양한 재정 운영 방안을 모색하였다.[100]

국가에서 책정한 대동미, 대동목, 대동전 등의 명목상 가치가 같다는 전제하에서, 실제 지역에서 이루어지는 가격의 차이는 현능한 목민관의 출현에 따라서 지방 재원을 마련하는 데 요긴하게 이용되었다. 이제

각 고을의 수령이 얼마나 재정을 효과적으로 운영하느냐에 따라서 지방 재정의 비축 여부와 민심의 향배가 갈렸다. 이른바 조선전기에 구축된 행정·형정·군정 3권을 장악하던 목민관은 17세기부터 재정 운영에도 관심을 두어야 했으며, 18세기에는 일종의 자산 운영가 역할까지 겸하게 되었다.101)

3. 균역을 향한 길

1) 양역변통론

17세기의 난점은 전란과 대기근으로 인구가 단기간 급감하는 경우가 잦은데도, 오히려 불안정한 대외 정세로 5군영이 차례로 창설되어 군비가 늘어났다는 데 있다. 현종 11년(1670) 510만에서 현종 13년(1672) 470만으로 불과 3년 만에 40만이 급감하였고, 숙종 19년(1693) 700만에서 숙종 22년(1696) 560만으로 무려 140만이나 급감하였다.102) 이것은 당시 대기근이 얼마나 심각했는지를 보여준다.

양역은 금납화되어 비단 군비뿐 아니라 중앙재정에서 막대한 비중을 차지하고 있었다. 양정의 숫자가 짧은 기간 동안에 급격히 변화함으로써, 조정은 재정 절벽을 우려해야 하는 상황에 직면하였다. 설상가상으로 인력 자원이 부족한 상황에서 양반까지 군역에서 벗어나 군액의 확보는 절체절명의 과제였다.103) 위정자들은 양역의 폐단을 문제로 인식하였으나 아직 공납을 개혁하는데도 여력이 충분하지 않았으며, 개혁의 대상이 사대부 자신들이었으므로 쉬 추진할 수도 없었다.[104]

17세기 초반부터 전세가 최저 세율이 되었고 18세기 초반에 이르면 공납마저 대동법으로 세금이 경감된 상황에서, 오직 양역만이 경제력을 반영하는 토지에 직접 연동되지 않아서 백성에게 큰 부담으로 남았다. 더욱이 양반뿐 아니라, 부유한 양민 중에도 양반을 모칭하여 피역하는 행태가 늘어났으며, 이 때문에 인징(隣徵)이나 족징(族徵) 등으로 세금을 견디지 못하고 유망(流亡)하는 서민이 적지 않았다. 남아있는 소민만으로 양역을 감당하기에는 무리였다.

숙종 후반부터 정국이 안정되면서 대동법의 확대 실시와 함께, 양역가를 3-4필에서 2필로 이정하는 수준의 1차 균역 사업이 이루어졌다. 이를 기반으로 영조대에는 본격적인 대경장을 추진할 수 있었다. 당시 주로 논의된 양역변통안은 유포론(游布論), 호포론(戶布論), 구포론(口布論), 결포론(結布論) 등이다.[105] 유포론은 세금을 내지 않고 있는 양정을 찾아내서 세금 징수를 늘리자는 논의인데, 이것이 확대되어 피역 계층인 양반에게까지 세금을 물리자는 유포론(儒布論)도 등장하였다. 전자는 기존 양역 체제를 이정하는 수준이었으며, 후자는 신분제를 전면에 나서서 건드리는 사안이었다. 유포론의 논의가 확대되자 아예 신분 장벽을 허무는 호포론이 등장하였다. 이것은 신분에 관계없이 가호(家戶)마다 면포를 내도록 하자는 주장이다. 또한 논의가 진전되자 가장 급진적인 구포론까지 등장하였다. 구포론은 신분에 관계없이 인정(人丁)마다 면포를 내는 방안이다. 마지막으로 결포론은 대동법과 같이 토지의 다과에 따라 세금을 부과하자는 주장이다. 실제 유포론(游布論)을 제외하고는 모두 양반을 수세 대상에 포함시키는 논의였으므로 부세 개혁의 추진은 쉽지 않았다. 그럼에도 당시 조야에서는 더 이상 소민에게만 과중한 부담을 지속시킬 경우 나라의 존망이 위태로울 수 있다는 위기의식이 팽배하였다. 이처럼 세금을 부담하는 대상에 양반을 포함시키자는 목소리가 점차 커져만 갔다.

2) 진휼 재원과 총예산

18세기 전반까지도 자연재해는 지속되었다. 이 때문에 영조 초반에는 진휼 재원의 마련이 시급하여 궁극적인 양역변통의 여유가 없었다. 당시 진휼을 위해서 무곡(貿穀), 염분(鹽盆), 주전(鑄錢) 등의 방책이 추진되었다.106)

첫째, 조정에서는 긴급한 재원 마련을 위해서 무곡을 시행하였다.107) 도道 단위의 재정을 상호교환하여 지역 차와 물가 차를 이용하는 방식으로 진휼곡을 조달하였다. 대동법의 여파로 각도에 저치미가 진휼을 위한 상진곡으로 남아 있었기 때문이다. 효과적인 진휼을 위해서 숙종-영조대 중앙의 비변사에는 팔도구관당상을 도마다 설치하였으며, 지방에는 역으로 현지의 사정에 따라 여러 도의 재정을 통합하여 관장할 수 있는 진휼사를 파견하였다.

둘째, 조정은 염분을 설치하여 새로운 재원을 확보하였다.108) 조선시대에는 오늘날과 같은 염전은 없었으며 염분에서 바닷물을 고아서 소금을 만들었다. 그동안 소금의 이익은 민간에 맡겨두었으나 이제 국가에서 활용하는 형태로 바뀌었다. 염분으로 비축한 재원은 기민(饑民)을 구휼하는 데 효과적이었다. 더욱이 이것은 균역법의 근간을 이루는 어염선세 마련의 주요 배경이 되었다.

 셋째, 주전 정책이 시행되었다. 동전을 주조하는 데에는 많은 비용이 들었기 때문에 진휼책 중 가장 늦게 추진되었으나, 대동법 이후 주전의 효용가치에 새삼 눈뜨게 되면서 재원 확보에 주요한 시책으로 인식되었다.[109] 또한 기근 못지않게 돈이 유통되지 않는 전황(錢荒)도 심각하였기 때문이다. 그동안 영조는 주전에 반대한 인물로 알려져 왔으나,[110] 실제로는 막대한 규모의 주전을 실현시켰다.[111] 영조 초반까지 기근이 연이어 일어나 화폐를 주조할 여력이 없었으나, 안정기에 접어들자 물력을 비축하여 주전에 돌입하였다. 진휼을 위해서 마련했던 다양한 비상재원은 자연재해가 감소하자 안정적인 개혁을 추진하는 데 재정적인 뒷받침을 톡톡히 하였다. 양역변통 논의에서도 그동안 면포를 기준으로 호포론, 구포론, 결포론 등이 논의되었으나, 이 시기부터 호전론, 구전론, 결전론 등 동전을 활용하는 방안이 적극적으로 검토되었다. 이는 주전이 본격화하는 단계에서 가능했던 개혁 방안이다. 마치 대동법과 상평통보가 연동되었듯이, 균역법의 추진 배경에도 주전이 있었다.

 이후 양역변통의 기반을 확보하는 구체적인 정책이 실현되자 국가의 총예산도 체계화되었다. 첫째, 『양역총수』와 『양역실총』 등 군액을 다시 점검하는 방식으로 시작되었다. 곧 양역의 총액을 재획정하는 방식이다. 이 시기에는 전세도 비총제가 안착되었다.[112] 이른바 총액제 운영의 틀이 갖추어지고 재정체계가 정비되어 전국의 세수가 표준화되었다.113) 이전까지 조정에서 필요에 따라 세금을 걷어 지출하는 재원운영에서 벗어나서 국가의 일년 예산을 미리 편성하고 그에 맞추어 재정을 집행하는 방식으로 전환하였다. 둘째, 군제가 정비되었다. 점진적으로 총융청의 북한산성, 수어청의 남한산성 출진이 이루어졌으며,『속병장도설』,「수성절목」,『수성윤음』등을 편찬하여 5군영의 편제와 수도 방위전략을 재정비하였다.114) 셋째,『탁지정례』,『상방정례』,『국혼정례』등을 연이어 편찬하여 중앙재정의 일원적 회계원칙의 도입과 왕실 관련 예산의 절감이 이루어졌다.115)

국가의 총예산이 파악된 상황에서 새로운 재원의 확보와 중앙재정의 개혁이 성과를 내자, 양역변통을 위한 사전 작업도 거의 마무리되었다. 특히 군영의 재편과 왕실 재정의 절감으로 마련된 재원은 이후 균역법의 급대에도 활용되었다.

3) 균역순문(均役詢問)

여건이 갖추어지자 조정은 본격적인 양역변통 논의에 돌입하였다. 국왕은 양역을 전부 폐지하고 새로운 세제로 바꿀 것을 기대하였다. 영조는 구전론이 양반과 양인을 막론하고 인정(人丁) 당 세금을 부담함으로 반발이 높을 것으로 보고, 중간 정도에 해당하는 호전론을 지지하였다.116) 기존의 양역은 양정에 대해서만 부과하여 양반의 부담이 없었다. 반면에 호포제를 실시하면, 양인은 인정에서 가호당 징수로 바뀌어 세금이 줄어들고, 양반은 면세에서 호당 세금을 납부하여 균형을 이룰 수 있다고 보았다. 하지만 당시 양인은 부유한 백성과 궁핍한 소민으로 계층분화가 이루어졌으며, 양반조차 출사해서 가문을 보존하거나 지역에서 경영에 성공하여 경제력이 있는 계층과 몰락한 잔반(殘班)이 병존하였다. 따라서 양인과 양반 모두 경제력에 따른 재분류를 선행하지 않는다면 국가에서 수세 재원을 안정적으로 확보할 수 없었다.

영조는 재위 기간 동안 약 200여 차례가 넘는 순문을 열었는데,[117] 양역변통을 위해서도 백성과의 순문을 단행하였다.[118] 영조 26년(1750) 5월 19일 창경궁 홍화문에서 1차 순문을 열어서 개혁 방안의 찬반을 묻고, 여기서 호전제의 지지를 얻어냈다.[119] 그러나 대-중-소 호로 나누어서 호전을 부과하는 경우를 계산해본 결과, 양역을 폐지하고 호전을 시행하면 중앙재정은 적자 상태를 면치 못한다는 사실이 확인되었다. 더욱이 호를 3등분하는 데도 어려움을 겪었다.

7월 3일 홍화문에서 2차 순문을 열었다.[120] 하지만 이번에는 사족이 반대 의사를 명백히 밝힘으로써 호전론은 더 이상 존속될 수 없었다. 국왕은 개혁의 추진 동력을 확보하기 위해서 감필을 선언하였다.[121] 영조는 백성과 약속한 사안이라고 주장하면서 재정이 빈약하여 양역을 전부 폐지할 수 없다면 절반이라도 감면하겠다고 밀어붙였다. 이제 양역의 면포는 2필에서 1필로 줄어들었다. 이것은 단순히 군액의 축소가 아니었다. 전세와 공납마저 개혁되자 양역이 중앙재정에서 가장 큰 비중을 차지하고 있었다. 그런데 국왕의 감필 선언으로 양역이 떠받치고 있던 재정의 절반이 일시에 사라져버렸다. 감면한 세수만큼 세원을 확보하지 못한다면 조정이 곧 재정 절벽에 직면할 것은 명약관화하였다.

그 대안으로 먼저, 어염세(魚鹽稅)가 제기되었다.122) 영조 초반 진휼 재원 마련을 위해서 계발된 염분을 중심으로 바다에서 나는 모든 이익을 수세체계 내로 재편하는 방식이다.123) 어전(漁箭)이나 곽세(藿稅), 선세(船稅) 등이 모두 중앙재정으로 귀속되었다. 조선전기 어염의 수세권은 각 고을에서 갖고 있었으나,124) 17세기 이래 궁방이나 토호, 혹은 통영 같은 거대 아문이 장악하고 있었다.125) 어염세는 그동안 궁방 등에서 폭리를 취해온 과중한 세금을 저율 과세로 바꾼다는 명목하에 수세권을 조정으로 귀속시켜서 만들어냈다. 이 역시 유형원이 소개하고 정약용이 보완책을 제시한 특수세 항목이다.126)

다음으로, 선무군관포(選武軍官布)를 정책화하였다.127) 부유한 양인계층으로 양반을 모칭하여 피역하고 있던 이들을 찾아내서, 선무군관 선발 절차를 거치게 함으로써 수세 대상에 편입시키는 정책이었다. 일종의 취재(取才)를 통해서 군관이 되면 자연히 중서층(中庶層)으로 인정하고 면세혜택도 받았다. 다만 통과하지 못하면 선무군관포라는 세금이 부여되었으나 이 경우에도 양인이 부담하는 수준에 불과하였다. 그러나 양인에 재편입시키지 않고 시험을 통과하거나 세금을 내는 방법으로, 조정에서 새로이 성장한 사회적 신분을 인정해 주었다.

한편, 지방의 재원을 활용하고 경제력에 기초한 과세가 이루어졌다. 처음에는 부족한 재원을 외방에 부담시키는 분정(分定)이 이루어졌으나, 지방재정의 중앙 편입은 각 고을의 경상비 지출조차 어렵게 만들었으므로 지속되기 어려웠다. 불법적으로 과세 대상에서 제외된 은·여 결을

찾아내는 일도 쉽지 않았다.128)

 이 때문에 영조 27년(1751) 3차 순문이 이루어졌다.129) 그동안 유포론은 선무군관포라는 변형된 형태로 흡수되었고, 호전론은 초기에 채택하였으나 시행 과정에서 좌절을 면치 못하였다. 또한 구전은 호전론보다 급진적이어서 시행이 요원하였다. 남은 대안은 결전론(結錢論)뿐이었다.130) 그러나 이미 전세와 대동미를 거두고 있는 마당에 양역까지 토지에 부과할 경우 3중과세의 혐의가 짙었다. 이것이 결전론이 가장 늦게 추진된 배경이다. 화폐경제가 급진전된 상황에서 경제력을 고려하지 않은 가호나 인정을 기준으로 세금을 부과해봤자 받을 수 있다는 보장도 없었다. 이에 인두세적 성격에서 탈피하여 경제력의 척도인 토지에 과세하는 방안이 현실적인 대안으로 떠올랐다.

 하지만 개혁을 추진하면서 오히려 세금이 늘어나는 것은 조정에서도 여간 부담되는 일이 아니었다. 이에 각 도에서 토지에 부과하던 잡세를 바로잡는다는 명분하에 결전으로 전환하는 방식이 추진되었다.131) 따라서 그 비중은 매우 적어서 1결당 5전(錢)에 불과하였다. 이것은 일종의 지방세를 중앙세로 편입시킴으로써 백성은 새로운 세금을 부담하지 않아도 되었고, 중앙도 급대 재원을 마련할 수 있었다. 다만, 규모는 축소되었으나 사실상 분정의 변형에 지나지 않았으므로, 국가의 지방재정을 일정 부분 희생시키는 형식이 되었다. 이로써 토지를 소유한 양반이나 부유한 양인, 그리고 지방 아문까지 양역변통 과정에서 수세 대상으로 편입되었다.

 균역법의 성립은 다양한 사회 신분 계층이 양역을 나누어 부담하는 형태로 전개되었다. 첫째, 감필은 경제적으로 열악한 소민에게 면포 2필의 부담에서 1필로 절반의 감면 혜택을 주었다. 둘째, 어염선세는 장시의 발달로 탈농업경제 현상에서 도래한 새로운 경제적 이익에 주목하여 과세 대상을 발굴하고 그동안 수세를 해온 궁방, 외방아문, 토호 등의 이익을 국가로 환수하고 백성의 과세 부담은 줄이는 형태로 이루어졌다. 어염선세는 궁방의 절수 비중이 상당히 높았으므로, 사실상 왕실의 부를 희생시키는 방식이다. 셋째, 선무군관포는 조정에서 부유한 양민층의 중서층 편입을 인정하는 대신에 수세 대상에 끌어들이는 정책이다. 넷째, 분정과 결전은 모두 지방재정을 중앙으로 편입시켜 국가 예산의 일정 부분 손실을 감수하는 방안이다. 다섯째, 결전은 경제적 기준으로 세금을 부과하는 형태로 양역에서 이탈한 양반과 부유한 양민을 모두 수세 대상으로 환원하는 형태로 추진됨으로써 대동법의 과세 정신을 계승하였다.

균역법의 성립으로 소민, 왕실, 부유한 양민, 양반, 국가 등이 모두 하나의 세금체계 내에 들어오게 되었으며, 역의 형편성은 놀라울 정도로 개선되었다.[132] 이것이 바로 정약용이 영조가 균역에 반대하는 신하들에 대해서 "나라가 비록 없어질지언정 이 법은 고치지 않을 수 없다"고 한 발언까지 소개하며 극찬을 아끼지 않은 이유이며,[133] 심지어 그는 균역법을 옹호하여 보완책까지 마련하였다.[134]

4. 경장(更張)의 여파

대동법과 균역법은 비단 세금 부담의 형평성만 제고시킨 것이 아니었다. 여기에는 몇 가지 부수적인 효과가 수반되었다. 첫째, 국가재정의 일원적인 통합 운영이 강화되었다.135) 대동법의 실시로 중앙재원이 확보되면서 선혜청이라는 새로운 중앙재정 기구가 만들어졌으며, 여기서 비축된 재원은 이획(移劃)이나 급대라는 명목으로 균역법 시행 과정에서 감면된 세수를 대신하는 데 활용되었다. 더욱이 균역청이 만들어졌으나 곧이어 선혜청과 통폐합되자, 거대 재정기구로 탈바꿈하여 대동법과 균역법의 세수는 각 계정이 별도로 남아있었으나 세금 체계의 통합성은 현저히 높아졌다. 유형원은 국가의 경비를 세입에 따라 지출하고 잡다한 세금은 모두 대동법에 포함시켜 일원적으로 운영할 것을 주장하였는데,136) 실제로 대동과 균역의 성립으로 재정일원화 흐름은 속도를 냈다.

국가의 1년 예산에 대한 표준액이 정해지자, 이것이 다시 각 군현에 재분배되었다.137) 이 때문에 영조 후반 편찬된 『여지도서』에는 『신증동국여지승람』에 없던 재정 항목이 보완되었다.138) 이후 각 고을에서는 읍지를 증보할 때마다 『여지도서』를 본받아 부세 항목도 모두 갱신하였다. 또한 정조대 편찬된 『부역실총』에는 『양역실총』의 군액을 미(米), 포(布), 전(錢) 등으로 환산한 절가(折價)를 세밀하게 기재하였으며,139) 『군국총목』에는 전총(田摠)·군총(軍摠)·곡총(穀摠) 등 읍지에 수록되던 주요 재정정보가 집대성되었고,140) 『전율통보』에도 민총(民摠)·군총·전총·곡총 등이 실렸다.141)

둘째, 조정의 경제정책의 기조가 바뀌었다. 이미 대동법을 전후하여 공인이 등장한 상황에서, 균역법이 타결되자, 영조는 순문의 주요 주제를 농형(農形)에서 공시(貢市)로 바꾸었다. 농사의 풍흉을 묻는 일이 없어지지는 않았지만, 공인(貢人)과 시인(市人)을 소견하여 폐막을 묻고 이를 전담하는 공시당상(貢市堂上)을 설치하고 1품 대신급에서 맡도록 하였다.142) 국왕은 공시순문(貢市詢問)을 정기적으로 열어서 공시인의 어려운 점을 하나하나 조사하여 개선하도록 하였다. 이미 숙종대부터 대동법이 발효되자 공물가에 대한 탕감 조치가 시작되었다.143) 영조대에는 양역변통 과정에서 공인과 시인을 대상으로 채권과 역가를 탕감하였으며,144) 공인에게 탕감한 규모만 약 50만 석에 달한다.145) 균역법으로 농민이 안정되자 정책 대상이 공인과 시인에게까지 확대된 것이다.

이미 서울은 상업 도시화되어 농사를 짓는 백성이 드물었을 뿐 아니라,146) 대동법과 균역법의 성립으로 선혜청이라는 통합 중앙재정 기구가 새롭게 출범하였고, 여기에는 공인과 시인의 역할이 큰 비중을 차지했다. 대동법으로 공인이 국가의 인정을 받았고, 균역법에서 각사(各司)와 각전(各殿)의 재정개혁에도 공인에게 지급하는 공가(貢價) 문제가 주요하였다.147) 세제개혁을 안착시키기 위해서는 공인과 시인의 안정이 필요하였다. 영조 후반 잦은 공시순문은 이 때문이었으며, 이를 보고 성장한 신료들과 왕세손(정조)이 신해통공(1791)을 기획하는 것은 자연스러운 귀결이었다.148)

셋째, 사회 신분의 범주가 재편되었다. 서얼, 선무군관, 공시인에 이어서 공노비까지 신분이 변화하였다. 대동과 균역으로 양인의 문제가 해결되자, 외방에 거주하면서 농사를 짓는 공노비의 신공 감면책도 추진되었다.149) 숙종대부터 흉년에 농민과 공노비에게 세금을 지속적으로 탕감해 왔는데,150) 영조대는 심지어 공노비를 국가에서 돌보아야 할 백성으로 전제하였다.151) 그래서 균역법 이후 세율 인하가 추진된 것은 물론이거니와 영조 만년에는 남녀노비가 모두 종신토록 신공을 바치는 제도를 양인과 같이 남자만 일정한 나이까지만 신공을 내도록 개혁하였다. 영조 31년(1755) 노비신공 반감(半減)에 균역청에서 20,066냥을 급대하였고, 영조 50년(1774) 여비(女婢) 신공(身貢)의 전감(全減)에도 균역청에서 13,074냥이 사용되었다.152) 따라서 이념적으로 균역법에서 양인의 면포를 감면한 정책의 연장선상에서 공노비의 신공감면이 이루어졌을 뿐만 아니라, 실질적인 급대 비용도 균역청의 재원으로 이루어졌다. 이것이 정조연간 공노비 혁파 논의와 순조대 현실화의 배경이 되었음은 물론이다. 정치 분야의 탕평이 사족의 정계 진출을 확대시키고 그 여파가 서얼의 허통으로 이어졌다면, 경제 분야의 균역은 양인(농민)의 세 부담을 감면시키고 그 영향이 선문군관, 공시인, 공노비 등에게 미쳤다.153)

넷째, 세제개혁은 정치사상의 변화까지 이끌어냈다. 대동법이 점진적으로 확대되던 시기에 유계(兪棨)는 백성과 국가의 관계에 대한 시제(試題)를 냈다.154) 이후 대동의 효용은 "백성을 편하게 하고 나라를 넉넉하게 한다[便民裕國]"고 평가되었다.155) 이것이 양역변통 논의가 한참이던 시기에 들어와서 '민사(民事)'와 '국계(國計)'를 하나로 이어서 운명공동체로 이해하는 방식으로 전이되었다.156) 균역법이 타결되자 영조는 한 걸음 더 나아가서, "백성을 위해서 군주가 있는 것이지, 군주를 위해 백성이 있는 것이 아니며",157) "백성을 구제하지 못한다면 임금의 자리에 있어도 독부(獨夫: 혁명의 대상)에 지나지 않는다"는 과격한 발언을 주저하지 않았다.158) 이제 맹자의 혁명사상으로 무장한 탕평군주가 대경장의 중심에 섰다.159) 더욱이 그는 "백성은 나라에 의지하고 군주는 백성에 의지하며",160) "백성과 나라가 서로 의지하고",161) "군주와 백성도 서로 의지한다"고 하여,162) 백성을 한갓 시혜의 대상이 아니라 왕정의 동반자로 재설정하였다.163) 국왕은 "한평생 민국에 몸과 마음을 바쳐왔다"고 술회하기를 주저하지 않았다.164) 이른바 '민국'은 장기간 추진된 대경장의 여파로 점차 정치개념으로 형성되었다.165)

결과적으로, 조선의 재정개혁은 15-16세기 경제변동인 금납화 현상으로 촉발되었다. 17세기 전쟁과 기근으로 피폐해진 위기 상황에 대한 조정의 능동적인 대응책이 바로 대동법으로 나타났다. 대동법의 발효로 화폐와 환곡이 세제 변동과 연동됨으로써 조선 전기와 구별되는 후기의 경제체계로 한층 진일보하였다. 더욱이 18세기 대동법이 전국으로 확산되고 균역법까지 타결됨으로써 중앙재정은 온전히 통합되고 국가 총예산의 운영이 가능해졌다. 이 같은 사회경제적 변동 양상은 공시인이나 공노비 등과 같은 사회 신분에까지 영향을 미쳤을 뿐 아니라, 정치사상의 부면에서 백성관의 재인식에도 막대한 영향을 미쳤다. 따라서 1930년대 조선학 운동 이래 유포된 실학담론에서 재야 지식인의 주장은 무능한 조정에서 전혀 채택되지 못하였다는 인식과 달리, 유형원이나 정약용의 개혁안은 조정의 정책과 상당한 연속선상에 있었다.

6장 [인물사] 탕평관료의 중층적 성격: 박문수의 정계 활동

　영조 전반기 정국은 환국(換局)에서 점차 탕평(蕩平)으로 전환되는 과도기였다.[1] 탕평정치의 출현에는 국왕의 정치 주도권 확보뿐 아니라, 정국을 뒷받침하는 탕평관료의 활약도 적지 않았다.[2] 정국이 안정된 이후 탕평에 동조하여 국정에 참여하는 관료가 늘어나면서 정치세력화가 이루어졌으나, 처음부터 균질한 탕평관료군이 출현한 것은 아니었다.[3] 또한 탕평관료에 대해서는 종래 노론·소론이나 준론(峻論)·완론(緩論)의 구분만으로는 설명하기 어려운 경우도 적지 않았다.[4]

　박문수(朴文秀)[5]는 탕평군주 영조가 가장 아꼈던 신하로서 탕평정국의 안착에 혁혁한 공헌을 한 인물이었다. 그러므로 탕평관료의 대표적인 사례로 검토해볼 필요가 있다. 그는 세간에서는 외방에서 활약한 암행어사로만 알려져 왔으나,[6] 실제로는 탕평정국 하 중앙정계에서 시무에 능한 경세관료로서 탁월한 성과를 내어 고위직을 두루 역임하였다.[7] 더욱이 박문수는 무신란(戊申亂)에서 직접 군사를 이끌고 역적을 토벌하여 영성군(靈城君)으로 봉해져 훈신(勳臣)이라는 특별한 지위를 누렸다.

그는 소론에 해당하였으나 하나의 당색으로는 정치 성향을 설명하기가 쉽지 않다. 동궁속료(東宮屬僚)로서 왕세제를 도와 탕평정치의 기틀을 닦았기에 탕평파로 분류되어 완소(緩少)의 면모가 강조되었으나,8) 동시에 조정의 탕평을 강도높게 비판하여 반탕평파로 평가받기도 했고,9) 심지어 을해옥사(乙亥獄事) 당시에는 준소(峻少)로까지 지목당하였다.10) 또한 그는 당대 재정개혁을 주도한 대표적인 경세관료로서 그 지위나 영향력이 막대하였음에도 불구하고, 세력을 부식하지 않아서 모든 정파와 일정한 긴장관계를 유지하였다.11) 그러므로 기존의 틀로서는 쉬 예단할 수 없는 인물 유형이 바로 박문수였다. 하지만 이러한 복합적인 면모에 대해서는 아직 본격적인 검토가 이루어지지 못하고 있다. 이는 그를 둘러싼 정국의 변화상과 개인적인 성격 등에 대한 고려가 용이치 않았기 때문이다.12)

1. 두 개의 정체성

1) 출사(出仕) 과정

(1) 신임환국기(辛壬換局期) 등과(登科)

연대기상 박문수가 처음 등장하는 시기는 경종연간이다.13) 첫 벼슬은 정7품 세제시강원(世弟侍講院) 설서(說書)였다.14) 이 관직은 통상 홍문관(弘文館)이나 예문관(藝文館)의 관료가 겸직하는 자리였다. 경종은 신임환국으로 반왕세력 토벌을 완료하였을 뿐 아니라, 연잉군(延礽君; 英祖)을 보호하는 데도 성공하였다. 신축옥사(경종 1, 1721) 이후 정국은 노론이 축출되고 소론이 집권하던 시기였다. 연잉군은 경종의 강력한 보호를 받고 있었으나 정치적으로는 완전히 고립되어 있었다. 국왕은 자신의 지근에 있던 젊고 강직한 청류(淸流)를 대거 춘방(春坊)의 서연관(書筵官)으로서 왕세제(王世弟; 英祖)에게 보내주었다. 실제로 경종 3년(1723) 증광시(增廣試: 2월), 토역정시(討逆庭試: 3-4월), 식년시(式年試: 10월), 정시(庭試: 11월) 등이 연속해서 치러져 과거 합격자가 상당수에 달했다.[15] 이들은 노론이 물러난 요직을 빠르게 채워나갔다. 동궁속료는 출사한 지 얼마 되지 않아 아직 혈기왕성하여 당색에 덜 물들어 있었고, 차기 왕위계승자를 도와서 실제 정책을 입안하는 데 고무되어 있었다. 이들이 바로 훗날 소론 탕평파의 주력이 되었다.[16]

박문수의 등과(登科) 기록을 살펴보면, 경종 3년(1723) 증광문과 병과 16위로 급제하였으므로 환국기 소론만이 응시한 이례적인 상황이 아니었다면, 과거에 급제하여 동궁속료가 되는 것은 쉽지 않았다. 이것이 그의 정치 성향을 가르는 주요 배경이 되었다. 박문수는 한림(翰林)으로 별칭되는 예문관 검열(檢閱; 정9품)로 뽑혀 춘추관(春秋館)의 사관(史官)을 겸하였으며, 이어서 승정원(承政院) 사변가주서(事變假注書), 가주서(假注書), 주서(注書) 등을 차례로 역임하였다.[17] 더욱이 을사환국으로 노론정권이 새로 들어서기 직전까지 불과 2년이라는 짧은 시간 동안 박문수는 승륙(陞六: 참상관 승진)에 성공하여 병조정랑(兵曹正郞: 정5품)까지 올랐다.[18] 그는 출사 초기부터 동궁(영조)의 속료이자, 한주(翰注: 翰林・注書)

를 두루 역임한 국왕(경종)의 시종신(侍從臣)으로서 정체성을 지니고 있어서 두 왕에 대한 특수한 유대관계를 형성하였다. 이는 완소(緩少)가 공유하는 경험이었다.

(2) 무신란(戊申亂)의 활약

영조 3년(1727) 정미환국으로 소론이 재집권하자, 동궁속료 출신이 대거 신왕의 친위세력이 되어서 국정에 뛰어들었다. 같은 해 흉년이 들자 민정 시찰을 위해서 박문수를 영남별견어사(嶺南別遣御史)로 파견되었다가[19] 1차 복명(復命)의 공적을 인정받음으로써 홍문록(弘文錄)에 이름이 오르고 한 달 후 홍문관 부수찬(副修撰: 종6품)이 되었으며, 다시 한 달 뒤에는 부교리(副校理: 종5품)로 승차하였다.[20] 이른바 한림과 옥당(玉堂)을 두루 거쳐 전형적인 청직(淸職)의 출세 과정을 밟았다. 2차 복명 기록은 영조 4년(1728) 3월 11일에 나타난다. 이때 자인현감(慈仁縣監), 대구판관(大丘判官), 울산부사(蔚山府使), 영천군수(榮川郡守), 양산군수(梁山郡守), 경산현령(慶山縣令), 용인현령(龍仁縣令) 등이 모조리 파직되었다.[21] 이 사건은 최단기간 내 목민관을 대거 파직시켰을 뿐 아니라 비행이 없는 무능한 관리도 대거 교체시켰다는 점에서 이례적인 처분이었다. 특히 이러한 활동은 역란(逆亂)이 일어나기 직전에 이루어져 영남 각 군현의 위기 관리 능력을 제고시키는 데 상당한 영향을 미쳤다.

처분이 내려진 다음날(3월 12일) 전라도 전주(全州)에서 괘서(掛書) 사건이 일어났다.[22] 이틀 뒤(3월 14일)에는 봉조하(奉朝賀) 최규서(崔奎瑞)가 급변을 고하면서 반란 사실이 드러났고 역모 연루자들이 기찰을 통해서 체포되자,23) 3월 15일 이광좌와 박문수 등의 강력한 주청으로 궁성은 호위에 돌입했다.24) 바야흐로 무신란이 시작되었다.25) 이 날 반군은 이미 충청도의 청주를 함락하고 절도사와 토포사를 벤 후였으나 아직 조정에서는 알지 못하였다. 역모 계획이 속속 드러나면서 도성 방어를 위해서 기읍(畿邑)의 군사 징발이 행해졌다. 3월 16일 역도의 가족을 구금하여 내응을 막고, 퇴출된 노론계 인사의 전격적인 등용이 이루어져,26) 노론 김재로(金在魯)와 유척기(兪拓基)가 경기-충청 권역 외곽 방어를 맡았다.27)

3월 17일 평안병사까지 연루되었음이 드러나자 전라도, 경기도, 충청도, 평안도 등에서 모두 난의 기미가 보였다. 같은 날 역도가 이미 충청도 성환(成歡)을 급습하여 역마를 잃고 역졸은 사로잡혔다. 수 차례 장수를 파송했으나, 이런저런 이유로 차일피일 미루어 아직 반군의 근처에도 이르지 못한 상황이었다.28) 병조판서 오명항(吳命恒)이 직접 토벌을 자청하여 사로도순무사(四路都巡撫使)에 임명되고서야, 박문수 및 조현명(趙顯命)을 종사관으로 삼아 신속히 남하하기 시작했다.29) 병판(兵判)과 시종신(侍從臣)이 출정하는 이례적인 상황이 벌어졌다. 서울을 중심으로 경기도 일대의 방어선 구축을 위해서 군사 거점에는 난을 감당할 수 있는 인물로 목민관을 대거 교체하였다. 강원도 관찰사 역시 만일의 사태에 대비하여 교체했다. 조정에서는 경기 일대뿐만 아니라, 개경과 황해도의 병력까지 차출하여 도성 방어에 대비했으며, 삼남 일대에는 새로이 목민관을 차례로 내려보냈다. 아울러 영남(嶺南: 경상도), 호남(湖南: 전라도), 북도(北道: 함경도), 양서(兩西: 황해도·충청도)에 안무사를 파견하여 각도의 민심을 안정시키도록 하였다. 마침내 3월 23일 오명항의 대군은 안성에서 적군을 대파하는 전과를 올렸다.30) 청주가 함락된 지 불과 8일 만이었다. 다음날인 24일에는 수괴(首魁) 이인좌(李麟佐)를 체포하여 경성으로 압송하였다.31) 사실상 전란은 종결된 것이나 다름없었다. 이제 각지에 산개한 잔적을 소탕하고 민심을 어루만지는 일이 남아 있었다.

3월 28일 청주에 도착한 오명항이 영남에서 적이 일어났다는 말을 듣고는 추풍령을 넘고자 하였으나 매복을 우려하여 진군하지 못하였다.32) 이때 종사관 박문수가 자원하여 전초 부대를 이끌고 적진을 돌파하는 과감한 작전으로 오명항의 대군은 마침내 전진할 수 있었다. 4월 8일에는 영남의 도적이 이미 평정됨을 듣고 거창·안음·함양을 거쳐 팔량치(八良峙: 경상도·전라도의 경계)를 따라 전라도에서 군사를 거느리고 돌아오고자 했다.33) 이때 박문수를 남겨두고 난리를 겪은 네 고을을 진무하도록 하였다. 당시 전야와 촌락이 텅 비어 사람의 그림자나 굴뚝 연기조차 보이지 않았다. 박문수는 만류에도 불구하고 호위 없이 단기로 여러 고을을 두루 다녀서 피난한 자들을 불러오고, 조가(朝家)에서는 협박을 받아 따른 자는 죄를 다스리지 않는다고 효유하여 귀농하도록 하였다. 비로소 백성도 안도하였고 인심이 차츰 진정되었다.

이미 승기는 잡혔으므로 얼마나 민심을 수습할 수 있는지가 관건이었다. 영조는 전란 직전에 호남과 영남에 각기 감진어사와 별견어사로 내려갔던 이광덕(李匡德)과 박문수를 안무사로 재파견하였다가 현지에서 곧바로 도백(道伯)의 직임을 내리는 파격적인 인사를 단행하였다.34) 당시 직전 최고관직이 이광덕·박문수는 홍문관 교리·사헌부 지평으로 모두 정5품에 불과했다. 3품 이하 당하관이 주로 차임되는 어사에게 종2품 재상인 관찰사를 제수하는 것은 비상시국이 아니면 불가능한 특단의 조치였다. 그만큼 민심이반을 달래는 데 왕의 눈과 귀가 되었던 어사가 가장 적임자라고 판단한 듯하다. 더욱이 박문수는 무신란의 공훈을 인정받아 분무공신(奮武功臣)으로 책봉되었다.[35]

2) 탕평과 당인

(1) 정체성의 갈등

박문수는 시·공간에 따라서 다양한 정치성향을 보인다. 가장 근원적인 문제는 아무래도 탕평파의 면모와 소론의 정체성 사이에 갈등 양상이다. 영조 즉위년(1724) 박문수의 성정을 가장 적나라하게 드러내주는 사건이 발발하였다. 그는 예문관의 검열 및 대교 등 한림으로 보임되어 춘추관 기사관의 직무를 겸하였다.[36] 이때 연석(筵席)에서 선왕대 정치사건에 대해서 유신(儒臣)이 번갈아가며 재처분을 요구하였다. 대개 신왕[영조]과 연루되는 문제여서 선왕[경종]이 이를 염려하여 이미 덮은 사안이었다. 그러나 이것이 노론과 소론의 정치 명분에 연동되었기에 소론 내 급진파(急少)는 국왕의 명백한 입장 표명을 요구하였다. 박문수는 당시 소론 출신일 뿐만 아니라 사관(史官)의 직임에 있었음에도 불구하고 연석에서 격분하여 직접 발언하였다.[37] 이는 경종과 영조 모두에게 의리를 표방하는 동궁속료의 정치 성향을 여실히 보여준다. 영조 즉위 초 급기야 동궁시절부터 보호 세력이었던 준소(峻少)-완소(緩少) 등은 신왕의 반대 세력에 가깝던 급지파를 축출하여 왕위의 안정화를 꾀하였다.38)

박문수는 나라에서 탐오의 관리를 단속하려고 하지만 효과가 없는 것이 모두 당론만 일삼기 때문이라고 비판하고,39) 당습(黨習)이 극도에 이르러 살벌(殺伐)을 일삼기 때문에 법을 가리고 자당 인사를 감싸고 돌아서 국가의 기강이 세워지지 않는다고 진단하였다.40) 심지어 그는 당론이 실로 망국의 기초가 되는데, 신하가 만약 당심을 가진다면 어찌할 것인지 반문하면서, 임금이 탕평을 이루었다고 생각하지만, 아직도 양당의 강경파인 민진원[峻老]과 이광좌[峻少]가 함께 협력하여 일을 하지 못하니 이것은 거짓 탕평에 지나지 않는다고 비판하였다.41) 또한 3백 년의 세실대가(世室大家) 태반이 역족(逆族)이 된 것이 모두 당습에서 연유했다고 지적하고, 만일 '민우(民憂)와 국계(國計)'에 대하여 말하려고 하는 자가 있으면 조야를 막론하고 등용해야 한다며 탕평의 방향을 제시했다.42)

그러나 박문수 역시 당인의 굴레를 쉽게 떨쳐버릴 수는 없었다. 스스로 탕평에 대한 드높은 이상을 품고 있었으나, 동시에 노론의 소론계에 대한 파상공세에는 가장 맹렬하게 대항했다. 경종연간 신임옥사로 환국이 이루어지자, 불과 몇 달 간격으로 대규모로 인재를 뽑았으며 이들이 소론정권의 핵심 인물이 되었다. 그런데 영조 즉위년(1724) 전 정언(正言) 나학천(羅學川)이 상소하여 이때 출사한 소론을 맹비난하자 박문수가 변론하지 않을 수 없었다.43) 이 사건은 이듬해(1725)에 노론정권으로의 을사환국이 일어나는 단서가 되었다.

노론의 파상공세는 집권 후에도 그치지 않았다. 노론 정권이 들어서자

신임옥사 이후 등과한 이들에 대한 삭과(削科) 조치를 취하였다. 박문수 자신은 경종 3년(1723) 증광문과 출신이라 그래도 빗겨갈 여지가 있었으나, 불과 한 달 뒤에 치러진 토역정시(討逆廷試) 출신자(出身者)는 노론 축출을 기념하기 위한 과거였으므로 노론정권에서 좌시할 리 없었다. 영조 3년(1727) 그는 이러한 조치에 격분하여 상소를 올렸다.44) 이때 국왕에게 올리는 상소 문제로 승정원과 다툼이 있었고, 삭과된 이철보(李喆輔)의 사초(史草)를 자신이 대신 체수(替修)하도록 한 어명(御命)이 불가하다고까지 간언하였다.45) 이 사건은 향후 노론이 집요하게 박문수를 공격하는 빌미가 되었다.46) 이는 그의 출사 배경이 신임환국 직후라는 사실이 얼마나 그의 정치 성향에 깊이 작용하는지 알 수 있는 대목이다.

심지어 박문수가 '소론 탕평파'로서 인식되면서 경계인을 자처한 자신의 의사와 무관하게 정치적 위상도 상당히 불안정하였다. 가장 극명한 마찰 형태는 반역과 무함이었다. 영조 5년(1729) 무신란 때 역도의 진영에 있었다는 주장이 제기되었다. 이때 그는 경상도 관찰사로 있었는데, 이도장(李道章) 등이 "박문수가 일찍이 소사령(素沙嶺)의 적진(賊陣)에 앉아 있었다"고 무고하였다.47) 소사령은 안음과 무주의 두 고을 경계로서 역적 정희량(鄭希亮)이 군사를 일으킨 곳이다. 박문수가 이차(離次)하여 왕명을 기다리니, 임금은 승지 오광운(吳光運)에게 안핵(按覈)할 것을 명하였다. 이 일은 표면적으로는 잘 해결되는 듯이 보였으나, 이후에도 이량신(李亮臣)의 상소에서 적정을 알고도 고하지 않았다는 밀통설의 단서가 되어 박문수 자신을 몹시 괴롭혔다.48) 영조 9년(1733) 이조참의 권적(權𥛚: 노론)은 박문수가 전라도관찰사에 임명되는 것을 막기 위해서

"영남의 일이 있었다"고도 공격하였다.49) 분노한 영조는 오히려 권적을 처벌하고 이어서 무신란 직후에 영남과 호남에 관찰사를 지냈던 박문수와 이광덕의 정사를 평하면서 "물이 맑으면 큰 고기가 없는 법이다"다고까지 평하였을 정도였다.50)

그러나 박문수의 불운은 여기서 끝나지 않았다. 소론 탕평파는 당론상 대척점에 있었던 노론과 적대관계를 형성하였을 뿐만 아니라, 신왕을 지지하여 무신란을 진압하였기에 소론 내 급진파[急少]에게까지 공적(共敵)으로 몰렸다. 영조 7년(1731) 성탁(成琢)의 무고로 소론계 신료 상당수가 모함을 받았다. 성탁은 무신란의 연루되어 정배 중이었는데, 도성에 올라와서 변을 고한다는 명목하에 신료들을 음해하였다. 반란을 진압하는 데 공을 세운 소론 공신을 표적으로 삼아서 복수를 벌이고자 한 행동이었다. 성탁의 초사(招辭)에 이름이 거론된 신료들은 모두 직무를 중단하고 임금의 명을 기다려야 했다.51) 박문수 등은 오열하면서 눈물을 흘리기까지 했다.52) 영조의 특별한 보살핌이 아니었다면, 무고임이 드러나기 어려웠다. 영조 14년(1738)에도 소론 핵심 인사에 대해서 익명서가 나붙었다. 수어사 조현명 · 병조판서 박문수 · 총융사 박찬신朴纘新 등 공신의 이름이 흉서(凶書) 가운데 들어가, 이들은 모두 돈화문 밖에서 대명하였고, 영의정 이광좌 또한 금오문 밖에서 대명해야 했다.53) 영조는 이후 익명서는 일체 열어 보지도 말고 바로 불태우도록 엄명을 내렸다. 을해옥사(1755) 때에도 역도의 초사에 소론 중신이 대거 거론되자 왕이 친히 무고라고 주장하면서 거짓임을 자복받는 데 온 힘을 기울였다.54) 영조 초반 출사한 소론 신료들은 양당의 급진파 및 강경파의 배척에도 불구하고 국왕의 전폭적인 신임하에서 정계 활동을 이어나가고 있었다.

(2) 당론과 탕평의 혼융(混融)

애초 출발점이 달랐던 당론과 탕평은 어느 순간 갈등을 넘어서 혼융되는 양상을 보인다. 박문수는 한편으로는 자당의 명분을 유지하면서도, 다른 한편으로는 탕평의 대의와 국왕의 정통성을 강조하는 입장을 취하였다. 대표적인 사건은 영조 17년(1741) 『어제대훈(御製大訓)』의 반포 시기에 일어났다. 이때 신축·임인년 사건 자체를 무옥(誣獄)으로 돌리고 영조의 무죄를 증명하는 선에서 각기 다른 정치 세력 간의 대타협이 이루어졌다. 박문수는 "삼종(三宗)의 혈맥은 오직 경종(景宗)과 전하뿐이니, 신민으로서 마땅히 추대했어야 한다"고 전제하고, "당론 때문에 이 당에서는 '이 분이 우리 임금이다' 하고, 저 당에서는 '이 분이 우리 임금이다'고 했으니, 천하에 어찌 이런 일이 있겠느냐"고 한탄하였을 뿐 아니라, "피차 모두 까마귀이다"고 하여 영조의 양비론적 입장에 동조하였다.[55] 박문수는 임금의 평소 의중을 너무도 잘 간파하고 있었다.[56] 게다가 그는 중론을 몰아 소론의 입장을 살릴 수 있는 여지를 만드는 데도 성공하여, 숙종의 어제시(御製詩)를 조작했던 노론 인사의 과오를 영구히 기록으로 남기도록 했다.[57] 이후 노론측의 죄과를 보다 명확히 적시하고자 왕을 별도로 접견한 이도 바로 박문수와 이종성(李宗城)이었다.[58] 추가 기재는 무위에 그쳤으나 노론·소론을 막론한 탕평파의 비판을 받았다.[59] 이것이 그를 향후 준론(峻論)으로 재분류하는 단초가 되었다.[60]

하지만 『어제대훈』의 반포로 옥안(獄案)을 소각하고 왕위 계승의 정당성이 재천명되자, 신임옥사의 치죄자였던 소론 우위의 의리에 균열이 생기는 것은 피할 수 없었다. 당시까지 소론의 대의를 떠받치던 준론 이광좌도 이 시기를 전후해서 와병 중에 졸하였다. 이는 다른 사건에도 영향을 미쳤다.『어제대훈』반포 후 박문수는 함경도관찰사로 나갔는데, 이때 도내 선비들이 이광좌가 함경도의 관찰사를 지낸 바 있다고 하여, 이항복을 모신 북청(北靑)의 노덕서원(老德書院)에 배향하였다.61) 박문수는 이광좌를 평소 사표(師表)로 여겼기에 적극적으로 막지 못했다. 당시 함경도에서 이루어진 일이었음에도 불구하고 붕당의 명분을 세우기 위한 장기적인 포석으로 받아들여져 노론의 공세는 거세었다. 또한 이는 영조가 취하고 있던 서원 억제정책과 정면으로 배치되었다. 이미 숙종연간에 서원의 설치를 금지하기 시작했고, 영조 3년(1727)에는 환국의 혼란을 겪으면서 당론과 피역의 원흉으로 지목되어 서원의 첩설(添設)을 엄단하였다.62) 더욱이 이를 관리·감독해야 할 도신(道臣)으로서 책임이 있었기 때문에 비난을 면치 못했다. 노론의 비판은 서원의 추가 설치를 금지하고 있는 마당에, 새로이 배향하는 것조차 서원의 첩설과 동일하다는 주장이었다. 박문수는 상당히 궁지에 몰렸다.

그러나 오히려 이 기회를 적극 활용한 이는 바로 국왕이었다. 이 해(영조 17)에『어제대훈』반포를 전후하여 붕당의 근거지를 붕괴시키는 다양한 작업이 병행되었다. 하나는 청요직의 인사권을 모두 회수하였으며, 다른 하나는 지역에서 당론을 뒷받침하던 서원을 철폐하였다.63) 선왕대(숙종 40) 금령(禁令) 이후 생긴 서원을 모두 훼철하는 조치를 취하였다. 노론 계열의 강력한 주장으로 선왕의 유지 실현을 제창한 마당에, 국왕의 전국적인 서원 훼철령을 막기는 어려웠다. 결과적으로 박문수의 문책 사건은 전혀 다른 방식으로 전이되었고, 역설적이게도 영조의 '파붕당(破朋黨)' 실현에 상당한 밑거름이 되었다.

더욱이 신유년(영조 17) 사건은 복합적인 문제로 비화되었다. 영조 22년(1746) 노론계 이조판서 박필주(朴弼周)는 경종대에 왕세제 책봉과 대리청정 주장의 정당성을 획득하기 위해서는 선왕(경종)에게 병이 있었음을 뜻하는 '성질(聖疾)'이라는 문구를 『어제대훈』에 삽입하자고 강력히 주청하였다. 하지만 이는 왕실의 존엄과도 연계되는 문제였다. 노론으로서는 자당의 무고에 결정적인 단서이겠으나 국왕으로서는 선왕의 질병을 기록으로 남기는 데 선뜻 동의할 수 없었다. 더욱이 박필주는 국왕이 몇 해 전부터 공들여 초치해온 인사였기에 더욱 당황스러웠다. 그의 상소는 여기서 그치지 않았다. 노론은 자당 인사 57인을 이끌고 이 상소를 옹호하고 나섰다.[64] 이러한 공격적인 상소에 맞서서 맹렬한 반격을 폈던 이가 다름 아닌 박문수였다.[65] 양측은 전면전을 불사하였다. 소론계는 거의 박문수 혼자서 다수의 노론계 신료들과 다투는 양상이 전개되었고, 국왕의 적극적인 변론이 아니었다면 정치생명을 유지하는 것 자체가 의문시될 정도로 맹렬한 공방전을 치렀다. 을해옥사로 박문수가 정치적 위상을 잃기 전까지 경종의 존엄을 훼손하는 '유질(有疾)' 혹은 '성질'의 표기는 이루어지지 못했다.[66]

이러한 사례는 한편으로는 소론 탕평파의 정체성에 대한 문제로서 경종의 은혜로 출사하여 영조를 모신 이들에 대한 충의의 표현이었으며, 다른 한편으로는 국왕을 대신해서 반박하는 효과도 있었다. 이 시기 박문수가 노론의 미움을 받아 관직 생활 자체가 위협을 받자, 국왕은 비난에도 불구하고 직접 어필로 그를 망(望) 단자에 기입하며 두둔하였다.67) 결국 양왕의 의리를 실현하는 문제와 당인의 정체성이 동시에 결부되어 탕평과 당론이 혼융되기에 이르렀다. 이는 그가 탕평을 지향했으면서도 당인의 굴레에서 쉬 벗어나지 못했던 모순적인 상황을 여실히 보여준다.

2. 경세관료의 면모

1) 군정(軍政)장관과 군제 정비

(1) 병마의 장악

박문수는 영조 원년(1725)부터 병조에서 일한 기록이 나타난다. 바로 승륙 이후부터 무신의 직에 보임되었다. 정6품의 좌랑을 거쳐 정5품 정랑까지 역임하였다. 무신란 당시 병조판서였던 오명항이 사로순문사가 되어 친히 출정하고 박문수가 별동대를 이끌고 적지로 침투한 것은 우연의 소치로 보기 어렵다. 그는 무신란의 공적으로 수충갈성결기분무공신이등(輸忠竭誠決幾奮武功臣二等)에 녹훈되었으며,68) 이후 인사 이동 시에는 마치 군직(軍職) 대신 봉군호(封君號)인 영성군(靈城君)이 벼슬처럼 취급되기도 했다.69)

영조 4년(1728) 무신란 사후 수습 과정에서 박문수는 경상도관찰사에 보임되었다. 도신(道臣)은 도내를 두루 살피는 감사의 역할을 중시하였다. 그가 국왕의 칭찬과 신료들의 비판을 동시에 받은 것은 감찰에 뛰어났기 때문이다.70) 그런데 도백은 단순히 행정만을 장악하는 것이 아니었다. 국왕을 대신하여 도의 전역을 관장하는 방백으로서 일견 제후에 비견되어 병권도 장악하였다. 당시 경상도에는 좌도와 우도에 각기 종2품 병마절도사, 정3품 수군절도사가 설치되었으며, 관찰사 역시 병사와 수사를 겸하여 병권을 감독하였다.71) 이후로도 박문수는 영조 10년(1734) 평안도관찰사(병사·수사 겸직), 영조 13년(1737) 병조판서[禁衛大將 겸직], 영조 15년(1739) 함경도관찰사(병사·수사 겸직), 영조 17년(1741) 어영대장(御營大將), 영조 20년(1744) 황해도 수군절도사 및 어영대장, 영조 26년(1750) 어영대장 및 수어사(守禦使) 등을 차례로 맡았다. 따라서 지방 4도의 병권을 맡았으며 중앙의 어영청·수어청·금위영 등 3개 군영의 대장직을 두루 역임하였고 마침내 대사마(大司馬; 兵判)가 되었다.

군정을 담당하던 시기의 업적을 살펴보면, 영조 17년(1741) 함경도관찰사를 마치고 돌아와서는 봉수제를 정비할 것을 건의하였으며,72) 영조 18년(1742) 다시 병조판서가 되어서는 임금이 열무(閱武)하는 의주(儀註)를 마련하였고, 지방의 무과 출신자가 서울에서 정착할 수 있도록 돕는 방안도 제시하였다.73) 영조 20년(1744) 황해도 수군절도사에 임명되자 당선(唐船)의 어채(漁採)를 주요한 문제로 보고하고 이들이 연안 백성과 밀무역까지 행하고 있어 대안 마련이 시급하므로 중국배를 잡을 수 있는 일종의 쾌속선인 비선(飛船)의 제작을 간하였다.74) 영조 21년(1745) 박문수는 도성의 낮은 담을 수리하는 일이 속도를 내지 못하자, 삼군문(三軍

門)이 각기 나누어 조속히 해결하자고 건의하여 일을 매듭지었다.75)

(2) 일원적 병제 개혁

병마(兵馬)와 관련된 업적 중 가장 주목되는 부분은 군제를 개편한 일이다. 18세기에는 국가의 개혁 모델을 중국 고대 이상사회인 주나라의 『주례』와 조선전기 『경국대전』 체제에서 찾고자 했다.76) 전란 이후 만들어진 17세기의 임시방편적인 제도는 모두 국가의 정규 법제도에도 수록되지 않은 초법적인 제도로 개혁의 대상으로 간주하였다. 영조 30년대 병조판서 휘하에 각 군영을 예속시키는 작업이 추진되었다. 병판이 대사마로서 병마 전체를 통솔하는 것은 『주례』에 실려 있는 서주 이상사회의 당위론적인 모습이었다.

그러나 당시까지도 각 군문은 법전에 미등재된 채 임시방편으로 편성되어 오면서 그 유래도 제각각이었다. 그래서 훈련도감(訓鍊都監), 어영청(御營廳), 수어청(守禦廳), 총융청(摠戎廳), 금위영(禁衛營) 등 5군영이 각개 약진하였을 뿐만 아니라 별도로 금군청(禁軍廳)과 호위청(扈衛廳)이 존재했다. 특히 이름이 유사한 금위영과 금군청이 각기 존재하면서 위상이나 관계 정립에 문제가 있었다. 점차 금위영이 확장되면서 금군의 일부도 금위영의 마대(馬隊)로 예속되어 경계가 불명확해져 갔다.77) 이에 영조 13년(1737) 박문수는 병조판서가 되어 「금군절목(禁軍節目)」을 제정하였으며,78) 영조 1년(1738) 하급 군사로서 승진에서 멀어진 금군(禁軍)에 대해서 다시 취재(取才)를 통해서 승급의 기회를 주고,79) 금군을 재정비하여 그 위상을 되찾도록 하였다.80)

한편으로는 영조 18년(1742)부터 이미 왕명으로 세조대 편찬된 『병장도설(兵將圖說)』에 대한 재간행이 이루어지면서 조선 초기 오위제(五衛制)에 대한 관심이 집중되고 있었다.[81] 이때 박문수는 병조판서가 되어 이미 열무(閱武)에 관한 홀기(笏記)를 만들고 있었다.[82] 더욱이 당시 영조는 전장제도(典章制度) 정비를 선언하고 법전·의례 편찬에 박차를 가하였다. 그 노력의 결실로 영조 22년(1746) 『속대전』과 『속오례의』가 최종 반포되었다.[83] 이는 한결같이 국초의 『경국대전』과 『국조오례의』를 모범으로 하여 변화된 사회상을 반영하고자 함이었다.[84] 이러한 연속선상에서 영조 25년(1749) 왕명으로 오군영의 대장이 모여서 국초 오위의 진법 체계를 계승하는 개별 및 통합 진법 체계를 마련하였다.[85] 이것이 바로 『속병장도설(續兵將圖說)』의 간행으로 이어졌다.[86] 당시 박문수는 어영대장으로서 이 작업에 참여하였다. 영조는 이를 통해서 조선전기와 같은 오위제의 부활을 염원했다.[87]

다른 한편으로는 영조연간 군영 개편은 사실 다양한 각도에서 추진되고 있었다. 이보다 앞서 영조 10년(1734) 이미 오군영 중 전영(前營)을 맡은 총융청이 북한산성으로 출진하는 논의가 시작되었으며,[88] 영조 26년(1750)에는 총융사를 경기병사(京畿兵使)로, 수어사를 광주유수(廣州留守)로 고쳐서 군병과 장수를 동일한 곳으로 배치하는 작업이 마무리되었다.[89] 이는 수도에 군영대장이 있다가 비상시 병사들이 머무는 곳에 내려가서 지휘하는 것이 용이치 않았기 때문이다. 실제 멀리는 임진왜란에서부터 가까이는 무신란에 이르기까지 출병이 지연되어 효과적인 방어를 못한 뼈아픈 전례가 있었다. 이에 전영(총융청)과 후영(後營; 수어청)의

산성(山城) 출진이 이루어졌다. 이미 영조 22년(1746)『수성절목』, 영조 29년(1753)『수성윤음(守城綸音)』이 편찬되면서, 18세기 삼군문(三軍門) 중심의 도성 방어체계도 완성되었다.90) 이는 이전까지 전란이 일어나면 강도(江都)나 남한산성으로 국왕이 옮겨가는 방식과는 전혀 다른 형태의 군사 방어 체제였다.91)

영조는 무신란을 겪으면서 민심 안정을 위해서는 국왕이 반드시 도성을 사수해야 한다는 사실을 뼈저리게 자각하였다. 또한 당시 경연 석상에서 평소 명나라의 마지막 황제인 숭정제(崇禎帝)를 망국의 군주라기보다는 끝내 자금성을 버리지 않고 나라를 위해서 죽은 임금으로 높이 평가한 기록이 자주 보인다.92) 결국 대보단(大報壇)에 의종(毅宗; 崇禎帝)을 병향(竝享)한 것도 조선에 구원병 파병을 논의했다는 이유가 주로 알려져 왔으나93) 이 외에도 국왕이 평소 그를 흠모했기 때문이었다.94) 영조는 난이 발생하면 군주는 목숨을 버려서라도 도성을 사수하여야 한다고 평소 생각하였으며, 그러한 의식이 18세기 수도 방위체제의 마련으로 나타났다.95) 따라서 이러한 장기적인 군제 개편에 대한 시대적 흐름 속에서 금군과 금위영, 그리고 대사마의 위상 문제가 대두하였다.96) 이후 대규모 준천(濬川) 사업 역시 수위 변동에 따라 성첩(城堞)이 낮아지는 문제로부터 출발하였으므로 도성 방어 문제와 무관하지 않았다.97)

마침내 영조 30년(1754) 임금은 박문수를 불러서 금군을 금위영에서 분리시키고 아울러 금위대장을 병조판서 겸직에서 독립시켜 이때부터 별도로 임명하였다.98) 이러한 내용은 박문수의「금영절목(禁營節目)」으로 편찬되었다.99) 이는 대사마가 군영대장을 겸하기 때문에 군 통수권자가 아니라 병렬적인 군영대장으로 받아들여졌던 당시 상황을 타파하기 위함이었다.100) 이러한 조치를 통해서 병조판서를 최고 책임자로 하는 일원적인 군 통수권 체제가 확립되었다. 이론상으로 국왕은 병판만 장악하면 모든 군사를 움직일 수 있었다. 후속조치로서 영조 31년(1755)에는 궁궐의 숙위와 호종을 담당하던 금군청을 종래의 별칭인 '용호(龍虎)'를 활용하여 용호영(龍虎營)으로 개칭하고 실무는 종전대로 금군별장(禁軍別將: 종2품)이 임명되었다.101) 병마와 관련된 업적은 박문수 일생의 대표 공적으로 인정받았다.102)

2) 진휼과 재정 개혁

(1) 진휼 재원의 마련

17세기부터 장기간 지속된 재해나 기근은 18세기 영조 초반까지도 극복되지 못하였다.103) 다행히 환국의 종식과 탕평정치의 정착으로 조정에서는 적어도 국가적인 차원에서 재난 대비책과 백성에 대한 통일적인 구휼 정책을 추진할 수 있었다. 이러한 정책 결정과정에 바로 박문수가 있었다.104) 실제 이러한 진휼 대책을 위해서 비변사는 비상체제로 전환하였다. 영조 7년(1731) 흉년이 크게 들자 국왕은 비변사에서 전국의 상황을 효과적으로 관리하기 위하여 경기는 조상경(趙尙絅), 호서는 송인명(宋寅明), 호남은 이광덕, 영남은 박문수, 해서는 김재로(金在魯), 관서는 윤유(尹游), 관동은 이정제(李廷濟), 관북은 송진명(宋眞明) 등을 팔도구관당상으로 임명하였다.105) 이 제도는 숙종연간에 2도에 1명의 당상관이 관장하는 방식으로 시작되었으나,106) 영조연간 1도에 1명의 당상관을 배치하여 비변사를 중심으로 하는 전국 단위의 진휼정책이 가능하도록 제도적인 뒷받침이 이루어졌다.107) 영조연간에는 마치 진휼당상(賑恤堂上),108) 양역구관당상(良役句管堂上)·군역당상(軍役堂上),109) 팔도구관당상,110) 총융청북한구관당상,111) 관서군역내고이정구관당상(關西軍役勅庫釐正句管堂上),112) 이정당상(釐正堂上),113) 공시당상(貢市堂上),114) 준천당상(濬川堂上)115) 등과 같이 주요 현안을 전담하기 위한 당상관을 별도로 설치하였다.

영조연간 진휼대책은 크게 무곡(貿穀)·염분(鹽盆)·주전(鑄錢) 등 3가지 형태로 전개되었다. 첫째, 진휼 재원 확보책을 위해서 조정에서는 주전과 무곡에 대한 논의가 일어났다. 영조 7년(1731) 박문수는 속히 재원 마련이 가능한 것은 무곡이라고 진언하고 무곡에 주력할 것을 주청하였다.116) 이후 왕은 보다 세부적인 진휼 대책을 박문수로 하여금 비변사에서 논의하도록 하였다.117) 이 날 박문수는 관서와 해서의 영곤(營閫)에 저축된 전(錢) 38,000민(緡)과 면포(綿布) 1,400동(同)을 삼남(三南)에 이송하여 곡식으로 무역하고 진자(賑資)에 대비하자고 청하여 윤허를 받았다. 이는 매우 과감한 정책으로 자그마치 평안도, 황해도, 충청도, 경상도, 전라도 등 5도의 재화를 옮기는 전국적인 규모의 방략이었다. 영조 8년(1732) 박문수의 건의로 18세기 통상적인 재난 조치로 정착되는 구휼정책이 시행되었다. 박문수는 약 4만 석의 곡식을 변통하여 제도(諸道)에 나누어 주자고 하였다.118) 이에 임금은 전국 규모의 세금 탕감 및 구휼미 지급에 나섰다.

영조 16년(1740) 그는 함경도관찰사로 있으면서 흉년이 들자 함경도 감영의 은으로 영남의 군량미를 바꾸어 진구할 것을 청하기도 하였다.[119] 이어서 영조 17년(1741)에도 관북에 기근이 들자 비변사에서 영남의 곡식 4만 곡(斛)을 운송하여 진구할 것을 청하였으나, 정작 박문수가 복귀하여 진청당상(賑廳堂上)이 되어서는 이미 조가에서 별도로 관서 비축곡 11만 곡을 주어서 진자(賑資)로 보충하였기 때문에 충분하다는 의견을 피력하였다.[120] 다만 영조 18년(1742) 다시 기근이 극심해지자 박문수는 상황이 바뀌었다고 판단하여, 재차 육진의 어려움을 이유로 관서(평안도)의 1만 5천 곡으로 북도(함경도)를 구제할 것을 청하였다.[121] 이는 단순히 한 번 만들어진 진휼정책을 답습하는 것이 아니라 현지 사정 변화에 대한 면밀한 검토를 바탕으로 정책을 조정해 나간 사례로 파악된다.

이때 그는 진휼사가 되어 북도의 진정(賑政)을 주관하였을 뿐만 아니라, 영남에서 옮겨가기로 한 곡물 1만 곡의 운반이 제때에 미치지 못할 것을 염려하여 필마로 북도에 달려가서 감사·어사와 진휼할 계책을 의논하고 또 관서로 가서 감사와 곡물을 운반할 방도를 강구하게 해달고 간청하였다. 중앙에서 진휼 전반을 총괄 지휘해야 하는 위치에 있으면서 지방의 도백과 중앙에서 파견한 어사가 있는데도 마음을 놓을 수 없어 내려갈 것을 자원하였다. 이는 이전 행적에서 주로 전권을 갖고 지방으로 내려가 진휼 전반을 총괄했던 경험이 있었기 때문이었지만, 당시 체모가 손상된다고 하여 오히려 비판을 받았다. 영조는 진정(賑政)이 다급해서 그렇게 말한 것이라고 하여 박문수를 감쌌으나 지방 파송은 윤허할 수 없었다.

 더욱이 재정 권한이 커지자 이를 구실로 공격을 받기도 했다. 영조 19년(1743) 북도(함경도)에 흉년이 들자, 임금은 박문수를 관찰사로 임명하였다. 그러자 홍계희가 각종 비행을 열거하며 원색적으로 비난하였다.122) 영조의 진노는 상상을 초월했다. 실상은 박문수가 없는 구휼미를 만들어서 국가에 바친 것이나 다름없었기 때문이다.123) 과거에도 재해가 들자 박문수는 사재까지 털어서 구휼미를 헌납하였으나 사족은 도리어 관에서 양반의 재물을 약탈하는 명분이 될까 봐 힐난하였다.124)

 둘째, 새로운 재원의 확보 차원에서 염분 사업이 점진적으로 추진되었다. 영조 7년(1731) 중앙정부 차원의 적극적인 경비 조달도 행해졌다. 조정에서는 송인명, 김재로, 박문수 등의 건의로 중앙의 각사 및 궁방이 소유한 어전(漁箭) 및 염분의 수세(收稅)를 일시적으로 비변사에서 전담하여 구휼에 보태기로 하였다.125) 이것이 훗날 균역법의 근간을 이루는 어염세의 중앙재정 편입의 시초였다.

 같은해(영조 7) 국왕은 경기도 일대에 박문수를 보내어 현지 사정을 확인하고 돌아오자마자 이광덕과 박문수를 재차 감진어사(監賑御史)로 파견하였다.126) 이때 마침 조문명(趙文命)이 명지도(鳴止島)의 소금을 굽는 일로 박문수와 이야기를 나눈 바가 있다고 하면서 소금의 이익을 국가에서 이용할 것을 극력 주장했다.127) 박문수 역시 염(鹽)은 주관(周官)의 제도이자 구황의 좋은 소재라고 하면서, 현지에 내려가 사정을 파악하여 각도의 재정을 재편하고 돌아오겠다고 자원하였다.128) 이에 영조는 박문수를 파견하여 기민(飢民)의 위유(慰諭), 진정(賑政), 팔량치

(八良峙)의 관애(關阨) 조사, 명지도의 염분 등을 맡겼다.129) 도백(조현명)과 어사(박문수)의 협력으로 마침내 소금 정책도 성과를 내기 시작했다. 이후 김해 명지도에는 염분이 장기간 존속하였다. 영조 8년(1732) 박문수가 영남에서 구운 소금만 1만 8000여 석으로 경기의 백성을 진구하는 데 사용하였다.130) 이전까지 염분의 수세권을 넘겨받는 방식이었던 데 반해서 이제 직영으로 염분을 설치하여 직접 재원을 조달하는 논의로 한 단계 발전하였다. 실제로 박문수는 흉년이 들었을 때 왕을 대신해서 지역의 상황을 소상히 파악하였을 뿐만 아니라, 현지에서 지방 아문들의 경비를 직접 운영하여 구휼미를 마련하는 데 성공하였다. 박문수는 때때로 소금을 구워파는 방식으로 이문을 남겨서 곡식과 바꾸고, 이를 다시 재해가 든 지역에 옮겨서 구휼미로 사용하였다. 사실상 중앙재정이 거의 사용되지 않고 박문수 한 사람의 힘으로 현지에서 자금을 융통하여 백성들을 구휼하였다.

영조 9년(1733) 박문수는 "대저 나라를 다스리는 도는 나라는 백성에 의지하고 백성은 먹을 것에 의지하니, 먹을 것이 없으면 백성은 흩어지며 백성이 흩어지면 나라는 망한다"고 전제하고, 자염(煮鹽)만이 진휼 재원 마련이 가능한데도 당습에 빠져서 당을 위해서는 죽고자 하나 나라를 위해서는 몸을 아낀다고 비난하였다.131) 같은해에 "지금은 경외에 재정이 바닥이 났으므로, 만약 또 흉년을 만나거나 혹여 사변이라도 생기면 실로 손을 쓸 곳이 없다"고 하면서 "수만 석의 소금을 굽는다면 10만 석의 곡식을 충분히 장만할 수 있으니, 이것을 진휼청에 적치해 놓으면 예상하지 않은 용도에 대비할 수 있을 것이고 연해의 한 고을에서 벤

소나무만으로도 넉넉히 소금을 구울 수 있다"고 주장했다.132) 국왕도 소대(召對)에서 한대(漢代) 『염철론(鹽鐵論)』을 진강하여 염철에 대한 논의에 불을 지폈다.133) 좌의정 송인명은 명지도에서 소금 굽는 일을 민응수(閔應洙)와 박문수에게 맡겨서 재용을 확보하자고 다시 청하여 임금의 윤허를 받아내기에 이르렀다.134) 결국 염분은 당시 최대규모의 새로운 중앙재원으로 인식되었고 향후 부세 개혁을 뒷받침하는 재정적 토대가 되었다.

 셋째, 화폐의 운용 문제도 폭넓게 논의되었다.135) 박문수는 대부분의 주전 논의에 적극 참여하였다.136) 영조 6년(1730) 그는 나라를 부유하게 하고자 주전한다면 불가하지만, 백성을 위하여 주전한다면 가하다고 전제하고, 당시 동전은 귀하고 곡식은 천하여 백성들이 어렵다고 하면서, 나라에서 주전하여 무곡(貿穀)한다면 실로 '백성과 나라[民國]'가 서로 이로울 것이라고 주장하였다.137) 주전에는 공물가(貢物價)의 조정 및 진휼 재원 차원의 논의가 많았다.138)

 그러나 급박한 상황이 반복되면서 바로 재원을 조달할 수 있는 무곡이 먼저 이루어졌고, 다음으로 약간의 시간이 필요한 염분이 추진되었으며, 가장 많은 물자와 시간이 소요되는 주전이 상대적으로 뒤로 밀릴 수밖에 없었다. 영조 10년대 후반부터 적극 추진되었던 재정개혁의 흐름 속에서,139) 비로소 주전 논의도 본격적으로 거론될 수 있었다.140)

 초기 논의는 다양한 방안을 검토하는 수준에서 이루어졌다.141) 영조 18년(1742) 박문수는 청전(淸錢: 北錢)의 사용을 주장하는 등 과격한 정책도 서슴지 않았다.142) 다행히 외국 돈의 국내 유통 시 문제점에 대해서 당시 조정에서 심각하게 우려하여 이 주장은 채택되지 않았다. 당시 김재로와 영조는 화폐의 권한이 외국에 있으면 종국에는 반드시 폐단이 있을 것이라고 지적하여 거시경제에 대한 통찰력을 보여주었다.143) 박문수는 중국돈 사용이 좌절되자 화폐주조에 필요한 금속의 확보를 위해서 유기(鍮器) 그릇을 금하고 사기그릇을 사용하자고 하였으며 동(銅)이 부족하니 은으로 대신 주조하자고도 하였다.144) 은전 주조책은 처음에는 채택되어 절목까지 만들어 시험사업이 추진되었으나 향후 단점이 많다고 하여서 마침내 중단되었다.145) 이때(영조 26) 임금은 화폐의 주조 문제로 한양의 오부방민(五部坊民)과 제도(諸道)에 모두 의견을 묻기까지 하였다.146) 국왕은 균역법과 준천 등 국책사업에서 백성을 불러서 의견을 청하였는데,147) 주전 역시 같은 흐름 속에 있었다.148)

마침내 영조 26년(1750) 당시 양역변통론의 흐름을 타고 주전도 본격적인 시행 단계에 접어들었다.149) 호조판서 박문수가 주도하고 어영대장 홍봉한(洪鳳漢)이 보좌하여 소전(小錢) 50만 냥, 대전(大錢) 50만 냥으로 총 100만 냥 규모의 주전이 계획되었다.150) 이후 논의를 거쳐 규모는 재조정되었으나, 당시 양역변통과 관련해서 호전제(戶錢制)와 더불어 적극 검토되었다.151) 더욱이 오군영의 재정비는 재정개혁의 면모도 있었는데,152) 주전이 어영청, 금위영, 훈련도감 등 삼군문에서 이루어짐으로써 경제아문의 성격이 다시금 부상하였다.153) 이후 3년간 주전에 속도가 지지부진하자 통영(統營)까지 동원되어, 중앙에서는 홍봉한이 주전을 총괄하고 지방에는 구선행(具善行)까지 가세하였다.154) 향후 재정보완을 위해서 총융청이 잠시 주전을 윤허 받았을 정도로 주전은 염분과 함께

새로운 재원 확보책으로 인식되었다.155)

(2) 재정개혁과 균역법

　박문수는 호조판서 등을 역임하면서 국가재정의 기초를 재확립하는 데 혁혁한 공훈을 세웠다. 그는 약 3년간 호조판서의 직임에 있었는데 그 첫해인 영조 24년(1748) 대내(大內)로 진공(進供)한 온갖 물품에 대하여 호조에서 지난 각년에 지불한 비용의 다소를 조목별로 기록하여 바쳤다. 이에 영조는 대단히 기뻐하여 "이것은 곧 1부(部)의 『주례』를 이루었으니, 내가 영성(靈城)이 아니었으면 이렇게 할 수 없었을 것이고, 영성도 나를 만나지 못하였다면 역시 이렇게 할 수 없었을 것이다"고 극찬을 아끼지 않았다.156) 사관은 박문수가 탁지(度支; 호조)에 부임하여 강력하게 일을 해나가면서 헛된 비용을 절감했으므로 백성들에게 약간의 칭예(稱譽)를 얻었다고 평하였다.157) 영조 25년(1745)에는 왕명으로 국가회계의 기본 지침을 정리한 『탁지정례(度支定例)』,158) 『국혼정례(國婚定例)』,159) 『각사정례(各司定例)』160) 등을 차례로 편찬하여 자타가 인정하는 재정전문가의 면모를 유감없이 드러냈다.161)

　박문수는 호조와 병조의 사무를 번갈아 맡으면서 당시 거대한 자금을 운영했던 군영의 일도 주관하였다. 조선후기 군문(軍門)은 막대한 물력(物力)을 지닌 아문으로 급부상하였다. 그러나 영조연간 군영조차 재원조달에 어려움을 겪고 있었으며, 박문수는 이를 개혁하는 일을 시급한 과제로 제기하였다.162) 영조 23년(1747) 그는 어영청이 1년에 받아들이는 무명은 거의 6백 동(同)이나 되지만, 그 중 실제 소비액은 4백여 동에 불과하고, 금위영 역시 비슷하다고 하면서 양영의 무명을 매년 1백 동을 한도로 저축하여 비국(備局)에서 보관하게 하면 10년을 넘기지 않아 족히 넉넉한 재산이 될 수 있다고 건의하였다. 실제 이 시기를 전후하여 박문수는 예하 아문의 재정을 적절히 관리하여 15만 냥을 저축해냈다.163)

바야흐로 병마를 관장하는 일과 재정을 관할하는 일이 하나의 문제로 점철되는 시기가 18세기에 도래하였다. 이러한 흐름은 양역변통 논의로 이어졌다.164) 영조 9년(1733) 박문수는 "나라는 백성을 하늘로 삼는데, 백성이 없으면 누구와 더불어 나라를 다스리겠습니까"라고 반문하고, "반드시 대변통한 연후에야 '백성과 나라'가 의지하며 편안해질 수 있다"고 하였다.165) 이때 재원 마련뿐 아니라 재해에 따라서 각종 군포의 1/3 혹은 2/3 등의 과감한 감면 조치가 병행되어야 한다고 주장하였다. 이는 영조 초반의 진휼정책이 점차 부세개혁 논의로 방향을 잡아가기 시작하였음을 의미한다.166)

영조 26년(1750) 국왕은 본격적으로 양역문제의 해결을 촉구하였다. 영조는 당시 호조판서로 소론 박문수와 병조판서로 노론 홍계희를 등용하여 각 붕당에서 재화에 능한 경제관료들이 실무를 맡아서 대경장을 추진하도록 명하였다.167) 양역은 본래 군역이었으므로 병조의 관할이었으나 수포군화(收布軍化)되면서 국가재정의 절반 이상을 차지하였기에 호조의 문제이기도 했다. 영조 초반까지도 대기근이 잦았기에 진휼대책이 시급하였고, 이를 위하여 적극적인 재정 운영 정책이 이루어졌다. 이 때문에 대체 재원에 대한 논의 자체도 가능해졌다. 특히, 박문수의 등용으로 무곡과 염분이 적극적으로 행해지면서 지방의 진휼 자금 지원이 가능하였다. 염분과 같이 새로운 세원의 발굴이 행해지면서, 비상시에는 어염세 전체를 비국에서 진휼자금에 동원하기도 했다. 이러한 새로운 국가재정 운영의 자신감이 전면적인 부세(賦稅) 개편도 가능할 수 있다는 확신을 주었다. 실제 박문수가 전담했던 새로운 세원인 어염세의 징수는 양역의 신포를 감면하는 데 상당한 비중을 차지했다. 그랬기에 박문수 자신은 나라의 불필요한 아문과 관직을 축소하고 새로운 세수를 활용한다면 충분히 양역을 폐지할 수 있을 것이라 기대하기도 했다.

호조판서 박문수는 양역의 대안으로 군포·호포·어염세를 사정하여 마련하기를 청하였다. 이후 호포의 액수에 대하여 구체적인 논의에 들어갔다.168) 영조는 처음 박문수의 안이 5전에 불과하여 흡족해했다.169) 그러나 신만(申晩)이 대호(大戶) 1냥 5전, 중호(中戶) 1냥 2-3전, 소호(小戶)는 1냥으로 의견을 내자 세액이 증가했음에 불만을 표하였다. 하지만 박문수는 이렇게 된 이유가 국왕이 당초 주장한 국가재정의 축소정책을 채택하지 않았기 때문이라고 반박하였다.170) 오히려 그는 용관(冗官)과 진보(鎭堡)를 혁파할 뿐만 아니라, 중앙군영인 금위영까지 혁파하고 지방의 작은 군현도 60여개나 통폐합해야 한다고 주장했다. 박문수는 이러한 파격적인 조치 없이는 재정을 줄이기가 사실상 어렵다고 강변하였다.

국왕은 대체할 세액을 마련하기 위해 노심초사하였다. 영조는 이미 박문수가 주장한 어염세를 균역법의 일부로 윤허하였을 뿐만 아니라, 그를 충주목사로 삼아서 어염을 직접 관장하도록 조치하였다.171) 박문수는 염분을 통해서 약 10만 석에 달하는 재정을 마련할 수 있을 것으로 예측했다.172) 실제로 그는 균세사(均稅使)가 되어서 삼남 전체의 어염을 관장하였다.173) 어염세는 단순히 염분만이 아니라, 곽전(藿田)·어조(魚條)·염분·선박(船舶) 등 바다에서 나오는 모든 이익에 대한 세금이었다.174) 여기에는 각 지역의 선박에도 국가에서 직접 세금을 징수하였다. 영조 27년(1751) 박문수는 호남과 영남, 강원 등 지역 차에 따른 경제력을 감안하여 차등 징수의 방법을 제안했다.175) 이는 물자의 유통이 많은 호남과 근거리 이동 정도에 불과한 영남, 그리고 물력이 매우 협소한 관동과 차이가 심했기 때문이다. 이때 미역을 따는 곽전에도 세금이 부과되었으며, 대체로 선세에 비례하되 그보다는 적은 금액이 책정되었다.

반면에 홍계희의 생각은 좀 달랐다. 두 사람이 연전에 각 붕당을 대표하는 당인으로서 치열한 정치투쟁을 하지 않았던 것은 아니었지만, 이번만은 국가의 경장에 대한 입장으로 사심이라고 보기 힘든 의견이었다. 홍계희는 불필요한 용관의 축소가 완벽히 행해지지 않는다면, 감면하는 액수는 많은 데 비해서 새로운 세수의 증대폭은 한계가 있다고 비판하였다. 지금 당장은 가까스로 맞추어서 해결될 수도 있으나 장기적으로 재정 건전성을 유지할 수 있을지가 관건이라고 보았다. 특히, 홍계희의 주장은 훗날 보통의 관료가 제도적으로 부세체계를 관리할 때 문제점이 없었어야 한다는 점을 강조하였다. 박문수와 같이 재정에 능한 관리는 설령 진휼 시에 없는 재원도 마련하여 비용을 충당해낼 수 있지만, 평범한 문신이 그렇게 하기는 어려울 것이라는 전제도 깔려 있었다. 홍계희의 반박은 예전과 달리 박문수를 크게 자극하지 않는 선에서 정책상 견해 차이라는 데에서 선을 긋고 있다. 이는 두 사람 모두 양역변통을 간절히 성사시키고 싶었기 때문이다. 두 과격분자가 모처럼 평온하게 정책대결을 벌이고 있었다.176) 마치 탕평의 진정한 가치를 보여주는 듯한 정책경쟁이 이 시기에 이루어지고 있었다.

다음으로 박문수와 홍계희가 다툰 부분은 바로 군관포(軍官布)였다. 처음부터 군관포를 박문수가 반대하지는 않았다. 그러나 실제 시행이 이루어지면서 그가 균세사가 되어 민정 시찰을 나가보니 민심 이반의 조짐을 확인할 수 있었다. 그래서 그는 대경장의 명분이 백성을 위하는 것인데 오히려 원성을 사고 있다고 반대하였다. 반면에 홍계희는 본래 양인으로서 신포를 납부해야 하는 자들이 불법적인 방법으로 양반을 모칭하면서 세금을 내지 않고 있다고 지적하고, 이들을 벌주기는커녕 도리어 국가에서 합법적으로 중서층(中庶層)에 편입시켜 주고 세금을 부과하는데, 이것이 명분에 어긋날 수 없다고 보았다.177) 영조 역시 균역의 근간을 이루는 어염세에 대해서도 같은 수준의 반발이 일어나고 있다고 말하면서, 어느 하나도 포기할 수 없다고 엄명을 내렸다. 이로써 박문수의 어염선세(魚鹽船稅)와 홍계희의 선무군관포(選武軍官布)는 균역의 주요 골자가 되었다.178) 결국 국왕의 감필(減疋) 결단으로부터 시작된 균역법은 양당의 급대재원안으로 채택되어 본궤도에 올랐고, 부족 재원은 조현명(趙顯命)의 분정(分定)을 거쳐 민우하(閔宇夏)-홍계희의 결전(結錢)으로 마무리되었다.179)

영조 29년(1753) 박문수는 이정청(釐正廳) 당상에 있으면서 균역법 시행 이후의 중앙재정 전반에 대한 사후관리를 맡았다.180) 이때 박문수는 판돈녕부사(종1품)의 지위에 있으면서 대신의 반열에서 국정을 통할하였다. 영조 초반 탕평정국이 도래하여 양반 사족의 염원이던 균등한 출사 기회가 일정 수준 확보되었으며, 더 나아가 균역법을 완성하여 양인의 생활을 보장하였다. 국왕은 농민생활의 안정정책이 일정한 성과를 거두자 공인(貢人: 공물주인)과 시인(市人: 시전상인) 문제로까지 방향을 바꾸었다.181) 영조 29년(1753) 공시이정당상(貢市釐正堂上: 貢市堂上)이 설치되었으며,182) 이후 공시당상은 공인 및 시인과 함께 입시하여 국왕에게 직접 현안을 아뢰고 후속조치를 받았다. 박문수는 부세개혁 과정에서 화폐경제의 변화에 주목하여 능동적인 재정 운영책을 실시함으로써 이러한 방향 전환에 일조한 인물이었다.

더욱이 영조 후반 국왕은 양반과 양인의 주변 계층에게까지 관심을 확대해 나갔다. 그래서 서얼이나 시노비(寺奴婢) 등을 망라하는 사회 전 계층을 대상으로 하는 경장책이 추진되었다.183) 이 모두는 기본적인 국가 체제 정비가 이미 이루어졌기 때문에 가능했다. 박문수는 공노비가 100세를 넘기도록 신공을 바치면서 평생 시집 장가를 갈 수 없음을 처음 공식적으로 거론하였다.184) 이때의 문제 제기는 점진적인 신공감면 정책으로 채택되어 결국 전면적인 비공(婢貢)의 혁파로까지 이어졌다.185)

3. 청류(淸流)를 꿈꾼 훈신

1) 신료들과 마찰

박문수 일생의 언동을 살펴보면 스스로 청류로 자임하고자 한 인상이 강하다. 그는 '청백지절(淸白之節)'이나 '고죽청풍(孤竹淸風)'을 높이 평가하였으나 번번히 상반되는 결과를 불러왔다.186) 당시 박문수는 "이미 훈적(勳籍)에 참여하였으므로 드디어 사류(士類)와 다른 길에 접어들었고 비록 언론(言論)이 있어도 사람들이 훈귀(勳貴)가 용사(用事)하는 것을 배척한다"고 한탄하였다.187) 더욱이 그는 성격이 급하고 과격하여 신료들 사이에서 자신의 주장을 굽힐 줄 몰랐으므로 언제나 단독으로만 활동할 수밖에 없었다.

영조 8년(1732) 박문수는 연석(筵席)에서 신료들이 침묵을 지키고 있으니 아첨해 섬기는 것이 노예와 같다고 비난하였다. 이 일로 이주진(李周鎭: 소론)·민정(閔珽: 노론)·유건기(兪健基: 소론) 등이 피혐하였고, 한현모(韓顯謨: 노론)와 지평 유최기(兪最基: 노론) 역시 변명하는 상소를 올려야 했다. 한현모는 "어지러운 헛소리를 미친 듯이 부르짖으며, 패려하여 경악할 말이 뒤섞여 있다"고 힐난하였으며, 유최기는 "저 훈재(勳宰)가 멋대로 분노를 내뿜어 진신(搢紳: 縉紳)을 능멸하고 짓밟고 있다"고 지목할 정도였다.188) 다음 해(영조 9)에는 우의정 김흥경(金興慶: 노론)이 박문수가 언성을 높이고 임금의 얼굴을 쳐다보았으니 조정의 위의(威儀)가 엄숙하지 못하다고 하여 추고(推考)를 청하였으나 도리어 박문수는 "경연석에서 부복도 하지 않아야 하는데, 요즈음 신하들이 겁을 먹고 모두 코가 땅에 닿을 정도로 엎드린다"고 비난하였다.189)

영조 10년(1734) 특진관 박문수[소론]와 시독관 김약로[노론]가 파직당하는 사건이 발생하였다.190) 이때 국경의 범월(犯越) 조사 문제가 대두하였다. 김약로가 조사 후에 사행을 떠나야겠다고 하자 곧 박문수와 대립하였다. 이는 일전에 김약로가 사행을 미룬다는 이유로 박문수를 맹렬히 비판하였기 때문이다. 임금 앞에서 두 사람은 말다툼을 벌여 시끄럽게 떠들어 끝내 그치지 않았다. 이러한 행동에 대한 비난은 노론 신료들만이 아니라 조현명이나 송인명 등과 같은 평소 절친했던 소론에게서도 늘 제기되는 내용이었다.

한편 같은해(영조 10) 박문수는 양포 2필이 규정인데 일부 감영과 병영에서 잡색 1필을 받아서 혼란을 주고 있으니 모두 폐지하여 통일해야 한다고 주장했으나, 당시 소론계 병조판서 윤유(尹游)가 하루아침에 폐지하는 것은 불가하다고 말하였다가 개인적인 문제까지 거론되어 임금 앞에서 소리높여 싸우기에 이르렀다.191) 이 문제는 추후 박문수가 추진한 양역변통 논의와 밀접한 관련이 있었다. 또한 이것은 그가 계파 이익에 얽매이지 않아서 소론 탕평파와도 연대보다는 철저히 개인으로서 정계에서 활동하였으며, 10여 년 이상 승차하지 못한 이유라고 스스로 밝힌 부분과도 맞닿아 있는 맥락이다.192)

영조 18년(1742) 연석에서 가장 큰 문제가 되었던 사건이 일어났다. 박문수가 병조판서가 되었을 때 열무(閱武)에 관한 홀기(笏記)를 만들고 있었는데 의견 차이로 훈련대장 구성임(具聖任)과 다투었다.193) 구성임의 집안은 누대의 공훈을 바탕으로 대표적인 무장 가문을 이루었다. 당시 각 군문은 병조에 속함에도 불구하고 실제로는 병판과 군영대장이 거의 같은 반열에 있었기 때문에 상하 구분이 명확하지 않았다.194) 왕은 격노하여 당습이라고 지적하고서 극단의 조치로 읍참마속의 심정으로 참형에 처하겠다고 으름장을 놓고서야 간신히 수습되었다. 이 문제 역시

5군영 재편과 맞닿아 있던 사안이었다.

　위와 같이 박문수는 오직 자신의 소신대로 발언하여 당색을 불문하고 거의 모든 정치세력과 의견충돌을 보였다. 여기에는 급한 성정 외에도 경장안을 둘러싼 의견 충돌도 원인이었다. 그래서 그가 노론과 대립하거나 탕평을 비판할 때는 준소(峻少)나 반 탕평파로 분류되었으며, 국왕의 입장을 대변하거나 대경장을 추진할 때에는 완소(緩少)나 탕평파 등으로 지칭되었으므로 하나의 정치 성향으로 묶이기가 쉽지 않았다. 그랬기에 그가 재정정책을 두고 노론 홍계희와 경쟁하였지만, 정작 자신의 경제정책을 계승한 인물은 바로 노론 홍봉한이었다.195) 홍봉한은 단순히 척신이라기보다는 김치인(金致仁)과 함께 영조 후반대의 재정정책을 총괄했던 실력파 경세관료였다. 김치인이 노론 영수 김재로의 아들이었던 점을 감안해 보면 박문수와 홍봉한의 조합은 의외였다. 이는 영조 20년대 후반부터 이미 당색을 초월하는 탕평파의 외연이 확대된 결과였을 뿐 아니라,196) 영조 30년대를 지나 이념논쟁이 종식되자 실력을 중시여기는 경제관료가 대거 등장하였기 때문이다.197) 특히 박문수는 바로 그 전환점에 있었던 인물이었으며, 이는 그가 평소 소신대로 당색을 초월하여 후임자를 선택한 결과였다.

2) 국왕의 직신(直臣)

　박문수는 소신이 강했기 때문에 언제나 옳다고 믿는 데에 자신의 모든 것을 걸기를 주저하지 않았다. 어떤 면에서는 과격함과 급한 성정, 거친 언행이 영조와 놀라우리만큼 닮아 있었다. 이는 자연히 국왕에게는 바른 소리만을 한결같이 하는 직신(直臣)의 이미지로 형상화되었다. 이처럼 자유분방한 활동이 가능했던 것은 이해관계에 얽매이지 않았기 때문이다. 그가 세력을 부식하지 않은 몇 안 되는 근왕파(勤王派)였다는 사실은 왕의 무한한 신뢰를 받기에 충분했다.

첫째, 간언 중 단연 으뜸인 주제는 탕평과 관련된 내용이었다. 영조 9년(1733)에는 박문수가 경연의 특진관이 되어서 자주 진언을 올렸다. 마침 이 해에 재변이 거듭되자 국왕은 구언(求言)을 행하였다. 이에 박문수는 "지금 교화가 행해지지 못하고 법도도 세워지지 않아서 인재가 수용되지 못하고 사대부가 염치조차 없다"고 하면서 당습 때문에 생민(生民)이 곤궁하고 재용이 고갈되었다고 지적하며 탕평을 주창하였다.[198] 더욱이 그는 "지금의 급무는 비용을 억제하고 절약하여 굶주린 백성을 구휼하는 것만한 것이 없는데, 군포가 백성이 가장 감당하기 어려운 폐단이 된다"고 전제하여 양역변통을 역설하였다.[199] 곧 그는 정치면의 탕평으로부터 출발하여 사회경제면의 양역을 변통하는 문제로까지 확장시켜야 비로소 나라가 안정될 수 있다고 보았다. 이는 경세관료의 면모가 확연히 드러나는 발언이다.

같은 해(영조 9)에 박문수는 탕평문제를 재론하였다. 당시 동궁 시절 속료로 보필했던 시강원 출신의 탕평파는 소론과 노론은 물론이거니와 남인 등 모든 붕당을 초월하는 탕평인사를 주창하였다. 충역이 엇갈려 양당에 피화자가 양산된 상황에서 모든 세력을 모두 만족시켜 줄 수는 없었다. 이에 당시 영조는 무신란 이후의 수습책으로서 쌍거호대(雙擧互

對)를 통해서 인위적으로라도 각 붕당의 인사를 균등하게 출사시키고자 했다. 그러나 각 붕당의 준론(峻論)은 시시비비가 명백하지 않은 상황에서 오히려 어지럽게 뒤섞여만 있다고 비판했다. 이러한 상황을 박문수는 "탕평이란 이름은 있으나 탕평의 실적은 없다"고 풍간(諷諫)하고 "전조(銓曹)에서 사람을 씀에 있어서 저울대처럼 공평히 하여 색목(色目)을 논하지 말고 공정하게 임용한 뒤에야 비로소 동서남북의 탕평이 이루어질 텐데, 지금은 그렇지 못하여 다만 노론·소론만 탕평되었다"고 힐난하였으며, "탕평이란 '천하의 탕평'이 있고 '조선의 탕평'이 있는 것인데, 어찌 유독 '노론·소론의 탕평'만 행할 수가 있겠느냐"고 되물으면서 "이는 노론·소론의 나라이지 전하의 나라가 아니다"고까지 극언하였다.200) 이는 마치 영조가 "조선에 임금이 있느냐", "조선은 양반의 나라이냐"고 강경하게 반문했던 것과 유사한 화법이었다.201) 이것이 그를 준론(혹은 반탕평론자)로 평가하는 근거가 되기도 했으나 정작 본인은 탕평을 갈망하였다. 박문수는 현실타협적인 다른 탕평파와 달리, 탕평에 대한 기대치가 매우 높았다.

둘째, 왕실 문제에 관해서도 간언하기를 주저하지 않았다. 영조 4년(1728) 박문수는 영남별견어사를 다녀와 복명하면서 왕실 가족들이 장악하는 토지가 관아나 백성 모두에게 해가 된다고 지적하며 궁방의 절수(折受) 문제를 제기하였다.202) 실제 이 상소의 내용은 궁방면세결의 제한 조치로 이어졌다.203)

또한 영조 9년(1733) 박문수는 사치풍조를 바로잡을 것을 건의하였다.204) 절용(節用) 역시 영조연간 임금의 주요정책 중 하나였다. 영조가 평생 내린 윤음 중에도 상당 부분을 차지했다.205) 역대 수많은 신하가 비슷한 내용을 아뢰었으나 특이한 점은 박문수가 재정전문가였으며, 영조 역시 이를 평생 실천에 옮겼다는 사실이다.206) 이러한 왕실재정의 절감은 균역법의 제정과정과 무관하지 않았다.207)

　같은 해(영조 9) 종친과 신료들 사이에 마찰이 일어났다. 사건의 발단은 해흥군(海興君) 이강(李橿)이 난데없이 빈청(賓廳)에 들어와서 대신의 자리에 앉았으므로, 서명균(徐命均)이 하리(下吏)가 잘 인도하지 못했기 때문이라며 종친부의 서리를 잡아 가두었다. 그러자 아우 해춘군(海春君)이 도리어 의정부의 서리를 다시 가두었다. 이때 박문수는 "대신을 존중하는 것이 국체를 높이는 일"이라고 말하고, "2품 종반이 1품 대신의 하리를 가두는 것이 잘못되었다"고 하자, 임금은 "자신이 왕자로서 왕위를 이었다고 업수이여긴다"고 진노했다.208) 영조는 화가 풀리자 해흥군의 잘못을 모르는 것은 아니라며 과실을 인정하였다.209) 얼마 뒤 박문수는 상소를 올려서 임금이 격노하여서 신하된 자로서는 차마 들을 수 없었고 두려워 떨며 물러나서 한 마디도 말을 할 수 없었으니 자신의 죄가 만 번 죽어도 스스로 용서받을 수 없다고 풍간하였다.210) 박문수는 영조 29년(1753)에도 여전히 왕실의 문제를 직접 거론하기를 주저하지 않았다. 화협옹주방(和協翁主房)에서 시전상인의 전포에서 다량의 외상거래를 하고 대금을 지급하지 않는 사건이 벌어졌는데, 박문수가 직소하여서 곧바로 배상하고 관련자는 처벌을 받았다.211) 이는 당시 공시당상의 설치 문제와도 연동되어 인식된 듯하다.

　셋째, 국왕과의 개인적인 유대관계 속에서 발현된 직언이다. 영조는 이같은 간언에 인물평을 덧붙이기를 즐겼다. 영조 9년(1733) 신료들이 박문수의 과격한 언사를 비난하였으나, 도리어 임금은 "영성군의 이와 같은 기습(氣習)을 사람들이 거칠다고 하지만 나는 당직(戇直)하다고 생각한다"고 하면서, "비록 외임(外任)에 있어서도 백성으로 하여금 국가가 있음을 알게 하는 사람이 누구이겠는가"라며 칭찬하였다.212) 영조 10년(1734) 박문수는 진주부사(陳奏副使)가 되어 사행길에 올랐는데 떠나기 전에 하직 인사를 올리며 눈물을 흘렸다. 그러자 영조는 도리어 "영성(靈城)을 사람들이 광인(狂人)이라고 말하지만 나는 홀로 광인이라고 말하지 않는다"고 하였다.213) 영조 11년(1735) 임금은 "시상(時象)이 서로 어긋나고 과격해져서 서로 알아주지 않으므로 사람들이 영성군을 광패(狂悖)하다고 말한다"고 보았다.214) 아울러 영조 13년(1737) 박문수가 막 모상(母喪)을 벗어나자 지신사(知申事: 都承旨)에 임명하였다. 이때 영조는 "그대를 아는 자는 경이 나라를 위한다고 하고, 경에 대해 모르는 자는 경이 미쳤다고 하는데, 오랫동안 경의 광당(狂戇)한 말을 듣지 못하였다"고 아쉬워하면서 박문수의 "자품(姿稟)은 매우 좋은데 모자란 것은 학문일 뿐"이며, 임금 자신도 그러하니 군신이 서로 힘쓰자고 하였다.215) 영조가 왜 그토록 박문수를 아꼈는지를 알 수 있는 대목이다. 사실 다혈질에 거친 성미는 두 사람이 상당히 유사했다. 게다가 영조 14년(1738) 경연 자리에서 박문수가 소리를 높이자, 평소 친분이 두터웠던 송인명이나 조현명조차 무식하기 때문에 말이 이와 같다고 하고 추고를 청하였을 정도였다. 그러나 영조만은 이를 영성(靈城)의 기량(技倆)이라고 칭하면서 감싸고 돌았다.216)

한편, 박문수 역시 눈물의 간언을 자주 올렸다. 영조 24년(1748) 호조판서 박문수가 약방과 함께 들어와서 칙사(勅使)의 사행이 곧 도착하는데 "국가의 저축이 탕갈되었고 세도와 인심은 믿을 데가 없어 신민이 우러러 바라는 것은 단지 임금뿐인데 국사를 물리치시니, 장차 국가를 어떤 지경에 두실 것이냐"고 눈물을 흘리며 간하였다.217) 영조 25년(1749) 국왕이 왕세자[思悼世子]에게 대리청정을 명하여 신료들이 임금을 뵙기가 더욱 어려워졌다. 그러자 박문수는 매달 정례적으로 몇 회만이도 신료들을 만나뵙도록 설득하였다. 노론 김약로가 먼저 울면서 간하였고, 이어서 박문수도 눈물을 흘리면서 간쟁하였다.218) 영조 28년(1752) 임금은 전위(傳位) 소동을 일으켰다.219) 왕은 이제 완전히 정무에서 손을 떼고 싶다는 의지를 피력하였으나, 신하된 도리로서는 감히 받들 수 없었다. 박문수는 강력히 저지하였다. 영조는 "군부를 위협한다"고 표현하였을 뿐만 아니라, "중신이 눈을 부릅뜨고 임금을 견제한다"면서 비난하기를 서슴지 않았다.220) 한 달 동안 몇 차례의 실랑이 끝에 전위 전교가 내려지고 회수되기를 여러 날 반복하였다. 박문수는 전교가 부당하다고 간하였다가 제주도로 유배당하는 명이 떨어지기도 했다. 한동안 왕세자는 합문 밖에서 대명하여야 했고 신료들도 모두 따랐다. 조정의 모든 신료들과 종친들이 나서서 대대적인 전위 반대 상소가 올라가고 나서야 영조는 전교를 거두어들였다. 박문수가 그동안 입시한 왕세자가 창덕궁의 정문인 돈화문 밖에서 거적자리를 깔고 엎드려 대죄하였으며, 경명문(景明門) 밖에서 장막을 모두 철거하고 추운 데에 앉아 음식을 들지 않고 연일 눈물을 흘렸던 사실을 고하자, 마침내 임금도 눈물을 흘리며 마음을

풀었다.221)

영조 30년(1754)에도 박문수의 간절한 간언이 확인된다. 영성군은 궐내는 군중(軍中)과 다르므로 갑주를 갖추고 대취타(大吹打)하기에는 마땅하지 않으니 사장(沙場)에서 열무(閱武)할 때에만 설행해야 하며, 갑주는 마상(馬上)에서나 합당하므로 여상(輿上)에서는 안 된다고 간언하자, 영조는 "급암(汲黯)의 말을 오래 듣지 못하였다"고 하면서 칭찬하였다.222) 급암은 한 무제 때의 직신(直臣)이다. 이는 당시 대신과 삼사(三司)가 모두 지나친 거조인 줄 알면서도 한 사람도 감히 용기내어 말하는 이가 없었기 때문이다. 이 건의는 의미심장해서 불과 한 해가 못되어 임금은 정식으로 삼았던 것을 스스로 어기고 말았다. 을해옥사(영조 31, 1755)가 발발하자 임금은 만취하여 역적을 토벌했다며 죄인의 목을 베어 깃대에 꽂아 신료들에게 보이면서 경고하기를 주저하지 않았다.223) 이때 갑주를 입고 대취타도 행하였다. 박문수의 존재감을 새삼 확인할 수 있는 대목이다.

마지막 간언은 영조 31년(1755) 을해옥사 중에 이루어졌다. 자신이 옥사에 연루되었음에도 불구하고 본인의 안위는 아랑곳하지 않고 직언하기를 서슴지 않았다. 박문수가 처음으로 대취해서 국청을 열었던 것을 우회적으로 "노인에게 술은 지나치게 마시면 안 된다"고 말하자, 국왕은 "친국할 때 마음을 진정할 수 없었다"고 하면서 "깊이 반성하고 있다"고 고백하였다.224)

하지만 옥사 이후 박문수는 죄인을 자처하며 두문불출하다가 병으로 몸져누웠다.225) 왕이 어의와 약물까지 보내어 간호하게 했으나 끝내

66세를 일기로 타계하고 말았다. 그가 죽자 영조는 "나의 마음을 아는 사람은 영성(靈城)뿐이며, 영성의 마음을 아는 사람도 나였다"고 술회하고, 이제 "영성이 이미 갔으니 그 누가 나의 마음을 알 것인가"라고 탄식하였다.226) 이때 영조는 특별히 영의정에 추증하도록 하고 시호는 시장(諡狀)을 기다리지 않고 즉시 거행하도록 하였다. 또한 제문은 친히 지어 내리고 치제(致祭)하도록 하였으며 시호는 '충헌(忠憲)'으로 내렸다.227)

결과적으로, 박문수는 파란만장한 삶을 산 인물이다. 경종연간 문과에 급제하였고, 그해에 9품에서 7품까지의 파격인 승차 기회를 얻었다. 소론 정권으로의 환국으로 인재 부족난에 시달리고 있었기에 가능한 일이었다. 더욱이 이때 춘방(春坊)의 속료가 되면서 다음 왕인 영조와 인연을 맺었다. 신왕의 즉위와 함께 바로 승륙(陞六)이 이루어져 등과한 지 불과 2년 만에 정5품까지 올랐다. 뿐만 아니라, 어사로 파견되어 지방의 안찰을 두루 행한 공로로서 귀환 후 선망의 대상이던 홍문록에 들면서 옥당이 되었다. 더욱이 무신란의 토역 공로를 인정받아 훈신이 되었을 뿐 아니라, 곧바로 품계를 초월하여 종2품의 관찰사에 보임되었다. 박문수는 등과한 지 5년 만에 재상이 되는 초고속 승진을 달성하였다. 그는 젊어서 한림, 주서, 옥당 등 청요직을 거쳤을 뿐만 아니라, 차차 승차하여 중앙에서는 예조, 병조, 호조, 형조 등 4조의 판서(정2품)를 두루 지냈으며, 외직에서는 경상도, 평안도, 함경도, 경기도 등 4도의 관찰사(종2품)에 보임되었다. 대사헌이나 대사간 등 대간의 장관을 모두 지내 '이목(耳目)의 신하'가 되기도 했으며, 임금을 지근에서 보좌하는 지신사[都承旨]에 보임되어 '후설(喉舌)의 신하'이기도 했다. 또한 어영대장, 금위대장, 수어사 등 삼군문의 대장이 되어 중임을 다하였다. 만년에는 종1품에 해당하는 판의금부사와 판돈녕부사까지 거쳤다. 사실상 그는 의정대신을 제외하면 조정에서 누릴 수 있는 대부분의 요직을 두루 경험하였다.

박문수는 신임옥사 이후 경종의 시종신이자 영조의 동궁속료로서 출사하였다. 이는 그가 근왕적인 성향을 띠는 주요 배경이 되었다. 동궁속료 출신들은 당시 청류를 대변하였기에 탕평정치를 적극적으로 추진하였지만, 신임환국 이후 출사하였기에 소론의 정체성을 완전히 저버릴 수 없었다. 이에 탕평의 이상과 현실적인 당인의 속성간 갈등이 자주 벌어졌다. 게다가 소론 탕평파들은 무신란을 강경히 진압했기에 소론 내의 급진파들의 공격까지 받는 신세를 면치 못하였다. 더욱이 박문수는 개인적인 성향도 당색에 얽매이지 않아서 탕평파라는 울타리의 보호도 받지 못하였다.

그럼에도 불구하고 그가 국왕의 지우를 받았던 데에는 강직한 성품뿐 아니라, 경세관료로서 실무능력이 뛰어났기 때문이었다. 그래서 국왕으로부터 외방에 있으면서 백성에게 나라가 있음을 알게 하는 신하라는 극찬을 받았다.[228] 박문수는 진휼문제를 해결하는 데 무곡, 염분, 주전을 적극적으로 활용하였고, 군영을 맡아서도 재정을 개혁하고 군 통수권을 재조정하는 데 힘썼다. 이러한 재정과 군정의 공로로 양역변통을 추진하는 대표 주자가 되었다. 영조 전반기 박문수가 개발하여 성공시킨 어염선세 덕분에 균역법의 한 축이 만들어졌으며, 이러한 새로운 재정 수입은 영조 후반기 공시(貢市) 정책을 새롭게 정립하는 데 주요한 이정표 역할을 하였다.

　박문수는 시비를 명백히 하여 청의(淸議)를 드높였으며 사익을 도모하지 않았지만, 동시에 훈재(勳宰)로서 막강한 지위를 갖고서 국가의 재정과 군사를 장악하였다. 노론과의 관계에서는 가장 맹렬히 소론의 정체성을 지키는 데 앞장서는 당인이었지만, 오히려 소론 내 인간관계망은 원만하지는 못하여 단신으로서 대경장(大更張)을 주도할 수밖에 없었다. 그러므로 그는 하나의 인물이면서 동시에 다양한 위상을 지니고 있었다. 그의 정계활동은 탕평정치기 관료들이 지니고 있던 당인의 정체성, 경세관료의 특성, 근왕적 성향 등을 복합적으로 보여준다.

결 론

2000년대 이후 한국사는 역사학회에서 발간하는 『역사학보』 「회고와 전망」을 기준으로 매년 약 4천여 편의 논저가 산출되고 있다. 주제별 연구는 최첨단을 달리고 있으나 역설적으로 미시사의 발전은 전체사의 검토를 어렵게 만들어 통시적 혹은 공시적 비교 관점은 후퇴하고 있다. 더욱이 역사교육 과정 개편이 이루어졌는데, 가장 큰 골자는 중학교 과정에서 세계사와 한국사를 통합한 『역사』 과목의 탄생과 고등학교 과정에서 『동아시아사』 과목의 도입이다. 이는 세계사 혹은 지역사의 시각에서 타자와 우리를 비교하는 역사인식을 마련했다는 데 의의가 있다. 그뿐 아니라 각종 교양 한국사에서도 동서비교사적 시각이 늘어나고 있다. 그럼에도 아직 단순한 합본 내지 연표 비교 수준을 못 벗어나는 것이 현실이다. 그러므로 1부에서 세계사와 한국사를 비교사적으로 검토해 보고자 한 것이다.

1장에서 살펴본 『조선문명사』는 약 1세기 전에 집필되었음에도 불구하고, 현재 역사서보다 역사적 맥락을 훨씬 더 정치하게 분석해 냈다. 안확이 후학에게 남긴 과제는 매우 무겁다. 그는 많은 독립운동가가 겪었던 근대 학문체계의 미비점을 극복해야 했고, 동시에 친일파처럼 일본의 근대성에 경도되어 우리의 시선을 잃지 않으려고 노력하였다. 역사의 주체의식을 회복하고, 세계사적 시각의 논의를 주도하며, 독자적 이론틀을 만들고자 노력하였다. 그가 남긴 거시적 안목은 전 지구사적 관점을 필요로 하는 오늘날 그 가치가 더욱 커지고 있다.

2장 역시 안확의 관점을 14-18세기에 보다 미시적으로 적용하여 동서의 공시성을 살펴본 것이다. 14세기 조선왕조의 성립 시점은 서양의 르네상스기에 해당하며, 조선후기는 서구의 근대국가 체제의 형성기와 맞닿아 있었다. 따라서 세계사의 변화추이에서 전통사회를 살펴볼 필요가 있다. 아득히 먼 조선왕조가 신기하게도 때때로 근대와 유사한 요소를 지녔다기보다는 전 지구적인 변화의 흐름 속에 있었던 데 불과하다. 동양과 서양으로 나뉜 이분법적인 시각에서 벗어나 동시대사라는 측면에서 접근해 보아야 한다. 특히, 17-18세기 조선의 대동법·균역법과 청의 지정은제는 부세개혁을 통하여 국가의 통치구조를 재편하였다. 동아시아 지역 세계가 17세기 후반부터 약 100여 년 이상 이룩했던 평화의 시대는 내정이 안정되었기에 가능한 일이었다. 조선과 청에서는 군주가 학문을 연마하여 사회의 변화를 주도하고 급기야 개혁을 성공시켜서 부강한 평화의 시대를 만들어낸 반면에, 서구의 절대왕정은 새로운 변화에 부응하지 못하여 백성의 이반을 초래하였으며, 급기야 '구체제'로 낙인찍혀 혁명을 경험해야만 했다. 18세기 동아시아의 평화기는 서양에서 흠모해 마지않았던 이상향이었다. 유교 정치문화는 서구사회에서 새롭게 발굴해 낸 또 하나의 이상화된 사회로 인식되었으며, 계몽주의시대 고대 그리스·로마 문명 및 중세 기독교적 세계관과 더불어 새로운 근대국가상을 꿈꾸는 데 활용되었다. 따라서 한국사와 지역사, 더 나아가 세계사와의 연관구조 속에서 역사상의 재구축이 절실하다. 세계와 고립되었던 분단체제하 일국사적 관점에서 이루어진 조선시대사 연구는 더 이상 유효하지 않을 것이다. 이를 위해서는 한국사와 세계사에 대한 재검토가 동시성을 고려하면서 진행되어야 한다.

 그럼에도 불구하고 현재까지의 '조선시대 역사상'은 무한한 이념 지상주의에 기반해온 듯하다. 일제는 식민사관의 주입에 혈안이 되었으며, 광복 후에는 일제가 설정한 테제(These)에 반대하는 연구가 무수히 진작되었다. 안티테제(Antithese)의 설정에 초점을 맞추고 식민사학 극복을 위하여 조급하게 대응하였기에 내재적 발전론은 비판의 단초(端初)를 제공하고 말았다. 더욱이 일본제국과 군사정부라는 거대 권력에 저항하는 운동사적 관점은 조선시대상을 희생양으로 만들어버리기도 했다. 역사상의 검증과 비판은 당연한 역사가의 책무이지만 최소한 사실에 기반한 찬반이 전제되어야 한다. 그러므로 본서에서는 거시적인 차원에서 동서양의 사상사적 전개과정을 비교해 보았으며, 유럽에서 주목한 18세기 동양사회에 대해서 다시 미시적인 차원에서 접근하여 중국과 조선의 사회경제적 변화과정을 살펴봄으로써, 동시간대의 서로 다른 공간에서 공유해온 역사상을 추출해 보고자 하였다. 여기서는 시론적인 차원에서 현재까지 서로 다른 영역에서 연구된 성과들을 재조합해 보는 선에서 그쳤지만, 향후 조선과 중국의 사회체제의 변동 양상을 좀더 심도깊게 검토해본다면, 필경 동아시아 지역세계의 공통적인 역사상을 그려볼 수 있을 뿐만 아니라, 장기적으로는 세계사의 보편성을 추출해보는데도 일정한 도움이 되리라 확신한다. 따라서 한국사와 지역사, 더 나아가 세계사와의 연관구조 속에서 역사상의 재구축이 절실하다. 그동안 고립된 분단체제 하 일국사적 관점에서 이루어진 조선시대 연구는 더 이상 유효하지 않을 것이다. 이를 위해서는 한국사와 세계사에 대한 재검토가 동시성을 고려하여 진행되어야 한다.

  3장은 현재적 관점에서 역사를 조망할 수 있는가라는 물음에 답하려는 시도였다. 아마도 이는 역사 전공자에게 가장 어려운 질문일 것이다. 객관성 담보를 위해서 사료와 일정한 물리적 거리가 필요하다고 생각하는 경우가 일반적이므로 자신이 속한 세상에 대한 평가를 내리기는 매우 어려운 일이다. 그럼에도 한국의 문화가 세계에 가장 영향력을 높이 미치고 있는 이 시대에 대한 성격 규정을 하지 않을 수 없으므로 불가피하게 역사적 연원과 현재적 가치의 발현 과정을 살펴보았다. 한류는 동남아 각국과 중국, 대만, 일본, 몽골 등 아시아를 넘어서 이슬람 문화권과 러시아어 문화권, 그리고 라틴문화권, 그리고 유럽과 캐나다, 미국 등지에 이르기까지 광범위하게 확산되고 있다. 역사상 우리나라와 세계의 교류는 이전에도 없지 않았다. 세계와 한국문화의 교류는 역사상 지속적으로 나타나고 있으며, 이것이 최근에는 '한류'라는 이름으로 보다 넓은 지역에서 새로이 대두하였을 뿐이다. 이는 비단 일시적인 유행으로만 보기 어려우며, 오히려 세계체제의 변화에 주목해볼 필요가 있다.

  18세기 계몽주의시대 서구사회는 중국의 유교적 관료제 국가를 근대국가상으로 꿈꾸었다. 이상화되고 미화된 동양관은 19세기 중반 이래

제국주의의 식민지정책이 실효를 거두면서 역전되어, 도리어 서양의 18세기가 절대화되고 동양이 혁명을 못하여 망한 것으로 재해석되기 시작했다. 제국주의의 유산은 동일한 동양의 왕정모델을 100여 년의 격차를 두고 전혀 다르게 해석하기에 이르렀다. 더욱이 2차 세계대전 이후 세계경제를 재편하는 과정에서도 과거 제국주의 국가의 위상에 기반한 경제지표가 개발되었다. 현재까지도 한국, 일본, 중국, 대만 등 동아시아 4개국이 보유한 외환보유고나 경제잠재력은 외면되는 반면에, 유럽국가의 경제지표와 신용도는 과대평가되고 있다. 이는 지극히 제국주의의 유산으로 현재 세계경제가 운영되어 왔음을 의미한다. 장부상 거품에 불과하던 평가방식이 세계적인 신용위기를 불러오면서, 다시 한 번 세계경제를 재편해야 하는 시점에 이르렀다. 서구사회의 동양에 대한 재인식은 일종의 각성 배경이 된 듯하다.

　이러한 상황에서 한국은 다소 중첩된 위상을 부여받았다. 서구에서는 압축성장을 통해서 서구화된 동양의 모습을 한 나라이며, 동양권에서는 서구화에 대한 저항감을 줄여주는 동시에 발전국가의 모범사례로서 각광받고 있다. 20세기 약 100년간 지속된 서구 근대화의 신화와 이를 지지기반으로 작동되던 세계의 정치·경제의 시스템이 이제 한계에 봉착하였다. 과거 제국주의 유산에 기반한 선진강국의 허상이 여지없이 드러나고 있다. 마치 2-3세기 전의 중국에게서 서구사회가 목도했던 세계제국의 몰락과정을 오늘날 역으로 영미권의 정치·경제적 몰락을 통해서 그대로 지켜보고 있다. 격변기의 정신적 공백을 메우는 과정에서 한류가 두 개의 문화를 이어주는 연결고리로서 서서히 두각을 나타내고 있다.

또한 냉전 이데올로기 하에서 분단체제를 유지하면서, 사실상 한국은 주변국과 고립상황에 있었다. 그러나 대외적으로 동구권의 몰락과 공산체제의 붕괴 과정을 겪던 시기에 대내적으로는 정치 민주화가 진행되고 있었다. 이를 통해서 한국은 세계와 연결고리가 비로소 복원되었다. 북방외교가 성사되었으며 해외여행의 자유가 주어졌다. 정치적 민주화는 문화적 교류의 증대를 가져왔으며, 국수주의적이고 편협한 세계관을 빠르게 변화시켰다. 검열과 이데올로기에 종속되었던 문화산업은 이제 바야흐로 상상력의 제약을 받지 않을 수 있었다. 특히 민주화 이후 약 반세기 간 동아시아 주변국과 고립되었던 분단체제에서도 벗어나 동아시아 지역 세계는 물론이거니와 세계시민으로서의 개별 국민 스스로가 각성할 수 있는 전기가 마련되었다. 따라서 한류는 외국의 일방적 짝사랑이 아니라, 세계환경의 변화과정에서 한국이 자문화중심주의나 편협한 민족주의 의식을 극복하고 타문화에 개방성을 현저히 확장하여서 세계와 한국이 서로 이해의 공감대를 만들어가면서 이루어진 측면이 더욱 크다 하겠다.

　다음으로 제2부에서는 조선시대를 범위를 한정하여 분야별 이론 모델을 세워보고자 하였다. 서양사나 동양사의 전개과정에서 1세기 이상 지속되는 왕조나 국가는 희박하기에 시기별 특징 역시 다양한 스펙트럼에 맞추어 분석해 왔다. 그러나 한국사는 왕조별 지속 연한이 천 년 혹은 반천 년 단위의 장기간에 해당하여 시대상조차도 해당 기간만큼 동일할 것이라는 편견이 오랫동안 지속되었다. 하지만 광복 후부터 각종 시대사 구분 논의가 진행되어 현행 국사편찬위원회의 『(신편)한국사』

(1993-2002, 52책)에서 채택된 조선시대 구분론은 크게는 조선초기-중기-후기 등의 구분을 취하고, 다시 미시적으로는 세기별 구분을 보조적으로 활용하고 있다. 이러한 접근 방식은 조선시대사의 이해의 폭을 넓히고 연구 시각을 풍부하게 만들어 주었다.

  4장에서는 이러한 시각을 토대로 정치사상사적 측면에서 접근하여 조선시대 유교적 이상사회에 대한 전통인식 틀이 어떻게 구현되고 변화되어 나갔는지에 대해 검토해 보았다. 조선 건국 과정에서 이탈했던 사림이 조선중기 다시 중앙정계에 합류하면서 분위기가 쇄신되었다. 창업기에는 새로운 국가제도의 창설에 주력하였으나 이제는 운영방식이 주요한 논의의 대상이 되었다. 사공학적 분위기는 도학으로 옮겨오게 되었다. 이전보다 유교적 의리와 이념에 투철한 사림의 집권으로 유교적 이상사회가 현실에 구현된 듯한 착각에 빠질 지경이었다. 하지만 붕당정치의 심화로 왕권의 위상이 제약을 받기 시작하자 18세기 국왕 주도의 탕평정치가 열리면서 요순에 대한 새로운 의미부여가 시작되었고, 국왕은 군사(君師)의 권위를 내세우게 되었다. 이제까지 산림이 차지한 세도 역시 탕평군주의 몫이 되었다. 19세기 이후 세도정치가 만연해지면서 왕권은 실추되었으나 한번 만들어진 국왕의 요순의 이미지는 쉽게 사라지지 않았다. 조선시대 위정자는 조선을 동방의 서주로 이해하고 있었고 후기에는 요순의 왕실로 불렀다.

  5장에서는 재정개혁 모델을 통해서 조선시대 사회경제 변동을 살펴보고자 하였다. 조선은 전제(田制)개혁의 결과로 출범하였고, 사회변동기마다 끊임없이 개혁을 모색함으로써 장기간에 걸쳐 국가를 보존할 수 있는 원동력을 확보하였다. 특히, 대동법과 균역법은 경장의 대표적인 성과로 인식되었다.

 조선의 재정개혁은 15-16세기 경제변동인 금납화 현상으로 촉발되었다. 17세기 전쟁과 기근으로 피폐해진 위기 상황에 대한 조정의 능동적인 대응책이 바로 대동법으로 나타났다. 대동법의 발효로 화폐와 환곡이 세제 변동과 연동됨으로써 조선 전기와 구별되는 후기의 경제체계로 한층 진일보하였다. 더욱이 18세기 대동법이 전국으로 확산되고 균역법까지 타결됨으로써 중앙재정은 온전히 통합되고 국가 총예산의 운영이 가능해졌다. 이같은 사회경제적 변동 양상은 공시인·공노비 같은 사회 신분에까지 영향을 미쳤을 뿐 아니라, 정치사상의 부면에서 백성관의 재인식에도 막대한 영향을 미쳤다. 실학자로 알려진 유형원·정약용의 개혁안은 조정의 정책과 전혀 무관하지 않았다.

 6장에서는 인물사 연구의 다면적 접근의 사례로서 탕평관료 모델을 만들어 보았다. 영조연간 탕평정치의 출현에는 정국을 뒷받침하는 탕평관료의 활약이 적지 않았다. 박문수는 신임옥사 이후 경종의 시종신이자 왕세자의 동궁속료로서 출사하였다. 이는 그가 근왕적인 성향을 띠는 주요 배경이 되었다. 특히, 박문수는 무신란에서 활약하여 영조의 지우를 받았다. 동궁속료 출신은 당시 청류를 대변하였기에 탕평정치를 적극적으로 추진하였지만, 신임환국 이후 출사하였기에 소론의 정체성을 완전히 저버릴 수 없었다. 이에 탕평의 이상과 현실적인 당인의 속성 간 갈등이 자주 벌어졌다. 게다가 소론 탕평파는 무신란을 강경히 진압했기에 소론 내 급진파의 공격까지 받는 신세를 면치 못하였다. 더욱이 박문수는 개인적인 성향도 당색에 얽매이지 않아서 최소한의 탕평파라는 울타리의 보호마저 받지 못하였다. 이에 단신으로만 활동하여 약 10여 년간 승차에서 배제되기도 했다. 그럼에도 불구하고 그가 국왕의 지우를 받았던 데에는 경세관료로서 실무능력이 뛰어났기 때문이었다. 박문수는 진휼 문제를 해결하는 데 무곡, 염분, 주전을 적극적으로 활용하였다. 군영을 맡아서도 재정을 개혁하고 군 통수권을 재조정하는 데 힘썼다. 이러한 재정과 군정의 공로로 양역변통을 추진하는 대표 주자가 되었다. 영조 전반기 박문수가 개발하여 성공시킨 어염선세 덕분에 균역법의 한 축이 만들어졌으며, 이러한 새로운 상업 이익은 영조 후반기 공시정책을 새롭게 정립하는 데 주요한 이정표 역할을 하였다. 그의 정계 활동은 탕평정치기 관료들이 지니고 있던 복합적인 성향을 여실히 보여준다.

    결과적으로 일련의 작업을 토대로 비록 시론적인 성격이지만 세계사 속의 한국사와 조선시대 분야별 이론 모델을 만들어 볼 수 있었다. 이론 모델의 추출은 역사를 총체적이고 입체적으로 이해하는 데 상당히 효과적이다. 지구촌 사회에서 전 지구사적 맥락에서 한국사의 위치를 규정짓는 일은 무엇보다도 주요하며, 개별 시대사의 경우에도 주제별 이론 모델을 만들어서 통시적이고 공시적인 역사 인식체계를 갖출 필요가 있다. 이처럼 씨줄과 날줄로 된 역사학의 시간과 공간을 하나로 연결짓고 현재적 관점의 시각까지 더한다면 역사교육을 단지 암기과목이나 연표의 나열로 여기는 편견에서 벗어나게 하는 데 가장 **빠른** 지름길이 될 것이다.

미주

서론: 역사교육의 체계화 방향

1) H. Douglas Brown, *Principles of Language Learning and Teaching*, 6th ed. White Plains: Pearson Education, 2014[권오량 외역, 『원리에 의한 교수』(3판), 피어슨 에듀케이션 코리아, 2012].
2) 한상길, 『교육학개론』(2판), 공동체, 2016; 성태제, 『최신교육학개론』(3판), 학지사, 2018; 이신동 외, 『새로운 교육학개론』, 학지사, 2020; 정미경 외, 『교육학개론』, 공동체, 2021; 김성열 외, 『미래교사를 위한 교육학개론』, 학지사, 2021.
3) 스발트 슈펭글러(박광순 역), 『서구의 몰락』1-3, 1995; 에드워드 카(김택현 역), 『역사란 무엇인가』, 까치, 1997; 에릭 홉스봄(강성호 역), 『역사론』, 민음사, 2002; 조지형, 『랑케 & 카: 역사의 진실을 찾아』, 김영사, 2006; 마르크 블로크(고봉만 역), 『역사를 위한 변명』, 한길사, 2007; 게오르그 빌헬름 프리드리히 헤겔(권기철 역), 『역사철학강의』, 동서문화사, 2008; 레오폴트 폰 랑케(이상신 역), 『근세사의 여러 시기들의 대하여』, 신서원, 2011; 아놀드 토인비(서머벨 편, 박광순 역), 『역사의 연구』Ⅰ-Ⅷ, 더스타일, 2012; 베네데토 크로체(최윤오 역), 『사고로서의 역사 행동으로서의 역사』, 새문사, 2013; 레오폴트 폰 랑케(이상신 역), 『강대세력들 정치대담 자서전』, 신서원, 2014; 콜링우드(김봉호 역), 『서양사학사』, 탐구당, 2017.
4) 김한종, 『역사교육과 우리의 역사교육』, 책세상, 2001; 김한종, 『역사교육 과정과 교과서 연구』, 선인, 2006; 샘 와인버그(한정호 역), 『역사적 사고와 역사교육』, 책과함께, 2007; 서중석 외, 『민족주의와 역사교육』, 선인, 2007; 한운석, 『독일의 역사화해와 역사교육』, 신서원, 2008; 로라 헤인·마크 셀든 편(정용도 역), 『역사검열과 역사교육』, 동북아역사재단, 2009; 차미희, 『한국 중고등학교의 국사교육: 국사과 독립시기(1974-1994)를 중심으로』, 교육과학사, 2011; 역사교육연구소, 『우리 역사교육의 역사』, 휴머니스트, 2015; 김인덕, 『재일조선인 역사교육』, 아라, 2015; 김한종, 『민주사회와 시민을 위한 역사교육』, 서울대출판문화원, 2017.
5) 송춘영, 『역사교육의 이론과 실제』, 형설출판사, 1999; 양호환, 『한국 역사교육의 연구동향』, 책과함께, 2011; 양호환, 『역사교육의 입론과 구상』, 책과함께, 2012; 정기문 외, 『역사학의 성과와 역사교육의 방향』, 책과함께, 2013; 정선영, 『역사교육의 이해』, 삼지원, 2014; 이영효, 『역사교육탐구』, 전남대출판부, 2012; 강선주, 『역사교육 새로 보기』, 한울아카데미, 2015; 양호환, 『역사교육의 이론과 방법』, 삼지원, 2015; 송상헌, 『역사인식의 논리와 역사교육』, 서울대출판문화원, 2017.
6) 김기협, 『밖에서 본 한국사: 김기협의 역사에세이』, 돌베개 2008; 오항녕, 『조선의 힘: 조선, 500년 문명의 역동성을 찾다』, 역사비평사, 2010; 김백철, 『왕정의 조건: 담론으로 읽는 조선시대사』, 이학사, 2021.

7) 이태진, 「小氷期(1500-1750) 천변재이 연구와 『朝鮮王朝實錄』」, 『역사학보』149, 역사학회, 1996; 김문기, 『17세기 江南의 氣候變動과 明淸交替』, 부경대 사학과 박사논문, 2008; 김은정, 「기후변화를 바탕으로 재구성한 역사수업의 환경교육적 효과」, 서울대 환경교육전공 석사논문, 2008; 조지형, 「17세기, 소빙기, 그리고 역사추동력으로서의 인간: 거대사적 재검토」, 『이화사학연구』43, 이화사학연구소, 2011; 이태진, 『새한국사』, 까치, 2012; 권용근, 「기후사적 관점을 활용한 한국사 수업방안: 조선후기 농업을 중심으로」, 공주대 역사교육학과 석사논문, 2019.
8) 한국교원대 역사교육과, 『아틀라스 한국사』, 사계절, 2004; 일본사학회, 『아틀라스 일본사』, 사계절, 2011; 김호동, 『아틀라스 중앙유라시아사』, 사계절, 2016.
9) 강응천, 『글로벌한국사』1-5, 풀빛, 2012; 강응천 외, 『세계사와 함께 보는 타임라인 한국사』1-5, 다산에듀, 2013; 강문식 외, 『15세기 조선의 때이른 절정』, 민음사, 2013; 한명기 외, 『16세기: 성리학 유토피아』, 민음사, 2014; 한명기 외, 『17세기: 대동의 길』, 민음사, 2014; 김백철 외, 『18세기 왕의 귀환』, 민음사, 2014; 김정인 외, 『19세기 인민의 탄생』, 민음사, 2015.
10) 서중석 외, 『시민을 한국역사』, 창비, 1997; 전국역사교사모임, 『살아있는 세계사 교과서』1・2, 휴머니스트, 2005; 한중일3국공동역사편찬위원회, 『미래를 여는 역사: 한중일이 함께 만든 동아시아 3국의 근현대사』, 한겨레출판, 2005; 역사문제연구소 기획, 『미래를 여는 한국의 역사』1-5, 웅진지식하우스, 2011; 한중일3국공동역사편찬위원회, 『미래를 여는 동아시아 근현대사』1・2, 휴머니스트, 2012; 한국역사연구회 편, 『시민의 한국사』1・2, 돌베게, 2022.

1장 [한국사] 오래된 미래 교과서: 안확의 『조선문명사』

1) 安廓의 일생은 ①사상형성기(1881-1906), ②사회실천운동기(1907-19), ③문화운동주도기(1920-21), ④저술활동기(1922-46) 등으로 구분된다. 이태진, 「安廓」, 『한국사시민강좌』5, 일조각, 1989; 박상규, 「自山安廓論: 생애와 그의 민속관을 중심으로」, 『한국민속학』28, 한국민속학회, 1996; 박홍식, 「안확의 애국계몽사상: 철학사상적 의미를 중심으로」, 『어문연구』31-1, 한국어문교육연구회, 2003; 김재갑, 「安廓의 歷史認識 연구: 『朝鮮文明史』를 중심으로」, 경기대 사학과 한국사전공 석사논문, 2005; 정승철, 「自山安廓의 생애와 국어 연구」, 『진단학보』116, 진단학회, 2012.
2) 이태진, 「당쟁을 어떻게 볼 것인가」, 『조선시대 정치사의 재조명』, 범조사, 1985, 25쪽.
3) 김일영, 『자산 안확의 '지방정치론'에 대한 연구』, 경남대 정치외교학과 박사논문, 1998; 노경현, 「玄采의 『東國史略』: 愛國啓蒙運動期의 歷史認識」, 부산대 역사교육과 석사논문, 1992; 김일영, 「安廓의 '史觀論'에 대한 연구」, 『한국시민윤리학회보』14, 한국시민윤리학회, 2001; 김재갑, 「安廓의 歷史認識 연구: 『朝鮮文明史』를 중심으로」, 경기대 사학과 한국사전공 석사논문, 2005; 박주영, 「구한말 한일양국의 한국사인식 비교: 『中等敎科東國史略』과 『朝鮮史』를 중심으로」, 명지대 교육대학원 교육학과 역사교육전공 석사논문,

2013.
4) 유준필,「自山 安廓의 國學思想과 文學史觀」, 서울대 국어국문학과 석사논문, 1991; 김은희,「자산안확의 국어연구에 대한 비판적 고찰」, 연세대 국어국문학과 석사논문, 1994; 송영국,「安廓의 국악이론 연구: 朝鮮音樂의 硏究를 중심으로」, 중앙대 국악과 석사논문, 1994; 김선희,「自山 安廓의 文學論 硏究」, 한국교원대 초등국어교육전공 석사논문, 1998; 박홍식,「안확의 애국계몽사상: 철학사상적 의미를 중심으로」,『어문연구』31-1, 한국어문교육연구회, 2003; 유준필,「1910-20년대초 한국에서 자국학이념의 형성과정」,『大東文化硏究』52, 성균관대 대동문화연구원, 2005; 박홍식,「일제강점기『신천지』에 발표된 안확의「朝鮮哲學思想槪觀」에 대한 고찰」,『동북아문화연구』16, 동북아시아문화학회, 2008; 류시현,「1910-1920년대전반기 안확의 '개조론'과 조선문화연구」,『역사문제연구』21, 역사문제연구소, 2009; 배은희,「자산 안확의 시조론연구」,『시조학논총』30, 한국시조학회, 2009; 정병호,「한국의『조선문학(사)론』형성과 중국사상의 표상:『일본문학사』및『조선(인)론』의 비교를 통해」,『일본학보』81, 한국일본학회, 2009; 서형범,「1910-20년대 自山安廓의 國學硏究를 통해 본 近代 知識人의 主體的 自己理解」,『어문연구』38-3, 한국어문교육연구회, 2010; 장만호,「국학의 이념과 근대시의 거절: 최남선과 안확의 시조론을 중심으로」,『한국학연구』39, 고려대 한국학연구소, 2011; 정승철,「自山安廓의 생애와 국어연구」,『진단학보』116, 진단학회, 2012; 정승철,「安廓의『朝鮮文法』(1917)에 대하여」,『한국문화』58, 서울대 규장각한국학연구원, 2012; 배은희,「1930년대 시조담론 고찰: 안확과 조윤제의 詩歌인식을 중심으로」,『시조학논총』38, 한국시조학회, 2013; 방윤제,「自山安廓의『朝鮮武士英雄傳』硏究」, 경희대 국제한국언어문화학과 한국문화전공 석사논문, 2014.
5) 국내외 동서 비교사 시각은 다음 참조. 김백철,「조선시대 역사상과 공시성의 재검토: 14-18세기 한국사발전모델의 모색」,『한국사상사학』44, 한국사상사학회, 2013, 280쪽 註15.
6) 단, 여기에서 안확의 저서와 최신 연구 비교는 양자간 인과관계를 의미하지 않으며, 내용상 유사성을 소개하는 데 의의가 있다.
7) 노태돈,「삼한에 대한 인식의 변천」,『한국사를 통해 본 우리와 세계에 대한 인식』, 풀빛, 1998, 73-116쪽; 노명호,「삼한유민의식과 역사계승의식」,『고려국가와 집단의식』, 서울대 출판문화원, 2009, 47-88; 박광용,「한국인의 역사의식」,『한국사특강』, 서울대출판부, 1990, 452-458쪽; 이태진,『새한국사』, 까치, 2012, 248쪽.
8) 현대어역은 다음 참조. 민족문화추진회 역,『국조보감』1-14, 한국학술정보, 2006.
9) 이긍익,『연려실기술』, 조선광문회, 1912; 이긍익(민족문화추진회 역),『연려실기술』1-12, 민족문화추진회, 1982.
10) 李建昌,『黨議通略』, 조선광문회, 1912; 이건창(이민수 역),『당의통략』, 을유문화사, 1972.
11) 이태진, 앞 글, 1985, 16-17쪽; 김백철,「탕평을 어떻게 볼 것인가」,『조선후기 탕평정치의 재조명』상, 태학사, 2011, 57쪽.
12) 林泰輔,『朝鮮史』, 吉川半七, 1892; 林泰輔(편무진 외역),『조선사: 번역・해제』, 인문사,

2013.
13) 최남선 편,『동국통감』1-6, 조선광문회, 1911; 세종대왕기념사업회 역,『국역 동국통감』1-7, 세종대왕기념사업회, 1997.
14) 林泰輔,『朝鮮近世史』, 吉川半七, 1901.
15) 幣原坦,『韓國政爭志』, 三省堂書店, 1907.
16) 長野虎太郎·細井肇,『朋黨士禍の檢討』, 自由討究社, 1921.
17) 김백철, 앞 글, 2011, 58쪽.
18) 林泰輔,『朝鮮通史』, 富山房, 1912.
19) 일본시각의 총설이 삭제되고, 본문 기사도 축약되었으며, 임진왜란은 조선의 승리로 바꾸었고, 말미에는 현대사가 추가되었다. 현채(임이랑 역),『근대역사교과서2: 중등교과 동국사략』, 소명, 2011; 박주국, 앞 논문, 2013.
20) 大正 11年(1922) 인쇄하였고, 大正 12年(1923) 발행하였다. 글자 없음을 뜻하는 기호가 산견된다. 安廓,『朝鮮文明史』, 滙東書館, 1923(초간), 2쪽, 61쪽, 170쪽, 196쪽, 316쪽, 부록 30쪽; 安廓,『自山安廓國學論著集』2, 여강출판사, 1994(영인), 270쪽, 329쪽, 438쪽, 464쪽. 584쪽, 부록 630쪽. ※이하 '초간', '영인'으로 약칭한다. '신판'은 송강호 역주본(『조선문명사』, 우리역사연구재단, 2015)을 지칭한다.
21) 초간 8쪽; 영인 276쪽 ; 신판 42쪽.
22) 국내 번역은 다음 참조. 풍우란(박성규 역),『중국철학사』상·하, 까치, 1999.
23) 朱謙之,『中國思想對於歐洲文化之影響』, 商務印書館, 1949(전홍석 역,『중국이 만든 유럽의 근대』, 청계, 2010]).
24) 内藤虎次郎,『中國近世史』, 弘文堂, 1947.
25) Herrlee Glessner Creel, *Confucius: the Man and the Myth*, The John Day Company, 1949(이성규 역,『공자, 인간과 신화』, 지식산업사, 1988).
26) 宮岐市定,『大唐帝國』, 河出書房, 1968([임중혁 외역,『중국중세사』, 신서원, 1996].
27) 초간 65쪽; 영인 333쪽; 신판 96쪽.
28) 초간 118쪽; 영인 386쪽; 신판 150쪽.
29) 초간 121-128쪽; 영인 389-396쪽; 신판 153-159쪽.
30) 초간 142쪽; 영인 410쪽; 신판 181쪽.
31) 초간 152쪽; 영인 420쪽; 신판 190쪽.
32) 초간 202쪽; 영인 470쪽; 신판 245쪽.
33) 초간 218쪽; 영인 486쪽; 신판 261쪽.
34) 초간 228쪽; 영인 496쪽; 신판 272쪽.
35) 초간 3쪽; 영인 271쪽; 신판 37-38쪽.
36) 초간 50쪽; 영인 318쪽; 신판 83쪽.
37) 고지마 야스노리(김정곤 역),「야나기 무네요시는 조선을 어떻게 이해하고자 했는가」,『일본사상』32, 한국일본사상사학회, 2017.
38) 이기백,『민족과 역사』, 일조각, 1971, 148-167쪽.
39) 단, 정작 1921년 합본인『조선통사』에는 시대구분이 삭제되었다.

40) 안확은 루소, 몽테스키외, 양계초 등의 사상을 접하여 진보사관, 문명론, 사회진화론 등의 영향을 받았다. 이태진, 앞 글, 1989; 이종두,「안확의 '문명적' 민족주의」, 고려대 정치외교학과 박사논문, 2009.
41) 류시현, 앞 논문, 2009, 45-75쪽; 최호영,「自山 安廓의 내적 개조론과 '조선적 문화주의'의 기획」,『한국민족문화』64, 부산대 한국민족문화연구소, 2017, 4쪽.
42) 石井壽夫,「後期李朝黨爭史についての一考察」,『社会經濟史学』10-6, 社會經濟史學會, 1940, pp.607-618(이태진 편,『조선시대 정치사의 재조명』, 범조사, 1985, 45-74쪽).
43) 이태진,「조선성리학의 역사적 기능: 그 재평가를 위한 하나의 시론」,『창작과 비평』9-3, 창작과비평사, 1974, 842-856쪽; 이태진,「조선시대의 정치적 갈등과 그 해결」,『조선시대 정치사의 재조명』, 범조사, 1985, 44쪽; 오수창,「仁祖代 政治勢力의 動向」,『조선시대 정치사의 재조명』, 범조사, 1985, 75-130쪽; 이재룡,「조선후기 붕당정치의 역사적 의의: 정당정치에의 원용가능성에 대한 시론적 고찰」,『동양사회사상』19, 동양사회사상학회, 2009, 135-164쪽.
44) 초간 162-164쪽; 영인 430-432쪽; 신판 199-202쪽.
45) 초간 81쪽; 영인 349쪽; 신판 109쪽.
46) 초간 28쪽; 영인 296쪽; 신판 62쪽.
47) 현대어본은 다음 참조. 백남운(하일식 역),『조선사회경제사』, 이론과실천사, 1994.
48) 초간 78쪽; 영인 346쪽; 신판 106쪽.
49) 초간 76쪽, 113쪽, 323쪽; 영인 344쪽, 381쪽, 591쪽; 신판 105쪽, 147쪽, 364쪽. 단, 신판은 '백성과 국가'로 풀이하였다.
50) 이태진,「18세기 한국사에서의 민의 사회적·정치적 위상」,『진단학보』88, 진단학회, 1999; 이태진,「조선시대 '민본' 의식의 변천과 18세기 '민국' 이념의 대두」,『국가이념과 대외인식: 17-19세기』, 아연출판부, 2002; 김백철,「조선후기 영조대 '민국' 논의와 변화된 왕정상」,『국왕, 의례, 정치』, 태학사, 2009; 김백철,「조선후기 영조대 백성관의 변화와 '민국'」,『한국사연구』138, 한국사연구회, 2007; 이태진,「18세기 탕평정치와 소민 보호책」,『한국사특강』, 서울대출판문화원, 2008 ; 황태연,「'대한민국' 국호의 기원과 의미」,『정치사상연구』21-1, 한국정치사상학회, 2015.
51) 津田左右吉와 丸山眞南 역시 유사 사례가 확인된다. 今井修,「解說」,『津田左右吉歷史論集』, 巖波書店, 2006, pp.366-368; 大井健輔,『津田左右吉, 大日本帝國との對決』, 勉誠出版, 2015; 板垣哲夫,『丸山眞南の思想史學』, 吉川弘文館, 2003, p.4.
52) 林泰輔, op. cit., 1912, p.4.
53) 초간 6쪽; 영인 274쪽; 신판 40쪽.
54) 초간 11쪽; 영인 279쪽; 신판 46쪽.
55) 초간 11쪽; 영인 279쪽; 신판 46쪽.
56) 초간 38쪽; 영인 306쪽; 신판 71쪽.
57) 초간 40쪽; 영인 308쪽; 신판 73쪽.
58) 천관우,「자료소개: 傅斯年 '夷夏東西說'」,『한국학보』5-1, 일지사, 1979, 1214-1243쪽;

부사년(정재서 역), 『이하동서설』, 우리역사연구재단, 2011.
59) 초간 5쪽; 영인 27쪽; 신판 42쪽.
60) 현대어역은 다음 참조. 단, 재야사학 시선으로 번역되었다. 장진근 역, 『만주원류고』, 파워북, 2008; 남주성 역, 『흠정만주원류고』 상·하, 글모아출판, 2010.
61) 한영우, 『조선후기 사학사 연구』, 일지사, 1989, 362-376쪽.
62) 박광용, 「대종교 관련문헌에 위작 많다(2):『신단실기』와『단기고사』의 성격에 대한 재검토」, 『역사비평』18, 역사비평사, 1992, 108-125쪽.
63) 현대어본은 다음 참조. 신채호(박기봉 역), 『조선상고사』, 비봉출판사, 2006; 신채호(박기봉 역), 『조선상고문화사 외: 독사신론, 조선사연구초, 사론』, 비봉출판사, 2007.
64) 현대어본은 다음 참조. 최남선(정재승·이주현 공역), 『불함문화론』, 우리역사연구재단, 2008.
65) 안재홍, 『朝鮮上古史鑑』 上·下, 민우사, 1947-1948.
66) 황종흘·김효철, 「안확의 조선 육해군사」, 『대한조선학회지』41-4, 대한조선학회, 2004; 김용국·박동수·정현도, 「자산안확의 조선무사영웅전에 대한 체육교육학적 가치 탐색」, 『한국체육교육학회지』18-3, 한국체육교육학회, 2013; 방윤제, 「自山 安廓의 『朝鮮武士英雄傳』 研究」, 경희대 국제한국언어문화학과 한국문화전공 석사논문, 2014.
67) 안확(정숭교 윤문), 「자각론」, 『자각론·개조론』, 한국국학진흥원, 2003, 37쪽.
68) 이종두, 앞 논문, 2009, 102-120쪽; 서형범, 앞 논문, 2010, 263-267쪽.
69) 초간 16쪽; 영인 284쪽; 신판 51쪽.
70) 초간 21쪽 ; 영인 289쪽 ; 신판 56쪽.
71) 초간 22-23쪽 ; 영인 290-291쪽 ; 신판 57-58쪽.
72) 초간 31쪽; 영인 299쪽; 신판 65쪽.
73) 초간 32쪽; 영인 300쪽; 신판 66쪽.
74) 초간 31쪽; 영인 299쪽; 신판 65쪽.
75) 초간 33쪽; 영인 301쪽; 신판 67쪽.
76) 이기백, 『한국사신론』(개정판), 일조각, 1976; 천관우, 「삼한의 국가형성(상)」, 『한국학보』 2-1, 일지사, 1976, 6-18쪽.
77) 초간 86-87쪽; 영인 354-355쪽; 신판 114-115쪽.
78) 초간 87쪽 ; 영인 355쪽 ; 신판 115쪽.
79) 초간 62쪽 ; 영인 330쪽 ; 신판 93쪽.
80) 초간 64쪽 ; 영인 332쪽 ; 신판 95쪽.
81) 초간 48쪽 ; 영인 316쪽 ; 신판 82쪽.
82) 초간 60쪽 ; 영인 328쪽 ; 신판 91쪽.
83) 초간 68쪽; 영인 336쪽; 신판 98쪽.
84) 초간 68쪽; 영인 336쪽; 신판 98쪽.
85) 초간 70쪽; 영인 338쪽; 신판 99쪽.
86) 이기백, 『신라정치사회사연구』, 일조각, 1974.
87) 초간 74쪽; 영인 342쪽; 신판 103쪽.

88) 초간 72쪽; 영인 340쪽; 신판 102쪽.
89) 한상권, 『조선후기 사회와 소원제도』, 일조각, 1996; 김백철, 「영조의 순문과 위민정치: '애민'에서 '군민상의'로」, 『국학연구』21, 한국국학진흥원, 2012; 김지영, 『길 위의 조정: 국왕행차와 정치적 문화』, 민속원, 2017.
90) 무하마드 깐수(정수일), 『신라서역교류사』, 단국대출판부, 1994.
91) 초간 95쪽; 영인 363쪽; 신판 123쪽.
92) 초간 99쪽; 영인 367쪽; 신판 128쪽.
93) 윤선태, 「'통일신라'의 발명과 근대역사학의 성립」, 『신라문화』29, 동국대 신라문화연구소, 2007, 139쪽; 노태돈, 『삼국통일전쟁사』, 서울대출판부, 2009; 김은국, 「남북국시대론과 발해」, 『고구려발해연구』40, 고구려발해학회, 2011, 160-178쪽.
94) 초간 128-139쪽; 영인 396-407쪽; 신판 160-177쪽.
95) 초간 110-111쪽; 영인 378-379쪽; 신판 141-142쪽.
96) 초간 113쪽; 영인 381쪽; 신판 144쪽.
97) 초간 115-117쪽; 영인 383-385쪽; 신판 147-149쪽.
98) 변태섭 편, 『고려사의 제문제』, 삼영사, 1986; 김의규 편, 『고려사회의 귀족제설과 관료제론』, 지식산업사, 1988; 박용운, 『고려시대 음서제와 과거제 연구』, 일지사, 1990.
99) 초간 125쪽; 영인 393쪽; 신판 157쪽.
100) 초간 126쪽; 영인 394쪽; 신판 158쪽.
101) 박용운, 『고려시대 대간제도 연구』, 일지사, 1987; 박용운, 『중서문하성 재신 연구』, 일지사, 2000; 박용운, 『고려시대 상서성 연구』, 경인문화사, 2000; 박용운, 『고려시대 중추원 연구』, 고려대 민족문화연구원, 2001.
102) 초간 154쪽; 영인 422쪽; 신판 192쪽.
103) 한용근, 『고려율』, 서경문화사, 1999; 영남대 민족문화연구소 편, 『고려시대 율령의 복원과 정리』, 경인문화사, 2009.
104) 안확의 조선시대상에 대한 비판적 검토는 다음 참조. 최성환, 「조선문명사의 조선시대 서술에 대한 비판적 재검토」, 『한국사연구』197, 한국사연구회, 2022.
105) 초간 169-170쪽; 영인 179-180쪽; 신판 221-222쪽.
106) 초간 172쪽; 영인 440쪽; 신판 213쪽.
107) 이상백, 「이조건국의 연구(1-3)」, 『진단학보』4·5·7, 진단학회, 1936-1937(이상백, 『이조건국의 연구』, 을유문화사, 1949).
108) 초간 178쪽; 영인 446쪽; 신판 220쪽.
109) 초간 190-192쪽; 영인 458-460쪽; 신판 233-234쪽.
110) 초간 179쪽; 영인 447쪽; 신판 221쪽.
111) 박병호, 「경국대전의 법사상적 성격」, 『진단학보』48, 진단학회, 1979; 정긍식, 「조선시대의 권력분립과 법치주의」, 『서울대 법학』42-4, 서울대 법학연구소, 2001; 김백철, 「조선후기 영조대 『속대전』 위상의 재검토: 「형전」편찬을 중심으로」, 『역사학보』194, 역사학회, 2007.

112) 초간 327쪽; 영인 595쪽; 신판 368쪽.
113) 프랑수와 케네(나정원 역), 『중국의 계몽군주정』, 앰애드, 2014, 43쪽, 105쪽, 109쪽, 119-125쪽, 139, 143쪽, 147-155쪽, 159-179쪽.
114) 內藤虎次郞, ot. cit., 1947, p.1-7.
115) Jonathan D. Spence, *Ts'ao Yin and Kang-Hsi Emperor*, Bondservant and Master, Yale Uni. Press, 1965; Jonathan D. Spence, "Autocracy at Work: A Study of the Yungcheng Period, 1723-1735 by Pei Huang", *The American Historical Review* Vol. 81-4, The American Historical Association, 1976; Jahyun Kim Haboush, *A Heritage of Kings*, Columbia Uni. Press, 1988(김백철 외역, 『왕이라는 유산: 영조와 조선의 성인군주론』, 너머북스, 2017).
116) 김백철, 앞 논문, 2013, 301-304쪽.
117) 초간 212-213쪽; 영인 480-481쪽; 신판 255쪽.
118) 초간 213쪽; 영인 481쪽; 신판 256쪽.
119) 초간 180쪽; 영인 448쪽; 신판 224쪽.
120) 초간 181-182쪽; 영인 449-450쪽; 신판 223-224쪽.
121) 초간 183-184쪽; 영인 451-452쪽; 신판 225-226쪽.
122) 초간 186쪽; 영인 454쪽; 신판 227쪽.
123) 초간 184쪽; 영인 452쪽; 신판 225~226쪽.
124) 김백철, 『법치국가 조선의 탄생: 조선전기 국법체계 형성사』, 이학사, 2016, 395-399쪽.
125) 초간 205쪽; 영인 473쪽; 신판 249쪽.
126) 杜乃濟, 『明代內閣制度』, 商務印書館, 1969, pp.1-18, pp.181-309; 王其矩, 『明代內閣制度史』, 中華書局, 1989, p.7-23, pp.85-124.
127) 초간 201-202쪽; 영인 469-470쪽; 신판 244-245쪽.
128) 초간 206쪽; 영인 474쪽; 신판 250쪽.
129) 초간 207쪽; 영인 475쪽; 신판 251쪽.
130) 이재철, 『조선후기 비변사연구』, 집문당, 2001; 반윤홍, 『조선시대 비변사연구』, 경인문화사, 2003.
131) 초간 207쪽; 영인 475-476쪽; 신판 251-252쪽.
132) 초간 225쪽; 영인 493쪽; 신판 267쪽.
133) 초간 227 ; 영인 495쪽; 신판 270쪽.
134) 국내 번역은 다음 참조. 막스 베버(금종우 외역), 『지배의 사회학』, 한길사, 1981.
135) 김자현, 앞 책, 너머북스, 2017 ; 김백철, 『두 얼굴의 영조: 18세기 탕평군주상의 재검토』, 태학사, 2014.
136) 초간 228쪽 ; 영인 496쪽 ; 신판 272-279쪽.
137) 고승희, 「통치 자료로 본 비변사의 지방통치 실제」, 『사학연구』 91, 한국사학회, 2008, 125-152쪽.
138) Yi, Tae-jin, "A Historical Reading of Ch'unhyang Tale", *Seoul Journal of Korean Studies*,

vol.16, Seoul National University, 2004; 이태진,「고종시대의 민국이념의 전개: 유교왕정의 근대적 '공화'지향」,『진단학보』124, 진단학회, 2015; 오수창,「춘향전에 담긴 일상의 역사현실과 비판의식」,『진단학보』114, 진단학회, 2012; 오수창,「조선의 통치체제와 춘향전의 역사적 성취」,『역사비평』99, 역사비평사, 2012.
139) 초간 267쪽; 영인 535쪽; 신판 310쪽.
140) 김성윤,『조선후기 탕평정치 연구』, 지식산업사, 1997, 253-274쪽.
141) 대표연구는 다음 참조. 백승철,『조선후기 상업사 연구』, 혜안, 2000; 박평식,『조선전기 상업사 연구』, 지식산업사, 1999; 박평식,『조선전기 교환경제와 상인 연구』, 지식산업사, 2009; 고동환 외,『서울상업사』, 태학사, 2000; 고동환,『조선후기 서울상업발달사 연구』, 지식산업사, 1998; 고동환,『조선시대 서울도시사』, 태학사, 2007; 고동환,『조선시대 시전상업연구』, 지식산업사, 2013.
142) 초간 270쪽, 275쪽; 영인 538쪽, 543쪽; 신판 314쪽, 319쪽.
143) 초간 261-266쪽; 영인 529-534쪽; 신판 305-310쪽.
144) 대표연구는 다음 참조. 한영국,「대동법의 시행」,『한국사』30, 국사편찬위원회, 1998, 493-511쪽; 양진석,「17,18세기 還穀制度의 운영과 機能변화」, 서울대 국사학과 박사논문, 1999, 153-216쪽; 문용식,『조선후기 진정과 환곡운영』, 경인문화사, 2000, 142-161쪽; 최주희,「조선후기 선혜청의 운영과 중앙재정구조의 변화: 재정기구의 합설과 지출경비 과정을 중심으로」, 고려대 한국사학과 박사논문, 2014; 정연식,『영조대의 균역정책과 양역법』, 한국학중앙연구원출판부, 2015; 김백철,「17-18세기 대동·균역의 위상: 조선시대 재정개혁 모델의 모색」,『국학연구』28, 한국국학진흥원, 2015.
145) 한영우,「한국근대역사학과 조선시대사 이해: 안확의 朝鮮文明史」,『인문과학의 새로운 방향』, 심상, 1984; 한영우,「1920年代 安廓의 民族主義 文化史敍述:『朝鮮文明史』를 중심으로」,『韓國民族主義歷史學』, 일조각, 1994, 179-198쪽; 김일영, 앞 논문, 1998.
146) 초간 186-187쪽; 영인 454-455쪽; 신판 227-228쪽.
147) 초간 187-188쪽; 영인 455-456쪽; 신판 228-229쪽.
148) 초간 192-193쪽; 영인 460-461쪽; 신판 234-235쪽.
149) 초간 188-189쪽; 영인 456-457쪽; 신판 229-330쪽.
150) 최승희,『조선초기 언관·언론 연구』, 서울대출판부, 1976; 최승희,『조선초기 언론사 연구』, 지식산업사, 2004; 우인수,『조선후기 산림세력 연구』, 일조각, 1999; 설석규,『조선시대 유생상소와 공론정치』, 선인, 2002; 송웅섭,『조선전기 공론정치의 형성』, 서울대 국사학과 박사논문, 2011.
151) 초간 235쪽; 영인 503쪽; 신판 280쪽.
152) 초간 240쪽; 영인 508쪽; 신판 285쪽.
153) 초간 237쪽; 영인 505쪽; 신판 282쪽.
154) 이태진,「사림과 유향소 복립운동(상·하)」,『진단학보』34, 진단학회, 1972-1973; 김인걸,『조선후기 鄕村社會 지배구조와 변동』, 경인문화사, 2017.
155) 초간 190-192쪽; 영인 458-460쪽; 신판 233-234쪽.
156) 김범,『연산군』, 글항아리, 2010; 김범,『사화와 반정의 시대』, 역사의아침, 2015.

157) 이는 士林의 붕당공인에 대해 선조대를 '穆陵盛世'로 표현한 점이나, 李珥가 朋黨公認과 調劑保合을 모두 주장한 점, 박세채가 탕평교서에서 歐陽修 붕당론을 황극탕평론의 전제로 제시한 점 등에서 확인된다. 김백철, 앞 책, 2014, 352쪽 註11.
158) 초간 197쪽; 영인 465쪽; 신판 241쪽.
159) 초간 198쪽; 영인 466쪽; 신판 242쪽.
160) 오항녕, 「부활하는 광해군」, 『조선의 힘』, 역사비평사, 2010, 199-200쪽.
161) 한우근, 「백호 윤휴 연구(1)-(3)」, 『역사학보』15·16·19, 역사학회, 1961-1962; 이병도, 「박서계와 반주자학적 사상」, 『대동문화연구』3, 성균관대 대동문화연구소, 1966.
162) 원본에는 한자가 없어서 정확한 당명은 확인되지 않으나 문맥상 정통당, 서계당은 각기 Tory Party, Whig Party에 대응되는 듯하다.
163) 솔론은 아테네에서 山林黨(山地黨) 1구역, 海邊黨(海岸黨) 1구역, 平地黨 1구역 등을 합쳐서 1트리부스로 개편함으로써 부족영역이 행정구역화하였다.
164) 이태진, 앞 글, 1974, 842-856쪽; 이태진, 앞 글, 1985, 44쪽; 오수창, 앞 논문, 1985, 75-130쪽; 이재룡, 앞 논문, 2009, 135-164쪽.
165) 초간 325쪽; 영인 593쪽; 신판 366쪽.
166) 초간 319쪽; 영인 587쪽; 신판 360쪽. ※한말 홍국영의 '세도' 평가는 다음 참조. 박광용, 「인물평전: 사극 왕도에서 왜곡된 홍국영의 참모습」, 『역사비평』15, 역사비평사, 1991, 380-392쪽.
167) 초간 326쪽; 영인 594쪽; 신판 367쪽.
168) 오수창, 『조선후기 평안도 사회발전 연구』, 일조각, 2002; 오수창, 「18세기 조선정치사상과 그 전후맥락」, 『역사학보』213, 역사학회, 2012, 25-48쪽.
169) 초간 320-322쪽 ; 영인 588-590쪽 ; 신판 361-364쪽.

2장 [조선시대사] 14-18세기 동서 공시성의 재검토

1) 김백철, 「'탕평'을 어떻게 볼 것인가」, 『조선후기 탕평정치의 재조명』상, 태학사, 2011, 54-63쪽; 김백철, 「1990년대 '정조신드롬'의 대두와 배경」, 『국학연구』18, 한국국학진흥원, 2011, 191-196쪽.
2) 오영섭, 「조선광문회 연구」, 『한국사학사학보』3, 한국사학사학회, 2001, 79-93쪽; 임상석, 「고전의 근대적 재생산과 최남선의 국한문체 글쓰기: 조선광문회고백 검토」, 『민족문학사연구』44, 민족문학사학회·민족문학사연구소, 2010, 515-526쪽.
3) 李建昌, 『黨議通略』, 朝鮮光文會, 1912.
4) 전윤선, 「1930년대 '조선학' 진흥운동 연구: 방법론의 모색과 민족문제 인식을 중심으로」, 연세대 사학과 석사논문, 1998, 5-13쪽; 채관식, 「1930년대 '조선학'의 심화와 전통의 재발견」, 연세대 사학과 석사논문, 2006, 4-10쪽; 배연숙, 「위당 정인보의 조선학 성립배경에 관한 연구」, 『철학논총』59, 새한철학회, 2010, 406-414쪽; 신주백, 「'조선학운동'에

관한 연구동향과 새로운 시론적 탐색」, 『한국민족운동사연구』67, 한국민족운동사학회, 2011, 188-190쪽.
5) 구선희, 「해방 후 남한의 한국사연구 성과와 과제」, 『한국사』23, 한길사, 1994, 243-254쪽.
6) 역대 농민반란을 모두 봉기(혁명운동)로 규정하는 시각이 『한국민중사』(1986)를 통해서 절정에 이르렀으나, 이러한 시각은 점차 균형을 맞추는 방향으로 재조정되었다. 불과 2년 간격으로 출판된 『한국사강의』(1990)와 『한국역사』(1992)의 편목 차이는 그 변화를 여실히 보여준다. 한국민중사연구회 편, 『한국민중사』1·2, 풀빛, 1986; 근대사연구회 편, 『한국 중세사회 해체기의 제문제』 상·하, 한울, 1987; 역사문제연구소 편, 『'80년 민중사학론 무엇이 문제인가: 한국역사학계의 새기류와 90년전망』, 『역사비평』9, 역사비평사, 1989; 한국역사연구회 편, 『한국사강의』, 한울, 1990; 한국역사연구회 편, 『한국역사』, 역사비평사, 1992.
7) 이태진, 「黨爭을 어떻게 볼 것인가」·「조선시대 정치적 갈등과 그 해결」, 『조선시대 정치사의 재조명』, 범조사, 1985, 13-26쪽, 27-44쪽; 이태진, 「序章 朝鮮中·後期 政治史理解의 방향」, 『조선후기의 정치와 군영제 변천』, 한국연구원, 1985, 2-49쪽.
8) 정조 탕평의 새로운 평가는 다음 참조. 이태진, 「사화와 붕당정치」, 『한국사특강』, 서울대출판부, 1990; 이태진, 「정조의 대학탐구와 새로운 군주론」, 『이회재의 사상과 그 세계』, 성균관대 대동문화연구원, 1992; 김성윤, 「탕평의 원리와 탕평론」, 『부대사학』15·16, 부대사학회, 1992.
9) 사회변동 논쟁은 다음 참조. 천관우, 「반계 유형원 연구」, 『역사학보』2·3, 역사학회, 1953; 김용섭, 「조선후기에 있어서의 신분제의 동요와 농지소유」, 『사학연구』15, 한국사학회, 1963; E.W. Wagner, "Social statification in 17th century Korea," Occasional Papers on Korea, Vol.1, University of Washington, 1974; 최승희, 「조선후기 향리신분변동여부고: 향리가문 고문서에 의한 사례연구」, 『김철준박사화갑기념사학논총』, 지식산업사, 1983; 이태진, 「조선후기 양반사회의 변화: 양반사회변화론의 연구성과 한계」, 『한국사회발전사론』, 일조각, 1992.
10) 林泰輔, 「第八章文化及び黨爭」, 『朝鮮近世史』卷下, 吉川半七, 1901, 29-54쪽(林泰輔, 『朝鮮通史』, 富山房, 1912); 이병도, 「당쟁의 발전」·「영·정조시대의 문화」, 『조선사대관』, 동지사, 1948, 391-392쪽, 404-423쪽; 京城大學 朝鮮史硏究會(손진태 편), 「당쟁의 치열」·「영조·정조시대」, 『조선사개설』, 홍문서관, 1949, 487-505쪽, 523-534쪽; 이병도, 「당쟁의 발전」·「영·정조시대의 文運」, 『국사대관』, 백영사, 1953, 386-388쪽, 399-420쪽(동지사 초판 1950); 이기백, 「당쟁의 격화와 제도의 문란」·「문화의 혁신적 기운」, 『국사신론』, 제일출판사, 1964(진성사 초판 1961), 250-255쪽, 256-268쪽; 이기백, 「당쟁의 발생」·「탕평책」, 『한국사신론』, 일조각, 1967, 239쪽, 255쪽; 변태섭, 「붕당의 변질과 탕평책」, 『한국사통론』, 삼영사, 1986, 331-332쪽; 이성무, 『조선왕조사』2, 동방미디어, 1998, 679-892쪽.
11) 石井壽夫(홍순민 역), 「後期李朝黨爭史에 관한 一考察」, 『조선시대 정치사의 재조명』, 범조사, 1985, 45-71쪽; 한우근, 「일당전제의 추세」, 『한국통사』, 을유문화사, 1970, 326-328쪽.

12) 국정교과서는 5차 교육과정(1990)부터 최신 연구성과가 적극적으로 반영되었다. 그러나 2009년 교과개정 개편으로 2010년검정『고등학교 한국사』는 전근대가 20%로 축소되고, 교과해설에서도 조선후기 정치사가 배제되어 서술 자체가 생략된 교과서가 6종 중 4종에 이르며, 심지어 사회변동론의 교과 해설에서는 학계에서 조선중기 사회론을 통하여 변화시점을 재조정한 것과 달리, 과거 일본제국주의 관학자가 주장한 兩亂이라는 외세 충격을 통하여 조선왕조가 3백여 년간 붕괴되어갔다는 왜곡된 시각이 다시 우리 교과서에서 부활하였다. 무비판적인 근대화 지상론은 2011년에 교과 개정으로 다소 개선되었다. 중학교는 2012년 검정본에 적용되었고, 고등학교는 2013년도 검정본부터 해당되지만 고등학교 교과서는 2019년 검정본부터 다시 전통시대가 20%로 축소되었다. 또 학계의 연구성과가 눈부시게 발전했음에도 검정교과서 도입 후 중학교『역사』는 과거 선입견에 기반한 구체제론이 부활하여 17-18세기 정치·경제 구조에 대해 1차(2011)는 모두 비판적이었고[당파성론(관직다툼·보복론)·전제군주론·개혁무용론(소작인전가론)], 2차(2012)는 여전히 정치에 초점을 맞추어 부정적으로 서술하였으며(당파성론·전제군주론), 3차(2019)는 비판의 농도가 다소 엷어졌다(전제군주론). 단 고등학교『한국사』는 1·3차 검정시 전통시대 비중 축소로 조선후기 서술이 대거 생략되어 비교가 불가능하므로 제외하였다. [5·6·7차 교육과정]『고등학교 국사(상·하)』(교육부, 1990·1996·2002);[2010년 검정]『고등학교 한국사』(법문사·미래엔·비상교육·천재교육·지학사·삼화 등 6종); [2011년 검정]『중학교 역사(하)』(대교·교학사·교학도서·미래엔·천재교육·지학사·비상교육 등 7종); [2012년 검정]『중학교 역사(1)』(교학사·미래엔·천재교육·천재교과서·지학사·비상교육, 금성·두산동아·좋은책신사고 등 9종);「고등학교 교육과정해설」(교육과학기술부 고시 2009-41호);「중학교 교육과정」·「고등학교 교육과정」(교육과학기술부 고시 2011-361호); [2019년 검정]『고등학교 한국사』(천재교육·해냄에듀·씨마스·금성·지학사·동아·비상교육·미래엔·베르스쿨 등 9종); 『중학교 역사(2)』, 지학사·금성·천재교육·비상교육·동아·미래엔·리베르스쿨 등 7종).

13) 이홍락,「쟁점: 내재적 발전론 비판에 대한 반비판」,『역사비평』41, 역사비평사, 1997, 229-242쪽; 조석곤,「식민지근대화론과 내재적 발전론 재검토」,『동향과전망』38, 한국사회과학연구소, 1998, 62-95쪽; 이정철,「문제는 자본주의다: 내재적 발전론 비판의 역사인식」,『내일을여는역사』22, 내일을여는역사, 2005, 192-208쪽; 최윤오,「조선후기 사회변동과 근대로의 이행: 내재적 발전론의 역사인식」,『내일을여는역사』22, 내일을여는역사, 2005, 176-191쪽; 박찬승,「한국학 연구 패러다임을 둘러싼 논의」,『한국학논집』35, 계명대 한국학연구원, 2007, 73-117쪽; 김정인,「내재적 발전론과 민족주의」,『역사와현실』77, 한국역사연구회, 2010, 179-214쪽; 이영호,「'내재적 발전론' 역사인식의 궤적과 전망」,『한국사연구』152, 한국사연구회, 2011, 239-272쪽; 이경구,「개념사와 내재적 발전」,『역사학보』213, 역사학회, 2012, 49-70쪽.

14) 이영훈 편,『수량경제사로 다시본 조선후기』, 서울대출판부, 2004; 박지향 외,『해방전후사의 재인식』1·2, 책세상, 2006; 이영훈,『대한민국이야기』, 기파랑, 2007; 교과서포럼,

『대안교과서 한국근현대사』, 기파랑, 2008.
15) 서구의 계몽주의 시대 중국 문명에 대한 동경은 다음 참조. 朱謙之,『中國思想對於歐洲文化之影響』, 商務印書館, 1940(진홍석 역,『중국이 만든 유럽의 근대』, 청계, 2010); Herrlee Glessner Creel, *Confucius, the man and the myth*, The John Day Company, 1949(이성규 역,『공자, 인간과 신화』, 지식산업사, 1983); 정진농,『오리엔탈리즘의 역사』, 살림, 2003; J. J. Clark, *Oriental Enlightenment: the encounter between Asian and Western thought*, Routledge, 1998(장세룡 역,『동양은 어떻게 서양을 계몽했는가』, 우물이있는집, 2004); David E. Mungello, *Curious Land: Jesuit accommodation and the origins of Sinology*, University of Hawaii Press, 1989(이향만 외역,『진기한 나라 중국: 예수회의 적응주의와 중국학의 기원』, 나남, 2009a); David E. Mungello, *The Great Encounter of China and the West, 1500-1800*, Rowman & Littlefield Publishers, 2005(김성규 역,『동양과 서양의 위대한 만남, 1500-1800』, 휴머니스트, 2009b); John M. Hobson, *The Eastern Origins of Western Civilisation*, Cambridge University Press, 2004(정경옥 역,『서구문명은 동양에서 시작되었다』, 에코리브로, 2005, 289-296쪽); 조혜인,『공민사회의 동과 서』, 나남, 2009; 조혜인, 2012,『동에서 서로 퍼진 근대 공민사회』, 집문당, 2012.
16) François Quesnay, *Despotisme de la Chine*, 1767(translated by Lewis Adams Maverick, "Despotism in China", *China, a model for Europe*, Paul Anderson Company, 1946; 談民擇 譯,『中華帝國的專制制度』, 商務印書店, 1992; 勝谷在登 譯,『支那論』, 白揚社, 1940).
17) 표현만으로는 가장 이른 시기에 하야시의『朝鮮近世史』(조선시대, 1901)가 있으나 이때는 전작의『조선사』(고대-고려, 1892)와 구분하기 위하여 사용하였으므로 시대구분론과는 거리가 있다. 실제 광복 이후 적극적으로 한국사에 도입되었다. 4차-7차 교육과정 고등학교 교과서에는 조선전기를 근세로, 후기를 근대로 분류하기도 했다. 이병도,「근세사(이씨조선)」,『조선사대관』, 동지사, 1948; 이병도,「근세사: 근조선」,『국사대관』, 동지사, 1950; 손진태,「이씨조선시대(근세사) 및 현대사」,『국사대요』, 을유문화사, 1955; 이병도,『한국사: 근세전기편』, 진단학회 편, 을유문화사, 1961; 이상백,『한국사: 근세후기편』, 진단학회 편, 을유문화사, 1962; 한우근,「근세」,『한국통사』, 을유문화사, 1970; 변태섭,「근세사회」,『한국사통론』, 삼영사, 1986;[4차교육과정]『근세사회의 발전』,『고등학교 국사(상)』, 문교부, 1982;[5차교육과정]『근세사회의 발전』,『고등학교 국사(상)』, 교육부, 1990;[6차교육과정]『근세사회의 발달』,『고등학교 국사(상)』, 교육부, 1996;[7차교육과정]「근세의 정치」,『고등학교 국사(상)』, 교육부, 2002.
18) 조선전기 근세 역사상은 다음 참조. 정다함,「"한국사"상의 조선시대상: 조선전기를 중심으로」,『사이(SAI)』8, 국제한국문학문화학회, 2010.
19) 朱熹의 語錄을 집대성한『朱子語類』에는 약 50여건 이상의 '近世' 용례가 일상적으로 산견한다.
20) 內藤虎次郞,『中國近世史』, 弘文堂, 1947, pp.1-18(內藤虎次郞,「支那上古史·支那中古의 文化·支那近世史」,『內藤湖南全集』第10冊, 東京, 筑摩書房, 1969]; 히사유끼 미야가와(이개석 역),「內藤·宮崎 시대구분론」,『중국사시대구분론』, 창작과비평사, 1984, 31-33쪽).

21) 많은 '르네상스' 관련 서양 서적들은 일본을 통해서 유럽에서 사용하지 않는 '近世'라는 표현으로 번역되었으며, 국내에서도 동일한 현상이 지속되었다. 최근 사용하는 'early modern'이나 'pre-modern' 등은 역수출된 용례로 보인다.
22) 20세기 일본제국주의는 '中國'을 '支那'로 개칭하고 '東洋學'을 체계화하여 아시아의 주도권을 재편고자 하였다. 이때 內藤는 大陸侵略의 尖兵 역할을 하였으며 그의 동양학은 이후 大東亞共榮圈으로 歸着되었다. 辛炫承, 「日本의 東洋史學者 內藤湖南의 歷史認識: 支那認識과 文化史觀을 중심으로」, 『동아시아고대학』19, 동아시아고대학회, 2009, 321-337쪽; 강상규, 「근대지식체계와 조선사 이미지」, 『동양정치사상사』9-2, 한국동양정치사상사학회, 2010, 13-15쪽.
23) 다소간 이견이 있으나 당송변혁기론에서 중국은 10세기 五代十國·宋代를 중세와 근세의 경계로 이해해 왔고, 한국은 고대·중세 기점 논의가 최근에는 7세기 남북국시대와 10세기 나말여초 등으로 나누어지고 있으며, 일본은 고대와 중세를 12세기말 鎌倉幕府의 출현으로 구분해왔다. 따라서 10세기 동아시아는 중국은 근세, 한국은 중세, 일본은 고대로 구분되는 시차발전론상의 지역사로 상정되어왔다.
24) 최근에는 동시성(혹은 지역공동)을 강조하는 領域史, 海域史를 축으로 하는 연구가 대두되고 있으나 지중해사, 요동사, 동아시아사와 같은 공간만이 강조되고 있다. 일국사가 지나치게 자국일변도의 관점인데 반하여, 영역사는 타자의 시선만으로 역사를 관조하는 입장을 취한다. 김한규, 『요동사』, 문학과 지성사, 2004; 페르낭 브로델(강주헌 역), 『지중해의 기억』, 한길사, 2006; 니시지마 사다오(이성시 편, 송완범 역), 『일본의 고대사 인식: '동아시아 세계론'과 일본』, 역사비평사, 2008; 주경철, 『대항해시대』, 서울대출판문화원, 2008.
25) 福田德三, 「韓國の經濟組織と經濟單位」, 『經濟學研究』(前篇), 同文館, 1904, p.147; 이철성, 「식민지시기의 역사인식과 역사서술」, 『한국사』23, 한길사, 1994, 129쪽 재인용.
26) 미국학계의 麗末鮮初 인식은 다음 참조. Martina Deuchler, *The Confucian Transformation of Korea: A Study of Society and Ideology*, Council on East Asian Studies, Harvard University, 1992(이훈상 역, 『한국사회의 유교적 변환』, 아카넷, 2003); James B. Palais, *Confucian Statecraft and Korean Institutions: Yu Hyongwon and the late Choson Dynasty*, University of Washington Press, 1996(김범 역, 『유교적 경세론과 조선의 제도들: 유형원과 조선후기』 1-2, 산처럼, 2008); John B. Duncan, *The Origins of the Choson dynasty*, University of Washington Press, 2000(김범 역, 『조선왕조의 기원』, 너머북스, 2013); 정두희, 『유교·전통·변용: 미국의 역사학자들이 보는 한국사의 흐름』, 국학자료원, 2005; Edward W. Wagner(이훈상 편, 이훈상 외역), 『조선사회의 성취와 귀속』, 일조각, 2007; 강상규, 앞 논문, 2010.
27) 조선초 태조 4년(1395) 「天象列次分野之圖」(權近拔), 태종 2년(1402) 「混一疆理歷代國都之圖」(權近拔) 등이 만들어져 세계제국의 유산이 적극 계승되고 있었다. 또한 실제 世宗의 재위 기간이 1418-1450년인데 반하여, 비잔틴제국(Byzantine Empire: 동로마)의 멸망은 오히려 1453년이었다. 르네상스가 동로마의 멸망 이후 본격화되고 있으며, 科學革命이

1543년 코페르니쿠스(Nicolaus Copernicus: 1473-1543)의 『천구의 회전에 관하여(De revolu tionibus orbium coelestium)』를 전환점으로 삼고 있다는 사실을 감안하면, 세종시대의 과학과 문화는 오히려 한 세대 이상 앞서 나타난 산물이었다.
28) 조동걸,「한국민족주의의 역사적 특질」,『민족교육연구』3, 춘천교육 민족교육연구소, 1985, 50-52쪽; 노태돈,「삼한에 대한 인식의 변천」,『한국사를 통해본 우리와 세계에 대한 인식』, 풀빛, 1998, 73-116쪽.
29) 김백철,「유교적 이상국가 만들기: 서주와 요순의 재인식과정」,『국학연구』17, 한국국학진흥원, 2010, 253-279쪽.
30) 정구복,「동국사략에 대한 사학사적 고찰」,『역사학보』68, 역사학회, 1975, 10-11쪽; 한영우,「조선전기의 역사서술과 역사인식」,『한국학보』7, 일지사, 1977, 46쪽; 전형택,「조선후기 史書의 단군조선 서술」,『한국학보』6-4, 일지사, 1980, 121-130쪽; 김성환,「조선초기 단군인식」,『명지사론』4, 명지사학회, 1992, 106-123쪽; 서인원,「조선초기 역사인식과 영역인식」,『역사와 실학』35, 역사실학회, 2008, 91-92쪽.
31) 鄭道傳,『三峰集』卷13, 朝鮮經國典上, 國號; 徐居正,『四佳文集』卷4, 經國大典序[『經國大典』, 經國大典序].
32) 『太祖實錄』卷1, 太祖 元年 8月 庚申(11日);『太宗實錄』卷10, 太宗 5年 11月 癸丑(21日);『太宗實錄』卷23, 太宗 12年 6月 己未(6日);『太宗實錄』卷26, 太宗 13年 11月 庚辰(4日);『太宗實錄』卷31, 太宗 16年 6月 辛酉(1日);『世宗實錄』卷27, 世宗 7年 正月 丙申(25日);『世宗實錄』卷29, 世宗 7年 9月 辛酉(25日);『世宗實錄』卷40, 世宗 10年 6月 乙未(14日);『世宗實錄』卷75, 世宗 18年 12月 丁亥(26日);『世宗實錄』卷85, 世宗 21年 6月 壬寅(26日);『端宗實錄』卷1, 端宗卽位年 6月 己丑(28日).
33) 시기별 고조선사의 재인식은 다음자료와 같다.[고려]『三國史記』卷1, 新羅本紀, 朴赫居世 元年;『三國史記』卷17, 高句麗本紀, 東川王 21年;『三國史記』卷22, 高句麗本紀, 寶藏王 27年;『三國史記』卷29, 年表上;『三國遺事』卷1, 紀異第1, 古朝鮮·衛滿朝鮮;『帝王韻紀』下, 東國君王開國年代, 前朝鮮·後朝鮮·衛滿朝鮮;[조선전기]『東文選』卷91, 序, 權近, 三國史略序(權近,『陽村集』卷19, 序類, 三國史略序);『三國史節要』, 外紀, 檀君朝鮮·箕子朝鮮·衛滿朝鮮;『東國通鑑』「東國通鑑序」;『東國通鑑』, 外紀, 檀君朝鮮·箕子朝鮮·衛滿朝鮮;『世宗實錄』, 地理志, 平安道, 平壤府;[조선후기]『東史綱目』, 圖上, 東國歷代傳授之圖·檀君箕子傳世之圖;『東史綱目』, 圖中, 朝鮮四郡三韓圖;『東史綱目』第1上, 己卯朝鮮箕子元年·朝鮮王衛滿元年;『海東繹史』卷2, 世紀2, 檀君朝鮮·箕子朝鮮·衛滿朝鮮.
34)『東文選』卷92, 序, 經濟文鑑序; 鄭道傳,『三峰集』卷11, 經濟文鑑別集上, 君道, 唐·虞; 鄭道傳,『三峰集』卷7, 朝鮮經國典上, 正寶位·敎書.
35) 신왕조의 성격은 다음 참조. 이상백,『李朝建國의 硏究: 李朝건국과 田制개혁문제』, 을유문화사, 1949; 한영우,『조선전기 사회경제연구』, 을유문화사, 1954; 한영우,『조선전기 사회사상연구』, 지식산업사, 1983; 이태진,『한국사회사연구』, 지식산업사, 1986; 이태진,『조선유교사회사론』, 지식산업사, 1989.
36) 朱謙之는 유럽의 중국인식을 살펴서 르네상스에 영향을 미쳤음을 주장하였다. 朱謙之, 앞 책, 2010, 27-58쪽.

37) 明의『永樂大全』및『四書五經大全』편찬사업, 조선의 천문과학기술, 문물제도정비 등은 거의 동시대의 소산이었다. 특히, 원제국판도하에서 집대성된 음운학이 명의『洪武全韻』과 조선의『訓民正音』의 토대가 되었다. 또한 동아시아 최초의 세계지도로 알려진 조선의「混一疆理歷代國都之圖」역시 원제국의 유럽확장에 따른 지리정보의 획득으로 만들어졌다. 漢族의 經學으로 이름붙이고 싶어했던『사서오경대전』역시 상당 부분은 원나라 주석학의 업적이었다.
38) 김백철, 앞 논문, 2010, 253-279쪽.
39) 鄭道傳,『三峰集』卷5・6, 經濟文鑑上・下; 鄭道傳,『三峰集』卷11・12, 經濟文鑑別集上・下; 鄭道傳,『三峰集』卷7・8, 朝鮮經國典上・下; 한영우,『정도전사상의 연구』, 서울대출판부, 1997; 한영우,『정도전』, 지식산업사, 1999.
40) 丘濬,『大學衍義補』卷13, 固邦本, 總論固本之道; 王家槐,『大學衍義補之硏究』, 久新彩色印刷, 1987; 윤정분,『중국근세 경세사상연구』, 혜안, 2002.
41) 邓志峰,「师道精神的裂变与声气集团之形成: 晚明时代的诸生与社局」,『第1回東アジア若手歷史家セミナー』, 東京, 早稻田大學, 2013.08.07.
42) 토마스 모어(원창엽 역),『유토피아』, 홍신문화사, 1994, 15-76쪽.
43) 'Absolutism(절대주의)'은 로마의 'Imperium'이나 中世 敎皇의 '專權'개념을 빌어서 군주의 절대권을 강조하는 입장에서 형성되었다. J.H. Burns, "The Idea of Absolutism", John Miller, ed., *Abosolutism in Seventeenth Century Europe*, Macmillan Education Ltd., 1990, pp.21-42; 임승휘,『절대왕정의 탄생』, 살림, 2004, 19-24쪽; 임승휘,『유럽의 절대군주는 어떻게 살았을까』, 민음인, 2011, 37-51쪽; 서정복, 앞 책, 2012, 30-62쪽.
44) 장 보댕(임승휘 역),『국가론』, 책세상, 2005, 23-97쪽; 정인홍,「마키아벨리」,『서구정치사상사』, 박영사, 1971, 187-199쪽; 임승휘,「장 보댕과 근대 주권론의 탄생」,『국가론』, 책세상, 2005, 122-164쪽; 임승휘, 같은 책, 2004, 19-24쪽; 임승휘, 같은 책, 2011, 37-51쪽; 서정복,『프랑스의 절대왕정시대』, 푸른사상, 2012, 30-62쪽.
45) 이탈리아의 마키아벨리(Niccolò Machiavelli: 1469-1527)는 피렌체공화국에서 외교적·군사적 헌신을 다하였지만 피렌체가 몰락하자, 역설적이게도 독재자인 체사레 보르자(Cesare Borgia)나 메디치가(Medici family)의 성쇠와 유럽열강의 간섭을 목도하면서 혼란을 종식시킬 수 있는 새로운 군주국가의 통치모델로서 잔인하다는 비난을 받더라도 복종시킬 수 있는 지도력을 강조했다. 마키아벨리(이상두 역),『군주론·전술론』, 범우사, 1975, 92-100쪽, 124-128쪽, 135-157쪽; 정인홍, 앞 책, 1971, 152-158쪽.
46) Lsser Woloch, "Political Thought and Enlightened Absolutism", *Eighteenth-Century Europe: Tradition and Progress, 1715-1789*, W.W. Norton & Company Inc., 1982, pp.246-251; Jaremy Black, "Enlightened Despotism," *Eighteenth Century Europe 1700-1789*, Macmillan Education Ltd, 1990, pp.377-381.
47) 이태진,「사림과 유향소 복립운동(상·하)」,『진단학보』34・35, 진단학회, 1972-1973, 5-34쪽, 5-33쪽.
48)『成宗實錄』卷295, 成宗 25年 10月 丙寅(11日);『中宗實錄』卷37, 中宗 14年 11月 丙午(16

日).
49) 정재훈,『조선전기 유교사상 연구』, 태학사, 2005, 312-341쪽; 김문식,『정조의 제왕학』, 태학사, 2007, 15-38쪽; 김백철, 앞 논문, 2010, 253-269쪽, 275-282쪽.
50) 우인수,『조선후기 산림세력 연구』, 일조각, 1999, 13-67쪽; 오수창,「17세기 조선의 정치세력과 산림」,『조선시대 정치틀과 사람들』, 한림대출판부, 2010, 25-50쪽.
51) 黃宗羲,『明夷待訪錄』「原君」; 최병철,「중국봉건제도에 대한 날카로운 해부」,『명이대방록』, 홍익출판사, 1999, 15-46쪽.
52) 계몽주의시대 역사상과 그 성격은 다음 참조. Matthew Smith Anderson, "Monarchs and Despots: tensions with in the state," *Europe in the Eighteenth Century 1713-1718*, Longman Inc., 1961, pp.130-173; George Rudé, "Englightenment", *Europe in the Eighteenth century: Aristocracy and Bourgeois Challenge*, Weidenfeld and Nicolson, 1972, pp.153-171; Lsser Woloch, "Political Thought and Enlightened Absolutism", op. cit., 1982, pp.246-251; Jaremy Black, "Enlightened Despotism", op. cit., 1990, pp.377-381; 피터 게이(주명철 역),『계몽주의의 기원』, 민음사, 1998, 21-54쪽; 이을호 편(임석진 감역),『계몽주의시대의 서양철학』, 중원문화, 1998, 52-73쪽; 미셸 옹프레(남수인 역),『계몽주의 시대의 급진철학자들』, 인간사랑, 2010, 17-44쪽; 토머스 핸킨스(양유성 역),『과학과 계몽주의』, 글항아리, 2011, 13-36쪽 ; 이영림 외,『근대 유럽의 형성 16-18세기』, 까치, 2011, 380-419쪽.
53) 토마스 홉스(김용환 역),『리바이어던』, 살림, 2005, 222-256쪽; 김용환,「만인에 대한 만인의 투쟁상태: 국가론」,『리바이어던』, 살림, 2005, 108쪽; 볼프강 케스팅(전지선 역),『홉스』, 인간사랑, 2006, 47-230쪽; 조긍호·강정인,『사회계약론연구』, 서강대출판부, 2012, 37-154쪽.
54) 조혜인, 앞 책, 2009, 30쪽.
55) [宋]眞德秀,『心經』; [宋]眞德秀,『大學衍義』; [明]程敏政,『心經附註』; [明]丘濬,『大學衍義補』; 윤정분, 앞 책, 2002, 36-53쪽, 127쪽, 163-164쪽, 223-229쪽, 230-255쪽, 250-275쪽; 余英時,『宋明理學與政治文化』, 允晨文化實業股份有限公司, 2004, pp.25-60, pp.234-248; 홍원식 외,「심경부주와 조선유학의 전개」,『조선시대 심경부주 주석서해제』, 예문서원, 2007, 13-32쪽.
56) 여기에서는 'orient'의 번역어로서 '東洋'을 사용하였다. 이 표현은 근대 이후 일본 주도로 '中華/中國'을 대체하기 위하여 보급되었지만, 전통시대에도 이미 사용된 표현이다. 또 'orient'가 당시 범칭의 동방 또는 중국을 가리키므로, 여기서는 중국뿐 아니라 조선을 포함시키고자 이 단어를 선택하였다.
57) Herrlee Glessner Creel, 앞 책, 1988, 310-316쪽; 정진농, 앞 책, 2003, 41-45쪽; J. J. Clark, 앞 책, 2004, 64-80쪽; David E. Mungello, 앞 책, 2009a, 71-174쪽, 401-482쪽, 527-564쪽; David E. Mungello, 앞 책, 2009b, 185-199쪽; 朱謙之, 앞 책, 2010, 58-112쪽, 203-294쪽.
58) 주경철, 앞 책, 2008, 13-16쪽 ; 손승철,「朝·琉교린체제의 구조와 특징」,『조선과 유구』, 아르케, 1999, 43-45쪽; 노대환,『19세기 동도서기론 형성과정 연구』, 서울대 국사학과

박사논문, 1999, 14-70쪽(노대환, 『동도서기론 형성과정 연구』, 일지사, 2005); 원재연, 『조선후기 서양인식의 변천과 대외개방론』, 서울대 국사학과 박사논문, 2000, 21-183쪽; 천기철, 「직방외기의 저술의도와 조선지식인들의 반응」, 『직방외기: 17세기 예수회 신부들이 그려낸 세계』, 일조각, 2005, 323-368쪽; 원재연, 『서세동점과 조선왕조의 대응』, 한들출판사, 2003, 13-69쪽, 181-213쪽; 김문식, 『조선후기 지식인의 대외인식』, 새문사, 2009, 14-33쪽, 197-239쪽, 257-269쪽; 임종태, 『17,8세기 중국과 조선의 서구 지리학 이해』, 창비, 2012, 13-34쪽.

59) 조혜인, 앞 책, 2012, 49-51쪽; David E. Mungello, 앞 책, 2009a, 206쪽.
60) Plato, translated by Andrea Tschemplik, *The Republic*, Rowman & Littlefield Publishers, Inc., 2005, pp.213-249; 플라톤(최현 역), 『플라톤의 국가론』, 집문당, 1995, 248-288쪽.
61) 크릴은 유교철학의 계몽주의시대 사상가에 대한 강한 영향력을 주장했으나 아직 혁명과 연관성에 대해서는 신중한 입장을 취하였다. 반면에 다른 연구자들은 보다 강한 연관성을 제기하였다. H.G. Creel, 앞 책, 1988, 324-333쪽; David E. Mungello, 앞 책, 2009a, 200-205쪽; 朱謙之, 앞 책, 2010, 203-370쪽; 조혜인, 앞 책, 2012, 52-53쪽
62) 조혜인, 앞 책, 2009, 32쪽, 46-47쪽; 조긍호·강정인, 앞 책, 2012, 155-242쪽, 363-380쪽.
63) 피터 게이, 앞 책, 1998, 62쪽; J. J. Clark, 앞 책, 2004, 70-81쪽; David E. Mungello, 앞 책, 2009a, 204-205쪽, 274-275쪽.
64) L. A. Maverick, "Chinese Influence Upon the Physiocrats", *History*, 3(3), Feburary, 1938(Mark Blaung, ed., François Quesnay, vol.Ⅱ, Edward Elgar Publishing company, 1991, pp.54-67).
65) H. G. Creel, 앞 책, 1988, 309쪽, 327-329쪽; 朱謙之, 앞 책, 2010, 350-370쪽, 376-378쪽; David E. Mungello, 앞 책, 2009a, 205-206쪽; 조혜인, 앞 책, 2012, 234-235쪽, 397-401쪽; 김재훈, 「케네의 경제표와 그 학설사적 전개」, 『경제표』, 지식을만드는지식, 2010, 12-26쪽.
66) François Quesnay, op. cit., 1946, pp.109-304; 朱謙之, 앞 책, 2010, 212쪽.
67) 우리말로 번역된 '專制主義'는 다양한 기원을 갖는 표현이다. ①'Tyranny(전제주의·폭정·참주정)'는 플라톤이 민주정에 상반되는 정치체제로 사용하였다. ②'Absolutism(절대주의)'은 로마의 'Imperium'이나 中世 敎皇의 '專權' 개념을 빌어 군주의 절대권을 강조하는 입장에서 형성되었다. 실제로 18세기 絶代王廷에 'Enlightened Despotism(계몽전제주의)'나 'Enlightened Absolutism(계몽절대주의)'를 혼용해서 사용하는 경우도 많았다. 이때 '專制主義'는 啓蒙主義時代에 적응하여 理性에 절충한 君主制라는 긍정적 의미로 활용되었다. ③'Autocracy(絶對主義·專制主義)'는 국가의 권력이 1명(혹은 1계급·1정당)에 집중되고 어떠한 관습 또는 법률상 구속을 받지 않고 자의적으로 권력을 행사하는 정치체제로 정의한다. 이 개념은 혁명이후 절대왕정을 구체제로 간주하여 전제주의와 동일시하는 입장에서 사용되기도 했다. ④부정적인 의미의 'Despotism(전제주의)'은 아리스토텔레스가 사용한 가정에서 노예를 부리는 권력이라는 개념에서 유래하였으며, 몽테스키외가 『법의 정신』(1748)에서 동양의 제국에 빗대어서 부정적 이미지로 처음 사용하였다. 이는 헤겔을 통해서 재규정되고 이후 막스 베버나 비트포겔에 의해서 확산된 개념이다. 반면에

④프랑수아 케네는 'Despotism(전제주의)'을 긍정적인 의미로 재설정하여 중국의 유교 통치모델을 지칭하였으며, 이 시기 출현한 유럽의 계몽군주 모델은 중국의 유교정치를 참고하였다.

68) 조혜인, 앞 책, 2009, 53-56쪽.
69) H. G. Creel, 앞 책, 1988, 324-333쪽.
70) 朱謙之, 앞 책, 2010, 295-370쪽; 조혜인, 앞 책, 2012, 52-53쪽.
71) 청대 사회구조는 다음 참조. 임계순,『청사』, 신서원, 2000; 마스이 츠네오(이진복 역), 『대청제국』, 학민사, 2004; 마크 C. 엘리엇(이훈 외역),『만주족의 청제국』, 푸른역사, 2009; 이시바시 다카오(홍성구 역),『대청제국』, 휴머니스트, 2009; 구범진,『청나라, 키메라의 제국』, 민음사, 2012.
72) 김준석,「유형원의 변법관과 실리론」,『동방학지』75, 연세대 국학연구원, 1992, 69-113쪽; 김준석,「유형원의 정치국방체제 개혁론」,『동방학지』77·78·79, 연세대 국학연구원, 1993, 361-401쪽; 김준석,「유형원의 공전제이념과 유통경제 육성론」,『인문과학』74, 연세대 인문학연구원, 1995, 223-280쪽;「17세기 체제개혁론의 전개와 주례」, 『한국실학연구』10, 한국실학학회, 2005, 157-190쪽; James B. Palais, *Confucian Statecraft and Korean Institutions: Yu Hyongwon and the late Choson Dynasty*, University of Washington Press, 1996(김범 역,『유교적 경세론과 조선의 제도들: 유형원과 조선후기』 1·2, 산처럼, 2008).
73)『南溪集』, 正集, 卷15, 疏, 五辭吏曹判書兼進癸亥陳時務疏疏, 戊辰 6月 13日;『南溪集』, 正集, 卷12, 疏, 陳時務萬言疏, 戊辰 6月 13日;『肅宗實錄』卷19, 肅宗 14年 6月 乙卯(14日); 『肅宗實錄補闕正誤』卷19, 肅宗 14年 6月 乙卯(14日).
74) 聖學論이 16세기에는 君主의 절대권을 전제한 상황에서 소극적인 군주의 수신을 요구하였던 데 반해, 17세기에는 군주는 修身의 대상으로 전락하였고, 이를 이끄는 신하들은 스승으로 상정되었다. 그러나 18세기에 이르면 군주가 이미 학문을 연마하여 聖人君主를 자처하기 시작하고, 전통적인 왕통의 신성함과 學者君主의 면모를 두루 갖추었다. 김백철, 「조선후기 영조대 탕평정치의 이념과『周禮』」,『한국사론』51, 서울대 국사학과, 2005, 290-297쪽; 김백철, 앞 논문, 2010, 279-282쪽.
75) 최근 동서 철학의 논리를 비교하는 연구도 프랑스, 대만, 한국 등에서 산출되고 있다. 프랑수와 줄리앙(허경 역),『맹자와 계몽철학자의 대화』, 한울, 2009; 조혜인, 앞 책, 2009; 李明輝(이기훈·김기주 역),『유교와 칸트』, 예문서원, 2012; 황태연,『공자와 세계』 1-5, 청계, 2011; 조혜인, 앞 책, 2012.
76) 조혜인, 앞 책, 2012, 253-257쪽.
77) ㉠몽테스키외는 중국은 공포에 입각한 전제국가이며, 동양에서 정치적 자유는 실제로 알려져 있지 않다고 보았다. ㉡디드로(Denis Diderot, 1745-1772)는 문화·문명에서 중국민이 적어도 유럽과 대등하지만, 중국민의 도덕이나 종교적인 관습에 대한 보고는 과장되고 편향되어 있다고 보았다. ㉢엘베티우스(Claude-Adrien Helvétiu, 1715-1771)는 중국의 전제주의를 미개한 폭정이라고 비난했다. ㉣프리드리히 폰 그림(Friedrich Melchior von Grimm, 1723-1807)은 중국 숭배가 지나치고 옳지 않는 취향이라고 선언하고 중국은

미개한 전제국가라고 주장했다. ⑫루소는 중국을 타락한 문명의 전범으로 표현했다. ⑬ 콩도르세(Marie-Jean-Antoine-Nicolas de Caritat/Marquis de Condorcet, 1743-1794)는 자유가 결핍된 중국을 정치적 도덕적 진보에 장해물로 보았다. 정진농, 앞 책, 2003, 46-47쪽; J. J. Clark, 앞 책, 2004, 84-85쪽; David E. Mungello, 앞 책, 2009a, 208-221쪽.
78) 오리엔탈리즘 문제는 다음 참조. 에드워드 W. 세드(박홍규 역), 『오리엔탈리즘』, 교보문고, 1991 ; 주재홍, 『우리 안의 만들어진 동양』, 아카넷, 2009.
79) 조혜인, 앞 책, 2009, 46-47쪽, 53-56쪽, 185-189쪽.
80) 조성산, 「18세기후반-19세기전반 對淸認識의 변화와 새로운 中華관념의 형성과정」, 『한국사연구』145, 한국사연구회, 2009, 67-113쪽 ; Cho Sung-san, "The Formation and Transformation of the Awareness of a Common Cultural Identity in 19th Century Chosŏn", *International Journal of Korean History*, Vol. 16-1, Center for Korean History, Korea University, 2011, pp.81-113.
81) 김진수, 『우리는 왜 지금 낭만주의를 이야기하는가』, 책세상, 2001, 47-70쪽; 프레데릭 바이저(김주휘 역), 『낭만주의의 명령, 세계를 낭만화하라』, 그린비, 2011, 57-90쪽; 뤼디거 자프란스키(임우영 역), 『낭만주의: 판타지의 뿌리』, 한국외대출판부, 2012, 43-44쪽, 181-182쪽.
82) Montesquieu, translated by Thomas Nugent, *The Spirit of Laws*, Hafner Publishing Co., Inc., 1949, pp. ⅰ.99-100, pp. ⅰ.122, p. ⅰ.274, pp. ⅰ.301-304, p. ⅱ.62; 몽테스키외(이명성 역), 『법의 정신』, 홍신문화사, 1988, 15-32쪽, 258-267쪽; David E. Mungello, 앞 책, 2009a, 208-209쪽; John M. Hobson, 앞 책, 2005, 289-296쪽.
83) 영국의 명예혁명 당시 입헌군주제의 상징이 되었던 "왕은 군림하되 통치하지 않는다(The King reigns but does not govern)"는 표현은 실제로 『論語』「泰伯」의 "순임금과 우임금은 천하를 가지시고도 향유하지 않으셨도다(舜禹之有天下而不與焉)"에서 나왔다고 한다. 조혜인, 앞 책, 2012, 82~83쪽; 황태연, 「공자의 분권적 제한군주정과 영국 내각제의 기원(1): 윌리엄 템플의 중국 내각제 분석과 찰스 2세의 헌정개혁」, 『정신문화연구』37-2, 한국학중앙연구원, 2014; 황태연, 「윌리엄 템플의 중국 내각제 분석과 영국 내각제의 기획·추진: 공자의 분권적 제한군주정과 영국 내각제의 기원(2)」, 『정신문화연구』38-2, 한국학중앙연구원, 2015; 황태연, 「찰스 2세의 내각위원회와 영국 내각제의 확립: 공자의 분권적 제한군주정과 영국 내각제의 기원(3)」, 『정신문화연구』38-3, 한국학중앙연구원, 2015.
84) 동시대 볼테르조차 몽테스키외가 주창한 중국의 전제주의 테제와 법치부재론에 맞서서, 오히려 중국인의 높은 도덕성과 법치주의를 찬양하였을 정도였다. 황태연, 『공자와 세계』 3, 청계, 2011, 632쪽.
85) 루소(이태일 외역), 『사회계약론』, 범우사, 1975, 13-155쪽; 조지 세이빈·토마스 솔슨(성유보·차남희 역), 『정치사상사』 2, 한길사, 1983, 737-762쪽; 조긍호·강정인, 앞 책, 2012, 301-344쪽.
86) 정진농, 앞 책, 2003, 46-47쪽; J. J. Clark, 앞 책, 2004, 85쪽.
87) Georg Wilhelm Friedrich Hegel, translated by H.B. Nisbet, *Lectures on the Philosophy*

of the World History, Cambridge University Press, 1975, pp.200-202; 헤겔(권기철 역), 『역사철학강의』, 동서문화사, 1978, 122-141쪽, 385-392, 418-436쪽; 헤겔(김준수 역), 『자연법』, 한길사, 2004, 111쪽; Georg Wilhelm Friedrich Hegel, translated by R.F. Brown and J.M. Stewart with the assistance of H.S. Harris, Lectures on the History of Philosophy 1825-6, Vol. Ⅱ, Oxford University Press, 2009, pp.106-111; 조혜인, 앞 책, 2009, 73-74쪽, 153-155쪽, 159-162쪽, 169-175쪽, 180-187쪽.
88) 막스 베버(금종우 외역),『지배의 사회학』, 한길사, 1981, 128-132쪽; 조혜인, 2009, 앞 책, 154쪽, 160쪽, 163-169쪽.
89) Karl August Wittfogel, Oriental Despotism: A Comparative Study of Total Power, Yale University Press, 1955, pp.101-136; 임계순,「Karl A. Wittfogel의 동양식 전제주의 이론에 관한 고찰」,『정신문화연구』 17, 한국정신문화연구원, 1983, 140-148쪽.
90) 권기철,「헤겔의 생애와 사상」,『역사철학강의』, 동서문화사, 1978, 437-550쪽; 조지 세이빈·토마스 솔슨, 앞 책, 1983, 793-844쪽.
91) 헤겔, 앞 책, 1978, 129쪽.
92) 계몽주의시대 중농학파는 중국에 눈을 돌린 반면에 신비적인 프리메이슨은 이집트에 주목하여 프랑스군의 이집트 원정의 배경이 되었다고 한다. 그러나 제국주의와 낭만주의 시대가 도래하면서 점차 그리스문명을 최고로 비정하고 이국적인 문화는 인도가 차지하게 되었다고 평하고 있다. 마틴 버낼(오흥식 역), 『블랙아테나1: 날조된 고대 그리스, 1785-1985』, 소나무, 2006, 256-329쪽
93) 막스 베버의 가산관료제 모델이나 비트포겔의 수력사회 이론에서는 서구 절대왕정과 동양 전제주의 체제를 비교하였으나, 서구사회의 성공한 근대화만을 기준으로 역사를 재조명하는 결과론적 해석이 강하다. 막스 베버, 앞 책, 1981, 128-132쪽; Karl A. Wittfogel, op. cit., 1955, pp.101-136; 임계순, 앞 글, 1983, 140-148쪽.
94) 몽골제국은 다음 참조. 르네 그루쎄(김호동 외역),『유라시아 유목제국사』, 사계절, 1998; 김호동,『몽골제국과 고려』, 서울대출판문화원, 2007; 김호동,『몽골제국과 세계사의 탄생』, 돌베게, 2010.
95) 栗林宣夫,『里甲制の硏究』, 文理書院, 1971, pp.16-49; Ray Huang, Taxation and Governmental Finance in Sixteenth-century Ming China, literature and institutions Cambridge, Cambridge University Press, 1974, pp.34-36; 唐文基,『明代賦役制度史』, 中國社會科學出版社, 1991, pp.18-45.
96) 이태진,「16세기 동아시아 경제변동과 정치·사회적 동향」,『조선유교사회사론』, 지식산업사, 1989, 94-114쪽; 김동철,「국제교역의 발달과 마찰」,『한국사』28, 국사편찬위원회, 1996, 113-137쪽.
97) 김태영,「과전법의 붕괴와 지주제의 발달」,『한국사』28, 국사편찬위원회, 1996, 32-65쪽; 고석규,「상품유통과 공납제의 모순」,『한국사』28, 국사편찬위원회, 1996, 65-89쪽; 김종수,「군역제도의 붕괴」,『한국사』28, 국사편찬위원회, 1996, 89-113쪽.
98)『世宗實錄』卷112, 世宗 28年 5月 庚午(3日);『世宗實錄』卷117, 世宗 29年 7月 辛亥(21日).
99) 이재룡,「조세」,『한국사』 24, 국사편찬위원회, 1994, 488-490쪽.

100) 윤용출,『조선후기의 요역제와 고용노동』, 서울대출판부, 1998, 173-220쪽; 윤용출,「요역제의 붕괴와 모립제의 대두」,『한국사』30, 국사편찬위원회, 1998, 379-403쪽.
101)『世宗實錄』卷18, 世宗 4年 閏12月 庚午(17日);『世宗實錄』卷87, 世宗 21年 11月 乙卯(11日).
102)『中宗實錄』卷12, 世宗 5年 9月 甲寅(1日).
103) 이재룡, 앞 글, 1994, 460-465쪽.
104) 김성우,「공민층의 몰락과 국역체제의 해체」,『조선중기 국가와 사족』, 역사비평사, 2001, 95-159쪽.
105) 이재룡, 앞 글, 1994, 462-463쪽.
106) 야마구치 게이지(김현영 역),『일본근세의 쇄국과 개국』, 혜안, 2001, 13-58쪽.
107) 栗林宣夫, 1971, op. cit., pp.145-225; 唐文基, 1991, op. cit., pp.111-327; 김종박,「명대 부역제도의 변천과정과 국가구조」,『인문과학연구』5, 상명대 인문과학연구소, 1996, 5-33쪽; 김종박,「明代 賦役制度의 變遷過程」,『명청사연구』1, 명청사학회, 1992, 1-12쪽.
108) 김종박,「명말 均田均役法과 그 실시배경」,『동양사학연구』43, 동양사학회, 1993, 59-88쪽; 권인용,「명말청초 徽州의 역법변화와 里甲制」,『역사학보』169, 역사학회, 2001, 111-137쪽; 김종박,「명말청초기 이갑제의 폐지와 보갑제의 시행」,『중국사연구』19, 중국사학회, 2002, 157-206쪽; 김종박,「茗洲吳氏家記를 통해 본 明中期 徽州의 里甲制」,『명청사연구』30, 명청사학회, 2008, 201-225쪽.
109) 최창연,「명조의 통치체제와 정치」,『강좌중국사』Ⅳ, 지식산업사, 1989, 18-20쪽.
110) 오금성,「국법과 사회관행: 명대의 紳士優免을 중심으로」,『명청사연구』24, 명청사학회, 2005, 1-25쪽.
111) 김성우, 앞 책, 2001, 95-159쪽.
112) 한영국,「대동법의 시행」,『한국사』30, 국사편찬위원회, 1998, 479-516쪽.
113)『宣祖實錄』卷200, 宣祖 39年 6月 壬戌(25日);『光海君日記』卷97, 光海君 7年 11月 乙酉(13日)[中草本];『承政院日記』, 天啓 5年(인조 3) 8月 11日(丁亥);『仁祖實錄』卷20, 仁祖 7年 2月 乙卯(29日);『仁祖實錄』卷31, 仁祖 13年 11月 己巳(23日);『萬機要覽』, 財用編 2, 收稅, 各道收稅, 仁祖甲戌;『大典會通』卷2, 戶典, 收稅, [續]凡一結收田稅四斗; 김옥근,「조선후기 전세제도 연구」,『부산산업대학논문집』9, 부산산업대, 1972, 43-44쪽.
114) "凡田竝用一等尺打量[註: 二等以下尺度在大典而今不用]."『續大典』卷2, 戶典, 量田.
115) 김종박, 앞 논문, 1993, 59-88쪽.
116) 차용진,「淸代 '地丁銀'制 成立에 關한 一考察」, 성균관대 사학과 석사논문, 1983, 18-27쪽; 김선혜,「淸初 地丁銀制 改革에 대한 一考察」, 숙명여대 사학과 석사논문, 1994, 9-10쪽.
117) 차용진, 같은 논문, 1983, 28-40쪽; 김선혜, 같은 논문, 1994, 37-43쪽; 허원,「청대전기 부역제도의 개혁과 지정은제의 성립」,『인문과학연구』14, 서원대 미래창조연구원, 2003, 285-297쪽.
118) 숙종 23년(1697) 및 숙종 43년(1717)에는 敬差官 파견이 실효가 없으므로 중앙에서 災結 상황을 파악하는 방안이 논의되었으며, 숙종 30년(1704) 釐整廳의 군액개혁, 숙종

37년(1711)의 里定法 실시 등으로 총액제 운영방식이 서서히 형성되어 있었다. 김옥근, 앞 논문, 1972, 45-48쪽; 김성우, 「17세기의 위기와 숙종대 사회상」, 『역사와현실』 25, 한국역사연구회, 1997, 43-44쪽[이태진·김백철 편, 『조선후기 탕평정치의 재조명』상, 태학사, 2011].
119) 『英祖實錄』卷59, 英祖 20年 7月 乙未(20日); 『英祖實錄』卷61, 英祖 21年 正月 庚辰(8日); 『英祖實錄』卷68, 英祖 24年 10月 庚寅(9日); 『英祖實錄』卷107, 英祖 42年 10月 乙巳(9日); 『萬機要覽』, 財用編2, 年分, 英宗庚辰(영조 36); 김옥근, 앞 논문, 1972, 46쪽.
120) 총액제에 대한 평가는 18세기와 19세기에 극명하게 엇갈린다. 18세기에는 부세제도 개혁선상에서 귀결된 합리적인 중앙재정의 관리방안으로 대두하였으나 19세기 중앙정부의 통제력이 약화되자 탐관오리가 族徵, 隣徵, 黃口添丁, 白骨徵布를 일삼는 원인으로서 비총제에 기반한 공동납이 지적되었다.
121) 김종박, 앞 논문, 1993, 185-188쪽.

3장 [현대사] 한류의 대두와 역사적 배경

1) 한류의 최신 연구 경향은 다음 참조. 한국문화연구소 편, 『한류 현상과 한국학: 확산과 향상을 위한 모색』, 서울대 한국문화연구소 제100회 학술발표회, 2005.11.18.; 손승혜, 「학술논문의 메타분석을 통해 본 한류 10년」, 『언론과 사회』17-4, 성곡언론문화재단, 2009; 류은영, 「프랑스, 글로벌한류의 가능성」, 『프랑스문화예술연구』38, 프랑스문화예술학회, 2011; 장규수, 「한류의 어원과 사용에 관한 연구」, 『한국콘텐츠학회논문지』11-9, 한국콘텐츠학회, 2011; 김호연, 「한류를 통해 바라본 한국영화의 확산 현상 연구」, 『코기토』11, 부산대 인문학연구소, 2011; 손승혜, 「전문가 심층 인터뷰를 통한 한류 정책의 이해와 평가」, 『문화정책논총』25-1, 한국문화관광연구원, 2011; 정수영, 「일본내 한류지형의 탐색 및 한류 수용자의 문화적 실천에 관한 연구」, 『미디어,젠더&문화』20, 한국여성커뮤니케이션학회, 2011; 웬티트엉·최정길·리홍빈, 「문화계발이론과 계획행동이론을 통한 한류 문화콘텐츠와 베트남인의 한국방문에 관한 연구」, 『관광연구』26-3, 대한관광경영학회, 2011; 홍석경, 「서유럽의 동아시아 대중문화 향유를 이해하기」, 『한국언론학회 학술대회 발표논문집』, 한국언론학회, 2011; 서철현·양지연, 「중국인이 지각하는 한류의 K-POP 속성이 국가이미지에 미치는 영향」, 『대한경영학회지』25-4, 대한경영학회, 2012; 유세경·이석·정지인, 「중국 일간지의 "한류" 보도에 나타난 프레임 분석」, 『한국언론정보학보』57, 한국언론정보학회, 2012; 손승혜, 「한류 수용의 로컬 콘텍스트와 글로벌 팬덤의 특성」, 『미디어 경제와 문화』10-1, SBS문화재단, 2012; 김수정, 「동남아에서 한류의 특성과 문화취향의 초국가적 흐름」, 『방송과 커뮤니케이션』13-1, 문화방송, 2012; 이수안, 「유럽의 한류를 통해 본 문화혼종화」, 『한·독사회과학논총』22-1, 한독사회과학학회, 2012; 김승수, 「한류문화산업의 비판적 이해」, 『지역사회연구』20-4, 한국지역사회학회, 2012; 홍용희, 「한민족디아스포라문학의 이중적 정체성과 한류의 역할론」, 『한국시학연구』35,

한국시학회, 2012; 홍석경,「프랑스의 한국 아이돌문화 여성팬덤과 성담론에 대한 연구」,『한국언론학보』56-1, 한국언론학회, 2012; 홍석경,「세계화 과정 속 디지털 문화 현상으로서의 한류」,『언론정보연구』50-1, 서울대 언론정보연구소, 2013.
2) 일본드라마의 유행과 한국드라마의 교체현상은 다음 참조. 박장순,『한류 한국과 일본의 드라마 전쟁』, 커뮤니케이션북스, 2008; 박장순,『한류 아시아 TV드라마 시장의 역사』, 북북서, 2012.
3) 대만, 중국, 몽골, 베트남, 싱가포르, 태국, 일본 등 아시아의 한류지형도는 다음 참조. 신윤환 외,『동아시아의 한류』, 전예원, 2006; 방정배 외,『한류와 문화 커뮤니케이션』, 커뮤니케이션북스, 2007; 노준석 외,『한류 포에버: 중국, 대만편』, 한국문화산업교류재단, 2010; 이한우 외,『베트남 한류를 보는 한국과 베트남의 시각』, 이매진, 2013.
4) 아시아에서 홍콩·일본·대만·한국 등의 문화 선호 현상은 다음 참조. 장규수,『한류와 아시아류』, 커뮤니케이션북스, 2013.
5) 일본의 한류 양상은 다음 참조. 고정민 외,『한류 포에버: 일본편』, 한국문화산업교류재단, 2011.
6) 방송콘텐츠의 수익모델은 다음 참조. 박재복,『한류 글로벌 시대의 문화경쟁력』, 삼성경제연구소, 2005.
7)「'일본열도를 사로잡은 '겨울연가' 열풍」,『일요스페셜』, KBS1, 2004.07.25.
8) '겨울연가' 전후의 일본 한류는 다음 참조. 히라타 유키에,『한국을 소비하는 일본: 한류 여성 드라마』, 책세상, 2005.
9) 김효순,「일본내 조선학생 124건 피해」,『한겨레신문』, 1994.06.17; 김효순,「"조선인은 조선으로 떠나라" 찢긴 치마…찢긴 일본양심」,『한겨레신문』, 1994.07.22.
10) 예컨대 오랫동안 우리나라 로마자 표기인 Corea가 Korea으로 바뀐 과정을 두고 Japan보다 알파벳 순서를 뒤로 해서 올림픽 입장 순서를 앞서기 위함이라는 루머가 돌았다. 그러나 식민지 조선에서 올림픽 무슨 의미가 있겠으며, 실제 대한제국은 두 표기를 모두 사용했다는 사실 등을 볼 때 설득력이 없으며, 이런 모든 부정적인 평가는 일방적으로 일제 만행으로 치부하는 방식에 지나지 않았다. 국호에 대해서는 다음 참조. 이영호,「국호영문표기, Corea에서 Korea로의 전환과 의미」,『역사와현실』58, 한국역사연구회, 2005; 오인동,『꼬레아, 코리아 서양인이 부른 우리나라 국호의 역사』, 책과함께, 2008.
11) 남승원,「런닝맨 중국 베이징서 '폭풍환영'에 함박웃음」,『TV리포트』, 2011.09.14;「홍콩 런닝맨 인기폭발, 어딜가나 팬들로 인산인해 이뤄」,『엑스포츠뉴스』, 2011.12.12; 곽현수,「中 웨이보에 '런닝맨' 촬영현장 사진 한가득 가는곳마다 '인산인해'」,『티브이데일리』, 2013.02.14; 고승희,「한류플러스: 드라마 K-POP넘은 예능수출시대 열렸다」,『헤럴드경제』, 2013.05.29.
12) 김영선,「韓드라마 日안방 점령에 반발 확산」,『파이낸셜뉴스』, 2011.09.21.
13)「대만, 황금시간대 한국드라마 방송에 연예계 강력반발」,『위클리홍콩』, 2009.04.23.
14)「대만 입법위원 후보 "나라 치료하는 대장금 되겠다"」,『국민일보』, 2004.10.12;「'대장금', 대만교과서에 실린다」,『머니투데이』, 2006.08.16;「드라마 '대장금' 대만교과서에 실려」,『교통신문』, 2006.08.19.

15) 이용욱,「중국, '한국드라마 쿼터제' 강력 요구」,『마이데일리』, 2006.03.05.
16) 세계시민주의는 멀리는 그리스 전통에서 연원을 찾기도 하지만 실질적으로는 18세기 말 칸트가 구체화한 논의이고 20세기 초 세계화의 진전에 따라 동아시아 공동체 내지 시민사회론이 대두하였다. 安重根에서부터 최근 참여정부의 세계시민사회론까지 그 논의는 각양각색으로 전개되었으나 실현 여부를 두고는 이상적인 기대와 회의적인 시각이 공존하고 있다. 임마누엘 칸트(이한구 역),『영구 평화론: 하나의 철학적 기획』, 서광사, 2008; 최원식・백영서,『동아시아인의 '동양'인식』, 문학과지성사, 1997; 가타야마 요시히로・겐모츠카나에,『어떤 시도: 지역간 교류가 외교를 바꾼다』, 세계사, 2006; 최장집・하마시타 다케시 공편,『동아시아와 한일교류』, 아연출판부, 2008; 조재욱,『표류하는 동아시아 공동체』, 한국학술정보, 2009; 이태진 외,『영원히 타오르는 불꽃, 안중근의 하얼빈 의거와 동양평화론』, 지식산업사, 2010; 문정인・오코노기 마사오 공편,『동아시아 지역질서와 공동체 구상』, 아연출판부, 2010; 최혜실,『한류 문화와 동북아 공동체』, 집문당, 2010; 진성곤 외,『근대 동아시아 담론의 역설과 굴절』, 소명출판, 2011.
17) 임미나,「애니 진격의 거인 한국열풍…일본서도 놀랐대요」,『연합뉴스』, 2013.09.08.
18) 이는 사실 한・중・일 삼국의 역사학자들의 만남에서도 쉽게 확인되는데, 이제까지 엄밀한 의미의 동아시아 역사 분쟁은 존재하지 않았다고 본다. 각국의 역사학자들 누구도 각국 정부의 극단적인 행태에 찬동하거나 지지를 표한 적도 없었다. 중국에서도 전문 역사학자들이 동북공정에 참여하지 않고 있으며, 한국에서도 군사정권 시절의 화려한 고대사를 꿈꾸는 데 동참하지 않았다.「국사교과서 개편주장에 편찬위원회서 반박성명 "제시된 의견은 신빙성 희박"」,『경향신문』, 1978.11.15;「소송제기에 경고성명 맞서 2라운드에 접어든 국사논쟁」,『경향신문』, 1978.11.24;「1심서 패소한 "국사교과서 오류확인 소송" 불복 항소제기」,『경향신문』, 1980.08.14;「"국사교과서 일잔재 없애야" 재야역사단체 "반영 안 되면 소송도 불사"」,『경향신문』, 1988.05.06; 김원철,「中주류사학계 "그래도 고구려는 한국사"…베이징대 등 동북공정 동참 안해」,『국민일보』, 2006.09.18; 윤종영,『국사교과서파동』, 혜안, 1999; 한중일3국공동역사편찬위원회,『미래를 여는 역사: 한중일이 함께 만든 동아시아 3국의 근현대사』, 한겨레출판, 2005; 차미희,『한국 중고등학교의 국사교육: 국사과 독립시기(1974-1994)를 중심으로』, 교육과학사, 2011; 한중일3국공동역사편찬위원회,『한중일이 함께 쓴 동아시아 근현대사』1・2, 휴머니스트, 2012.
19)「한일병합조약 원천무효 한일지식인 공동선언」, 2010.05.10; 김범수,「"한일 강제병합 원천무효" 한일지식인 공동성명」,『한국일보』, 2010.07.08.
20) 이매뉴얼 월러스틴(나종일 외 역),『근대세계체제 I: 자본주의적 농업과 16세기 유럽 세계경제의 기원』, 까치, 1990, 33-106쪽.
21) 동서교류사는 다음 참조. 나가사와 카즈토시(민병훈 역),『동서문화의 교류』, 민족문화사, 1993; 무하마드 깐수(정수일),『신라-서역교류사』, 단국대출판부, 1994; 한국돈황학회 편,『동서문화교류연구』, 국학자료원, 1997; 小林多加士,『海のアジア史: 諸文明の'世界=經濟'』, 藤原書店, 1997; 정수일,『고대문명교류사』, 사계절출판사, 2001; 김호동,『동방기독교와 동서문명』, 까치글방, 2002; 정수일,『문명교류사연구』, 사계절출판사, 2002; 최소

자,『동서문화교류사연구: 명청시대 서학수용』, 삼영사, 2002; 정수일,『문명의 루트 실크로드』, 효형출판, 2002; 양승윤 외,『바다의 실크로드』, 청아출판사, 2003; 안드레 군더 프랑크(이희재 역),『리오리엔트』, 이산, 2003; 신웬어우(허일 외역),『중국의 대항해자 정화의 배와 항해』, 심산, 2005; 정은주 외,『비단길에서 만난 세계사』, 창비, 2005; 재닛 아부 루고드(박홍식 외역),『유럽패권이전: 13세기 세계체제』, 까치글방, 2006; 정수일,『문명담론과 문명교류』, 살림, 2009; 주경철,『문명과 바다』, 산처럼, 2009; 조흥국,『한국과 동남아시아 교류사』, 소나무, 2009; 편일평,『페이퍼로드 기행』, MBC프로덕션, 2009; 정수일,『초월, 실크로드를 가다』, 창비, 2010; 나가사와 카즈토시(민병훈 역),『돈황의 역사와 문화: 동서문화 교류의 십자로, 실크로드의 요충, 돈황의 역사지리학적 통사』, 사계절, 2010; 가와구찌 가즈히꼬(정학봉 역),『경교, 아시아교회』, 동서남북, 2010; 엔리케 두셀(박병규 역),『1492년 타자의 은폐: '근대성 신화'의 기원을 찾아서』, 그린비, 2011.

22) 정수일,「유목기마민족과 문명교류」, 앞 책, 2001; 와다 마사오(김숙경 역),『흉노』, 아이필드, 2007; 오다니 나카오(민혜홍),『대월지』, 아이필드, 2008; 김호동,『몽골제국과 세계사의 탄생』, 돌베개, 2010; 장진퀘이(남은숙 역),『흉노제국 이야기: 유라시아 대륙 양단에 강력한 흔적을 남기고 사라진 흉노를 찾아서』, 아이필드, 2010.

23) 정수일,「로마와 한의 교류」, 앞 책, 2001, 323-398쪽;「랭턴박사의 역사추적 1부: 신라 인명유리구슬의 비밀」,『역사스페셜』, KBS1, 2012.01.05;「문명의 기억 '지도' 제2부: 프톨레마이오스 지도」,『공사창립특집 KBS 대기획』, KBS1, 2012.03.04.

24) 알타이 문명은 다음 참조. 국립중앙박물관 편,『알타이 문명전』, 국립중앙박물관, 1995.

25) 재야에서 화려한 고대사를 주창하는 내용은 다음 참조. 신채호(박기봉 역),『조선상고사』, 비봉출판사, 2006; 신채호(박기봉 역),『조선상고문화사』, 비봉출판사, 2007; 최남선(정재승·이주현 역),『불함문화론』, 우리역사재단, 2008; 신용하,『한국민족의 형성과 민족사회학』, 지식산업사, 2001.

26) 요시미즈 츠네오(오근영 역),『로마문화 왕국신라』, 씨앗을뿌리는사람, 2002; 이한상,『황금의 나라 신라』, 김영사, 2004; 임재해,『신라 금관의 기원을 밝힌다』, 지식산업사, 2008; 박선희,『우리금관의 역사를 밝힌다』, 지식산업사, 2008;「황금보검을 해부하다」, 경주국립박물관 특별전시회, 2010.02.02.-04.04;「황금의 나라, 신라왕릉 황남대총」, 국립중앙박물관 특별전시회, 2010.09.07.-10.31; 이종호,『황금보검의 비밀: 칼 한 자루에 얽힌 한국 고대사 최대 수수께끼와 유럽 역사』, 북카라반, 2013.

27)『三國遺事』卷2, 紀異2, 駕洛國記; 정수일, 앞 책, 2002, 215-217쪽; 조흥국, 앞 책, 2009, 37-43쪽. ※단, 최근에는 이 자료를 비판적으로 보는 시각도 등장하였다. 이광수,『인도에서 온 허왕후, 그 만들어진 신화』, 푸른역사, 2017.

28) 김현구,『백제는 일본의 기원인가』, 창비, 2002, 78-137쪽; 고영진,「한류현상의 한국문화사적 의의」,『한류 현상과 한국학: 확산과 향상을 위한 모색』, 서울대 한국문화연구소 제100회 학술발표회 자료집, 2005.11.18.

29) 무하마드 깐수, 앞 책, 1992, 324-346쪽; 정수일, 앞 책, 2002, 218-219쪽; 이희수,「걸프해에서 경주까지, 천년의 만남」,『바다의 실크로드』, 청아출판사, 2003, 280-281쪽.

30) 정수일, 앞 책, 2009, 239-268쪽;「이스탄불-경주세계문화엑스포 2013기념 세계수도문화

연구회 국제심포지엄」, 터키 이스탄불, 세계수고문화연구회·경주대 지역발전연구원, 2013.09.06; 이규성, 「위대한 문명개척자 '혜초', 터키 이스탄불에서 부활」, 『아시아경제』, 2013.09.08.
31) 이븐 쿠르다드비의 『왕국과 도로총람』(846)과 알-마크리지의 『창세와 역사서』(966)에서 신라를 황금의 나라로 묘사하였으며, 알 까즈위니의 『제국유적과 인류소식』(1250)에서 "신라 주민은 세상에서 가장 아름다운 외모를 가지고 있다"고 설명하고, 알 라지(854-932)는 "신라는 살기 좋고 이점이 많으며, 금이 풍부하기 때문에 일단 그곳에 들어가면 정착해서 떠나지 않는다"고 하였으며, 알 이드리시(1099-1166)의 『천애횡단갈망자의 산책』에서는 "신라를 방문한 여행자는 나올 생각을 하지 않으며 금이 너무 흔하다"고 하였다. 무하마드 깐수, 앞 책, 1992, 313-324쪽; 정수일, 「중세 아랍인들의 신라 지리관」, 앞 책, 2002, 287-325쪽; 이희수, 앞 글, 2003, 273-280쪽; 정은주 외, 「비단길과 우리나라」, 『비단길에서 만난 세계사』, 창비, 2005, 339-340쪽.
32) 무하마드 깐수, 앞 책, 1992, 443-530쪽; 김문경, 「해상활동」, 『한국사』9, 국사편찬위원회, 1998, 313-318쪽.
33) 한영우, 『다시 찾는 우리역사 제1권: 고대·고려』, 경세원, 2004, 154쪽, '십자가 장식' 및 '성모 마리아상' 사진; 김호동, 앞 책, 2002, 160-161쪽 '불국사에서 발견된 유물' 사진.
34) 재닛 아부-루고드, 앞 책, 2006, 163-212쪽, 345-382쪽.
35) 박경자, 「貢女 출신 高麗女人들의 삶」, 『역사와담론』55, 호서사학회, 2010, 52쪽 註54.
36) 이강한, 『고려와 원제국의 교역의 역사: 13-14세기 감춰진 교류상의 재구성』, 창비, 2013, 191-262쪽.
37) 이영호, 앞 논문, 2005, 343-345쪽; 오인동, 앞 책, 2008, 31-68쪽, 151-196쪽.
38) 미야 노리코(김유영 역), 『조선이 그린 세계지도: 몽골제국의 유산과 동아시아』, 소와당, 2010, 119-116쪽.
39) 노태돈, 「백제부흥운동 백강구 전투」, 『하나의 역사, 두가지 생각, 한일역사의 쟁점 2010』, 경인문화사, 2010, 151-177쪽.
40) 『일본서기』의 한반도 시선은 다음 참조. 김현구, 『일본서기 한국관계기사 연구』1~2, 일지사, 2002~2003; 김현구, 『고대한일교섭사의 제문제』, 일지사, 2009.
41) 신형식, 「통일신라의 대일관계」, 『강좌 한일관계사』, 현음사, 1994, 110-145쪽; 김문경, 앞 글, 1998, 323쪽.
42) 이현종, 『조선전기 대일교섭사 연구』, 한국연구원, 1964, 9-16쪽; 손승철, 「왜구와 조일통교」, 『하나의 역사, 두 가지 쟁점, 한일역사의 쟁점 2010』, 경인문화사, 2010, 178-206쪽; 「한국과 일본 2부: 적대」, 『국권침탈 100년 특별기획』, KBS1, 2010.08.21.
43) 하우봉, 「조선전기 대일관계」, 『강좌 한일관계사』, 현음사, 1994, 274-278쪽.
44) 오사카와 노부히사, 「15세기 조선의 일본통교에서의 대장경 하사와 그 의미」, 『한일교류와 상극의 역사』, 경인문화사, 2010, 359-378쪽.
45) 조선통신사는 다음 참조. 이원식, 『조선통신사』, 민음사, 1991; 한일공통역사교재제작팀, 『조선통신사』, 한길사, 2005; 나카오 히로시(유종현 역), 『조선통신사이야기』, 한울, 2005; 정장식, 『통신사를 따라 일본에도시대를 가다』, 고즈윈, 2005; 손승철, 『조선통신사 일본과

통하다』, 동아시아사, 2006; 조선통신사문화사업회 편,『조선통신사 옛길을 따라서』1~3, 한울, 2007~2009; 박화진·김병두,『에도 공간 속의 통신사』, 한울아카데미, 2010; 나카오 히로시(손승철 역),『조선통신사』, 소화, 2012; 나카오 히로시·하우봉 외,『조선통신사 한일교류의 여러양상』, 보고사, 2012.

46) 尹斗緖는 일본「本朝圖鑑綱目」(1687)과「日本海山潮陸圖」(개정판, 1691)를 참고로 모사하고 약간의 수정을 덧붙여「日本輿圖」를 제작하였고, 丁若鏞의『論語古今註』에는 이토 진사이(伊藤仁齋), 오규 소라이(荻生徂徠), 다자이 준(太宰純) 등의 학설이 인용되고 있으며, 韓鎭書의『海東繹史續』(일명『海東繹史地理考』)에서는『日本書紀』가 처음으로 활용되었다. 韓鎭書,『海東歷史續集』제7권, 지리고7, 新羅, 城邑; 차미애,「공재 윤두서의 국내외 지리인식과 지도작성」,『역사민속학』37, 한국역사민속학회, 2011, 311-349쪽; 김인환,『기억의 계단: 현대문학과 역사에 대한 비평』, 민음사, 2001, 365쪽.

47) 한일간 역사 및 역사인식의 충돌은 다음 참조. 旗田巍 編,『シンポジウム·日本と朝鮮』, 勁草書房, 1969; 이재오,『한일관계사의 인식Ⅰ: 한일회담과 그 반대운동』, 학민사, 1984; 李盛煥,『近代東アジアの政治力學: 間島をめぐる日中朝關係の史的展開』, 錦正社, 1991; 지명관,『한일관계사 연구: 강점에서 공존까지』, 소화, 2004; 川島眞·服部龍二 編,『東アジア國際政治史』, 名古屋大學出版會, 2007; 조광·손승철 편,『하나의 역사, 두 가지 쟁점, 한일역사의 쟁점 2010』, 경인문화사, 2010.

48) François Quesnay, translated by Lewis Adams Maverick, "Despotism in China", *China, a model for Europe*, Paul Anderson Company, 1946, pp.109-304.

49) H. G. Creel(이성규 역),『공자, 인간과 신화』, 지식산업사, 1988, 310-316쪽 ; 정진농,『오리엔탈리즘의 역사』, 살림, 2003, 41-45쪽; J. J. Clark, *Oriental Enlightenment: the Encounter between Asian and Western Thought*, Routledge, 1998, pp.37-53; David E. Mungello, *Curious Land: Jesuit Accommodation and the Origins of Sinology*, University of Hawaii Press, 1989, pp.44-73; David E. Mungello, *The Great Encounter of China and the West, 1500-1800*, Rowman & Littlefield Publishers, 2005, pp.111-119; 朱謙之,『中國思想對於歐洲文化之影響』, 商務印書館, 1940, pp.47-155, pp.156-235.

50) 김백철,「조선시대 역사상과 공시성의 재검토: 14~18세기 한국사 발전모델의 모색」,『한국사상사학』44, 한국사상사학회, 2013, 295-298쪽.

51) 미스기 다카토시(김인규 역),『동서도자교류사: 마이센으로 가는 길』, 눌와, 2001, 134-161쪽; 티머시 브룩(박인균 역),『베르베르의 모자: 베르메르의 그림을 통해 본 17세기 동서문명교류사』, 추수밭, 2008, 119-132쪽; 정수일,「해양 실크로드를 통한 도자문화의 교류」, 앞 책, 2009, 367-426쪽; 김성규,「동서 문화교류의 역사, 실크로드에서 대항해시대까지」,『동양과 서양의 위대한 만남 1500-1800』, 휴머니스트, 2009, 276-281쪽.

52) François Quesnay, op. cit., 1946, pp.109-304.

53) J. J. Clark, op. cit., 1998, pp.37-53; David E. Mungello, op. cit., 2005, pp.120-132.

54) 막스 베버(금종우·전남석 역),『지배의 사회학』, 한길사, 1981, 128-132쪽; 조혜인,『공민사회의 동과 서』, 나남, 2009, 154쪽, 160쪽, 163-169쪽.

55) Karl August Wittfogel, *Oriental Despotism: A Comparative Study of Total Power*,

Yale University Press, 1955, pp.101-136; 임계순, 「Karl A. Wittfogel의 동양식 전제주의 이론에 관한 고찰」, 『정신문화연구』17, 한국정신문화연구원, 1983, 140-148쪽.
56) 김백철, 앞 논문, 2013, 299-304쪽.
57) 2004년 IMF 통계는 외환보유고 1위 일본[$795.47], 2위 중국[$439.8], 3위 대만[$227.66], 4위 유럽연합[$180.96], 5위 한국[$163.64] 등 순이며, 2006년 CIA통계는 1위 중국[$1,034], 2위 일본[$864.7], 3위 러시아[$314.5], 4위 대만[$280.6], 5위 한국[$239], 2007년 매일경제신문 통계는 1위 중국[$1,332.6], 2위 일본[$932.2], 3위 러시아[$416.0], 4위 대만[$261.4], 5위 한국[$255.3] 등 순으로 사실상 동아시아 4개국이 대부분의 외환보유고를 석권하였다. ※단위 billion.
58) 기획재정부의 공시에 따르면, 한국의 국가신용등급은 Moody's가 2004-2007년 A2, 2010년 A1, 2012년 Aa3, S&P가 2004년 -A, 2005-2009년 A, 2010년 A+이며, Fitch가 2004-2011년 A+, 2012년 AA- 등의 순이다. 특히, 2008년 일본 Aaa, AA, AA, 대만 Aa3, AA-, A+, 한국 A2, A, A+, 중국 A1, A, A+인데 비해서 스페인 WR, AAA, AAA, 이탈리아 WR, A+, AA-, 포르투갈 WR, AA-, AA, 미국·영국·프랑스·독일·스위스·스웨덴·캐나다 등은 모두 Aaa, AAA, AAA이다. 이는 같은 시기 외환보유고가 미미한 서방 국가들이평균 AAA를 유지하는 데 비하여 동아시아 국가의 신용도는 대체로 AA 혹은 A에 불과하여 과소 평가되어 있다.
59) 이때 가장 피해를 본 것은 전쟁기 채무의 면제를 거부당한 영국이었으며, 심지어 1976년에는 IMF 구제금융까지 신청한 바 있다. 영국의 유로존 참여 거부는 이러한 뼈아픈 경험이 있었기 때문이다. 최근들어 통화정책까지 발목을 잡았다. 유로 통화의 단일화로 경제강국이던 프랑스와 독일이 피해를 보고 과거 환율이 존재하던 시기에는 스페인이나 이탈리아, 그리스 등은 상당한 경제적 격차가 반영되었으나 단일화된 통화에서 신용등급도 상향평준화됨으로써 부실이 감추어졌다. 베리 아이켄그린(강명세 역), 『글로벌라이징 캐피털:국제통화체제는 어떻게 진화하는가』, 미지북스, 2011a, 143-198쪽; 베리 아이켄그린(김태훈 역), 『달러제국의 몰락』, 북하이브, 2011b, 82-93쪽.
60) 중화권, 일본, 동남아시아, 중앙아시아, 미주, 유럽, 중동 등 지역별 한류 현상은 다음 참조. 고정민 외, 『한류 포에버: 한류의 현주소와 경제적 효과 분석』, 한국문화산업교류재단, 2008; 고정민 외, 『한류 포에버: 세계는 한류스타일』, 한국문화산업교류재단, 2012.
61) 「코리아 브랜드 연합군, 러시아의 마음을 열다」, 『신화창조』, KBS1, 2004.11.05.
62) 박창신, 「중동, 한국가전 전성시대」, 『조선일보』, 2005.05.19; 「중동, 한국에 빠지다」, 『경제매거진M』, 2008.12.13; 신버들, 「중동, 한국색깔에 떠들썩」, 『월간중앙』, 2011.12.01.
63) 최진석, 「몽골어로 한국은 '솔롱고스'…어떤 의미?」, 『한국경제』, 2010.06.24; 이형섭, 「터키가 형제의 나라인 진짜이유」, 『뉴스에이』, 2010.07.02; 「앙카라 학교, 터키 참전용사들의 감동사연에 누리꾼 뭉클」, 『아시아투데이』, 2013.07.13.
64) 조성내, 「한국 음식맛 중국진출 활발」, 『연합뉴스』, 2003.11.18; 송기용, 「농심 "중국 긴축정책 큰 영향없어"」, 『머니투데이』, 2004.05.03; 「중국인의 입맛을 잡아라! 한국라면! 중국진출기」, 『신화창조』, KBS1, 2005.11.13.

65) 국가 브랜드는 다음 참조. 이창현,『국가브랜드와 한류』, 한국학술정보, 2011.
66) 한류의 변화상은 다음 참조. 정강현,「Special Knowledge(389): 韓流가 달려온 길」,『중앙일보』, 2011.12.08; 최광식,『한류로드: 전통과 현대의 창조적 융화』, 나남, 2013; 이종임,『신한류와 문화이동의 지형학』, 논형, 2013.
67) 박희지,「K-Pop의 특성과 K-Pop 아이돌의 패션이미지」, 서울대 의류학과 석사논문, 2012; 김은구,「빅뱅·싸이 앞세운 YG, 매출 1000억돌파…SM과 '빅2체제'」,『이데일리』, 2013.01.25; 민영,「SM, K팝 수출액 1000억돌파…YG도 200여억 증가」,『세계일보』, 2013.09.08.
68) 한류의 프랑스 등 유럽 영향은 다음 참조. 홍석경,『세계화와 디지털문화시대의 한류』, 한울아카데미, 2013.
69) 김현우,「박은식의 양계초 수용에 관한 연구: 박은식 유교구신과 근대성을 중심으로」,『개념과소통』11, 한림대 한림과학원, 2013, 12쪽 註9.
70) 최형욱,「한국산 전자제품 중동특수 예감」,『한국경제』, 2003.05.25.
71) 김재일,「콘디 라이스 전 美 국무장관 "DJ는 이상주의자…노무현은 속을 알 수 없었죠"」,『한국경제』, 2012.08.23.
72) 백만석,「반기문 UN사무총장 내정, 노무현 외교성과의 50%」,『데일리서프라이즈』, 2006.10.05.
73) 당시 이러한 선언 이후 보수 언론에서는 약소국의 무리한 꿈으로 치부되어 냉소적인 비난을 받았지만, 최근(2008~2012) 중국과 북한과의 관계를 고려해 보면, 당시 균형외교가 한국의 외교력을 높이는 데 얼마나 기여했는지 새삼 실감할 수 있는 대목이다. 지난 정부의 수년간 교착상태에 빠진 외교단절 사태, 심지어 평화 시 한중간 황해 어로행위에 대한 통상적인 제재 조치조차 양국 간 극단적인 반감을 사기도 했다. 황준호,「노무현정부의 '동북아균형자론' 부활시킬 때가 왔다」,『프레시안』, 2011.05.29.
74) 미숙한 외교정책은 경제적으로도 악영향을 면치 못하였다. '對中수출'과 '對美수출', 그리고 '內需시장'의 트라이앵글 경제구조의 균형점에서 환율제어를 해야 했으나, 대미수출 일변도의 환율정책으로 국내의 대중국 수출 기반의 대기업들은 수년간 약세를 금치 못하고 내수도 붕괴되어 갔으며, 오직 대미수출 기업만이 흑자를 기록하였다. 임혜현,「외환보유고 떨어져 제2 IMF우려(?): 강만수 외환정책여파 나타나 경제계 긴장」,『프라임경제』, 2008.08.04; 김종철,「10조 날리고도 밑빠진 시장에 달러붓기」,『오마이뉴스』, 2008.08.07;「정부 100억달러 푼다 사상최대 외환개입」,『노컷뉴스』, 2008.09.26.
75) 이매뉴얼 월러스틴(나종일·백영경 역),『역사적 자본주의/자본주의 문명』, 창작과비평사, 1993, 148-176쪽; 에릭 홉스봄(이용우 역),『극단의 시대: 20세기 역사』하, 까치, 1997, 763-799쪽; 앤서니 기드슨(한상진 외역),『제3의 길』, 생각의나무, 1998, 193-228쪽.
76) 달러경제의 몰락은 다음 참조. 리처드 던컨(김석중 역),『달러의 위기 세계경제의 몰락』, 국일미디어, 2004; 파울 W. 프리츠(염정용 역),『위기의 달러경제: 브레튼우즈의 종말에서 서브모기지 사태까지』, 비즈니스맵, 2007; 베리 아이켄 그린, 앞 책, 2011b.
77) 일본과 한국에서 같은 시기에 110V와 220V의 변경 문제가 대두했을 때 한국은 거의

수년 내에 모든 체계를 변경하였다. 지속과 변화 중 어느 하나가 善은 아니지만, 일본은 여전히 110V에 익숙한 이들에 대한 배려를 중시하는 정책을 선택했고, 한국은 정책적 판단하에 효율성을 최대화하는 정책을 취하였다. 표준시의 경우도 본래는 일본과 한국은 30분의 간격이 차이가 나지만 근거리 간 편의성을 높이기 위해서 한국은 일본과 표준시를 일치시켜버렸다. 이후 북한 역시 채택하여 3국의 표준시가 같아졌다. 이는 한국인들의 변화에 대한 생각이 얼마나 남다른지를 보여준다.

78) 일본과 중국의 한류드라마 선호도는 다음 참조. 박영환,『문화 한류로 본 중국과 일본』, 동국대출판부, 2008.
79) 김지희,「미국 드라마 중국서 한류에 좌초(?)」,『세계일보』, 2006.01.04.
80) 이동현,「겨울연가 가을동화 중동 진출」,『스포츠한국』, 2004.08.10;「가을동화 중동 안방극장 상륙…이집트 국영TV 'ERTU'방송」,『파이낸셜뉴스』, 2004.08.15;「이집트도 가을동화」,『KBS뉴스9』, KBS1, 2004.08.15; 이진영,「탄자니아에 '겨울연가' 뜨고 이집트에서는 '대장금' 돌풍」,『동아일보』, 2006.03.14;「'대장금' 이란시청률 90% 열풍속 중동 아프리카 유럽 전세계 진출」,『뉴스엔』, 2007.11.24; 노세극,「이란에서의 대장금」,『부천타임즈』, 2009.06.27; 신나리,「지구촌 '한류 실핏줄' 흐른다(5): 아랍문명 원류 이집트」,『동아일보』, 2011.07.06.
81) 아시아 여성의 드라마 선호 현상은 다음 참조. 이수연,『한류 드라마와 아시아 여성의 욕망』, 커뮤니케이션북스, 2008.
82) 최은혜,「이공계 살리자는 오바마…"한국교육에 답 있다"」,『머니투데이』, 2012.07.20; 주성하,「오바마 "교실 디지털 혁명, 한국 본받아라"」,『동아일보』, 2013.06.08;「"한국교실처럼" 오바마 디지털 교육정책 재원논란」,『연합뉴스』, 2013.08.15; 김유나·박요진,「"재능 키우는 미교육 선망"-"높은 교육열이 한국의 힘"」,『국민일보』, 2013.08.23; 김유나·박요진,「한국은 "미국 유학", 미국은 "한국 배워라"…서로 교육제도 부럽다는 한국과 미국」,『국민일보』, 2013.08.22.
83) 고미혜,「국립국어원, 38년 만에 문맹률조사」,『연합뉴스』, 2008.01.29; 최창식,「지난해 대학진학률 71.3%」,『대학저널』, 2013.06.23; 선정수,「고용정체 10년…20-24세 높은 대학진학률이 주범」,『국민일보』, 2013.06.25.
84) 문다영,「SS탐사보도-연습생 현주소(1): 바늘 구멍 노리는 3천 연습생, 청춘도 미래도 올인」,『스포츠서울』, 2012.05.17; 문다영,「SS탐사보도-연습생 현주소(4): 한류때문에 대책 안 서는 정부 이유 있었다」,『스포츠서울』, 2012.05.17.
85)「BOA」, NHK BS2, 2003.05.19;「보아」,『심야스페셜』, MBC, 2003.07.14.-15;「보아, 일본을 삼키다, K-POP의 새로운 도전」,『그것이 알고 싶다』, SBS, 2003.07.19;「Made in Twenty BOA: BoA, reason of tears」, 2006.12.30;「웰컴 투 원더랜드」1-12, Mnet, 2009.03.06.-04.10;「동방신기」,「스타 더 시크릿」, MBC에브리원, 2009.10.23;「동방신기」,『13억이 본 한류』, KBS-CCTV, 2012.08.27.
86)「소녀시대」,「BOOM the K-POP」, Mnet, 2011.07.14;「슈퍼주니어, K-POP의 전설을 꿈꾸다」,『MBC스페셜』, MBC, 2012.04.27;「싸이 스타일 세계는 춤춘다」, KBS2, 2012.10.20;「싸이 GO, 지금은 강남스타일-!」,『MBC스페셜』, MBC, 2013.09.21;「少女時

代」, 『情熱大陸』, MBS, 2013.03.24; 고경석, 「단7일만에…소녀시대, 원더걸스와 다르네: K팝해외진출 공식이 바뀐다. 美 진출 위해 2,3년씩 해외체류는 옛말」, 『한국일보』, 2012.02.06; 이나래, 「최시원, 韓최초 팔로워300만 돌파쾌거 역시 '글로벌 아이돌'」, 『뉴스엔』, 2013.01.05; 「싸이 30억뷰, 곧 유투브 신기록 달성?」, 『컨슈머타임즈』, 2013.07.13; 권희정, 「싸이 '젠틀맨' 뮤비 유튜브 조회수 5억건 돌파」, 『OBS플러스』, 2013.07.31; 노창현, 「쿠키 찍어내듯 K팝스타 제조하는 한국 NY타임스」, 『뉴시스』, 2013.08.11; 노순규, 『싸이의 강남스타일 성공과 한류』, 한국기업경영연구원, 2012.

87) 「K-POP 스타 세계를 홀리다」, 『MBC특별기획』, MBC, 2012.04.14; 「한류의 꿈」, 『한국방문의 해 기념, 특집다큐』, 대구MBC, 2012.11.03; 박장순, 『(K-pop을 메인스트림으로 하는) 전환기의 한류: 드라마와 K-pop에 대한 밈이론적 해석과 한류사의 시대구분』, 북북서, 2013.

88) 「KBS '뮤직뱅크' 72개국으로 생방송 확대」, 『연합뉴스』, 2011.06.30.

89) 인터넷 매체를 통한 해외 진출 양상은 다음 참조. 매일경제 한류본색 프로젝트팀, 『한류본색』, 매일경제신문사, 2012.

90) 「원더풀사이언스, 세계로 가는 우리 造船」, 『다큐프라임』, EBS, 2008.09.11; 「세계를 건설하라! 한국 건설인의 땅과 꿈」, 『일요특선』, SBS, 2013.12.30.

91) 「경제한류, 세계를 이끌다1: '세계의 하늘을 품다'」, 『MBC특집다큐멘터리』, MBC, 2011.10.25; 「경제한류, 세계를 이끌다2: '한국형 모델을 전파하라'」, 『MBC특집다큐멘터리』, MBC, 2011.10.26.

92) 김정태, 「LH '신도시 한류'…알제리에 분당 두배 크기: 2013 해외건설대상 국토교통부장관상 한국토지주택공사」, 『머니투데이』, 2013.03.25; 「해외로 수출하는 한국형 신도시」, 『MBN뉴스』, 2013.03.30; 「해외건설 4.0 새 성장동력 찾아라(3): 성과 잇따른 한국형신도시 수출」, 『서울경제신문』, 2013.07.18.

93) 김진석, 「새마을운동, 싸이·소녀시대 잇는 신한류 아이템 각광」, 『일간스포츠』, 2013.01.07.; 金榮美, 「私の'セマウル'研究と東アジア」, 『第1回 日中韓若手歷史家セミナー基調講演集』, 東京, 早稻田大學, 2013.08.08., pp.17-23.

94) 곽찬호, 「외국인 150만시대, 다문화사회 가속화」, 『신아일보』, 2013.08.22.

95) 에릭 홉스봄(강명제 역), 『1780년이후의 민족과 민족주의』, 창작과비평사, 1994, 68-69쪽; 베네딕트 앤더슨(윤형숙 역), 『상상의 공동체: 민족주의 기원과 전파에 대한 성찰』, 나남,2002, 65-76쪽, 117-148쪽; 신용하, 「민족의 사회학적 설명과 '상상의 공동체론' 비판」, 『한국사회학』40-1, 한국사회학회, 2006, 32-58쪽.

96) 2005년 기준 2차세계대전 이후 유럽으로 이주한 무슬림은 프랑스 약 600만, 독일 약 200만, 영국 약 200만, 네덜란드 약 100만 등이며 유럽 전체에는 약 2천만 명 규모이다. 2006년 기준 캐나다 인구의 약 20%가 이민자에 해당한다. 「불타는 파리, 프랑스 소요사태 확산」, 『KBS 9시뉴스』, KBS1, 2005.11.07; 『한겨레신문』, 2005.11.08; 「캐나다 최대 소수인종 서남아계, 중국인 추월」, 『연합뉴스』, 2008.04.03; 김나나, 「유럽, 이슬람화 급속 진행」, 『KBS뉴스』, 2009.08.10; 「유럽의 이슬람 이민자들, 시한폭탄이 될 것인가」, 『KBS스페셜』, KBS1, 2010.11.20; 김순배, 「유럽을 물들인 이슬람 포비아」, 『한겨레21』

872, 2011.08.08; 조혜종,『새인구론』, 푸른길, 2006, 83쪽.
97) 조해수,「2011, 한국 누가 움직이는가-NGO지도자: NGO도 이제 글로벌」,『시사저널』 1138, 2011.08.10.

4장 [사상사] 유교적 이상국가 만들기

1) 한영우,『조선전기 사회사상연구』, 지식산업사, 1983, 9-16쪽.
2) 왕조 개창 당시의 사회는 새로운 조선으로서의 성격보다는 고려적인 요소가 더 농후했으며, 상당한 세월이 경과된 이후에야 조선의 정체성이 점차로 확립되면서 새로운 전통이 형성되어 나갈 수 있었다. Martina Deuchler, *The Confucian Transformation of Korea; A Study of Society and Ideogy*, Havard University Press, 1992(이훈상 역,『한국사회의 유교적 변환』, 아카넷, 2003); 이종서,『고려·조선의 친족용어와 혈연의식: 친족관계의 정형과 변동』, 신구문화사, 2009.
3) 특히, 원의 과거제 하에서 고려 개경의 시험을 중국 한 지방의 省試를 합격하는 것으로 인정하여 사실상 하나의 제국질서로 편입되는 양상까지 보인다. 이러한 체제는 明 초기까지 지속되어 일종의 이중국가 체제를 방불케 한다.
4) 공민왕의 정책은 초기 연구에서 反元自主 개혁으로 평가해 왔으며, 이후 元 世祖舊制의 회복을 주창하는 원과의 중립적인 거리를 유지하면서도 고려 정체성 유지하는 차원으로 평가되기도 하였다. 여기에서는『고려사』에서 나타나는 고려 초기 국가제도의 회복 명제를 주요하게 보았다.『高麗史』卷39, 世家39, 恭愍王 5年 6月;『高麗史』卷134, 列傳47, 辛禑 6년 5月.
5) 이는 당시 개혁을 추진하고자 하는 흐름의 국왕과 신진사류의 차이에서 비롯된 것이 아닌가 한다. 양자가 꿈꾸었던 조종성헌의 회복은 기실 그 모델을 서로 달리했다. 국왕이 꿈꾼 모델은 고려 초기의 강력한 왕권의 모습이었으며, 신진사류가 바랐던 이상향은 고려 성종대 이후 문벌귀족사회로 탈바꿈한 문신 중심의 관료사회였기 때문이다.
6) 신진사류의 사상적 지향은 다음 참조. 도현철,『고려말 사대부의 정치사상연구』, 일조각, 1999.
7) 고려말 신진사류를 조선왕조의 개창을 두고 온건파와 급진파로 구분해 오고는 있으나, 실제 정몽주 등 온건파조차도 우왕 및 창왕을 폐위하는 데 전혀 거리낌이 없었던 사례를 보면 이들 양대 세력은 모두 급진적인 혁명 세력으로 이해되며, 단지 왕조 교체에 대한 기득권을 둘러싼 귀족 출신(최영 및 정몽주 일파)과 한미한 가문 출신(이성계 및 정도전 일파)과 異見이 있었을 따름이었다.
8)『高麗史』卷134, 列傳47, 辛禑 5年 5月.
9) 조선이라는 새로운 국호의 채택은 三韓 유민 의식을 극복하여 공동체 의식이 한층 진일보했다는 사실 외에도, 국가의 근원을 古朝鮮으로 설정하여 중국과 대등하게 견주도록 하는 자신감의 표현이기도 했다. 삼한 유민 의식의 극복은 다음 참조. 노태돈,『한국사를 통해 본 우리와 세계에 대한 인식』, 풀빛, 1998.

10) 다만, 箕子의 명암은 자존의식의 강화뿐 아니라, 천자의 제후국이라는 의식도 동시에 표방되었다. 공민왕 사후 개혁의 중심이 국왕에서 신료로 옮겨오면서 '중화보편' 논쟁으로 이어졌는데, 이는 원 간섭기의 유산이 여전히 구조적으로 막대한 영향을 미쳤기 때문이다.
11) 현재 조선시대 구분론의 입장은 3시기 구분론이 크게 대두되어 14세기말-15세기를 국가체제의 형성기로 보고, 16-17세기를 사림의 정계에 진출하는 시기로 보아 사림정치기로 구분하였으며, 18-19세기를 조선후기 사회의 진입으로 이해하고 있다. 아울러 미시적으로는 17세기 붕당정치기, 18세기 탕평정치기, 19세기 세도정치기 등의 구분도 병행되고 있어 실제로는 5시기 구분론에 해당한다. 이태진, 「개요」, 『한국사30: 조선중기의 정치와 경제』, 국사편찬위원회, 1998.
12) 조선전기 국가상은 다음 참조. 한영우, 「조선전기의 국가관·민족관」, 『조선전기 사회사상연구』, 지식산업사, 1983, 20-59쪽.
13) 장병인, 「조선초기의 관찰사」, 『한국사론』4, 서울대 국사학과, 1978.
14) 한영우, 『왕조의 설계자, 정도전』, 지식산업사, 1999.
15) 최승희, 『조선초기 정치사 연구』, 지식산업사, 2002.
16) 『高麗史』卷2, 世家2, 太祖世家, 太祖 26年.
17) 『고려사』의 용례를 분석해 보면, 節日은 고려 국왕의 생일을, 聖節은 元 황제의 생일로 구분되어있다. 그러나 실제 황제의 생일은 節日 혹은 聖節로 불렸기에 같은 의미였다.
18) 노명호, 「고려시대의 다원적 천하관과 해동천자」, 『국사연구』105, 한국사연구회, 1999.
19) 정구복, 「조선전기의 역사서술」, 『한국의 역사인식』상, 창작과비평사, 1976, 232-239쪽; 한영우, 『조선전기사학사연구』, 서울대출판부, 1981, 16-52쪽.
20) 『高麗史』「凡例」.
21) 신왕조 개창에 적극 동참한 신진사류는 강한 對外名分이 중요했겠지만, 새로이 왕실을 여는 입장에서는 고려의 신성한 권위를 굳이 버리고 싶지 않았을 것이기에, 신료들과 국왕의 입장은 일치될 수 없었으며, 이러한 논쟁은 태종-세조 대에도 원구단 문제로 재발되었다. 하늘에 대한 제사권 문제도 황제-제후국을 가늠하는 주요한 척도였다. 본래 천자(황제)만이 하늘에 제사를 지낼 수 있었다. 그러나 국초에는 이에 대한 논의가 분분하였고 후대에도 기우제/기청제 등을 통해 사실상 조선 군주들은 하늘에 제사를 지내고 있어 주목된다. 中村榮孝, 「朝鮮 世祖の圜丘壇祭祀について」, 『朝鮮學報』54, 千里: 朝鮮學會, 1970; 김상태, 「조선 세조대의 원구단 부설과 그 성격」, 『한국학연구』6·7. 인하대 한국학연구소, 1996; 平木實, 「朝鮮後期 圜丘壇 祭祀について-2」, 『朝鮮學報』176, 朝鮮學會, 2000.
22) 『太祖實錄』卷1, 太祖 元年 8月 戊寅(29日); 『太祖實錄』卷5, 太祖 3年 2月 己丑(19日); 『太祖實錄』卷6, 太祖 3年 6月 乙亥(7日); 『太祖實錄』卷7, 太祖 4年 5月 庚申(28日).
23) 『光海君日記』卷139, 光海君 11年 4月 壬戌(9日)(중초본); 『肅宗實錄』卷3, 肅宗 元年 5月 壬午(24日).
24) 『太祖實錄』卷12, 太祖 6年 12月 壬寅(24日).
25) 『中宗實錄』卷89, 中宗 34年 2月 갑자(25日).

26) 『端宗實錄』卷1, 端宗 卽位年 5月 庚戌(18日).
27) 『明宗實錄』卷4, 明宗 元年 7月 戊午(4日).
28) 『太宗實錄』卷24, 太宗 12年 9月 丁酉(15日).
29) 明의 사신이 처음에는 중국 황제를 聖字를, 조선의 임금은 賢字를 붙여 구분하고자 했으나 결국 조선왕을 聖君으로 극존칭하게 되는 사례도 확인된다[『成宗實錄』卷214, 成宗 19年 3月 辛巳(17日)]. 특히, 같은 해 북경으로 간 聖節使가 明의 鄕貢進士들과 문답을 나누면서, 우리 사신이 조선왕(成宗)을 '聖主'로 치켜세우자, 明의 식자층은 중국 황제는 聖字를, 제후는 賢字로 구분해야 한다고 지적하였다. 여기에 우리 사신은 역대고사를 인용하여 오히려 華夷로서 聖賢의 구분은 불가하다고 반박하자 수긍을 얻어냈다. 이는 明의 식자층이 조선왕실의 聖字 사용을 경계하기는 하지만, 이것이 당대에 황제만의 유일한 표현으로도 인식한 것은 아니었음을 의미한다. 이는 상황에 따라서 얼마든지 유동적으로 활용될 수 있었던 존어였다[『成宗實錄』卷219, 成宗 19年 8月 乙卯(24日)].
30) 池田末利, 『中國古代宗敎史硏究』, 東海大學出版會, 1982, 23-63쪽; 윤내현, 『商周史』, 민음사, 1984, 73-77쪽, 106-120쪽; 이춘식, 『중국 고대사의 전개』, 신서원, 1986, 57-59쪽, 78-80쪽.
31) 노태돈, 「5세기 금석문에 보이는 고구려인의 천하관」, 『한국사론』19, 서울대 국사학과, 1989.
32) 『成宗實錄』卷219, 成宗 19年 8月 乙卯(24日).
33) 조선에서는 전 왕조의 시조묘 등을 각기에 설치하고 이에 대한 정규 제사를 지냈다. 『經國大典』「吏典」, 外官職, 京畿, 崇義殿(고려 4왕묘); 『續大典』「吏典」, 外官職, 平安道, 崇仁殿(기자묘); 『大典通編』「吏典」, 外官職, 平安道, 崇靈殿(고구려 시조); 『大典通編』「吏典」, 外官職, 慶尙道, 崇德殿(신라 시조); 『續大典』「禮典」, 祭禮(고려 태조).
34) 『論語』「泰伯」; 배옥영, 『周代의 上帝意識과 儒學思想』, 다른생각, 2003, 27쪽.
35) 세종은 死後 堯舜으로 칭해지기는 했으나 現王을 요순으로 칭한 것은 성종이 처음이었다. 이후 이러한 평가는 후대에도 지속되었다. 『成宗實錄』卷272, 成宗 23年 12月 己酉(13日); 『中宗實錄』卷9, 中宗 4年 8月 癸未(23日).
36) 栗谷 李珥의 『聖學輯要』 역시 선조대 올려진 대표적인 聖學의 방략을 담은 서적이었다. 정재훈, 『조선전기 유교정치사상 연구』, 태학사, 2005, 312-341쪽.
37) 花村美樹, 「周官六翼の撰者と其の著者」, 『京城帝大法學會論文集』12-34合, 京城帝國大學 法學會, 1926; 허흥식, 「김지의 선수집・주관육익과 그 가치」, 『규장각』4, 서울대 규장각, 1981; 김인호, 「김지의 『주관육익』의 편찬과 그 성격」, 『역사와현실』40, 한국역사연구회, 2001.
38) 『太祖實錄』卷5, 太祖 3年 5月 戊辰(30日); 鄭道傳, 『三峰集』卷13・14, 朝鮮徑國典 上・下.
39) 『주례』와『서경』「주관」의 내용은 차이가 있다. 『주례』에서는 육관만을 언급하고 있을 뿐, 3공에 대한 설은 없다. 다만 六官 중 天官의 冢宰가 재상이 되어 군주를 보필하여 왕정을 펴나가게 되어 있다. 또한 冬官의 경우도 장관의 司空과 같은 명칭은 기재되어 있지 않다. 반면에 『書經』「周書」'周官'에서는 "太師・太傅・太保" 三公說과 六官의 명칭

이 모두 나온다. 司空은 이를 근거로 보완한 내용이다. 『주례』의 체계상 「冬官」이 司空이 되어야 하나, 「考工記」 대신하여 司空의 명칭이 없다. 그러나 「地官」과 「秋官」에서 간접적으로 司空을 언급하는 대목은 확인할 수 있다.

40) '弘化' 역시 贊成의 異稱인데, 『書經』 「周官」에 "小師·小傅·少保는 三孤라 하고, 三公에 버금하니 덕화를 넓혀(弘化)……予一人을 돕는다"고 했는데, 三孤는 곧 贊成이다. '弘化'라는 표현도 이미 세조대부터 확인된다. 『世祖實錄』卷43, 世祖 13年 8月 乙未(2日).
41) 『太宗實錄』卷28, 太宗 14年 7月 戊子(17日).
42) 『中宗實錄』卷38, 中宗 15年 3月 壬辰(4日).
43) 『承政院日記』康熙(현종 9) 7年 9月 17日(癸丑).
44) 『睿宗實錄』卷5, 睿宗 元年 5月 癸卯(20日).
45) 『世祖實錄』卷25, 世祖 7年 8月 甲申(17日).
46) 『成宗實錄』卷45, 成宗 5年 7月 丁丑(24日); 『成宗實錄』卷181, 成宗 16年 7月 丙辰(8日).
47) 『太祖實錄』卷1, 總序; 『太宗實錄』卷35, 太宗 18年 6月 乙未(16日); 『成宗實錄』卷46, 成宗 5年 8月 己丑(7日); 『燕山君日記』卷5, 燕山君 元年 5月 庚戌(28日).
48) 권력구조의 변화 논의는 다음 참조. 최승희, 「태종조의 왕권과 국정운영체제」, 『국사관논총』30, 국사편찬위원회, 1991; 최승희, 「세종조의 왕권과 국정운영체제」, 『한국사연구』87, 한국사연구회, 1994 ; 최승희, 「세조대 국정운영체제」, 『조선시대사학보』5, 조선시대사학회, 1998.
49) 여기에는 士林의 異稱 활용 양상의 변화도 한몫을 하였다. 이에 『주례』 육관과 비견하여 吏曹를 天官으로 부르고, 『서경』의 三公에 비견하여 영의정을 家宰로 부르던 상황에 따른 다양한 비유가 가능하던 상황이 정리되어야 했음을 의미한다. 이제 조정의 공식적인 행정에서 異稱이 보편화되면서 영의정과 이조판서라는 두 가지 개념에 혼재하던 용어를 어떤 방식으로든 통일할 필요가 있었으며, 이것이 천관총재가 이조판서로 굳어지는 배경이 되기도 하였다.
50) 『世宗實錄』卷6, 世宗 元年 12月 辛卯(21日).
51) 『睿宗實錄』卷5, 睿宗 元年 5月 癸卯(20日).
52) 『成宗實錄』卷111, 成宗 10年 11月 丁酉(16日).
53) 『中宗實錄』卷34, 中宗 13年 7月 己未(22日).
54) 『明宗實錄』卷17, 明宗 9年 9月 己未(21日).
55) 『明宗實錄』卷30, 明宗 19年 7月 丁卯(27日).
56) 『宣祖實錄』卷7, 宣祖 6年 3月 丁未(27일).
57) 『宣祖實錄』卷33, 宣祖 25年 12月 己亥(13日).
58) 『光海君日記』卷130, 光海君 10年 7月 甲辰(18日).
59) 『燕山君日記』卷42, 燕山君 8年 正月 癸卯(30日).
60) 『仁祖實錄』卷25, 仁祖 9年 12月 庚辰(12日).
61) 명종-선조대 변화된 분위기는 다음 참조. 정재훈, 앞 책, 2005, 298-299쪽, 324-325쪽, 394쪽.
62) 고려시대 지방 장관은 건국초 節度使였다가 현종 3년에 按察使로 바뀌었다. 문종 18년에

는 都部署로 고쳤다가 예종 8년에 다시 안찰사로 환원하였다. 충렬왕 2년에 按廉使로 고쳤다, 충선왕이 왕위에 오르자 경상, 전라, 충청의 세 도는 땅이 넓고 사무가 복잡하다 하여 按廉副使를 더 두었다. 창왕 8월에 안렴사의 품계가 낮다 하여 都管察黜陟使로 고치고 대신을 임명하였으며 敎書와 斧鉞을 주어서 파견하였다. 공양왕 2년에는 각 도에 觀察使 經歷司를 설치하였다. 공양왕 4년에는 각 도의 관찰사를 폐지하고 다시 안렴사를 두었다. 『高麗史』卷77, 志31, 百官2, 外職, 按廉使.

63) 정병인, 앞 논문, 1978, 131-188쪽; 최선혜, 「고려말·조선초 지방세력의 동향과 관찰사의 파견」, 『진단학보』78, 진단학회, 1994, 59-84쪽.
64) 한영우, 『정도전 사상의 연구』, 서울대출판부, 1973, 44, 162쪽; 최선혜, 앞 논문, 1994, 70쪽 재인용.
65) 『世宗實錄』卷106, 世宗 26年 9月 丁亥(12일).
66) 『宣祖實錄』卷55, 宣祖 27年 9月 丁酉(22일).
67) 『太祖實錄』卷10, 太祖 5年 12月 丁亥(3일).
68) 중앙의 大司憲에 비견하여 외방의 관찰사를 外憲으로 칭하였다. 『世祖實錄』卷3, 世祖 2年 3月 丁酉(28日).
69) 『宣祖實錄』卷84, 宣祖 30年 正月 丁未(16日).
70) 『承政院日記』, 乾隆 16年(영조 27) 4月 23日(庚寅).
71) 『承政院日記』, 乾隆 40年(영조 51) 12月 27日(庚午).
72) 關西 및 關北은 摩天嶺의 서쪽(평안도)와 북쪽(함경도), 關東은 大關嶺의 동쪽(영동: 강원도), 海西는 海州(및 松都)의 서쪽(황해도), 湖西는 義林池의 서쪽(충청도), 湖南은 錦江의 남쪽(전라도), 嶺南은 鳥嶺의 남쪽(경상도) 등에서 유래하였다. 畿는 고려의 개념을 받아들였으나 그 중심지역은 개경에서 한양으로 옮겨와 새롭게 형성된 지역으로 오늘날 경기도 일대이다.
73) 여기에 일본과 외교적 비중이 높아지면서, 조선후기에는 東萊府使에 대해서도 方伯으로 인정하여 東萊伯으로 칭하기도 하였다. 『英祖實錄』卷42, 英祖 12年 12月 甲戌(15日).
74) 『孟子集註』卷10, 萬章章句下.
75) 『史記』卷2, 殷本紀 第3; 『書經集傳』卷5, 商書, 西伯勘黎, 蔡沈 註.
76) 공자가 문왕이 천하의 2/3를 가지고도 은에 복종한 것을 덕으로 표현한 것도 西伯의 직위를 염두한 것으로 생각된다. 『論語』「泰伯」.
77) 『高麗史』卷77, 志31, 百官2, 外職, 按廉使.
78) 『高麗史』卷56, 志10, 地理1, 王京開城府, 顯宗 9年; 『高麗史節要』卷6, 肅宗明孝大王1, 辛巳 6年.
79) 『論語集註』卷6, 先秦, 朱子註; 『論語集註』卷7, 子路, 朱子註; 『孟子集註』卷12, 告子章句下, 朱子註.
80) 『三國史記』卷45, 列傳5, 祿眞.
81) 『高麗史』卷3, 世家3, 成宗 2年 2月.
82) 『太祖實錄』卷10, 太祖 5年 12月 丁亥(3日).
83) 『太宗實錄』卷1, 太宗 元年 2月 己未(30日).

84) 『明宗實錄』卷22, 明宗 12年 正月 甲戌(20日).
85) 對馬島를 東藩으로 칭하였고[『明宗實錄』卷22, 明宗 12年 正月 甲戌(20日)], 점차 일본과의 외교문제가 중대한 사안이 되었기 때문에, 東萊府 역시 격을 맞추기 위해서 점차 方伯과 동일시되어 萊伯으로 불리게 되었다[『英祖實錄』卷42, 英祖 12年 12月 甲戌(15日)].
86) 『太宗實錄』卷1, 太 元年 2月 乙未(6日).
87) 『宣祖實錄』卷23, 宣祖 22年 12月 丁亥(14日).
88) 湖藩의 경우는 때로는 湖西를 나타내기도 하고[『肅宗實錄』卷30, 肅宗 22年 5月 壬申(17日)], 때로는 湖南을 지칭하기 때문에[『宣祖實錄』卷23, 宣祖 22年 12月 丁亥(14日)], 문맥을 주밀하게 살펴보아야 구분 가능하다.
89) 이태진,「15,16세기 신유학 정착의 사회경제적 배경」,『규장각』5, 서울대 규장각, 1981.
90) 사림파 정치사상은 다음 참조. 이병걸,『조선전기 사림파의 현실인식과 대응』, 일조각, 1999.
91) 『成宗實錄』卷295, 成宗 25年 10月 丙寅(11日);『中宗實錄』卷37, 中宗 14年 11月 丙午(16日).
92) 『自治通鑑』卷183·266;『冊府元龜』卷7·94·172·557·668;『朱子語類』卷72.
93) 『太祖實錄』卷1, 太祖 元年 7月 己亥(20日).
94) 김백철,「조선후기 영조대 백성관의 변화와 '민국'」,『한국사연구』138, 한국사연구회, 2007.
95) 『孟子』卷5, 藤文公章句上.
96) 『宣祖修正實錄』卷25, 宣祖 24年 3月 丁酉(1日);『仁祖實錄』卷10, 仁祖 3年 10月 己亥(24日).
97) 『仁祖實錄』卷12, 仁祖 4年 3月 壬戌(19日).
98) 『宣祖實錄』卷26, 宣祖 25年 5月 癸亥(4日);『宣祖實錄』卷45, 宣祖 26年 閏11月 丙午(26日)·己酉(29日) 등 다수.
99) 『書經集傳』, 書經集傳序.
100) 『肅宗實錄』卷2, 肅宗 元年 正月 癸未(24日);『肅宗實錄』卷3, 肅宗 元年 5月 丁丑(19日).
101) 영조연간 요순정치상은 다음 참조. 김백철,「조선후기 영조대 탕평정치의 이념과『주례』」,『한국사론』51, 서울대 국사학과, 2005.
102) 『英祖實錄』卷28, 英祖 6年 12月 癸丑(19日).
103) 『英祖實錄』卷11, 英祖 3年 2月 庚申(3日);『英祖實錄』卷22, 英祖 5年 4月 癸卯(29日);『英祖實錄』卷28, 英祖 6年 12月 癸丑(19日).
104) 『英祖實錄』卷10, 英祖 2年 12月 18日 乙亥.
105) 연산군대 이후 세종과 성종은 조선의 요순으로 칭송받게 되며, 이들은 한결같이 조선전기를 대표하는 임금이 된다. 그러나 효종대 이후 세종만이 동방의 요순으로 칭해지면서 차츰 모든 업적을 한 왕에게 대표성을 부과하게 된다. 특히 세종대 만들어진『세종실록』「오례의」는『국조오례의』의 밑바탕이 되기는 하지만 상당한 격차가 확인되는 의례서인 만큼,『국조오례의』를 세종연간의 업적으로 이해하는 것은 영조대 이후 만들어진 독특한

전통의 재인식이다. 김백철,『조선후기 영조의 탕평정치: 속대전의 편찬과 백성의 재인식』, 태학사, 2010, 46쪽「표 5」'實錄의 祖宗 중 堯舜비견 대상' 참조.
106) 『英祖實錄』卷60 英祖 20年 10月 丁巳(14日).
107) 『英祖實錄』卷3, 英祖 元年 1月 壬寅(3日);『英祖實錄』卷10 英祖 2年 12月 乙亥(18日).
108) 『純祖實錄』卷1, 純祖卽位年 9月 辛巳(2日)・11月 戊戌(20日)・12月 辛亥(3日)・丙寅(18日);『純祖實錄』卷30, 純祖 29年 11月 丁未(17日).
109) 『純祖實錄』卷1, 純祖卽位年 12月 丙寅(18日).
110) 수렴청정을 행하여 실질적인 권력을 행사한 왕대비나 혹은 모후의 의례적인 존어로 '女中堯舜'이라는 표현이 활용되기 시작했다. 곧 貞熹王后(세조비, 수렴청정), 文定王后(중중계비, 수렴청정), 莊烈王后(인조계비), 明聖王后(현종비), 仁顯王后(숙종비), 仁元王后(숙종계비), 貞純王后(영조계비, 수렴청정) 등이다.
111) 『憲宗實錄』卷1, 憲宗卽位年 12月 乙卯(25日).
112) 『純祖實錄』卷1, 純祖卽位年 11月 戊戌(20日).
113) 오수창,「세도정치의 성립과 전개」,『한국사32: 조선후기의 정치』, 국사편찬위원회, 1998, 205쪽.
114) 『憲宗實錄』卷16, 附錄 誌文.
115) 오수창, 앞 논문, 1998.
116) 서울대 규장각한국학연구원 소장『純祖實錄』「奎12744」,『憲宗實錄』「奎12745」,『哲宗實錄』「奎12746」참조.

5장 [경제사] 재정개혁 모델의 모색: 대동·균역의 성격

1) 김백철,「조선시대 역사상과 공시성의 재검토: 14-18세기 한국사 발전모델의 모색」,『한국사상사학』44, 한국사상사학회, 2013a, 304-314쪽(김백철,『두 얼굴의 영조: 18세기 탕평군주상의 재검토』, 태학사, 2013).
2) 한영국,「호서에 실시된 대동법(상·하)」,『역사학보』13·14, 역사학회, 1960-1961; 한영국,「호서에 실시된 대동법(上·二·三·四)」,『역사학보』15·20·21·24, 역사학회, 1961·1963·1964; 김옥근,「대동법연구: 公剩色, 主要規例, 貢人」,『경제사학』1, 경제사학회, 1975; 김옥근,「대동법연구」,『경영사학』3, 한국경영사학회, 1988; 정연식,「조선후기 '役總'의 운영과 양역변통」, 서울대 국사학과 박사논문, 1993; 최주희,『조선후기 선혜청의 운영과 중앙재정구조의 변화: 재정기구의 합설과 지출경비 과정을 중심으로』, 고려대 한국사학과 박사논문, 2014.
3) 차문섭,「임란이후의 양역과 균역법의 성립(상·하)」,『사학연구』10·11, 한국사학회, 1961; 김윤곤,「대동법의 시행을 둘러싼 찬반양론과 그 배경」,『대동문화연구』8, 성균관대 대동문화연구원, 1971; 정만조,「均役法의 選武軍官: 閑遊者 문제와 관련하여」,『한국사연구』18, 한국사연구회, 1977; 정만조,「조선후기의 良役變通論: 정치상황과 관련해 본 하나

의 시론」, 『한국근세 문화의 특성: 조선왕조 후기(12) -군사·외교부문-』, 제26회 동양학 학술회의록, 1996; 정만조, 「양역변통론의 추이」, 『한국사』32, 국사편찬위원회, 1997; 지두환, 「인조대의 대동법 논의」, 『역사학보』155, 역사학회, 1997; 지두환, 「효종대 대동법 논의」, 『한국사상과문화』10, 한국사상문화학회, 2000; 이정철, 「仁祖初 三道大同法 論議와 經過」, 『한국사연구』121, 한국사연구회, 2003; 이정철, 「조선시대 貢物分定 방식의 변화와 大同의 語義」, 『한국사학보』34, 고려사학회, 2009; 이정철, 「磻溪 유형원의 대동법인식: 조선후기 개혁론의 '두 가지 입장'에 대해서」, 『역사학보』206, 역사학회, 2010; 이정철, 「대동법의 성립에서 김육의 역할」, 『사총』72, 고려대 역사연구소, 2011.
4) 한우근, 『한국통사』(개정판), 을유문화사, 1986, 317쪽, 319쪽; 변태섭, 『한국사통론』, 삼영사, 1986, 389쪽; 이기백, 『한국사신론』(수정판), 일조각, 1990, 296쪽; 최완기, 「대동법 실시의 영향」, 『국사관논총』12, 국사편찬위원회, 1990, 208쪽; 최완기, 「붕당정치의 전개와 정국의 변화」, 『한국사』9, 한길사, 1994, 144-145쪽; 김우철, 「균역법은 왜 성공하지 못했나」, 『내일을여는역사』8, 내일을여는역사, 2002, 130-131쪽; 역사문제연구소 기획, 「세금제도가 바뀌어도 힘든 살림살이: 수취체제의 변화」, 『미래를여는한국의역사』3, 웅진지식하우스, 2011, 218쪽.
5) 차문섭, 「균역법의 의의와 영향」, 『한국사』13, 국사편찬위원회, 1976, 259-275쪽.
6) 몽골의 세계체제는 다음 참조. 재닛 아부-루고드(박홍식 외역), 『유럽패권이전: 13세기 세계체제』, 까치, 2006; 김호동, 『몽골제국과 세계사의 탄생』, 돌베게, 2010; 잭 웨더포드 (정영목 역), 『칭기즈칸 잠든 유럽을 깨우다』, 사계절, 2013.
7) 대외수출에 의지한 경상지출은 심각한 타격을 입었으며 무역망을 회복하기 위해 남은 재원을 총동원하여 추진한 대규모 군사원정까지 실패로 돌아가고 말았다. 곧, 재정적자(경상비용 부족)→군사원정 실패(대규모 원정비용 적자)→보초 가치하락(보초 남발)→농민세율 인상(농민반란)→재정적자 등의 악순환이 지속되었다. 또 元順帝 말엽부터 왕위계승 전쟁까지 겹치자 제국은 종말을 告하였다.
8) 존 킹 페어뱅크(중국사연구회 역), 『신중국사』, 까치, 1994, 171쪽, 177-179쪽.
9) 이강한, 『고려와 원제국의 교역의 역사: 13-14세기 감춰진 교류상의 재구성』, 창비, 2013, 191-315쪽.
10) 『高麗史』卷78, 志32, 食貨1, 田制, 禑王 14年 8月·恭讓王 2年 9月; 『高麗史』卷137, 列傳 50, 辛禑5, 辛昌.
11) 松丸道雄 外, 『中國史4: 明·淸』(世界歷史大系), 山川出版社, 1997, pp.112-120; 박평식, 「조선정부의 상업인식과 억말책」, 『조선전기 상업사 연구』, 지식산업사, 1999, 47-59쪽; 백승철, 「무본보말론의 대두와 전개」, 『조선후기 상업사 연구』, 혜안, 2000, 86-103쪽; 김백철, 앞 논문, 2013a, 304-305쪽.
12) 이태진, 「16세기 동아시아 경제변동과 정치·사회적 동향」, 『조선유교사회사론』, 지식산업사, 1989, 94-114쪽; 김동철, 「국제교역의 발달과 마찰」, 『한국사』28, 국사편찬위원회, 1996, 113-137쪽; 박평식, 『조선전기 교환경제와 상인 연구』, 지식산업사, 2009, 189-228쪽, 395-464쪽.
13) 김태영, 「과전법의 붕괴와 지주제의 발달」, 『한국사』28, 국사편찬위원회, 1996, 32-65쪽;

고석규,「상품유통과 공납제의 모순」,『한국사』28, 국사편찬위원회, 1996, 65-89쪽; 김종수,「군역제도의 붕괴」,『한국사』28, 국사편찬위원회, 1996, 89-113쪽.
14) 이태진,「사림파 유향소 복립운동(상·하)」,『진단학보』34·35, 진단학회, 1972-1973, 상 5-34쪽, 하 5-33쪽이태(진,『조선유교사회사론』, 지식산업사, 1989).
15) 이경식,「조선전기 토지제도연구」, 일조각, 1983, 169-279쪽.
16) 이경도의 변천을 장식은 조선전기 토지제시 및 방납 등과 연관지어 살펴보았으며, 박평식도 공납 문제를 교환경제와 연관지어 설정하였다. 이경식,『조선전기 토지제도연구Ⅱ: 농업경영과 지주제』, 지식산업사, 1998, 111-168쪽, 280-281쪽; 이경식,『한국 중세 토지제도사: 조선전기』, 서울대출판부, 2006, 157-168쪽; 박평식, 앞 책, 2009, 229~274쪽.
17) "凡免稅田, 該宮該衙門 各自收稅. ○各衙門免稅田, 毋過定限而收稅每一結, 米二十三斗."『續大典』卷2, 戶典, 諸田.
18) 김옥근,「貢法」,『조선왕조재정사연구』Ⅰ, 일조각, 1984, 212-238쪽.
19) 박종수,「16,17세기 전세의 정액화 과정」,『한국사론』30, 서울대 국사학과, 1993, 57-123쪽.
20) 송찬섭,「양전사업」,『한국사』30, 국사편찬위원회, 1998, 416-420쪽.
21)『宣祖實錄』卷5, 宣祖 4年 11月 丁亥(29日).
22)『宣祖實錄』卷200, 宣祖 39年 6月 壬戌(25日);『光海君日記』卷97, 光海君 7年 11月 乙酉(13日)[중초본];『承政院日記』, 天啓 5年(인조3) 8月 11日(丁亥);『仁祖實錄』卷20, 仁祖 7年 2月 乙卯(29日);『仁祖實錄』卷31, 仁祖 13年 11月 己巳(23日).
23)『續大典』卷2, 戶典, 收稅;『萬機要覽』, 財用編2, 收稅, 各道收稅, 仁祖甲戌(인조 12).
24)『續大典』卷2, 戶典, 量田;『萬機要覽』, 財用編2, 田結, 量田法.
25) 柳馨遠,『磻溪隨錄』卷1, 田制上, 分田定稅節目.
26) 柳馨遠,『磻溪隨錄』卷6, 田制考說下, 國朝田制.
27)『世宗實錄』卷105, 世宗 26年 閏7月 丁亥(10日);『端宗實錄』卷12, 端宗 2年 12月 己卯(3日);『睿宗實錄』卷6, 睿宗 元年 6月 辛巳(29日);『成宗實錄』卷61, 成宗 6年 11月 癸酉(28日);『成宗實錄』卷86, 成宗 8年 11月 甲子(1日);『成宗實錄』卷222, 成宗 19年 11月 庚午(11日);『成宗實錄』卷239, 成宗 21年 4月 壬辰(10日);『燕山君日記』卷42, 燕山君 8年 11月 28日(辛丑).
28)『太宗實錄』卷10, 太宗 5年 11月 癸丑(21日);『太宗實錄』卷11, 太宗 6年 3月 丁巳(27日);『太宗實錄』卷12, 太宗 6年 閏7月 戊午(1日);『太宗實錄』卷15, 太宗 8年 2月 丁未(28日);『太宗實錄』卷16, 太宗 8年 8月 癸卯(28日);『世宗實錄』卷6, 世宗 元年 11月 戊辰(28日);『世宗實錄』卷13, 世宗 3年 8月 癸巳(3日);『世宗實錄』卷16, 世宗 4年 5月 丙寅(10日);『世宗實錄』卷23, 世宗 6年 3月 戊子(12日);『世宗實錄』卷24, 世宗 6年 5月 癸巳(19日).
29) 사원노비의 혁파와 공노비 문제는 다음 참조. 김인규,「태종대의 공노비정책과 그 성격: 태종 17년 공노비추쇄사목 14조를 중심으로」,『역사학보』136, 역사학회, 1992, 43-73쪽.
30)『世宗實錄』卷20, 世宗 5年 5月 丁未(28日);『世宗實錄』卷105, 世宗 26年 閏7月 丁亥(10日);『成宗實錄』卷16, 成宗 3年 3月 己未(23日).
31)『端宗實錄』卷12, 端宗 2年 12月 己卯(3日).

32) 『成宗實錄』卷61, 成宗 6年 11月 癸酉(28日); 『成宗實錄』卷62, 成宗 6年 12月 丁亥(12日); 『成宗實錄』卷239, 成宗 21年 4月 壬辰(10日).
33) 『成宗實錄』卷86, 成宗 8年 11月 甲子(1日).
34) 『中宗實錄』卷35, 中宗 14年 3月 甲午(1日).
35) 『世宗實錄』卷112, 世宗 28年 5月 庚午(3日); 『世宗實錄』卷117, 世宗 29年 7月 辛亥(21日).
36) 『中宗實錄』卷62, 中宗 23年 8月 癸丑(14日); 이재룡, 「조세」, 『한국사』24, 국사편찬위원회, 1994, 488-490쪽.
37) 『顯宗實錄』卷7, 顯宗 4年 11月 辛卯(27日).
38) "凡田每八結出一夫. 一歲不過役六日." 『經國大典』卷2, 戶典, 徭賦.
39) 『世宗實錄』卷20, 世宗 5年 5月 丁未(28日); 『端宗實錄』卷12, 端宗 2年 12月 己卯(3日); 『成宗實錄』卷61, 成宗 6年 11月 癸酉(28日); 『成宗實錄』卷239, 成宗 21年 4月 壬辰(10日); 『中宗實錄』卷35, 中宗 14年 3月 甲午(1日).
40) 윤용출, 『조선후기의 요역제와 고용노동』, 서울대출판부, 1998, 173-220쪽; 윤용출, 「요역제의 붕괴와 모립제의 대두」, 『한국사』30, 국사편찬위원회, 1998, 379-403쪽.
41) 이태진, 「16세기 동아시아 경제변동과 정치·사회적 동향」, 앞 책, 1989, 94-114쪽; 김동철, 앞 글, 1996, 113-137쪽; 박평식, 앞 책, 2009, 241-256쪽.
42) 이정철, 『대동법, 조선 최고의 개혁』, 역사비평사, 2012, 47쪽; 박도식, 「조선전기 공물분정의 추이」, 『조선전기 공납제 연구』, 혜안, 2011, 98-135쪽; 이성임, 「16-17세기 '貢役戶'와 戶首」, 『역사연구』24, 역사학연구소, 2013, 105-122쪽.
43) 『世宗實錄』卷18, 世宗 4年 閏12月 庚午(17日).
44) 고석규, 「16,17세기 공납제 개혁의 방향」, 『한국사론』12, 서울대 국사학과, 1985, 177쪽.
45) 『世宗實錄』卷87, 世宗 21年 11月 乙卯(11日).
46) 『世祖實錄』卷5, 世祖 2年 11月 己丑(23日); 『世祖實錄』卷33, 世祖 10年 5月 庚辰(28日); 『世祖實錄』卷36, 世祖 11年 7月 辛未(26日); 『世祖實錄』卷40, 世祖 12年 11月 庚午(2日).
47) 대동법 입안 과정에서 각종 비용이 세액에 포함되었다. "臣意欲捧十二斗, 而客使時人夫刷馬, 及官中行用刷馬, 禮葬軍, 京營主人添價, 一路積草等, 各樣雜役, 皆就十二斗中, 磨鍊似當矣." 『顯宗改修實錄』卷9, 顯宗 4年 9月 丁丑(13日); 『萬機要覽』, 財用編3, 大同作貢, 夫刷馬價; 한영국, 「대동법의 시행」, 『한국사』30, 국사편찬위원회, 1998, 493-511쪽; 이정철, 「大同米·布의 構成: 『湖西大同節目』·『全南道大同事目』을 중심으로」, 『한국사학보』19, 고려사학회, 2005, 33-59쪽; 이정철, 앞 책, 2010, 307-310쪽.
48) 박평식, 「조선전기 주인층과 유통체계」, 앞 책, 2009, 229-272쪽.
49) 『明宗實錄』卷6, 明宗 2年 8月 辛巳(13日); 『宣祖實錄』卷144, 宣祖 34年 12月 庚辰(17日); 『宣祖實錄』卷180, 宣祖 37年 10月 丁未(1日); 『宣祖實錄』卷193, 宣祖 38年 11月 戊寅(8日); 『宣祖實錄』卷212, 宣祖 40年 6月 甲子(3日); 『宣祖實錄』卷217, 宣祖 40年 10月 壬戌(3日); 『仁祖實錄』卷33, 仁祖 14年 8月 辛卯(20日).
50) 『宣祖實錄』卷15, 宣祖 8年 10月 丙申(23日); 『光海君日記』卷104, 光海君 8年 6月 戊午(19日).

51) 박종수, 앞 논문, 1993, 57-123쪽.
52) 『仁祖實錄』卷33, 仁祖 14年 8月 辛卯(20日).
53) 오미일,「18·19세기 새로운 貢人權·廛契 창설운동과 亂廛活動」,『규장각』10, 서울대 규장각, 1987, 42-47쪽; 이재룡,「진상」,『한국사』24, 국사편찬위원회, 1994, 469-472쪽; 전상욱,「호서대동법 실시전후 진상의 운영과 변화」,『중앙사론』34, 중앙대 중앙사학연구소, 2011, 193~217쪽.
54) 김옥근,「세역의 토지집중」,『조선왕조재정사연구』Ⅰ, 일조각, 1984, 239-309쪽; 박현순, 「16-17세기 공납제 운영의 변화」,『한국사론』38, 서울대 국사학과, 1997, 2-46쪽.
55) 한영국, 앞 글, 1998, 479-516쪽.
56) 차용진,「淸代 '地丁銀制 成立'에 關한 一考察」, 성균관대 사학과 석사논문, 1983, 18-27쪽; 김선혜,「淸初 地丁銀制 改革에 대한 一考察」, 숙명여대 사학과 석사논문, 1994, 9-10쪽; 김백철, 앞 논문, 2013a, 309-314쪽.
57) 이정철, 앞 책, 2012, 32쪽.
58) 한영국, 앞 글, 1998, 504~507쪽; 김옥근, 앞 책, 1984, 294-297쪽 ; 최주희, 앞 논문, 2014, 25-154쪽.
59) 한영국, 앞 글, 1998, 512~513쪽; 최주희, 앞 논문, 2014, 109-154쪽.
60) 『宣祖實錄』卷7, 宣祖 6年 9月 癸卯(26日).
61) 『英祖實錄』卷10, 英祖 2年 7月 丁酉(7日).
62) 최주희, 앞 논문, 2014, 109-154쪽.
63) 백승철, 앞 책, 2000, 104-216쪽.
64) 한영국, 앞 글, 1998, 507-511쪽; 김옥근,「留置米」,『조선왕조재정사연구』Ⅲ, 일조각, 1988, 66-75쪽; 문광균,「영남대동법 시행초기 지방재정의 개편과 그 성격」,『한국사연구』 161, 한국사연구회, 2013, 192-194쪽.
65) 문광균, 앞 논문, 2013, 200-201쪽.
66) 최주희, 앞 논문, 2014, 25~65쪽.
67) 양진석,『17,18세기 還穀制度의 운영과 機能 변화』, 서울대 국사학과 박사논문, 1999, 153-216쪽; 문용식,『조선후기 진정과 환곡운영』, 경인문화사, 2000, 142-161쪽.
68) 1871년 편찬 道誌는 18세기 후반-19세기 전반 재정 정보를 바탕으로 하고 있는데,『湖西邑誌』「奎12176」에는 軍資倉租, 常賑廳米, 備局句管穀, 經理穀, 統營穀,『嶺南邑誌』「奎12173」에는 常平廳米, 備局軍作米, 均廳米, 司僕寺句管租, 統營租,『湖南邑誌』「奎12175」에는 備局句管米, 掌樂院米, 均役廳米, 華城米, 江都米, 整理穀 등이 확인된다. ※'奎~'는 서울대 규장각한국학연구원 소장자료.
69) 최주희, 앞 논문, 1994, 205~262쪽.
70) 『萬機要覽』, 財用編6, 還摠, 總額.
71) 양진석, 앞 논문, 2003, 241쪽, 243쪽; 문광균,「영남대동법 시행이후 대동세 배분방식의 변화와 저치미 운영」,『역사학보』225, 역사학회, 2015, 149쪽.
72) 『增補文獻備考』卷151, 田賦考1, 朝鮮, 肅宗 甲寅~英祖 52年; 김백철,『조선후기 영조의

탕평정치: 『속대전』의 편찬과 백성의 재인식」, 태학사, 2010, 245-252쪽.
73) 야마구치 게이지(김현영 역), 『일본근세의 쇄국과 개국』, 혜안, 2001, 13~58쪽; 안드레 군도 프랑크(이희재 역), 『리오리엔트』, 이산, 2003, 235~278쪽, 296~360쪽; 김동철, 「16-18세기 동아시아 교역망과 은 유통」, 『동아시아의 역사』Ⅱ, 동북아역사재단, 2011, 271-290쪽; 융이(류방승 역), 『백은비사』, RHK, 2013, 61-133쪽.
74) 『萬機要覽』, 財用編4, 錢貨, 金銀銅鉛, 銀, 銀貨行用.
75) 한명기, 「17세기초 은의 유통과 그 영향」, 『규장각』15, 서울대 규장각, 1992, 1-12쪽; 고동환, 『조선시대 시전상업 연구』, 지식산업사, 2013, 54-59쪽.
76) 한명기, 같은 논문, 1992, 13-34쪽; 한명기, 「16, 17세기 명청교체와 한반도: 재조지은, 은, 그리고 쿠데타의 변주곡」, 『명청사연구』22, 명청사학회, 2004, 44-52쪽; 정성일, 「조선의 동전과 일본의 은화: 화폐의 유통을 통해 본 15-17세기 한일관계」, 『한일관계사연구』20, 한일관계사학회, 2004, 29-43쪽; 정성일, 「조선과 일본의 은유통 교섭」, 『한일관계사연구』42, 한일관계사학회, 2012, 504-534쪽.
77) 류승주, 「조선후기 대청무역이 국내산업에 미친 영향」, 『아세아연구』37-2, 고려대 아세아문제연구소, 1994, 3-19쪽; 원유한, 「조선후기 대청관계 및 인식의 변화」, 『아세아문화연구』4, 경원대 아시아문화연구소, 2000, 3-5쪽; 조영헌, 「동아시아사 교과서의 '은 유통과 교역망': 주제의 설정과 그 의미」, 『동북아역사논총』39, 동북아역사재단, 2013, 152-158쪽; 권내현, 「17세기 후반 18세기 전반 조선의 은 유통」, 『역사학보』221, 역사학회, 2014, 12-19쪽.
78) 권내현, 앞 논문, 2014, 22-25쪽.
79) 山本進, 「조선후기 은 유통」, 『명청사연구』39, 명청사학회, 2013, 215-220쪽; 권내현, 앞 논문, 2014, 19쪽.
80) 원유한, 「조선후기 화폐유통에 관한 일고찰: 전황문제를 중심으로」, 『한국사연구』7, 한국사연구회, 1972, 134-135; 원유한, 『조선후기 화폐사』, 혜안, 2008, 140~154쪽.
81) 고동환, 앞 책, 2013, 127-184쪽.
82) 화폐의 확대를 代錢納 등 부세문제와 연결한 경우는 다음 참조. 송찬식, 『조선후기 사회경제사의 연구』, 일조각, 1997, 45-179쪽; 원유한, 앞 책, 2008, 139쪽, 157-159쪽; 정수환, 『조선후기 화폐유통과 경제생활』, 경인문화사, 2013, 36-88쪽; 고동환, 앞 책, 2013, 66-76쪽.
83) 柳馨遠, 『磻溪隧錄』卷4, 田制後錄下, 錢幣.
84) 『高麗史』卷79, 志33, 食貨, 貨幣, 恭愍王 5年 9月・恭讓王 3年 3月・恭讓王 3年 7月.
85) 『世宗實錄』卷25, 世宗 6年 8月 丁未(5日).
86) 『世祖實錄』卷34, 世祖 10年 11月 壬戌(13日).
87) 『太宗實錄』卷3, 太宗 2年 2月 丁卯(14日).
88) 『太宗實錄』卷21, 太宗 11年 正月 壬午(21日).
89) 『仁祖實錄』卷1, 仁祖 元年 4月 癸亥(4日); 『仁祖實錄』卷5, 仁祖 2年 3月 壬戌(8日).
90) 『承政院日記』, 天啓 5年(인조 4) 12月 17日(乙卯); 『仁祖實錄』卷28, 仁祖 11年 10月 甲戌(15日).
91) 한영국, 「대동법의 실시」, 『한국사』13, 국사편찬위원회, 1976, 152-153쪽.

92) 『肅宗實錄』卷7, 肅宗 4年 8月 辛巳(13日);『萬機要覽』, 財用編3, 大同作貢, 大同法, 肅宗丁巳(숙종3); 문광균,「17세기 경상도지역 공물수취체제와 영남대동법의 실시」,『한국사학보』46, 고려사학회, 2012, 71-78쪽.
93) 『肅宗實錄』卷7, 肅宗 4年 正月 乙未(23日);『承政院日記』, 康熙 29年(숙종16) 10月 7日(甲子);『增補文獻備考』卷159, 財用6, 錢貨, 朝鮮, 肅宗 4年·肅宗 5年.
94) 숙종 9년(1683), 숙종 11년(1685), 숙종 17년(1691), 숙종 19년(1693), 숙종 21년(1695), 경종 4년(1724) 등에 각각 대규모 동전 주전이 이루어졌다.『萬機要覽』財用編4, 錢貨, 鑄錢始末.
95) 『續大典』卷2, 戶典, 國幣.
96) 『萬機要覽』, 財用編4, 錢貨, 金銀銅鉛, 銀, 採銀.
97) 송양섭,「正祖代『軍國摠目』의 체재와 군비·군사재정의 파악」,『사림』, 수선사학회, 2011, 93쪽(손병규·송양섭 편,『통계로 보는 조선후기 국가경제』, 성균관대출판부, 2013).
98) 유현재,『조선후기 鑄錢정책과 財政활용』, 서울대 국사학과 박사논문, 2014, 177쪽, 228쪽.
99) 고동환,『서울상업발달사연구』, 지식산업사, 1998, 27-95쪽; 고동환,『조선시대 서울도시사』, 태학사, 2007, 127-211쪽.
100) 양진석, 앞 논문, 2003, 217-245쪽.
101) 양진석, 같은 논문, 2003, 247쪽.
102) 이태진,「인구의 감소」,『한국사』30, 국사편찬위원회, 1998, 374-376쪽,「표 1」『조선왕조실록』과『호구총수』에서 발췌된 조선시대 전국 호구수; 김훼철, 앞 논문, 2007, 125쪽,「표 1」조선시대 호구총수에 의한 급감구간; 정연식,『영조대의 양역정책과 균역법』, 한국학중앙연구원출판부, 2015, 25쪽,「그림 1」인구변동과 영역정책의 관계(1651-1750년).
103) 김성우,「공민층의 몰락과 국역체제의 해체」,『조선중기 국가와 사족』, 역사비평사, 2001, 95-159쪽.
104) 양역변통 논의는 다음 참조. 정만조, 앞 논문, 1977, 90-91쪽; 정만조, 앞 글, 1996, 337-341쪽; 정만조, 앞 글, 1997, 125-131쪽; 정연식, 앞 논문, 1993, 177-240쪽; 김백철,「조선후기 영조대 백성관의 변화와 '민국'」,『한국사연구』138, 한국사연구회, 2007, 126-130쪽(김백철,『조선후기 영조의 탕평정치:『속대전』의 편찬과 백성의 재인식』, 태학사, 2010).
105) 『景宗實錄』卷4, 景宗 元年 7月 甲午(5日).
106) 김백철,「영성군 박문수(1691-1756)의 정계활동: 탕평관료의 중층적 위상에 대한 검토」,『한국사연구』163, 한국사연구회, 2013b, 275-280쪽.
107) 김백철, 같은 논문, 2013b, 276쪽.
108) 김백철, 같은 논문, 2013b, 276-277쪽.
109) 김백철, 같은 논문, 2013b, 278-280쪽.
110) 『英祖實錄』卷14, 英祖 3年 11月 丁巳(5日);『增補文獻備考』卷159, 財用6, 錢貨, 朝鮮, 英祖 6年.

111) 영조 3년(1727) 평안도 감영 15만 냥, 통영 15만 냥, 경상도 감영 10만 냥, 전라도 감영 7만 냥, 개성부 3만 냥 등 총 30만 냥을 주전토록 하였고, 영조 18년(1742) 진휼책의 일환으로 함경도 감영에서 주전이 이루어졌다. 영조 26년(1750) 균역법을 추진하는 과정에서 호조·선혜청·三軍門 등에서 100만 냥 규모의 주전이 계획되었다가 재조정되어 추진되었으며 통영까지 동원되었다. 영조 33년(1757) 총융청까지 가세하였다. 『萬機要覽』 財用編4, 錢貨, 鑄錢始末;『增補文獻備考』卷159, 財用6, 錢貨, 朝鮮, 英祖 7年·英祖 26年; 원유한,「조선후기 화폐정책에 대한 일고찰: 고액전의 수용논의를 중심으로」, 『한국사연구』6, 한국사연구회, 1971, 77쪽; 김백철, 앞 논문, 2013b, 279-280쪽.
112) 『英祖實錄』卷59, 英祖 20年 7月 乙未(20日);『英祖實錄』卷61, 英祖 21年 正月 庚辰(8日); 『英祖實錄』卷68, 英祖 24年 10月 庚寅(9日);『英祖實錄』卷107, 英祖 42年 10月 乙巳(9日);『萬機要覽』, 財用編2, 年分, 英宗庚辰(영조 36).
113) 김옥근,「조선후기 전세제도 연구」,『부산산업대학논문집』9, 부산산업대, 1972, 46쪽; 이철성,『17,18세기 전정운영론과 전세제도 연구』, 선인, 2003, 85-130쪽; 김백철, 앞 논문, 2013a, 312-313쪽; 송양섭,「18세기 比摠制의 적용과 齊民政策의 추진」,『한국사학보』53, 고려사학회, 2013, 323-353쪽(송양섭,『18세기 조선의 공공성과 민본이념: 손상익하의 정치학, 그 이상과 현실』, 태학사, 2015); 송양섭,「18세기 `公`담론의 구조와 그 정치·경제적 함의」,『역사와현실』93, 한국역사연구회, 2014, 27-60쪽(송양섭, 같은 책, 2015).
114) 김백철, 앞 논문, 2013b, 271~275쪽.
115) 최주희,「18세기중반『度支定例』類 간행의 재정적 특성과 정치적 의도」,『역사와현실』81, 한국역사연구회, 2011, 251-288쪽(손병규·송양섭 편, 앞 책, 2013); 최주희,「18세기중반 定例類에 나타난 王室供上의 범위와 성격」,『장서각』27, 한국학중앙연구원, 2012, 38-69쪽.
116) 정연식, 앞 책, 2015, 99~105쪽.
117) 김백철,「영조의 순문과 위민정치: '애민'에서 '군민상의'로」,『국학연구』21, 한국국학진흥원, 2012, 183쪽(김백철, 앞 책, 2014).
118) 정연식, 앞 책, 2015, 101쪽; 김백철, 앞 논문, 1993, 132쪽; 김백철, 앞 논문, 2007, 130쪽.
119) 『英祖實錄』卷71, 英祖 26年 5月 庚申(19日).
120) 『英祖實錄』卷71, 英祖 26年 7月 癸卯(3日).
121) 『均役廳事目』, 均役事實 〈奎1123〉; 정연식, 같은 책, 2015, 105-117쪽.
122) 『均役廳事目』, 海稅 第4 〈奎1123〉; 정연식, 같은 책, 2015, 162-164쪽.
123) 이욱,「18세기 鳴旨島 公鹽制 運營의 變化와 그 性格」,『한국사연구』120, 한국사연구회, 2003, 185-215쪽; 김백철, 앞 논문, 2013, 282-283쪽.
124) 『經國大典』卷2, 戶典, 魚鹽.
125) 이욱,「17·18세기 궁방·아문의 어염절수 확대와 의미」,『역사민속학』17, 한국역사민속학회, 2003, 141-166쪽.

126) 柳馨遠,『磻溪隧錄』卷1, 田制上, 雜說; 柳馨遠,『磻溪隧錄』卷4, 田制後錄下, 國朝名臣論弊政諸條附, 栗谷; 丁若鏞,『經世遺表』卷14, 均役事目追議1, 海稅·魚稅·藿稅·鹽稅; 丁若鏞,『經世遺表』卷14, 均役事目追議2, 船稅; 丁若鏞,『經世遺表』卷14, 摠論.
127)『均役廳事目』, 軍官 第5「奎1123」; 정연식, 앞 책, 2015, 165-167쪽.
128)『均役廳事目』, 餘結 第3「奎1123」; 정연식, 앞 책, 2015, 137-115쪽, 164-165쪽.
129)『英祖實錄』卷74, 英祖 27年 6月 壬子(17日).
130)『均役廳事目』, 結米 第2「奎1123」.
131) 정연식, 앞 책, 2015, 147-151쪽.
132) 김백철, 앞 논문, 2007, 133-134쪽.
133) 丁若鏞,『經世遺表』卷首, 邦禮艸本引.
134) 丁若鏞,『經世遺表』卷14, 均役事目追議, 海稅·魚稅·藿稅·鹽稅; 丁若鏞,『經世遺表』卷14, 均役事目追議2, 船稅 ;『經世遺表』卷14, 摠論.
135) 최주희, 앞 논문, 2014, 205-262쪽.
136) 柳馨遠,『磻溪隧錄』卷3, 田制後錄上, 經費.
137) 손병규,『조선왕조 재정시스템의 재발견: 17-19세기 지방재정사 연구』, 역사비평사, 2008, 247-297쪽, 315-343쪽.
138) 국사편찬위원회 편,『輿地圖書』상·하(영인본), 국사편찬위원회, 1973; 이철성,「『輿地圖書』에 나타난 田結稅 항목의 텍스트적 이해」,『한국사학보』25, 한국사학회, 2006, 531-571쪽.
139) 송양섭,「부역실총에 나타난 재원파악방식과 재정정책 부역실총」,『역사와현실』70, 한국역사연구회, 2008, 27-56쪽(손병규·송양섭 편, 앞 책, 2013).
140) 송양섭, 앞 논문, 2011, 71-103쪽.
141)『典律通補』卷4, 別編, 民摠·軍摠·田摠·穀摠「奎貴1377」.
142)『貢弊』「奎15084」;『市弊』「奎15085」;『增補文獻備考』卷163, 市糴考1, 朝鮮, 英祖 29年; 이근호,「영조대 탕평파의 국정운영론 연구」, 국민대 국사학과 박사논문, 2002, 257쪽(이근호,『조선후기 탕평파와 국정운영』, 민속원, 2016); 김백철, 앞 논문, 2012, 210쪽; 김백철, 앞 논문, 2013b, 283-284쪽; 김정자,「朝鮮後期 正祖代의 政局과 市廛政策: 貢市人詢瘼을 중심으로」,『한국학논총』39, 국민대 한국학연구소, 2013, 147-218쪽.
143)『增補文獻備考』卷151, 田賦考1, 朝鮮, 肅宗 7年·9年·42年·英祖 12年·17年.
144)『增補文獻備考』卷151, 田賦考1, 朝鮮, 英祖 17年·21年·24年·27-28年·32-33年·35-38年·41-52年.
145) 오미일은『증보문헌비고』와『비변사등록』을 대조하여 탕감 규모를 산출하였다. 오미일,「18-19세기 공물정책의 변화와 공인층의 변동」,『한국사론』14, 서울대 국사학과, 1986, 135쪽,「표 8」各貢蕩減數.
146) 고동환, 앞 책, 1998, 27-95쪽 ; 고동환, 앞 책, 2007, 127-211쪽.
147) 최주희, 앞 논문, 2014, 109-154쪽.
148) 김동철,「蔡濟恭의 經濟政策에 관한 考察: 특히 辛亥通共發賣論을 中心으로」,『부대사학』

4, 부대사학회, 1980, 141-173쪽; 김정자, 『正祖代 通共政策의 施行에 관한 硏究』, 국민대 국사학과 박사논문, 2010, 145-167쪽.
149) 김백철, 앞 책, 2009, 239-244쪽.
150) 『增補文獻備考』卷151, 田賦考1, 朝鮮, 肅宗甲寅(숙종 즉위년)·3年·25年·26年; 김백철, 앞 책, 2010, 245-252쪽.
151) 『英祖實錄』卷83, 英祖 31年 2月 戊申(4日)·辛未(27日).
152) 『萬機要覽』, 財用編4, 奴婢貢給代, 英宗乙亥(영조 31)·甲午(영조 50).
153) 김백철, 앞 논문, 2007, 130-134쪽.
154) 兪棨, 『市南集』卷14, 策問題 九首, 民國熟優歟.
155) 『承政院日記』, 崇禎 11年(인조 16) 11月 6日(甲子); 『承政院日記』, 康熙 52年(숙종 39) 5月 6日(壬午).
156) 김백철, 앞 논문, 2007, 156-171쪽.
157) 『列聖御製』卷27, 英宗大王, 文, 社增祈年夜坐涵仁庭書錄御製以勉後王.
158) 『列聖御製』卷30, 英宗大王, 文, 恤私民綸音仍示元良.
159) 김백철, 앞 논문, 2012, 217-220쪽.
160) 『御製本固寧本固寧』〈K4-2430〉; 『承政院日記』, 乾隆 40年(영조 51) 8月 9日(甲申). ※ 'K-'는 한국학중앙연구원 장서각 소장자료.
161) 『御製夙夜勤』(영조 49) 「K4-2838」.
162) 『承政院日記』, 乾隆 30年(영조 41) 12月 27日(戊辰)·乾隆 34年(영조 45) 11月 23日(辛丑)·乾隆 36年(영조 47) 5月 2日(壬寅)·4日(甲辰)·7月 20日(戊午)·乾隆 37年(영조 48) 4月 6日(辛未)·乾隆 40年(영조 51) 2月 11日(己丑)·12月 10日(癸丑); 『御製深祝油然需然』(영조 47) 〈K4-3024〉; 『御製可矜者民其便者君』「K4-0446」; 『御製君爲民』〈K4-1265〉; 『御製祈民安』〈K4-1554〉.
163) 김백철, 앞 논문, 2012, 220쪽.
164) 『承政院日記』, 乾隆 26年(영조 37) 4月 8日(辛未)·12月 5日(己巳)·乾隆 28年(영조 39) 7月 16日(辛未)·乾隆 29年(영조 40) 7月 21日(辛未)·乾隆 30年(영조 41) 3月 23日(戊戌)·乾隆 32年(영조 43) 6月 28日(庚申).
165) 김백철, 앞 논문, 2007, 169쪽.

6장 [인물사] 탕평 관료의 중층적 성격: 박문수의 정계 활동

1) 영조대 탕평 정국은 다음 참조. 정만조, 「영조대 초반 탕평책과 탕평파의 활동: 탕평 기반의 성립에 이르기까지」, 『진단학보』56, 진단학회, 1983; 박광용, 「탕평론과 정국의 변화」, 『한국사론』10, 서울대 국사학과, 1984; 정만조, 「영조대중반의 정국과 탕평책의 재정립」, 『역사학보』111, 역사학회, 1986; 박광용, 「영조대 탕평정국과 왕정체제의 정비」, 『한국사』32, 국사편찬위원회, 1997; 김백철, 『조선후기 영조의 탕평정치: 속대전의 편찬과

백성의 재인식』, 태학사, 2010; 정만조 외, 『영조의 국가정책과 정치이념』, 한국학중앙연구원, 2012.
2) 탕평 관료군의 활약상은 다음 참조. 이근호, 『영조대 탕평파의 국정운영론 연구』, 국민대 국사학과 박사논문, 2002(이근호, 『조선후기 탕평파와 국정운영』, 민속원, 2016).
3) 박광용, 앞 논문, 1984, 205쪽, 211-213쪽, 216쪽; 이근호, 앞 논문, 2002, 32-83쪽.
4) 그 동안은 노·소론의 緩論을 탕평파로 상정하는 경우가 적지 않았다. 그러나 소론 李光佐는 峻論으로 분류되지만 탕평정국에 출사하였으며, 노론 金在魯는 탕평에 참여하여 緩論으로 분류하지만 소론에 대해서는 오히려 강경한 투쟁노선을 견지하였다. 이러한 분류는 이광좌가 송인명·조현명보다는 강경파에 속하고, 김재로가 민진원·정호보다는 온건파에 속한다는 상대적인 관점에 불과하다. 실제 양자는 비슷한 시기 조정에 출사하여 격렬히 대립하고 있었으므로 모두 탕평 대신이자 강경파였다. 그러므로 준론과 완론의 구분에 대해서 재검토의 여지가 있고, 온건파만이 영조 전반 탕평정국에 참여했다고 보기 어렵다.
5) 朴文秀의 본관은 高靈, 자는 成甫, 호는 耆隱이다. 曾祖父는 이조판서 朴長遠, 祖父는 洗馬 朴銑, 부친은 靈恩君 朴恒漢, 모친은 공조참판 李世弼의 딸이다.
6) 박문수의 암행어사 관련 문학자료는 야담집 『溪西野談』(1833-1839), 『靑邱野談』(1864), 『東野彙集』(1869), 『鷄鴨漫錄』(1892), 『我東奇聞』(1907), 『記聞叢話』(연대미상), 한글고전소설 『朴文秀傳』(唯一書館, 1915; 경성서적조합, 1926; 3가지 에피소드), 한글공안소설 『삼쾌정(三快亭)』(高裕相, 匯東書館, 1921; 3가지 에피소드), 구전설화 「어사박문수이야기」(박순호 편, 『고창군구비문학대계』, 고창군, 1993; 5가지 에피소드)가 일찍이 보고되었으며, 최근 전자DB구축이 완료된 『한국구비문학대계』(한국학중앙연구원, 1979~2002; 박문수설화 306편), 장편소설 『어사 박문수』(김용제, 삼중당, 1966) 등이 있다.
7) 원유한, 「기은 박문수의 화폐경제론」, 『실학사상연구』5·6, 무악실학회, 1985; 조성산, 「박문수, 전설적인 암행어사 혹은 뛰어난 소론 경세관료」, 『내일을 여는 역사』14, 내일을 여는 역사, 2003; 김성회, 「耆隱 朴文秀의 위민활동과 그 의의」, 『사학연구』96, 한국사학회, 2009; 방은순, 「박문수의 붕당인식과 국가재정론」, 『충청문화연구』3, 충남대 충청문화연구소, 2010; 심재우, 「역사 속의 박문수와 암행어사로의 형상화」, 『역사와 실학』41, 역사실학회, 2010.
8) 원유한, 앞 논문, 1985, 230쪽.
9) 방은순, 앞 논문, 2010, 57-66쪽.
10) 『英祖實錄』卷84, 英祖 31年 5月 癸巳(20日).
11) 『承政院日記』, 雍正 8年(영조 6) 11月 7日(壬申).
12) 당시 소론 이광좌와 노론 김재로 역시 ㉠탕평정국에 참여하면서도 黨論을 견지하고 있었고, ㉡영조 초반과 중반 각기 제도개혁을 주도한 경세관료의 면모를 갖추고 있었으며, ㉢양자 모두 국왕과 개인적 유대관계가 각별하였다는 공통점을 지녔다. 따라서 정도의 차이는 있지만 蕩平大臣이 공유한 중층적 위상에 대한 고려가 필요하며, 박문수에 대한 검토는 이를 개념화하는 데 일정한 도움이 될 것이다.
13) 박문수의 전체 出仕期는 대략 ①근왕세력화(경종 3-영조 5; 方伯/功臣), ②보좌역할(영조

6-영조 12; 王使/臺諫首長), ③군정장관(영조 13-영조 23; 大將/大司馬), ④재정개혁(영조 24-27; 大司徒/王府首長), ⑤개혁사후관리(영조 28-32; 大宗伯) 등으로 구분할 수 있다. '부표' 박문수의 출사이력' 참조.

14) 『承政院日記』, 雍正 2年(경종 4) 正月 1日(丙子)·4月 3日(丙午).
15) 『景宗實錄』卷11, 景宗 3年 2月 丙辰(6日)·庚午(20日)·3月 乙未(16日); 『景宗實錄』卷13, 景宗 3年 10月 癸丑(7日); 『景宗實錄』卷13, 景宗 3年 11月 辛巳(5日).
16) 정만조는 『英祖東宮日記』를 토대로 당시 동궁속료로 趙文命, 尹淳, 黃梓, 宋寅明, 趙顯命, 李匡德, 朴文秀, 尹㛚, 尹聖時, 鄭錫三, 李眞儒, 申昉, 金始煥 등을 소개하고, 소론 내 淸流로 불리던 宋寅明, 趙文命, 趙顯命 등이 탕평파가 되어서 노론과 소론의 양당의 의리를 조제해보고자 노력하였다고 보았다. 탕평파인 소론 완론은 실상 세제시절 인연이 있었던 인물이다. 정만조, 앞 논문, 1983, 33쪽.
17) 『承政院日記』, 雍正 元年(경종 3) 3月 12日(辛卯)·7月 2日(己卯)·6日(癸未)·8月 28日(乙亥)·9月 2日(戊寅)·3日(己卯).
18) 『英祖實錄』卷11, 英祖 3年 2月 丙子(19日).
19) 『英祖實錄』卷13, 英祖 3年 9月 戊寅(25日)·10月 戊戌(16日)·壬寅(20日).
20) 『英祖實錄』卷14, 英祖 3年 12月 戊戌(17日);『英祖實錄』卷15, 英祖 4年 正月 戊寅(27日);『英祖實錄』卷15, 英祖 4年 2月 壬辰(11日).
21) 『承政院日記』, 雍正 6年(영조 4) 3月 11日(辛酉).
22) 『英祖實錄』卷16, 英祖 4年 3月 壬戌(12日).
23) 『英祖實錄』卷16, 英祖 4年 3月 甲子(14日).
24) 『英祖實錄』卷16, 英祖 4年 3月 乙丑(15日).
25) 무신란의 경과는 다음 참조. 이상옥, 「영조조 무신란의 연구」, 『우석사학』2, 우석대사학회, 1969; 이원균, 「英祖 戊申亂에 對하여」, 『부대사학』2, 부대사학회, 1971; 오갑균, 「英祖朝 戊申亂에 관한 考察」, 『역사교육』21, 역사교육연구회, 1977; 이종범, 「1728년 무신란의 성격」, 연세대 사학과 석사논문, 1983(이태진 편, 『조선시대 정치사의 재조명』, 태학사, 2003); 강복숙, 「무신란후 노·소론의 정치적 동향과 對영남정책」, 경북대 역사교육과 석사논문, 1996; 고수연, 「英祖代 戊申亂 硏究의 現況과 課題」, 『역사와담론』39, 호서사학회, 2004; 고수연, 「1728년 湖南 戊申亂의 전개양상과 叛亂軍의 성격」, 『역사와담론』60, 호서사학회, 2011; 이욱, 「조선 영조대 무신란과 안동 지방의 '의병'」, 『한국사학보』42, 고려사학회, 2011; 고수연, 「『戊申倡義錄』을 통해 본 18, 19세기 嶺南南人의 정치동향」, 『역사와담론』65, 호서사학회, 2013.
26) 『英祖實錄』卷16, 英祖 4年 3月 丙寅(16日).
27) 『英祖實錄』卷16, 英祖 4年 3月 丁卯(17日)·甲戌(24일).
28) 巡討使 金重器는 단신으로 내려가 군사를 수습하는 것을 꺼려하였고, 朴纘新은 辭朝하고도 하룻밤을 서울에 더 머물다가 출발하며 늦장을 부렸다. 이에 憤氣撐天한 오명항이 자원하자 토벌군의 본대가 움직일 수 있었다. 『英祖實錄』卷16, 英祖 4年 3月 丙寅(16日)·丁卯(17日).
29) 『承政院日記』, 雍正 6年(영조 4) 3月 17日(丁卯).

30) 『英祖實錄』卷16, 英祖 4年 3月 癸酉(23日).
31) 『英祖實錄』卷16, 英祖 4年 3月 甲戌(24日).
32) 『英祖實錄』卷16, 英祖 4年 3月 戊寅(28日).
33) 『英祖實錄』卷17, 英祖 4年 4月 戊子(8日).
34) 『承政院日記』, 雍正 6年(영조 4) 3月 17日(丁卯)・4月 14日(甲午).
35) 『承政院日記』, 雍正 6年(영조 4) 4月 26日([丙午]).
36) 『英祖實錄』卷1, 英祖卽位年 9月 壬寅(2日);『承政院日記』, 雍正 2年(영조 즉위년) 9月 14日(甲寅)・15日(乙卯);『英祖實錄』卷2, 英祖卽位年 12月 乙亥(6日).
37) 당시 金姓의 宮人사건은 急少 金一鏡・朴弼夢 등이 老論 金昌集의 至親인 肅宗後宮 寧嬪 金氏를 은연중에 가리킨 것이며, 이로써 모든 김씨를 일망타진하고자 箚子를 연명해서 올린 것이다. 景宗이 반대하였음에도 불구하고 다시 英祖에게 동일한 주청을 하였다. 『英祖實錄』卷1, 英祖卽位年 9月 己巳(29日).
38) 峻少 李光佐・趙泰億 등이 주축이 되어서 壬寅獄事의 주역이던 急少 金一鏡・穆虎龍을 단죄하는데 성공하였다. 소론 스스로 급진파를 정리함으로써 국왕은 정치기반을 마련할 수 있었다. 『英祖實錄』卷2, 英祖卽位年 11月 辛亥(11日)・己未(19日)・庚申(20日)・12月 癸酉(4日)・丁丑(8日).
39) 『承政院日記』, 雍正 8年(영조 6) 12月 8日(壬寅).
40) 『承政院日記』, 雍正 10年(영조 8) 10月 14日(戊辰).
41) 『承政院日記』, 雍正 13年(영조 11) 正月 21日(壬辰).
42) 『承政院日記』, 雍正 8年(영조 6) 12月 24日(戊午).
43) 『承政院日記』, 雍正 2年(영조 즉위년) 12月 6日(乙亥).
44) 『英祖實錄』卷11, 英祖 3年 2月 丙子(19日).
45) 『承政院日記』, 雍正 5年(영조 3) 2月 15日(壬申)・19日(丙子)・22日(己卯)・7月 9日(癸亥)・9月 10日(癸亥)・10月 16日(戊戌).
46) 『英祖實錄』卷11, 英祖 3年 2月 丁丑(20日);『承政院日記』, 雍正 5年(영조 3) 2月 22日(己卯).
47) 『英祖實錄』卷21, 英祖 5年 正月 丙寅(21日).
48) 『英祖實錄』卷22, 英祖 5年 4月 癸未(9日);『英祖實錄』卷27, 英祖 6年 8月 丙辰(20日)・9月 庚辰(14日);『英祖實錄』卷28, 英祖 6年 11月 壬申(7日);『英祖實錄』卷34, 英祖 9年 4月 癸酉(22日).
49) 『英祖實錄』卷34, 英祖 9年 4月 癸酉(22日).
50) 『英祖實錄』卷34, 英祖 9年 4月 丙子(25日).
51) 『英祖實錄』卷29, 英祖 7年 4月 戊申(16日)・辛亥(19日).
52) 『英祖實錄』卷29, 英祖 7年 5月 壬申(10日).
53) 『英祖實錄』卷47, 英祖 13年 3月 甲戌(22日).
54) 『英祖實錄』卷84, 英祖 31年 5月 癸巳(20日).
55) 『承政院日記』, 乾隆 6年(영조 17) 9月 23日(乙酉).

56) 영조는 十九下敎(영조 9), 夜半洞諭(영조 11) 등에서 老論의 討逆 논리를 강도 높게 비판하고 노론과 소론 모두에 忠逆이 혼재되어 있어서 양자택일은 불가하다는 입장을 수차례 천명하였다. 『英祖實錄』卷33, 英祖 9年 正月 辛丑(19日); 『英祖實錄』卷40, 英祖 11年 2月 辛亥(10日); 『英祖實錄』卷47, 英祖 14年 5月 甲寅(3日).
57) 『英祖實錄』卷54, 英祖 17年 9月 乙酉(23日).
58) 『承政院日記』, 乾隆 6年(영조 17) 9月 26日(戊子).
59) 『英祖實錄』卷54, 英祖 17年 9月 戊子(26日)・己丑(27日)・辛卯(29日).
60) 急少・峻少・緩少 등의 구분은 절대적인 黨色을 의미하지 않았다. 建儲・代理 문제에 소론계는 모두 경종을 지지하여 노론을 토역하였으나 그 과정에서 王世弟(영조)에게 禍가 미치는 것을 두고 입장이 나뉘었다. 김일경·목호룡 일파는 急少(급진파)로 분류되어 강경처벌을 주장하였고, 李光佐를 필두로 하는 峻少(강경파)는 동궁 보호에 일조하였으며, 緩少(온건파)는 한 발 더 나아가 동궁의 친위세력이 되어서 탕평정책을 적극 추진하였다. 영조 즉위 초 준소와 완소가 연대하여 신왕의 즉위를 도와 급소를 처벌하였고 무신란까지 진압하였다. 신유대훈 이후 준론의 명분이 소멸되자 완론의 시대가 열렸다. 하지만 평화기 노론과 명분 경쟁이 도래하자, 소론완론 탕평파를 상징하는 朴文秀・李匡德 역시 준론으로 분류될 만큼 노론과 격렬하게 대립하였다. 을해옥사 시 준론으로 지칭되는 국왕의 친위세력은 영조 초반에는 완론이었다. 오히려 전통적인 준소나 급소 등은 재야로 물러나있었다. 정만조, 앞 논문, 1983, 33-36쪽; 48-49쪽; 최성환, 『정조대 탕평정국의 군신의리 연구』, 서울대 국사학과 박사논문, 2009, 21쪽(최성환, 『영・정조대 탕평정치와 군신의리』, 신구문화사, 2020); 김백철, 「영조의 의리명변서 『천의소감』편찬과 정국변화: 요순의 두 가지 얼굴, 탕평군주와 전제군주의 경계」, 『정신문화연구』121, 한국학중앙연구원, 2010, 10쪽, 18쪽(김백철, 『두 얼굴의 영조: 18세기 탕평군주상의 재검토』, 태학사, 2014).
61) 『英祖實錄』卷53, 英祖 17年 3月 辛卯(26日).
62) 『英祖實錄』卷14, 英祖 3年 12月 壬辰(11日).
63) 『英祖實錄』卷53, 英祖 17年 4月 癸丑(19日).
64) 『承政院日記』, 乾隆 11年(영조 22) 6月 4日(戊辰).
65) 『英祖實錄』卷63, 英祖 22年 6月 丁卯(3日).
66) 김백철, 앞 책, 2010, 84쪽 註226.
67) 『承政院日記』, 乾隆 12年(영조 23) 2月 29日(己丑).
68) 『奮武錄勳都監儀軌』, (功臣別單); 『英祖實錄』卷17, 英祖 4年 4月 丙午(26日)・己酉(29日).
69) 이는 아마도 박문수는 封君號가 있어서 軍銜이 불필요하고 또한 공신으로서 받은 토지가 있어서 굳이 遞兒職을 줄 필요가 없었기 때문인 듯하다. 다만, 封君 이후에도 軍職이 완전히 배제되지는 않았다. 『承政院日記』, 雍正 8年(영조 6) 9月 3日(己巳)・雍正 9年(영조 7) 12月 9日(戊戌)・雍正 11年(영조 9) 5月 2日(壬午)・乾隆 2年(영조 13) 9月 15日(庚子)・乾隆 3年(영조 14) 8月 16日(丙申)・乾隆 6年(영조 17) 8月 20日(壬子)・乾隆 11年

(영조 22) 5月 2日(丁酉)·乾隆 15年(영조 26) 7月 23日(癸亥). ※遞兒職은 다음 참조. 신유아,『조선전기 체아직 연구』, 서울대 사회교육과 역사전공 박사논문, 2013.
70) 『英祖實錄』卷39, 英祖 10年 11月 甲午(23日).
71) 『經國大典』卷4, 兵典, 外官職, 慶尙道;『續大典』卷4, 兵典, 外官職, 慶尙道.
72) 『英祖實錄』卷54, 英祖 17年 8月 癸巳(1日).
73) 『英祖實錄』卷56, 英祖 18年 8月 丁酉(11日).
74) 唐船 문제는 병판 시절(영조 14)부터 제기했던 사안이다.『英祖實錄』卷47, 英祖 14年 7月 壬申(22日);『英祖實錄』卷59, 英祖 20年 2月 乙亥(27日).
75) 이 일(영조 21)은 삼군문으로 하여금 도성 내 책임 구역을 나누는 단초를 제공하였다. 실제 다음 해(영조 22) 조정에서 守城節目을 제정하여 삼군문이 城堞을 수축하고 방어구역을 나누어 연습하는 형태로 발돋움하였기에 수도방위체제의 단서가 된 듯하다.『英祖實錄』卷61, 英祖 21年 6月 乙巳(4日);『英祖實錄』卷64, 英祖 22年 12月 丁卯(6日).
76) 『承政院日記』, 雍正 8年(영조 6) 12月 20日(甲寅)·雍正 11年(영조 9) 2月 12日(甲子); 김백철,「조선후기 영조대 탕평정치의 이념과『주례』」,『한국사론』51, 서울대 국사학과, 2005, 301-309쪽(김백철, 앞 책, 2010).
77) 차문섭,『조선시대 군제연구』, 단국대출판부, 1973, 342-431쪽; 이태진,『조선후기 정치와 군영제 변천』, 한국연구원, 1985, 253-261쪽; 최효식,『조선후기 군제사 연구』, 신서원, 1995, 157-186쪽.
78) 『英祖實錄』卷46, 英祖 13年 11月 戊寅(25日).
79) 『英祖實錄』卷47, 英祖 14年 2月 乙巳(23日).
80) 『英祖實錄』卷47, 英祖 14年 3月 壬戌(10日).
81) 『承政院日記』, 乾隆 7年(영조 18) 8月 20日(丙午);『英祖實錄』卷56, 英祖 18年 8月 己酉(23日).
82) 『承政院日記』, 乾隆 7年(영조 18) 8月 23日(己酉).
83) 五軍營은『新補受敎輯錄』(영조 19?)에 법제서에 최초 수록되었으며,『增補典錄通考』(간년미상?)을 통해서 기존 법체계와 합본되었다. 영조 20년『續大典』草藁本이 이루어져 반영되었고 영조 22년에 최종 반포되었다. 따라서『兵將圖說』(영조 18) 및『續兵將圖說』(영조 25)도 이러한 군영아문의 재인식 과정의 흐름 속에서 간행되었다.
84) 김백철, 앞 책, 2010, 28-52쪽.
85) 합동사열시 수어청은 前營이 되고 총융청은 後營이 되었는데, 이는 수어청이 남한산성을 중심으로 경기 남부를 방어하고, 총융청이 북한산성을 중심으로 경기 북부를 방어하는 상황을 고려한 배치이다. 다음으로, 都城을 방어하는 三軍門을 중심으로 금위영이 左營, 훈련도감이 中營, 어영청이 右營을 맡았다. 이로써 오군영의 통합진법의 기초가 마련되었다.『續兵將圖說』「五營合閱陳圖」(영조 25)〈奎83〉,〈K3-288〉.
86) 『英祖實錄』卷70, 英祖 25年 11月 壬子(7日).
87) 『英祖實錄』卷82, 英祖 30年 10月 己未(14日).
88) 『英祖實錄』卷39, 英祖 10年 11月 丙申(25日).
89) 『英祖實錄』卷71, 英祖 26年 5月 庚午(29日).

90) 『英祖實錄』卷64, 英祖 22年 12月 丁卯(6日); 『英祖實錄』卷74, 英祖 27年 9月 甲戌(11日); 『御製守城綸音』(영조 27)「奎68」,「奎3756」; 이태진, 앞 책, 1985, 247-252쪽; 김종수,『조선후기 중앙군제 연구: 훈련도감의 설립과 사회변동』, 혜안, 2003, 321-340쪽.
91) 이존희,「조선왕조의 유수부 경영」,『한국사연구』47, 1984, 28-57쪽; 김문식,『조선후기 경학사상연구』, 일조각, 1996, 2-3쪽; 배우성,「정조의 유수부 경영 화성인식」,『한국사연구』127, 한국사연구회, 2004, 245-256쪽; 김백철,「조선후기 정조대『대전통편』「병전」편찬의 성격」,『군사』76, 국방부 군사편찬연구소, 2010, 93쪽.
92) 『英祖實錄』卷30, 英祖 7年 11月 辛未(12日); 『英祖實錄』卷69, 英祖 25年 3月 庚戌(2日).
93) 김호,「영조의 대보단 重修와 明三皇의 享祀」,『한국문화』32, 서울대 한국문화연구소, 2003, 183-185쪽.
94) 皇壇三皇幷祀(영조 25)는 다양한 기능으로 활용되었다. 영조는 평소 홍무제는 恭愍王에 대한 愛民勅書를 주요근거로 삼고, 숭정제는 漢唐이래 나라를 위해 죽은 유일한 君主로 치켜세웠다. ①전 자는 愛民綸音의 명분으로, ②후자는 守城節目(영조 22), 守城綸音(영조 29) 등으로 표출되었다. 특히, ③代理聽政(영조 25)과 함께 국왕의 권위를 고양시키는 방식으로 작용하였고, ④존호가상(영조 27)의 명분으로 활용되었다. 그런데 영조 27년은 균역법의 주요 급대재원이 모두 확정된 직후였다. 이는 皇壇을 통한 明의 정통성 계승이 부세개혁을 추진하는 데에도 상당한 영향력을 미쳤음을 의미한다. 김백철, 앞 논문, 2011, 46쪽.
95) 關防정책은 숙종대 북벌논의를 전후로 개경 大興山城을 축조하면서 본격화되었다. 영조대를 지나 정조는 이를 한 단계 더 발전시켜 수도를 외곽에서부터 방어하는 開城府(管理營/大興山城, 숙종 17), 江華府(撫營, 숙종 26) 華城府(勇營, 정조 17-19) 廣州府(禦營/南漢山城, 정조 19)등 4都留守府 경영으로 마무리하였다. 『經國大典』卷1, 吏典, 京官職, 正二品衙門, 漢城府; 『經國大典』卷1, 吏典, 京官職, 從二品衙門, 開城府; 『續大典』卷1, 吏典, 京官職, 從二品衙門, 江華府; 『大典會通』卷1, 吏典, 京官職, 正二品衙門, 水原府 正宗朝 癸丑・廣州府, 正宗朝 乙卯.
96) 『속대전』(영조 22)를 기준으로 兵曹判書는 정2품인 데 반하여, ㉠訓鍊都監은 都提調(정1품), 提調(호조・병조판서 例兼/정2품)가 있으나 실질적으로는 大將(종2품)이 관할하며, ㉡禁衛營은 都提調(정1품), 大將(조판서例兼/종2품), ㉢御營廳은 都提調(정1품), 提調(병조판서例兼/정2품), 大將(종2품) 등 都城내 三軍門은 兵判이 提調를 例兼하여 통제하에 두고자 했으나 실질적으로는 대장이 독자적으로 운영했다. 더욱이 도성 밖에 있는 ㉣守禦廳과 ㉤摠戎廳은 使(종2품)만을 두어 독자성이 강하였다. 이 외에도 ㉥經理廳은 都提調(영의정兼察/정1품), 提調(비국당상兼差/종2품), 管城將(정3품), ㉦扈衛廳은 大將 3명(時原任大臣・國舅/정1품), 別將 3명(정3품), ㉧禁軍廳은 別將(종2품) 1명을 두되 兵判의 명령을 받도록 하였다. 『續大典』卷4, 兵典, 京官職, 軍營衙門(영조 22).
97) 『英祖實錄』卷78, 英祖 28年 11月 乙酉(28日).
98) 『大典通編』卷4, 兵典, 軍營衙門, 禁衛營, [增]英宗朝甲戌(영조 30).
99) 『承政院日記』, 乾隆 19年(영조 30) 10月 14日(己未)・23日(戊辰)・24日(己巳); 『英祖實

錄』卷82, 英祖 30年 10月 甲戌(29日).
100) 『英祖實錄』卷82, 英祖 30年 10月 己未(14日);『承政院日記』, 乾隆 19年(영조 30) 10月 17日(壬戌).
101) 『承政院日記』, 雍正 5年(영조 3) 正月 4日(辛卯), 龍虎大將;『承政院日記』, 乾隆 15年(영조 26) 7月 28日(戊辰), 龍虎營;『承政院日記』, 乾隆 20年(영조 31) 8月 1日(壬寅);『大典通編』卷4, 兵典, 軍營衙門, 龍虎營, [續]英宗朝乙亥(영조 31);『萬機要覽』, 軍政編2, 龍虎營, 英宗 31年 乙亥.
102) 『英祖實錄』卷87, 英祖 32年 4月 辛酉(24日).
103) 김백철, 앞 책, 2010, 201쪽, 「그림5」 인조-정조연간 '기근'대비 양역변통논의' 참조.
104) 김성희, 앞 논문, 2009, 204-209쪽.
105) 『英祖實錄』卷29, 英祖 7年 6月 乙未(4日).
106) 『肅宗實錄』卷53, 肅宗 39年 4月 己酉(2日).
107) 句管堂上은 宣祖代 이후 備局의 성장과 함께 등장하였는데, 광해군대 西兩南舟師句管堂上/鳥銃句管堂上, 인조대 江都句管堂上/鹽鐵句管堂上/南漢句管堂上/京畿慶尙全羅公淸道舟師句管堂上, 현종대 賑政句管堂上/賑恤裁省句管堂上, 숙종대 江都句管堂上/飢民句管堂上/良役句管堂上/海防句管堂上/北漢句管堂上/裁省句管堂上/諸道民戶軍役句管堂上/另差量田句管堂上 등은 17세기 戰亂과 饑饉에 대한 朝廷의 위기대응 정책을 계승한 사례이다.『宣祖實錄』卷100, 宣祖 31年 5月 壬辰(8日);『光海君日記』卷38, 光海君 3年 2月 癸酉(3日)[中草本];『光海君日記』卷80, 光海君 6年 7月 辛卯(21日)[中草本];『仁祖實錄』卷6, 仁祖 2年 5月 辛巳(28日);『仁祖實錄』卷9, 仁祖 3年 5月 癸丑(6日);『仁祖實錄』卷14, 仁祖 4年 10月 乙卯(16日);『仁祖實錄』卷31, 仁祖 13年 8月 癸卯(26日);『顯宗實錄』卷3, 顯宗 元年 9月 戊辰(16日);『顯宗實錄』卷3, 顯宗 元年 9月 癸酉(21日));『肅宗實錄』卷22, 肅宗 16年 9月 甲寅(27日);『肅宗實錄』卷31, 肅宗 23年 3月 丙辰(5日);『肅宗實錄』卷38, 肅宗 29年 2月 癸未(8日);『肅宗實錄』卷49, 肅宗 36年 9月 己未(28日);『肅宗實錄』卷50, 肅宗 37年 2月 己巳(10日);『肅宗實錄』卷57, 肅宗 42年 正月 丁酉(6日);『肅宗實錄』卷58, 肅宗 42年 12月 癸巳(7日).
108) 『英祖實錄』卷33, 英祖 9年 正月 丁亥(5日).
109) 『英祖實錄』卷36, 英祖 9年 12月 辛亥(4日)・丁卯(20日).
110) 『英祖實錄』卷37, 英祖 10年 正月 辛卯(14日).
111) 『英祖實錄』卷65, 英祖 23年 5月 乙未(6日).
112) 『英祖實錄』卷92, 英祖 34年 12月 丁巳(5日).
113) 『英祖實錄』卷79, 英祖 29年 正月 丁巳(1日).
114) 『英祖實錄』卷79, 英祖 29年 正月 庚午(14日).
115) 『英祖實錄』卷94, 英祖 35年 10月 癸未(6日).
116) 『英祖實錄』卷29, 英祖 7年 6月 甲午(3日);『承政院日記』, 雍正 9年(영조 7) 6月 4日(乙未).
117) 『英祖實錄』卷30, 英祖 7年 11月 丙子(17日);『承政院日記』, 雍正 10年(영조 8) 11月 20日(癸卯).
118) 『承政院日記』, 雍正 10年(영조 8) 11月 20日(癸卯).

119) 『英祖實錄』卷52, 英祖 16年 10月 丙寅(29日).
120) 당시 史官은 영남으로부터 곡식을 관북으로 운송해 오는 데 드는 비용이 곡식값보다 많다는 점을 지적하며 박문수의 견해에 동의하였다. 『英祖實錄』卷54, 英祖 17年 9月 戊辰(6日).
121) 『英祖實錄』卷55, 英祖 18年 正月 丙寅(6日).
122) 『英祖實錄』卷57, 英祖 19年 2月 丙戌(2日).
123) 『英祖實錄』卷57, 英祖 19年 2月 己丑(5日)·庚寅(6日)·甲午(10日)·丙申(12日)·丁酉(13日)·戊戌(14日)·己亥(15日)·甲戌(20日)·3月 丙子(22日).
124) 『英祖實錄』卷30, 英祖 7年 12月 丙申(7日).
125) 『英祖實錄』卷29, 英祖 7年 6月 乙未(4日); 『英祖實錄』卷30, 英祖 7年 9月 庚辰(20日).
126) 『英祖實錄』卷30, 英祖 7年 11月 丁丑(18日).
127) 『英祖實錄』卷32, 英祖 7年 11月 辛巳(22日).
128) 『承政院日記』, 雍正 9年(영조 7) 11月 15日(甲戌).
129) 『英祖實錄』卷30, 英祖 7年 12月 丁酉(8日).
130) 『承政院日記』, 雍正 10年(영조 8) 6月 22日(丁丑).
131) 『承政院日記』, 雍正 11年(영조 9) 正月 27日(己酉).
132) 『英祖實錄』卷35, 英祖 9年 7月 丁未(28日).
133) 이때 신해년(영조 7)과 임자년(영조 8)의 흉년 때부터 嶺南·湖南·海西에서 모두 소금을 구웠다고 전제하고 靈城君의 주관으로 설명하였다. 『英祖實錄』卷41, 英祖 12年 5月 丙辰(23日).
134) 『英祖實錄』卷55, 英祖 18年 3月 戊子(29日).
135) 박소은, 『조선후기 호조 재정정책사』, 혜안, 2008, 93-106쪽.
136) 원유한, 앞 논문, 1985, 237-253쪽.
137) 『承政院日記』, 雍正 8年(영조 6) 11月 壬申(7日).
138) 『英祖實錄』卷27, 英祖 6年 8月 丙寅(30日); 『英祖實錄』卷29, 英祖 7年 6月 癸巳(2日)·甲午(3日); 『承政院日記』, 雍正 9年(영조 7) 6月 4日(乙未).
139) 양역에서는 『良役總數』(영조 19) 및 『良役實摠』(영조 24)이 이루어지고, 田稅에서도 比摠制(영조 20)가 확립되면서 稅收 총액에 대한 파악이 이루어졌다. 더욱이 영조 25년부터 중앙 재정개혁 조치인 『度支定例』류 간행이 이루어지고 그 연장선상에서 양역변통이 추진되었다. 송양섭, 앞 논문, 2013, 46-51쪽.
140) 『承政院日記』, 乾隆 9年(영조 20) 正月 26日(甲辰)·乾隆 10年(영조 21) 3月 11日(癸未)·6月 4日(乙巳).
141) 원유한, 앞 논문, 1985, 254-256쪽.
142) 『承政院日記』, 乾隆 7年(영조 18) 4月 17日(丙午)·5月 23日(辛巳); 『英祖實錄』卷55, 英祖 18年 4月 壬子(23日).
143) 『承政院日記』, 乾隆 7年(영조 18) 6月 4日(辛卯).
144) 『英祖實錄』卷55, 英祖 18年 4月 壬子(23日)·6月 丙午(19日).

145) 『英祖實錄』卷55, 英祖 18年 6月 丁巳(30日).
146) 『承政院日記』, 乾隆 15年(영조 26) 11月 23日(壬戌).
147) 김백철, 앞 논문, 2012, 203-220쪽.
148) 鑄錢 순문은 영조 18년 국왕의 하교에도 나타난다. 그러나 이때는 영조의 親臨詢問이 아니라, 漢城判尹으로 하여금 五部坊民을 대상으로 여론조사를 시키는 형태였다. 『英祖實錄』卷55, 英祖 18年 6月 辛卯(4日).
149) 『承政院日記』, 乾隆 15年(영조 26) 4月 14日(丙戌)・4月 15日(丁亥)・5月 10日(辛亥)・5月 14日(乙卯)・5月 17日(戊午)・5月 23日(甲子)・7月 23日(癸亥)・8月 5日(乙亥)・8月 22日(壬辰)・11月 23日(壬戌)・12月 5日(甲戌)・12月 19日(戊子).
150) 『承政院日記』, 乾隆 15年(영조 26) 5月 17日(戊午)・乾隆 16年(영조 27) 2月 23日(辛卯).
151) 『承政院日記』, 乾隆 15年(영조 26) 7月 5日(乙巳).
152) 최주희,「영조대중반 균역법 시행논의와『선혜청정례』의 간행」,『한국사연구』164, 한국사연구회, 2014, 225쪽.
153) 『承政院日記』, 乾隆 16年(영조 27) 4月 23日(庚寅)・5月 24日(庚申)・7月 20日(甲申)・9月 29日(壬辰).
154) 『承政院日記』, 乾隆 18年(영조 29) 4月 2日(丁亥)・10月 15日(丙申).
155) 『英祖實錄』卷88, 英祖 32年 7月 壬午(17日);『英祖實錄』卷92, 英祖 34年 10月 壬戌(9日).
156) 『英祖實錄』卷68, 英祖 24年 11月 甲寅(4日).
157) 『英祖實錄』卷68, 英祖 24年 9月 戊午(7日).
158) 『英祖實錄』卷69, 英祖 25年 2月 壬辰(14日);『承政院日記』, 乾隆 14年(영조 25) 3月 12日(庚申)・5月 9日(丙辰)・9月 10日(乙卯);『英祖實錄』卷70, 英祖 25年 9月 甲子(19日).
159) 『承政院日記』, 乾隆 14年(영조 25) 11月 23日(戊辰)・26日(辛未)・28日(癸酉).
160) 『承政院日記』, 乾隆 14年(영조 25) 12月 21日(乙未)・乾隆 17年(영조 28) 7月 19日(丁丑).
161) 정례류 편찬 및 중앙재정의 개혁과정은 다음 참조. 최주희,「18세기중반『탁지정례』류 간행의 재정적 특성과 정치적 의도」,『역사와현실』81, 한국역사연구회, 2011; 최주희,「18세기 왕실정례류에 나타난 왕실공상의 범위와 성격」,『장서각』27, 한국학중앙연구원, 2012; 최주희, 앞 논문, 2013; 송양섭,「18세기 '공'담론의 구조와 그 정치・경제적 함의」,『역사와현실』93, 한국역사연구회, 2014.
162) 『承政院日記』, 乾隆 6年(영조 17) 9月 10日(壬申).
163) 『英祖實錄』卷66, 英祖 23年 10月 壬戌(5日).
164) 정만조,「均役法의 選武軍官: 閑遊者 문제와 관련하여」,『한국사연구』18, 한국사연구회, 1977, 90-91쪽; 김옥근,「균역법」,『조선왕조재정사연구』Ⅱ, 일조각, 1987, 207-263쪽; 정만조,「조선후기의 良役變通論: 정치상황과 관련해 본 하나의 시론」,『한국 근세문화의 특성: 조선왕조후기(12): 군사・외교부문』, 제26회 동양학술회의록, 1996, 337-341쪽; 정만조,「양역변통론의 추이」,『한국사』32, 국사편찬위원회, 1997, 125-131쪽; 정연식,『조선후기 '役總'의 운영과 양역변통』, 서울대 국사학과 박사논문, 1993, 177-240쪽.

165) 『承政院日記』, 雍正 11年(영조 9) 11月 5日(壬午).
166) 『承政院日記』, 雍正 11年(영조 9) 12月 19日(丙寅).
167) 김성희, 앞 논문, 2009, 210-214쪽; 방은순, 앞 논문, 2010, 68-79쪽.
168) 정연식, 앞 논문, 1993, 177-206쪽.
169) 『英祖實錄』卷71, 英祖 26年 5月 戊午(17日); 『英祖實錄』卷75, 英祖 28年 正月 乙亥(13日).
170) 『承政院日記』, 乾隆 15年(영조 26) 5月 19日(庚申).
171) 『英祖實錄』卷71, 英祖 26年 7月 壬戌(22日).
172) 『英祖實錄』卷35, 英祖 9年 7月 丁未(28日).
173) 『英祖實錄』卷72, 英祖 26年 8月 乙亥(5日).
174) 『承政院日記』, 乾隆 15年(영조 26) 5月 23日(甲子).
175) 『英祖實錄』卷73, 英祖 27年 2月 己丑(21日); 『英祖實錄』卷80, 英祖 29年 10月 甲辰(23日).
176) 『英祖實錄』卷75, 英祖 28年 正月 丙子(14日).
177) 『英祖實錄』卷74, 英祖 27年 6月 丁酉(2日); 『英祖實錄』卷75, 英祖 28年 正月 乙亥(13日)・丙子(14日).
178) 『英祖實錄』卷77, 英祖 28年 6月 戊午(29日).
179) 『英祖實錄』卷73, 英祖 27年 閏5月 丙子(11日); 『英祖實錄』卷74, 英祖 27年 6月 丁酉(2日)・己亥(4日); 정연식, 앞 논문, 1993, 225-240쪽.
180) 『英祖實錄』卷79, 英祖 29年 2月 庚子(14日); 『英祖實錄』卷79, 英祖 29年 2月 戊申(22日).
181) 이근호・김백철 등은 貢市堂上 및 貢市詢問에 주목하였으며, 최주희는 균역법 제정과정에서 進上의 京貢化를 통한 재정절감이 이루어짐으로써 貢人의 역할이 확대되었다고 보았다. 『貢弊』1-8冊(영조 29)「奎15084」; 『市弊』1-2冊(영조29)「奎15085」; 이근호, 앞 논문, 2001, 257쪽「표 14」 공시인 소견 일람표'; 김백철, 「영조의 순문과 위민정치: '애민'에서 '군민상의'로」, 『국학연구』21, 한국국학진흥원, 2012, 196쪽, 210-211쪽, 212쪽 '「표 5」 영조연간 도성의 공시폐막 순막'; 최주희, 앞 논문, 2013, 9-13쪽.
182) 『英祖實錄』卷79, 英祖 29年 正月 庚午(14日).
183) 김백철, 앞 책, 2010, 239-251쪽; 송양섭, 앞 논문, 2013, 53쪽.
184) 『承政院日記』, 乾隆 18年(영조 29) 2月 26日(壬子).
185) 『英祖實錄』卷122, 英祖 50年 6月 乙巳(23日); 『英祖實錄』卷126, 英祖 51年 12月 辛酉(18日); 『英祖實錄』卷127, 附錄 英祖大王行狀, 英祖 50年 甲午 3月.
186) 『英祖實錄』卷38, 英祖 10年 7月 丙戌(13日); 『英祖實錄』卷54, 英祖 17年 9月 戊子(26日).
187) 『承政院日記』, 雍正 8年(영조 6) 11月 7日(壬申).
188) 『承政院日記』, 雍正 10年(영조 8) 12月 18日(辛未).
189) 『承政院日記』, 雍正 11年(영조 9) 正月 25日(丁未).
190) 『英祖實錄』卷38, 英祖 10年 5月 丙戌(11日).
191) 『英祖實錄』卷37, 英祖 10年 正月 己亥(22日).
192) 『承政院日記』, 乾隆 2年(영조 13) 閏9月 5日(庚申).
193) 『承政院日記』, 乾隆 7年(영조 18) 8月 23日(己酉); 『英祖實錄』卷56, 英祖 18年 8月 己酉(23

日).
194) 이 사건은 전술한 5군영의 군제정비 문제로 확장되어 영조 30년대 국왕과 박문수의 주도로 병조판서가 군영대장을 통솔하는 형태로 재정비되었다.
195) 『英祖實錄』卷71, 英祖 26年 5月 庚申(19日); 『英祖實錄』卷79, 英祖 29年 正月 庚午(14日); 『英祖實錄』卷82, 英祖 30年 10月 甲戌(29日); 『英祖實錄』卷96, 英祖 36年 8月 辛丑(30日); 『英祖實錄』卷106, 英祖 41年 12月 乙卯(14日).
196) 박광용, 1984, 205쪽, 211-213쪽, 216쪽; 이근호, 앞 논문, 2001, 32-83쪽; 김백철, 「영조의 의리명변서『천의소감』편찬과 정국변화: 요순의 두 가지 얼굴, 탕평군주와 전제군주의 경계」, 『정신문화연구』121, 한국학중앙연구원, 2010, 13쪽; 김백철, 「영조만년의 초월적 권위와 '대탕평': 영조 48년(1772) 김치인사건을 중심으로」, 『역사학보』214, 역사학회, 2012, 33쪽.
197) 박문수와 홍봉한의 연결은 믿을 만한 勳戚에게 兵權을 맡기는 전통과도 무관하지 않았다. 박문수는 功臣으로서 병마를 통솔하였고 홍봉한 역시 왕세자의 장인이 되어 戚臣으로서 御營大將이 되었으며 御將은 통상 재정운영에 깊이 관여하였다. 『英祖實錄』卷71, 英祖 26年 正月 己酉(5日); 『英祖實錄』卷96, 英祖 36年 8月 辛丑(30日); 『英祖實錄』卷106, 英祖 41年 12月 乙卯(14日).
198) 『英祖實錄』卷35, 英祖 9年 9月 庚寅(12日).
199) 『承政院日記』, 雍正 11年(영조 9) 11月 5日(壬午).
200) 『承政院日記』, 雍正 11年(영조 9) 12月 19日(丙寅).
201) 『承政院日記』, 乾隆 18年(영조 29) 7月 27日(庚辰)·乾隆 36年(영조 47) 7月 29日(丁卯); 『英祖實錄』卷119, 英祖 48年 7月 丙辰(23日).
202) 『英祖實錄』卷16, 英祖 4年 3月 庚申(10日).
203) 『英祖實錄』卷21, 英祖 5年 正月 甲寅(9日).
204) 『英祖實錄』卷36, 英祖 9年 12月 庚午(23日).
205) 김백철, 「영조의 윤음과 왕정전통」, 『장서각』26, 한국학중앙연구원, 2011, 39쪽.
206) 최주희, 앞 논문, 2011, 274-283쪽; 송양섭, 앞 논문, 2013, 46-51쪽.
207) 최주희, 앞 논문, 2013, 9-13쪽.
208) 『承政院日記』, 雍正 11年(영조 9) 11月 5日(壬午).
209) 『承政院日記』, 雍正 11年(영조 9) 11月 7日(甲申); 『英祖實錄』卷36, 英祖 9年 11月 甲申(7日).
210) 『承政院日記』, 雍正 11年(영조 9) 11月 28日(乙巳).
211) 『承政院日記』, 乾隆 18年(영조 29) 2月 22日(戊申).
212) 『英祖實錄』卷36, 英祖 9年 12月 丙寅(19日).
213) 『英祖實錄』卷38, 英祖 10年 7月 乙亥(2日).
214) 『英祖實錄』卷40, 英祖 11年 12月 己巳(4日).
215) 『承政院日記』, 乾隆 2年(영조 13) 閏9月 5日(庚申).
216) 『承政院日記』, 乾隆 3年(영조 14) 6月 23日(甲辰); 『英祖實錄』卷47, 英祖 14年 6月 甲辰(23日).

217) 『承政院日記』, 乾隆 13年(영조 24) 7月 21日(癸卯).
218) 『英祖實錄』卷70, 英祖 25年 12月 甲申(10日).
219) 『承政院日記』, 乾隆 17年(영조 28) 12月 14日(庚子)·15日(辛丑).
220) 『承政院日記』, 乾隆 17年(영조 28) 12月 12日(戊戌);『英祖實錄』卷78, 英祖 28年 12月 戊戌(12日).
221) 『英祖實錄』卷78, 英祖 28年 12月 庚子(14日).
222) 『承政院日記』, 乾隆 19年(영조 30) 6月 5日(癸丑).
223) 『承政院日記』, 乾隆 20年(영조 31) 5月 6日(己卯);『英祖實錄』卷84, 英祖 31年 5月 己卯(6日); 김백철, 앞 논문, 2010, 17쪽.
224) 『英祖實錄』卷84, 英祖 31年 4月 庚申(17日).
225) 『承政院日記』, 乾隆 21年(영조 32) 4月 19日(丙辰).
226) 『承政院日記』, 乾隆 21年(영조 32) 4月 24日(辛酉);『英祖實錄』卷87, 英祖 32年 4月 辛酉(24日).
227) 박문수의 墓碑銘(충청남도 천안 은석산, 충남문화재자료 제261호)에는 "朝鮮 行兵曹判書 靈城君 贈領議政 忠憲朴公文秀墓"로 표기되어 있다.
228) 『英祖實錄』卷36, 英祖 9年 12月 丙寅(19日).

참고문헌

1. 자료

『三國史記』,『三國遺事』,『帝王韻紀』,『三國史節要』,『高麗史』, 實錄,『承政院日記』,『東國通鑑』,『東史綱目』,『東文選』,『經國大典』,『新補受敎輯錄』,『增補典錄通考』,『續大典』,『大典通編』,『萬機要覽』,『增補文獻備考』,『輿地圖書』,『奮武錄勳都監儀軌』,『御製守城綸音』,『兵將圖說』,『續兵將圖說』,『良役總數』,『良役實摠』,『均役廳事目』,『度支定例』,『貢弊』,『市弊』,『湖西邑誌』,『嶺南邑誌』,『湖南邑誌』,『列聖御製』,『御製本固寧本固寧』,『御製深祝油然需然』,『御製可矜者民其便者君』,『御製君爲民』,『御製祈民安』,『御製夙夜勤』,『英祖東宮日記』,『三峰集』,『陽村集』,『四佳文集』,『南溪集』,『市南集』,『磻溪隨錄』,『經世遺表』,『燃藜室記述』,『海東繹史』,『海東歷史續集』,『黨議通略』,『周禮』,『書經』,『論語』,『四書集註』,『心經』,『心經附註』,『大學衍義』,『大學衍義補』,『明夷待訪錄』,『溪西野談』,『靑邱野談』,『東野彙集』,『鷄鴨漫錄』,『我東奇聞』,『記聞叢話』,『朴文秀傳』,『三快亭』.

2. 단행본 및 박사 논문

강문식 외,『15세기 조선의 때이른 절정』, 민음사, 2013.
강선주,『역사교육 새로 보기』, 한울아카데미, 2015.
강응천,『글로벌한국사』1-5, 풀빛, 2012.
강응천 외,『세계사와 함께 보는 타임라인 한국사』1-5, 다산에듀, 2013.

고동환, 『조선후기 서울상업발달사 연구』, 지식산업사, 1998.
고동환, 『조선시대 서울도시사』, 태학사, 2007.
_____, 『조선시대 시전상업연구』, 지식산업사, 2013.
_____ 외, 『서울상업사』, 태학사, 2000.
고정민 외, 『한류 포에버: 한류의 현주소와 경제적 효과 분석』, 한국문화산업 교류재단, 2008.
_____ 외, 『한류 포에버: 일본편』, 한국문화산업교류재단, 2011.
_____ 외, 『한류 포에버: 세계는 한류스타일』, 한국문화산업교류재단, 2012.
교과서포럼, 『대안교과서 한국근현대사』, 기파랑, 2008.
김기협, 『밖에서 본 한국사: 김기협의 역사 에세이』, 돌베개 2008.
구범진, 『청나라, 키메라의 제국』, 민음사, 2012.
국립중앙박물관 편, 『알타이 문명전』, 국립중앙박물관, 1995.
근대사연구회 편, 『한국 중세사회 해체기의 제문제』상·하, 한울, 1987.
김문식, 『조선후기 경학사상연구』, 일조각, 1996.
_____, 『정조의 제왕학』, 태학사, 2007,
_____, 『조선후기 지식인의 대외인식』, 새문사, 2009.
김문기, 『17세기 江南의 氣候變動과 明淸交替』, 부경대 사학과 박사논문, 2008.
김백철, 『조선후기 영조의 탕평정치: 『속대전』의 편찬과 백성의 재인식』, 태학사, 2010.
_____, 『두 얼굴의 영조: 18세기 탕평군주상의 재검토』, 태학사, 2014.
_____, 『법치국가 조선의 탄생: 조선전기 국법체계 형성사』, 이학사, 2016.
_____, 『왕정의 조건: 담론으로 읽는 조선시대사』, 이학사, 2021.
김 범, 『연산군』, 글항아리, 2010.
_____, 『사화와 반정의 시대』, 역사의아침, 2015.
김성열 외, 『미래교사를 위한 교육학개론』, 학지사, 2021.
김성우, 『조선중기 국가와 사족』, 역사비평사, 2001.

김성윤,『조선후기 탕평정치 연구』, 지식산업사, 1997.
김옥근,『조선왕조재정사연구』Ⅰ·Ⅱ, 일조각, 1984-1987.
김의규 편,『고려사회의 귀족제설과 관료제론』, 지식산업사, 1988.
김인걸,『조선후기 鄕村社會 지배구조와 변동』, 경인문화사, 2017.
김인덕,『재일조선인 역사교육』, 아라, 2015.
김인환,『기억의 계단: 현대문학과 역사에 대한 비평』, 민음사, 2001.
김일영,『자산안확의 '지방정치론'에 대한 연구』, 경남대 정치외교학과 박사
  논문, 1998.
김정인 외,『19세기 인민의 탄생』, 민음사, 2015.
김정자,『正祖代 通共政策의 施行에 관한 硏究』, 국민대 국사학과 박사논문,
  2010.
김종수,『조선후기 중앙군제 연구: 훈련도감의 설립과 사회변동』, 혜안,
  2003.
김지영,『길 위의 조정: 국왕행차와 정치적 문화』, 민속원, 2017.
김진수,『우리는 왜 지금 낭만주의를 이야기하는가』, 책세상, 2001.
김한규,『요동사』, 문학과 지성사, 2004
김한종,『역사교육과 우리의 역사교육』, 책세상, 2001.
_____,『역사교육 과정과 교과서 연구』, 선인, 2006.
_____『만주사회와 시민을 위한 역사교육』, 서울대출판문화원, 2017.
김현구,『백제는 일본의 기원인가』, 창비, 2002.
_____,『일본서기 한국관계기사 연구』1~2, 일지사, 2002~2003.
_____,『고대한일교섭사의 제문제』, 일지사, 2009.
김호동,『동방기독교와 동서문명』, 까치글방, 2002.
_____,『몽골제국과 고려』, 서울대출판문화원, 2007.
_____,『몽골제국과 세계사의 탄생』, 돌베게, 2010.
_____,『아틀라스 중앙유라시아사』, 사계절, 2016.
나카오 히로시·하우봉 외,『조선통신사 한일교류의 여러양상』, 보고사,

2012.
노대환, 『19세기 동도서기론 형성과정 연구』, 서울대 국사학과 박사논문, 1999[노대환, 『동도서기론 형성과정 연구』, 일지사, 2005].
노순규, 『싸이의 강남스타일 성공과 한류』, 한국기업경영연구원, 2012.
노준석 외, 『한류 포에버: 중국, 대만편』, 한국문화산업교류재단, 2010.
노태돈, 『한국사를 통해 본 우리와 세계에 대한 인식』, 풀빛, 1998.
_____, 『삼국통일전쟁사』, 서울대출판부, 2009
도현철, 『고려말 사대부의 정치사상연구』, 일조각, 1999.
매일경제 한류본색 프로젝트팀, 『한류본색』, 매일경제신문사, 2012.
무하마드 깐수(정수일), 『신라서역교류사』, 단국대출판부, 1994.
문용식, 『조선후기 진정과 환곡운영』, 경인문화사, 2000.
문정인·오코노기 마사오 공편, 『동아시아 지역질서와 공동체 구상』, 아연출판부, 2010.
박선희, 『우리금관의 역사를 밝힌다』, 지식산업사, 2008.
박소은, 『조선후기 호조 재정정책사』, 혜안, 2008.
박영환, 『문화 한류로 본 중국과 일본』, 동국대출판부, 2008.
박용운, 『고려시대 대간제도 연구』, 일지사, 1987.
_____, 『고려시대 음서제와 과거제 연구』, 일지사, 1990.
_____, 『중서문화성 재신 연구』, 일지사, 2000.
_____, 『고려시대 상서성 연구』, 경인문화사, 2000.
_____, 『고려시대 중추원 연구』, 고려대 민족문화연구원, 2001.
박장순, 『한류 한국과 일본의 드라마 전쟁』, 커뮤니케이션북스, 2008.
_____, 『한류 아시아 TV드라마 시장의 역사』, 북북서, 2012.
_____, 『(K-pop을 메인스트림으로 하는) 전환기의 한류: 드라마와 K-pop에 대한 밈이론적 해석과 한류사의 시대구분』, 북북서, 2013.
박재복, 『한류 글로벌 시대의 문화경쟁력』, 삼성경제연구소, 2005.
박지향 외, 『해방전후사의 재인식』1·2, 책세상, 2006.

박평식,『조선전기 상업사 연구』, 지식산업사, 1999.
박평식,『조선전기 교환경제와 상인 연구』, 지식산업사, 2009.
박화진·김병두,『에도 공간 속의 통신사』, 한울아카데미, 2010.
반윤홍,『조선시대 비변사연구』, 경인문화사, 2003.
방정배 외,『한류와 문화 커뮤니케이션』, 커뮤니케이션북스, 2007.
백승철,『조선후기 상업사 연구』, 혜안, 2000.
변태섭 편,『고려사의 제문제』, 삼영사, 1986.
_____,『한국사통론』, 삼영사, 1986.
서정복,『프랑스의 절대왕정시대』, 푸른사상, 2012.
서중석 외,『시민을 한국역사』, 창비, 1997.
서중석 외,『민족주의와 역사교육』, 선인, 2007.
설석규,『조선시대 유생상소와 공론정치』, 선인, 2002.
성태제,『최신교육학개론』(3판), 학지사, 2018.
손병규,『조선왕조 재정시스템의 재발견: 17-19세기 지방재정사 연구』, 역사비평사, 2008.
_____·송양섭 편,『통계로 보는 조선후기 국가경제』, 성균관대출판부, 2013.
손승철,『조선통신사 일본과 통하다』, 동아시아사, 2006.
송상헌,『역사 인식의 논리와 역사교육』, 서울대출판문화원, 2017.
송양섭,『18세기 조선의 공공성과 민본이념: 손상익하의 정치학, 그 이상과 현실』, 태학사, 2015.
송웅섭,『조선전기 공론정치의 형성』, 서울대 국사학과 박사논문, 2011.
송찬식,『조선후기 사회경제사의 연구』, 일조각, 1997.
송춘영,『역사교육의 이론과 실제』, 형설출판사, 1999.
신유아,『조선전기 체아직 연구』, 서울대 사회교육과 역사전공 박사논문, 2013.
신윤환 외,『동아시아의 한류』, 전예원, 2006.

신용하, 『한국민족의 형성과 민족사회학』, 지식산업사, 2001.
안재홍, 『朝鮮上古史鑑』上·下, 민우사, 1947-1948.
安　廓, 『朝鮮文明史』, 滙東書館, 1923.
안　확, 『自山安廓國學論著集』1-6, 여강출판사, 1994.
＿＿＿, 『안자산시조집: 우야우성』, 태학사, 2006.
양승윤 외, 『바다의 실크로드』, 청아출판사, 2003.
양진석, 『17,18세기 還穀制度의 운영과 機能변화』, 서울대 국사학과 박사논문, 1999.
양호환, 『역사교육의 이론과 방법』, 삼지원, 2015.
＿＿＿, 『역사교육의 입론과 구상』, 책과함께, 2012.
＿＿＿, 『한국역사교육의 연구동향』, 책과함께, 2011.
역사교육연구소, 『우리 역사교육의 역사』, 휴머니스트, 2015.
역사문제연구소 기획, 『미래를 여는 한국의 역사』1-5, 웅진지식하우스, 2011.
영남대 민족문화연구소 편, 『고려시대 율령의 복원과 정리』, 경인문화사, 2009.
오수창, 『조선후기 평안도 사회발전 연구』, 일조각, 2002.
오인동, 『꼬레아, 코리아 서양인이 부른 우리나라 국호의 역사』, 책과함께, 2008.
오항녕, 『조선의 힘: 조선, 500년 문명의 역동성을 찾다』, 역사비평사, 2010.
우인수, 『조선후기 산림세력 연구』, 일조각, 1999.
유현재, 『조선후기 鑄錢정책과 財政활용』, 서울대 국사학과 박사논문, 2014.
육군군사연구소 편, 『한국군사사7: 조선후기Ⅰ』, 경인문화사, 2012.
윤내현, 『商周史』, 민음사, 1984.
윤용출, 『조선후기의 요역제와 고용노동』, 서울대출판부, 1998,
윤정분, 『중국근세 경세사상연구』, 혜안, 2002.
윤종영, 『국사교과서파동』, 혜안, 1999.

원유한,『조선후기 화폐사』, 혜안, 2008.
원재연,『조선후기 서양인식의 변천과 대외개방론』, 서울대 국사학과 박사논문, 2000[원재연,『서세동점과 조선왕조의 대응』, 한들출판사, 2003].
이강한,『고려와 원제국의 교역의 역사: 13-14세기 감춰진 교류상의 재구성』, 창비, 2013,
이광수,『인도에서 온 허왕후, 그 만들어진 신화』, 푸른역사, 2017.
이근호,『영조대 탕평파의 국정운영론 연구』, 국민대 국사학과 박사논문, 2002[이근호,『조선후기 탕평파와 국정운영』, 민속원, 2016].
이경식,『조선전기 토지제도연구Ⅱ: 농업경영과 지주제』, 지식산업사, 1998.
_____,『한국 중세 토지제도사: 조선전기』, 서울대출판부, 2006.
이기백,『국사신론』, 제일출판사, 1964.
_____,『민족과 역사』, 일조각, 1971.
_____,『한국사신론』(개정판), 일조각, 1976.
_____,『한국사신론』, 일조각, 1967.
_____,『한국사신론』(개정판), 일조각, 1976.
_____,『한국사신론』(수정판), 일조각, 1990.
_____,『신라정치사회사연구』, 일조각, 1974.
이병걸,『조선전기 사림파의 현실인식과 대응』, 일조각, 1999.
이병도,『조선사대관』, 동지사, 1948.
_____,『국사대관』, 동지사, 1950.
_____,『국사대관』, 백영사, 1953.
_____,『한국사: 근세전기편』, 진단학회 편, 을유문화사, 1961.
이상백,『李朝建國의 硏究: 李朝건국과 田制개혁문제』, 을유문화사, 1949.
_____,『한국사: 근세후기편』, 진단학회 편, 을유문화사, 1962.
이성무,『조선왕조사』 2, 동방미디어, 1998.

이신동 외,『새로운 교육학개론』, 학지사, 2020.
이수연,『한류 드라마와 아시아 여성의 욕망』, 커뮤니케이션북스, 2008.
이영림 외,『근대 유럽의 형성 16-18세기』, 까치, 2011.
이영효,『역사교육탐구』, 전남대출판부, 2012.
이영훈,『대한민국이야기』, 기파랑, 2007.
_____ 편,『수량경제사로 다시본 조선후기』, 서울대출판부, 2004.
이원식,『조선통신사』, 민음사, 1991.
이정철,『대동법, 조선 최고의 개혁』, 역사비평사, 2012.
이종두,『안확의 '문명적' 민족주의』, 고려대 정치외교학과 박사논문, 2009.
이종서,『고려·조선의 친족용어와 혈연의식: 친족관계의 정형과 변동』, 신구문화사, 2009.
이종임,『신한류와 문화이동의 지형학』, 논형, 2013.
이종호,『황금보검의 비밀: 칼 한 자루에 얽힌 한국 고대사 최대 수수께끼와 유럽 역사』, 북카라반, 2013.
이재철,『조선후기 비변사연구』, 집문당, 2001.
이재오,『한일관계사의 인식 I : 한일회담과 그 반대운동』, 학민사, 1984.
이창현,『국가브랜드와 한류』, 한국학술정보, 2011.
이춘식,『중국 고대사의 전개』, 신서원, 1986.
이태진,『조선후기 정치와 군영제 변천』, 한국연구원, 1985.
_____,『한국사회사연구』, 지식산업사, 1986.
_____,『조선유교사회사론』, 지식산업사, 1989.
_____,『새한국사』, 까치, 2012.
_____ 외,『영원히 타오르는 불꽃, 안중근의 하얼빈 의거와 동양평화론』, 지식산업사, 2010.
_____ 편,『조선시대 정치사의 재조명』, 태학사, 2003.
이한상,『황금의 나라 신라』, 김영사, 2004.
이한우 외,『베트남 한류를 보는 한국과 베트남의 시각』, 이매진, 2013.

이현종,『조선전기 대일교섭사 연구』, 한국연구원, 1964.
일본사학회,『아틀라스 일본사』, 사계절, 2011.
임계순,『청사』, 신서원, 2000.
임승휘,『절대왕정의 탄생』, 살림, 2004.
_____,『유럽의 절대군주는 어떻게 살았을까』, 민음인, 2011.
임재해,『신라 금관의 기원을 밝힌다』, 지식산업사, 2008.
임종태,『17,8세기 중국과 조선의 서구 지리학 이해』, 창비, 2012.
장규수,『한류와 아시아류』, 커뮤니케이션북스, 2013.
전국역사교사모임,『살아있는 세계사 교과서』 1·2, 휴머니스트, 2005.
정기문 외,『역사학의 성과와 역사교육의 방향』, 책과함께, 2013.
정두희,『유교·전통·변용: 미국의 역사학자들이 보는 한국사의 흐름』, 국학자료원, 2005.
정만조 외,『영조의 국가정책과 정치이념』, 한국학중앙연구원, 2012.
정미경 외,『교육학개론』, 공동체, 2021.
정선영,『역사교육의 이해』, 삼지원, 2014.
정수일,『고대문명교류사』, 사계절출판사, 2001.
_____,『문명의 루트 실크로드』, 효형출판, 2002.
_____,『문명교류사연구』, 사계절출판사, 2002.
_____,『문명담론과 문명교류』, 살림, 2009.
_____,『초월, 실크로드를 가다』, 창비, 2010.
정수환,『조선후기 화폐유통과 경제생활』, 경인문화사, 2013.
정은주 외,『비단길에서 만난 세계사』, 창비, 2005.
정연식,『조선후기 '役總'의 운영과 양역변통』, 서울대 국사학과 박사논문, 1993.
_____,『영조대의 균역정책과 양역법』, 한국학중앙연구원출판부, 2015.
정장식,『통신사를 따라 일본에도시대를 가다』, 고즈윈, 2005.
정재훈,『조선전기 유교정치사상 연구』, 태학사, 2005.

정진농, 『오리엔탈리즘의 역사』, 살림, 2003.
조광·손승철 편, 『하나의 역사, 두 가지 쟁점, 한일역사의 쟁점 2010』, 경인문화사, 2010.
조긍호·강정인, 『사회계약론연구』, 서강대출판부, 2012.
조선통신사문화사업회 편, 『조선통신사 옛길을 따라서』1~3, 한울, 2007~2009.
조재욱, 『표류하는 동아시아 공동체』, 한국학술정보, 2009.
조지형, 『랑케 & 카: 역사의 진실을 찾아』, 김영사, 2006.
조혜인, 『공민사회의 동과 서』, 나남, 2009.
_____, 『동에서 서로 퍼진 근대 공민사회』, 집문당, 2012.
조혜종, 『새인구론』, 푸른길, 2006.
주경철, 『대항해시대』, 서울대출판문화원, 2008.
_____, 『문명과 바다』, 산처럼, 2009.
조흥국, 『한국과 동남아시아 교류사』, 소나무, 2009.
주재홍, 『우리 안의 만들어진 동양』, 아카넷, 2009.
지명관, 『한일관계사 연구: 강점에서 공존까지』, 소화, 2004.
진성곤 외, 『근대 동아시아 담론의 역설과 굴절』, 소명출판, 2011.
차문섭, 『조선시대 군제연구』, 단국대출판부, 1973.
차미희, 『한국 중고등학교의 국사교육: 국사과 독립시기(1974-1994)를 중심으로』, 교육과학사, 2011.
최광식, 『한류로드: 전통과 현대의 창조적 융화』, 나남, 2013.
최성환, 『정조대 탕평정국의 군신의리 연구』, 서울대 국사학과 박사논문, 2009[최성환, 『영·정조대 탕평정치와 군신의리』, 신구문화사, 2020].
최소자, 『동서문화교류사연구: 명청시대 서학수용』, 삼영사, 2002.
최효식, 『조선후기 군제사 연구』, 신서원, 1995.
최승희, 『조선초기 언관·언론 연구』, 서울대출판부, 1976.

_____,『조선초기 정치사 연구』, 지식산업사, 2002.
최승희,『조선초기 언론사 연구』, 지식산업사, 2004.
최원식·백영서,『동아시아인의 '동양'인식』, 문학과지성사, 1997.
최장집·하마시타 다케시 공편,『동아시아와 한일교류』, 아연출판부, 2008.
최주희,『조선후기 선혜청의 운영과 중앙재정구조의 변화: 재정기구의 합설과 지출경비 과정을 중심으로』, 고려대 한국사학과 박사논문, 2014.
최혜실,『한류 문화와 동북아 공동체』, 집문당, 2010.
편일평,『페이퍼로드 기행』, MBC프로덕션, 2009.
한국교원대 역사교육과,『아틀라스 한국사』, 사계절, 2004.
한국돈황학회 편,『동서문화교류연구』, 국학자료원, 1997.
한국민중사연구회 편,『한국민중사』1·2, 풀빛, 1986.
한국문화연구소 편,『한류 현상과 한국학: 확산과 향상을 위한 모색』, 서울대 한국문화연구소 제100회 학술발표회 자료집, 2005.11.18.
한국역사연구회 편,『한국사강의』, 한울, 1990.
한국역사연구회 편,『한국역사』, 역사비평사, 1992.
한국역사연구회 편,『시민의 한국사』1·2, 돌베개, 2022.
한명기 외,『16세기: 성리학 유토피아』, 민음사, 2014.
_____ 외,『17세기: 대동의 길』, 민음사, 2014 ; 김백철 외,『18세기 왕의 귀환』, 민음사, 2014.
한상권,『조선후기 사회와 소원제도』, 일조각, 1996.
한상길,『교육학개론』(2판), 공동체, 2016.
한영우,『조선전기 사회경제연구』, 을유문화사, 1954.
_____,『정도전 사상의 연구』, 서울대출판부, 1973.
_____,『조선전기 사학사연구』, 서울대출판부, 1981.
_____,『조선전기 사회사상연구』, 지식산업사, 1983.
_____,『조선후기 사학사 연구』, 일지사, 1989.
_____,『왕조의 설계자, 정도전』, 지식산업사, 1999.

_____, 『다시 찾는 우리역사 제1권: 고대·고려』, 경세원, 2004.
한용근, 『고려율』, 서경문화사, 1999.
한우근, 『한국통사』, 을유문화사, 1970.
_____, 『한국통사』(개정판), 을유문화사, 1986.
한운석, 『독일의 역사화해와 역사교육』, 신서원, 2008.
한일공통역사교재제작팀, 『조선통신사』, 한길사, 2005.
한중일3국공동역사편찬위원회, 『미래를 여는 역사: 한중일이 함께 만든 동아시아 3국의 근현대사』, 한겨레출판, 2005.
한중일3국공동역사편찬원회, 『한중일이 함께 쓴 동아시아 근현대사』1·2, 휴머니스트, 2012.
홍석경, 『세계화와 디지털문화시대의 한류』, 한울아카데미, 2013.
황태연, 『공자와 세계』1-5, 청계, 2011.
히라타 유키에, 『한국을 소비하는 일본: 한류 여성 드라마』, 책세상, 2005.

3. 연구논문

강복숙, 「무신란후 노·소론의 정치적 동향과 對영남정책」, 경북대 역사교육과 석사논문, 1996.
강상규, 「근대지식체계와 조선사 이미지」, 『동양정치사상사』9-2, 한국동양정치사상사학회, 2010.
京城大學 朝鮮史研究會(손진태 편), 「당쟁의 치열」·「영조·정조시대」, 『조선사개설』, 홍문서관, 1949.
고석규, 「16,17세기 공납제 개혁의 방향」, 『한국사론』12, 서울대 국사학과, 1985.
_____, 「상품유통과 공납제의 모순」, 『한국사』28, 국사편찬위원회, 1996.
고수연, 「英祖代 戊申亂 研究의 現況과 課題」, 『역사와담론』39, 호서사학회, 2004.

_____, 「1728년 湖南 戊申亂의 전개양상과 叛亂軍의 성격」, 『역사와담론』 60, 호서사학회, 2011.

고수연, 「『戊申倡義錄』을 통해 본 18,19세기 嶺南南人의 정치동향」, 『역사와담론』65, 호서사학회, 2013.

고승희, 「통치 자료로 본 비변사의 지방통치 실제」, 『사학연구』91, 한국사학회, 2008.

고영진, 「한류현상의 한국문화사적 의의」, 『한류 현상과 한국학: 확산과 향상을 위한 모색』, 서울대 한국문화연구소 제100회 학술발표회 자료집, 2005.11.18.

구선희, 「해방후 남한의 한국사연구 성과와 과제」, 『한국사』23, 한길사, 1994.

권기철, 「헤겔의 생애와 사상」, 『역사철학강의』, 동서문화사, 1978,

권내현, 「17세기후반 18세기전반 조선의 은 유통」, 『역사학보』221, 역사학회, 2014.

권용근, 「기후사적 관점을 활용한 한국사 수업방안: 조선후기 농업을 중심으로」, 공주대 역사교육학과 석사논문, 2019.

권인용, 「명말청초 徽州의 역법변화와 里甲制」, 『역사학보』169, 역사학회, 2001,

김동철, 「蔡濟恭의 經濟政策에 관한 考察: 특히 辛亥通共發賣論을 中心으로」, 『부대사학』4, 부대사학회, 1980.

_____, 「국제교역의 발달과 마찰」, 『한국사』28, 국사편찬위원회, 1996.

_____, 「16~18세기 동아시아 교역망과 은 유통」, 『동아시아의 역사』Ⅱ, 동북아역사재단, 2011.

김문경, 「해상활동」, 『한국사』9, 국사편찬위원회, 1998.

_____, 「조선후기 영조대 탕평정치의 이념과 『주례』」, 『한국사론』51, 서울대 국사학과, 2005.

_____, 「조선후기 영조대 『속대전』 위상의 재검토: 「형전」 편찬을 중심으로

」,『역사학보』 194, 역사학회, 2007.

김문경,「조선후기 영조대 백성관의 변화와 '민국'」,『한국사연구』138, 한국사연구회, 2007.

_____,「조선후기 영조대 '민국' 논의와 변화된 왕정상」,『국왕, 의례, 정치』, 태학사, 2009.

_____,「조선후기 정조대『대전통편』「병전」편찬의 성격」,『군사』76, 국방부 군사편찬연구소, 2010.

_____,「영조의 의리명변서『천의소감』편찬과 정국변화: 요순의 두 가지 얼굴, 탕평군주와 전제군주의 경계」,『정신문화연구』121, 한국학중앙연구원, 2010.

_____,「유교적 이상국가 만들기: 서주와 요순의 재인식과정」,『국학연구』17, 한국국학진흥원, 2010.

_____,「'탕평'을 어떻게 볼 것인가」,『조선후기 탕평정치의 재조명』상, 태학사, 2011.

_____,「1990년대 '정조신드롬'의 대두와 배경」,『국학연구』18, 한국국학진흥원, 2011.

_____,「영조의 윤음과 왕정전통」,『장서각』26, 한국학중앙연구원, 2011.

김백철,「영조의 순문과 위민정치: '애민'에서 '군민상의'로」,『국학연구』21, 한국국학진흥원, 2012.

_____,「영조만년의 초월적 권위와 '대탕평': 영조 48년(1772) 김치인사건을 중심으로」,『역사학보』214, 역사학회, 2012.

_____,「조선시대 역사상과 공시성의 재검토: 14-18세기 한국사 발전모델의 모색」,『한국사상사학』44, 한국사상사학회, 2013a.

_____,「영성군 박문수(1691~1756)의 정계활동: 탕평관료의 중층적 위상에 대한 검토」,『한국사연구』163, 한국사연구회, 2013b

_____,「17-18세기 대동·균역의 위상: 조선시대 재정개혁 모델의 모색」,『국학연구』28, 한국국학진흥원, 2015.

김상태,「조선 세조대의 원구단 부설과 그 성격」,『한국학연구』6·7. 인하대 한국학연구소, 1996.
김선혜,「清初 地丁銀制 改革에 대한 一考察」, 숙명여대 사학과 석사논문, 1994.
김선희,「自山 安廓의 文學論 硏究」, 한국교원대 초등국어교육전공 석사논문, 1998.
김성규,「동서 문화교류의 역사, 실크로드에서 대항해시대까지」,『동양과 서양의 위대한 만남 1500-1800』, 휴머니스트, 2009.
김성우,「17세기의 위기와 숙종대 사회상」,『역사와현실』25, 한국역사연구회, 1997.
김성윤,「탕평의 원리와 탕평론」,『부대사학』15·16, 부대사학회, 1992.
김성환,「조선초기 단군인식」,『명지사론』4, 명지사학회, 1992.
김성회,「耆隱 朴文秀의 위민활동과 그 의의」,『사학연구』96, 한국사학회, 2009.
김수정,「동남아에서 한류의 특성과 문화취향의 초국가적 흐름」,『방송과 커뮤니케이션』13-1, 문화방송, 2012.
김승수,「한류문화산업의 비판적 이해」,『지역사회연구』20-4, 한국지역사회학회, 2012.
김용환,「만인에 대한 만인의 투쟁상태: 국가론」,『리바이어던』, 살림, 2005
김옥근,「조선후기 전세제도 연구」,『부산산업대학논문집』9, 부산산업대, 1972.
_____,「대동법연구: 公剩色, 主要規例, 貢人」,『경제사학』1, 경제사학회, 1975.
_____,「대동법연구」,『경영사학』3, 한국경영사학회, 1988.
김용국·박동수·정현도,「자산안확의 조선무사영웅전에 대한 체육교육학적 가치탐색」,『한국체육교육학회지』18-3, 한국체육교육학회, 2013.

김용섭, 「조선후기에 있어서의 신분제의 동요와 농지소유」, 『사학연구』 15, 한국사학회, 1963.
김우철, 「균역법은 왜 성공하지 못했나」, 『내일을여는역사』8, 내일을여는역사, 2002.
김윤곤, 「대동법의 시행을 둘러싼 찬반양론과 그 배경」, 『대동문화연구』8, 성균관대 대동문화연구원, 1971
김은국, 「남북국시대론과 발해」, 『고구려발해연구』40, 고구려발해학회, 2011.
김은정, 「기후변화를 바탕으로 재구성한 역사수업의 환경교육적 효과」, 서울대 환경교육전공 석사논문, 2008.
김은희, 「자산안확의 국어연구에 대한 비판적 고찰」, 연세대 국어국문학과 석사논문, 1994.
김인규, 「태종대의 공노비정책과 그 성격: 태종 17년 공노비추쇄사목 14조를 중심으로」, 『역사학보』136, 역사학회, 1992.
김일영, 「安廓의 '史觀論'에 대한 연구」, 『한국시민윤리학회보』14, 한국시민윤리학회, 2001.
김재갑, 「安廓의 歷史認識 연구:「朝鮮文明史」를 중심으로」, 경기대 사학과 한국사전공 석사논문, 2005.
김재훈, 「케네의 경제표와 그 학설사적 전개」, 『경제표』, 지식을만드는지식, 2010.
김정인, 「내재적 발전론과 민족주의」, 『역사와현실』77, 한국역사연구회, 2010.
김정자, 「朝鮮後期 正祖代의 政局과 市廛政策 : 貢市人詢瘼을 중심으로」, 『한국학논총』39, 국민대 한국학연구소, 2013.
김종박, 「明代 賦役制度의 變遷過程」, 『명청사연구』1, 명청사학회, 1992.
_____, 「명말 均田均役法과 그 실시배경」, 『동양사학연구』43, 동양사학회, 1993.

_____,「명대 부역제도의 변천과정과 국가구조」,『인문과학연구』5, 상명대 인문과학연구소, 1996.

김종박,「명말청초기 이갑제의 폐지와 보갑제의 시행」,『중국사연구』19, 중국사학회, 2002.

_____,「茗洲吳氏家記를 통해 본 明中期 徽州의 里甲制」,『명청사연구』30, 명청사학회, 2008.

김종수,「군역제도의 붕괴」,『한국사』28, 국사편찬위원회, 1996.

김준석,「유형원의 변법관과 실리론」,『동방학지』75, 연세대 국학연구원, 1992

_____,「유형원의 정치국방체제 개혁론」,『동방학지』77·78·79, 연세대 국학연구원, 1993

_____,「유형원의 공전제이념과 유통경제 육성론」,『인문과학』74, 연세대 인문학연구원, 1995.

김태영,「과전법의 붕괴와 지주제의 발달」,『한국사』28, 국사편찬위원회, 1996.

김현우,「박은식의 양계초 수용에 관한 연구: 박은식 유교구신과 근대성을 중심으로」,『개념과소통』11, 한림대 한림과학원, 2013.

김 호,「영조의 대보단 重修와 明三皇의 享祀」,『한국문화』32, 서울대 한국문화연구소, 2003.

김호연,「한류를 통해 바라본 한국영화의 확산 현상 연구」,『코기토』11, 부산대 인문학연구소, 2011.

노경현,「玄采의『東國史略』: 愛國啓蒙運動期의 歷史認識」, 부산대 역사교육과 석사논문, 1992.

노명호,「고려시대의 다원적 천하관과 해동천자」,『한국사연구』105, 1999.

_____,「삼한유민의식과 역사계승의식」,『고려국가와 집단의식』, 서울대출판문화원, 2009.

노태돈,「5세기 금석문에 보이는 고구려인의 천하관」,『한국사론』19, 서울대 국사학과, 1989.
노태돈, 「삼한에 대한 인식의 변천」, 『한국사를 통해본 우리와 세계에 대한 인식』, 풀빛, 1998.
_____, 「백제부흥운동 백강구 전투」, 『하나의 역사, 두가지 생각, 한일역사의 쟁점 2010』, 경인문화사, 2010.
류승주, 「조선후기 대청무역이 국내산업에 미친 영향」, 『아세아연구』37-2, 고려대 아세아문제연구소, 1994.
류시현, 「1910-1920년대 전반기 안확의 '개조론'과 조선문화 연구」, 『역사문제연구』21, 역사문제연구소, 2009.
류은영, 「프랑스, 글로벌한류의 가능성」, 『프랑스문화예술연구』38, 프랑스문화예술학회, 2011.
문광균, 「17세기 경상도지역 공물수취체제와 영남대동법의 실시」, 『한국사학보』46, 고려사학회, 2012.
_____, 「영남대동법 시행초기 지방재정의 개편과 그 성격」, 『한국사연구』161, 한국사연구회, 2013.
박경자, 「貢女 출신 高麗女人들의 삶」, 『역사와담론』55, 호서사학회, 2010.
박광용, 「탕평론과 정국의 변화」, 『한국사론』10, 서울대 국사학과, 1984.
_____, 「한국인의 역사의식」, 『한국사특강』, 서울대출판부, 1990.
_____, 「인물평전: 사극 왕도에서 왜곡된 홍국영의 참모습」, 『역사비평』15, 역사비평사, 1991.
_____, 「대종교 관련문헌에 위작 많다(2): 『신단실기』와 『단기고사』의 성격에 대한 재검토」, 『역사비평』18, 역사비평사, 1992.
_____, 「영조대 탕평정국과 왕정체제의 정비」, 『한국사』32, 국사편찬위원회, 1997.
박도식, 「조선전기 공물분정의 추이」, 『조선전기 공납제 연구』, 혜안, 2011.
박병호, 「경국대전의 법사상적 성격」, 『진단학보』48, 진단학회, 1979.
박상규, 「自山安廓論」, 『한국민속학』28, 한국민속학회, 1996.

박종수, 「16,17세기 전세의 정액화 과정」, 『한국사론』30, 서울대 국사학과, 1993.

박주국, 「구한말 한일양국의 한국사인식 비교:『中等敎科東國史略』과『朝鮮史』를 중심으로」, 명지대 교육대학원 교육학과 역사교육전공 석사논문, 2013.

박찬승, 「한국학 연구 패러다임을 둘러싼 논의」, 『한국학논집』35, 계명대 한국학연구원, 2007.

박현순, 「16-17세기 공납제 운영의 변화」, 『한국사론』38, 서울대 국사학과, 1997.

박홍식, 「일제강점기『신천지』에 발표된 안확의 「朝鮮哲學思想槪觀」에 대한 고찰」, 『동북아문화연구』16, 동북아시아문화학회, 2008.

_____, 「안확의 애국계몽사상: 철학사상적 의미를 중심으로」, 『어문연구』 31-1, 한국어문교육연구회, 2003.

박희지, 「K-Pop의 특성과 K-Pop 아이돌의 패션이미지」, 서울대 의류학과 석사논문, 2012

방은순, 「박문수의 붕당인식과 국가재정론」, 『충청문화연구』3, 충남대 충청문화연구소, 2010.

방윤제, 「自山 安廓의『朝鮮武士英雄傳』硏究」, 경희대 국제한국어문화학과 한국문화전공 석사논문, 2014.

배연숙, 「위당 정인보의 조선학 성립배경에 관한 연구」, 『철학논총』59, 새한철학회. 2010.

배우성, 「정조의 유수부 경영과 화성인식」, 『한국사연구』127, 한국사연구회, 2004.

배은희, 「자산안확의 시조론연구」, 『시조학논총』30, 한국시조학회, 2009

_____, 「1930년대 시조담론 고찰: 안확과 조윤제의 詩歌인식을 중심으로」, 『시조학논총』38, 한국시조학회, 2013

변태섭, 「근세사회」, 『한국사통론』, 삼영사, 1986.

_____, 「붕당의 변질과 탕평책」, 『한국사통론』, 삼영사, 1986.
서인원, 「조선초기 역사인식과 영역인식」, 『역사와 실학』35, 역사실학회, 2008.
서철현·양진연, 「중국인이 지각하는 한류의 K-POP 속성이 국가이미지에 미치는 영향」, 『대한경영학회지』25-4, 대한경영학회, 2012.
서형범, 「1910-20년대 自山安廓의 國學硏究를 통해 본 近代 知識人의 主體的 自己 理解」, 『어문연구』 38-3, 한국어문교육연구회, 2010.
山本進, 「조선후기 은 유통」, 『명청사연구』39, 명청사학회, 2013.
손승철, 「朝·琉교린체제의 구조와 특징」, 『조선과 유구』, 아르케, 1999.
_____, 「왜구와 조일통교」, 『하나의 역사, 두 가지 쟁점, 한일역사의 쟁점 2010』, 경인문화사, 2010.
손승혜, 「학술논문의 메타분석을 통해 본 한류 10년」, 『언론과사회』17-4, 성곡언론문화재단, 2009.
_____, 「전문가 심층 인터뷰를 통한 한류 정책의 이해와 평가」, 『문화정책논총』25-1, 한국문화관광연구원, 2011.
_____, 「한류 수용의 로컬 콘텍스트와 글로벌 팬덤의 특성」, 『미디어 경제와 문화』10-1, SBS문화재단, 2012.
손진태, 「이씨조선시대(근세사) 및 현대사」, 『국사대요』, 을유문화사, 1955.
송양섭, 「부역실총에 나타난 재원파악방식과 재정정책 부역실총」, 『역사와 현실』70, 한국역사연구회, 2008.
_____, 「正祖代『軍國摠目』의 체재와 군비·군사재정의 파악」, 『사림』, 수선사학회, 2011.
_____, 「18세기 '공'담론의 구조와 그 정치·경제적 함의」, 『역사와현실』93, 한국역사연구회, 2014.
_____, 「18세기 `公`담론의 구조와 그 정치·경제적 함의」, 『역사와현실』 93, 한국역사연구회, 2014.
송영국, 「安廓의 국악이론 연구: 朝鮮音樂의 硏究를 중심으로」, 중앙대 국악과 석사논문, 1994.
송찬섭, 「양전사업」, 『한국사』30, 국사편찬위원회, 1998.
신용하, 「'민족'의 사회학적 설명과 '상상의 공동체론' 비판」, 『한국사회학』 40-1, 한국사회학회, 2006.
신주백, 「'조선학운동'에 관한 연구동향과 새로운 시론적 탐색」, 『한국민족운동사연구』67, 한국민족운동사학회, 2011.
신현승, 「日本의 東洋史學者 內藤湖南의 歷史認識: 支那認識과 文化史觀을 중심으로」, 『동아시아고대학』19, 동아시아고대학회, 2009.
신형식, 「통일신라의 대일관계」, 『강좌 한일관계사』, 현음사, 1994.
심재우, 「역사 속의 박문수와 암행어사로의 형상화」, 『역사와 실학』41, 역사실학회, 2010.
안병희, 「안확의 생애와 한글연구」, 『어문연구』 31-1, 한국어문교육연구회, 2003.
역사문제연구소 기획, 「80년 민중사학론 무엇이 문제인가: 한국역사학계의 새기류와 90년전망」, 『역사비평』9, 역사비평사, 1989.
역사문제연구소 기획, 「세금제도가 바뀌어도 힘든 살림살이: 수취체제의 변화」, 『미래를여는한국의역사』3, 웅진지식하우스, 2011.
오갑균, 「英祖朝 戊申亂에 관한 考察」, 『역사교육』21, 역사교육연구회, 1977.
오금성, 「국법과 사회관행: 명대의 紳士優免을 중심으로」, 『명청사연구』24, 명청사학회, 2005.
오미일, 「18-19세기 공물정책의 변화와 공인층의 변동」, 『한국사론』14, 서울대 국사학과, 1986.
_____, 「18·19세기 새로운 貢人權·廛契 창설운동과 亂廛活動」, 『규장각』10, 서울대 규장각, 1987.
오수창, 「18세기 조선정치사상과 그 전후맥락」, 『역사학보』213, 역사학회, 2012.

_____,「仁祖代 政治勢力의 動向」,『조선시대 정치사의 재조명』, 범조사, 1985.

오수창,「세도정치의 성립과 전개」,『한국사』32, 국사편찬위원회, 1998.

_____,「17세기 조선의 정치세력과 산림」,『조선시대 정치틀과 사람들』, 한림대학교출판부, 2010.

_____,「춘향전에 담긴 일상의 역사현실과 비판의식」,『진단학보』114, 진단학회, 2012.

_____,「조선의 통치체제와 춘향전의 역사적 성취」,『역사비평』99, 역사비평사, 2012.

오시카와 노부히사,「15세기 조선의 일본통교에서의 대장경 하사와 그 의미」,『한일교류와 상극의 역사』, 경인문화사, 2010.

오영섭,「조선광문회 연구」,『한국사학사학보』3, 한국사학사학회, 2001.

오항녕,「부활하는 광해군」,『조선의 힘』역사비평사, 2010.

원유한,「조선후기 화폐정책에 대한 일고찰: 고액전의 수용논의를 중심으로」,『한국사연구』6, 한국사연구회, 1971.

_____,「조선후기 화폐유통에 관한 일고찰: 전황문제를 중심으로」,『한국사연구』7, 한국사연구회, 1972.

_____,「기은 박문수의 화폐경제론」,『실학사상연구』5·6, 무악실학회, 1985.

원유한,「조선후기 대청관계 및 인식의 변화」,『아세아문화연구』4, 경원대 아시아문화연구소, 2000.

_____,「조선후기 대청관계 및 인식의 변화」,『아세아문화연구』4, 경원대 아시아문화연구소, 2000.

유세경·이석·정지인,「중국 일간지의 "한류" 보도에 나타난 프레임 분석」,『한국언론정보학보』57, 한국언론정보학회, 2012.

유준필,「白山 安廓의 國學思想과 文學史觀」, 서울대 국어국문학과 석사논문, 1991.

_____, 「1910-20년대초 한국에서 자국학이념의 형성과정」, 『大東文化硏究』 52, 성균관대 대동문화연구원, 2005.

윤선태, 「'통일신라'의 발명과 근대역사학의 성립」, 『신라문화』29, 동국대 신라문화연구소, 2007.

윤용출, 「요역제의 붕괴와 모립제의 대두」, 『한국사』30, 국사편찬위원회, 1998.

웬티트엉・최정길・리홍빈, 「문화계발이론과 계획행동이론을 통한 한류 문화콘텐츠와 베트남인의 한국방문에 관한 연구」, 『관광연구』26-3, 대한관광경영학회, 2011.

이경구, 「개념사와 내재적 발전」, 『역사학보』213, 역사학회, 2012.

이병도, 「박서계와 반주자학적 사상」, 『대동문화연구』3, 성균관대 대동문화연구소, 1966.

이상백, 「이조건국의 연구(1-3)」, 『진단학보』4·5·7, 진단학회, 1936-1937[이상백, 『이조건국의 연구』, 을유문화사, 1949].

이상옥, 「영조조 무신란의 연구」, 『우석사학』2, 우석대사학회, 1969.

이성임, 「16-17세기 '貢役戶'와 戶首」, 『역사연구』24, 역사학연구소, 2013.

이영호, 「국호영문표기, Corea에서 Korea로의 전환과 의미」, 『역사와현실』 58, 한국역사연구회, 2005.

원유한, 「조선후기 대청관계 및 인식의 변화」, 『아세아문화연구』4, 경원대 아시아문화연구소, 2000.

_____, 「'내재적 발전론' 역사인식의 궤적과 전망」, 『한국사연구』152, 한국사연구회, 2011.

이 욱, 「17·18세기 궁방·아문의 어염절수 확대와 의미」, 『역사민속학』17, 한국역사민속학회, 2003.

_____, 「조선 영조대 무신란과 안동 지방의 '의병'」, 『한국사학보』42, 고려사학회, 2011.

이원균, 「英祖 戊申亂에 對하여」, 『부대사학』2, 부대사학회, 1971.

이수안, 「유럽의 한류를 통해 본 문화혼종화」, 『한·독사회과학논총』22-1, 한독사회과학회, 2012.
이정철, 「仁祖初 三道大同法 論議와 經過」, 『한국사연구』121, 한국사연구회, 2003.
____, 「문제는 자본주의다: 내재적 발전론 비판의 역사인식」, 『내일을여는역사』22, 내일을여는역사, 2005.
____, 「大同米·布의 構成: 『湖西大同節目』·『全南道大同事目』을 중심으로」, 『한국사학보』19, 고려사학회, 2005.
____, 「조선시대 貢物分定 방식의 변화와 大同의 語義」, 『한국사학보』34, 고려사학회, 2009.
____, 「磻溪 유형원의 대동법인식: 조선후기 개혁론의 '두 가지 입장'에 대해서」, 『역사학보』206, 역사학회, 2010.
____, 「대동법의 성립에서 김육의 역할」, 『사총』72, 고려대 역사연구소, 2011.
이종범, 「1728년 무신란의 성격」, 연세대 사학과 석사논문, 1983.
이재룡, 「조선후기 붕당정치의 역사적 의의: 정당정치에의 원용가능성에 대한 시론적 고찰」, 『동양사회사상』19, 동양사회사상학회, 2009.
____, 「조세」, 『한국사』24, 국사편찬위원회, 1994.
____, 「진상」, 『한국사』24, 국사편찬위원회, 1994.
이존희, 「조선왕조의 유수부 경영」, 『한국사연구』47, 1984.
이철성, 「『興地圖書』에 나타난 田結稅 항목의 텍스트적 이해」, 『한국사학보』25, 한국사학회, 2006.
이태진, 「사림파 유향소 복립운동(상·하)」, 『진단학보』34·35, 진단학회, 1972-1973.
____, 「조선성리학의 역사적 기능: 그 재평가를 위한 하나의 시론」, 『창작과비평』9-3, 창작과비평사, 1974.
____, 「15,16세기 신유학 정착의 사회경제적 배경」, 『규장각』5, 서울대

규장각, 1981.

이태진, 「安廓의 생애와 국학세계」, 『歷史와 人間의 對應』, 한울, 1984.

＿＿＿, 「당쟁을 어떻게 볼 것인가」, 『조선시대 정치사의 재조명』, 범조사, 1985.

＿＿＿, 「조선시대의 정치적 갈등과 그 해결」, 『조선시대 정치사의 재조명』, 범조사, 1985.

이태진, 「安廓」, 『한국사시민강좌』5, 일조각, 1989.

＿＿＿, 「사화와 붕당정치」, 『한국사특강』, 서울대출판부, 1990.

＿＿＿, 「정조의 대학탐구와 새로운 군주론」, 『이회재의 사상과 그 세계』, 성균관대 대동문화연구원, 1992.

＿＿＿, 「조선후기 양반사회의 변화: 양반사회변화론의 연구성과 한계」, 『한국사회발전사론』, 일조각, 1992.

＿＿＿, 「小氷期(1500-1750) 천변재이 연구와 『朝鮮王朝實錄』」, 『역사학보』 149, 역사학회, 1996.

＿＿＿, 「개요」, 『한국사30: 조선중기의 정치와 경제』, 국사편찬위원회, 1998.

＿＿＿, 「인구의 감소」, 『한국사』30, 국사편찬위원회, 1998.

＿＿＿, 「18세기 한국사에서의 민의 사회적·정치적 위상」, 『진단학보』88, 진단학회, 1999.

＿＿＿, 「조선시대 '민본' 의식의 변천과 18세기 '민국' 이념의 대두」, 『국가이념과 대외인식: 17~19세기』, 아연출판부, 2002.

＿＿＿, 「18세기 탕평정치와 소민 보호책」, 『한국사 특강』, 서울대출판문화원, 2008.

＿＿＿, 「고종시대의 민국이념의 전개: 유교왕정의 근대적 '공화'지향」, 『진단학보』 124, 진단학회, 2015.

이홍락, 「쟁점: 내재적 발전론 비판에 대한 반비판」, 『역사비평』41, 역사비평사, 1997.

이희수, 「걸프해에서 경주까지, 천년의 만남」, 『바다의 실크로드』, 청아출판사, 2003.
임계순, 「Karl A. Wittfogel의 동양식 전제주의 이론에 관한 고찰」, 『정신문화연구』 17, 한국장신문화연구원, 1983.
임상석, 「고전의 근대적 재생산과 최남선의 국한문체 글쓰기: 조선광문회고백 검토」, 『민족문학사연구』 44, 민족문학사학회·민족문학사연구소, 2010.
임승휘, 「장 보댕과 근대 주권론의 탄생」, 『국가론』, 책세상, 2005.
장규수, 「한류의 어원과 사용에 관한 연구」, 『한국콘텐츠학회논문지』 11-9, 한국콘텐츠학회, 2011.
장만호, 「국학의 이념과 근대시의 거절: 최남선과 안확의 시조론을 중심으로」, 『한국학연구』 39, 고려대 한국학연구소, 2011.
장병인, 「조선초기의 관찰사」, 『한국사론』 4, 서울대 국사학과, 1978.
전상욱, 「호서대동법 실시전후 진상의 운영과 변화」, 『중앙사론』 34, 중앙대 중앙사학연구소, 2011.
전윤선, 「1930년대 '조선학' 진흥운동 연구: 방법론의 모색과 민족문제 인식을 중심으로」, 연세대 사학과 석사논문, 1998.
전형택, 「조선후기 史書의 단군조선 서술」, 『한국학보』 6-4, 일지사, 1980.
정구복, 「조선전기의 역사서술」, 『한국의 역사인식』 상, 창작과 비평사, 1976.
_____, 「동국사략에 대한 사학사적 고찰」, 『역사학보』 68, 역사학회, 1975.
정긍식, 「조선시대의 권력분립과 법치주의」, 『서울대 법학』 42-4, 서울대 법학연구소, 2001.
정다함, 「"한국사"상의 조선시대상: 조선전기를 중심으로」, 『사이(SAI)』 8, 국제한국문학문화학회, 2010.
정만조, 「영조대초반 탕평책과 탕평파의 활동: 탕평기반의 성립에 이르기까지」, 『진단학보』 56, 진단학회, 1983.

_____, 「영조대중반의 정국과 탕평책의 재정립」, 『역사학보』111, 역사학회, 1986.

정만조, 「均役法의 選武軍官: 閑遊者 문제와 관련하여」, 『한국사연구』18, 한국사연구회, 1977.

_____, 「조선후기의 良役變通論: 정치상황과 관련해 본 하나의 시론」, 『한국근세문화의 특성: 조선왕조후기(12): 군사외교부문』, 제26회 동양학 학술회의록, 1996.

_____, 「양역변통론의 추이」, 『한국사』32, 국사편찬위원회, 1997.

정병호, 「한국의 『조선문학(사)론』형성과 중국사상의 표상: 『일본문학사』 및 『조선(인)론』의 비교를 통해」, 『일본학보』 81, 한국일본학회, 2009.

정성일, 「조선의 동전과 일본의 은화: 화폐의 유통을 통해 본 15〜17세기 한일관계」, 『한일관계사연구』20, 한일관계사학회, 2004.

_____, 「조선과 일본의 은유통 교섭」, 『한일관계사연구』42, 한일관계사학회, 2012.

정수영, 「일본내 한류지형의 탐색 및 한류 수용자의 문화적 실천에 관한 연구」, 『미디어,젠더&문화』20, 한국여성커뮤니케이션학회, 2011.

정승철, 「自山安廓의 생애와 국어연구」, 『진단학보』116, 진단학회, 2012.

_____, 「安廓의 『朝鮮文法』(1917)에 대하여」, 『한국문화』58, 서울대 규장각 한국학연구원, 2012.

정은주 외, 「비단길과 우리나라」, 『비단길에서 만난 세계사』, 창비, 2005.

정인홍, 「마키아벨리」, 『서구정치사상사』, 박영사, 1971.

정호훈, 「17세기 체제개혁론의 전개와 주례」, 『한국실학연구』10, 한국실학회, 2005.

조동걸, 「한국민족주의의 역사적 특질」, 『민족교육연구』3, 춘천교대 민족교육연구소, 1985.

조석곤, 「식민지근대화론과 내재적 발전론 재검토」, 『동향과전망』38, 한국사회과학연구소, 1998.

조성산, 「박문수, 전설적인 암행어사 혹은 뛰어난 소론 경세관료」, 『내일을 여는역사』14, 내일을여는역사, 2003.

＿＿＿, 「18세기후반-19세기전반 對淸認識의 변화와 새로운 中華관념의 형성과정」, 『한국사연구』145, 한국사연구회, 2009.

조영현, 「동아시아사 교과서의 '은 유통과 교역망': 주제의 설정과 그 의미」, 『동북아역사논총』39, 동북아역사재단, 2013.

조지형, 「17세기, 소빙기, 그리고 역사추동력으로서의 인간: 거대사적 재검토」, 『이화사학연구』43, 이화사학연구소, 2011.

지두환, 「인조대의 대동법 논의」, 『역사학보』155, 역사학회, 1997.

＿＿＿, 「효종대 대동법 논의」, 『한국사상과문화』10, 한국사상문화학회, 2000.

차미애, 「공재 윤두서의 국내외 지리인식과 지도작성」, 『역사민속학』37, 한국역사민속학회, 2011.

차문섭, 「임란이후의 양역과 균역법의 성립(상·하)」, 『사학연구』10·11, 한국사학회, 1961.

＿＿＿, 「균역법의 의의와 영향」, 『한국사』13, 국사편찬위원회, 1976.

차용진, 「淸代 '地丁銀'制 成立에 關한 一考察」, 성균관대 사학과 석사논문, 1983.

채관식, 「1930년대 '조선학'의 심화와 전통의 재발견」, 연세대 사학과 석사논문, 2006.

천기철, 「직방외기의 저술의도와 조선지식인들의 반응」, 『직방외기: 17세기 예수회 신부들이 그려낸 세계』, 일조각, 2005.

천관우, 「반계 유형원 연구」, 『역사학보』2·3, 역사학회, 1953.

＿＿＿, 「삼한의 국가형성(상)」, 『한국학보』2-1, 일지사, 1976.

최병철, 「중국봉건제도에 대한 날카로운 해부」, 『명이대방록』, 홍익출판사, 1999, 15-46쪽.

최선혜, 「고려말·조선초 지방세력의 동향과 관찰사의 파견」, 『진단학보』78, 1994.

최성환, 「조선문명사의 조선시대 서술에 대한 비판적 재검토」, 『한국사연구』197, 한국사연구회, 2022.

최승희, 「조선후기 향리신분 변동 여부고: 향리가문 고문서에 의한 사례연구」, 『김철준박사화갑기념사학논총』, 지식산업사, 1983.

＿＿＿, 「태종조의 왕권과 국정운영체제」, 『국사관논총』30, 국사편찬위원회, 1991.

＿＿＿, 「세종조의 왕권과 국정운영체제」, 『한국사연구』87, 한국사연구회, 1994.

＿＿＿, 「세조대 국정운영체제」, 『조선시대사학보』5, 조선시대사학회, 1998.

최완기, 「대동법 실시의 영향」, 『국사관논총』12, 국사편찬위원회, 1990.

＿＿＿, 「붕당정치의 전개와 정국의 변화」, 『한국사』9, 한길사, 1994.

최윤오, 「조선후기 사회변동과 근대로의 이행: 내재적 발전론의 역사인식」, 『내일을여는역사』22, 내일을여는역사, 2005.

최주희, 「18세기중반『度支定例』類 간행의 재정적 특성과 정치적 의도」, 『역사와현실』81, 한국역사연구회, 2011.

＿＿＿, 「18세기 왕실정례류에 나타난 왕실공상의 범위와 성격」, 『장서각』27, 한국학중앙연구원, 2012.

＿＿＿, 「18세기중반 定例類에 나타난 王室供上의 범위와 성격」, 『장서각』27, 한국학중앙연구원, 2012.

＿＿＿, 「영조대중반 균역법 시행논의와『선혜청정례』의 간행」, 『한국사연구』164, 한국사연구회, 2014.

최창연, 「명조의 통치체제와 정치」, 『강좌중국사』Ⅳ, 지식산업사, 1989

최호영, 「自山安廓의 내적 개조론과 '조선적 문화주의'의 기획」, 『한국민족문화』64, 부산대 한국민족문화연구소, 2017.

하우봉, 「조선전기 대일관계」, 『강좌 한일관계사』, 현음사, 1994.
한명기, 「17세기초 은의 유통과 그 영향」, 『규장각』15, 서울대 규장각, 1992.
_____, 「16, 17세기 명청교체와 한반도: 재조지은, 은, 그리고 쿠데타의 변주곡」, 『명청사연구』22, 명청사학회, 2004.
한영국, 「호서에 실시된 대동법(상·하)」, 『역사학보』13·14, 역사학회, 1960-1961.
_____, 「호서에 실시된 대동법(上·二·三·四)」, 『역사학보』15·20·21·24, 역사학회, 1961·1963·1964.
_____, 「대동법의 실시」, 『한국사』13, 국사편찬위원회, 1976.
_____, 「대동법의 시행」, 『한국사』30, 국사편찬위원회, 1998.
한영우, 「조선전기의 역사서술과 역사인식」, 『한국학보』7, 일지사, 1977.
_____, 「한국근대역사학과 조선시대사 이해」, 『인문과학의 새로운 방향』, 심상, 1984.
_____, 「한국근대역사학과 조선시대사 이해: 안확의 朝鮮文明史」, 『인문과학의 새로운 방향』, 심상, 1984.
_____, 「1920年代 安廓의 民族主義 文化史敍述: 『朝鮮文明史』를 중심으로」, 『韓國民族主義歷史學』, 일조각, 1994.
한우근, 「백호 윤휴 연구(1)-(3)」, 『역사학보』15·16·19, 역사학회, 1961-1962.
허 원, 「청대전기 부역제도의 개혁과 지정은제의 성립」, 『인문과학연구』14, 서원대 미래창조연구원, 2003.
홍석경, 「서유럽의 동아시아 대중문화 향유를 이해하기」, 『한국언론학회 학술대회 발표논문집』, 한국언론학회, 2011.
_____, 「프랑스의 한국 아이돌문화 여성팬덤과 성담론에 대한 연구」, 『한국언론학보』56-1, 한국언론학회, 2012.
_____, 「세계화 과정 속 디지털 문화 현상으로서의 한류」, 『언론정보연구』50-1, 서울대 언론정보연구소, 2013.

홍용희, 「한민족디아스포라문학의 이중적 정체성과 한류의 역할론」, 『한국 시학연구』35, 한국시학회, 2012.
홍원식 외, 「심경부주와 조선유학의 전개」, 『조선시대 심경부주 주석서해제』, 예문서원, 2007.
황종흘·김효철, 「안확의 조선 육해군사」, 『대한조선학회지』41-4, 대한조선학회, 2004.
황태연, 「'대한민국' 국호의 기원과 의미」, 『정치사상연구』21-1, 한국정치사상학회, 2015.
_____, 「공자의 분권적 제한군주정과 영국 내각제의 기원(1): 윌리엄 템플의 중국 내각제 분석과 찰스 2세의 헌정개혁」, 『정신문화연구』37-2, 한국학중앙연구원, 2014[황태연, 『공자철학과 서구 계몽주의의 기원(하): 유교문명의 서천과 계몽사상의 태동』, 청계, 2019].
_____, 「윌리엄 템플의 중국 내각제 분석과 영국 내각제의 기획·추진: 공자의 분권적 제한군주정과 영국 내각제의 기원(2)」, 『정신문화연구』38-2, 한국학중앙연구원, 2015[황태연, 같은 책, 2019].
_____, 「찰스 2세의 내각위원회와 영국 내각제의 확립: 공자의 분권적 제한군주정과 영국 내각제의 기원(3)」, 『정신문화연구』38-3, 한국학중앙연구원, 2015[황태연, 같은 책, 2019].

4. 번역논저

가와구찌 가즈히꼬(정학봉 역), 『경교, 아시아교회』, 동서남북, 2010.
가타야마 요시히로·겐모츠카나에(이두영 역), 『어떤 시도: 지역간 교류가 외교를 바꾼다』, 세계사, 2006.
건륭제 칙찬(장진근 역), 『만주원류고』, 파워북, 2008.
건륭제 칙찬(남주성 역), 『흠정만주원류고』 상하, 글모아출판, 2010.
게오르그 빌헬름 프리드리히 헤겔(권기철 역), 『역사철학강의』, 동서문화사, 2008.
고지마 야스노리(김정곤 역), 「야나기 무네요시는 조선을 어떻게 이해하고자 했는가」, 『일본사상』32, 한국일본사상사학회, 2017.
김자현(김백철 외역), 『왕이라는 유산: 영조와 조선의 성인군주론』, 너머북스, 2017.
宮岐市定(임중혁 외역), 『중국중세사』, 신서원, 1996.
나가사와 카즈토시(민병훈 역), 『동서문화의 교류』, 민족문화사, 1993.
나가사와 카즈토시(민병훈 역), 『돈황의 역사와 문화: 동서문화 교류의 십자로, 실크로드의 요충, 돈황의 역사지리학적 통사』, 사계절, 2010.
니시지마 사다오(이성시 편, 송완범 역), 『일본의 고대사 인식: '동아시아 세계론'과 일본』, 역사비평사, 2008.
나카오 히로시(유종현 역), 『조선통신사이야기』, 한울, 2005.
나카오 히로시(손승철 역), 『조선통신사』, 소화, 2012.
데이비드 E. 문젤로(이향만 외역), 『진기한 나라 중국: 예수회의 적응주의와 중국학의 기원』, 나남, 2009a
데이비드 E. 문젤로(김성규 역), 『동양과 서양의 위대한 만남, 1500-1800』, 휴머니스트, 2009b.
레오폴트 폰 랑케(이상신 역), 『강대세력들 정치대담 자서전』, 신서원, 2014.
레오폴트 폰 랑케(이상신 역), 『근세사의 여러 시기들의 대하여』, 신서원, 2011.
로라 헤인·마크 셀든 편(정용도 역), 『역사검열과 역사교육』, 동북아역사재단, 2009.
루소(이태일 외역), 『사회계약론』, 범우사, 1975.
뤼디거 자프란스키(임우영 역), 『낭만주의: 판타지의 뿌리』, 한국외대출판부, 2012.
르네 그루쎄(김호동 외역), 『유라시아 유목제국사』, 사계절, 1998.
리처드 던컨(김석중 역), 『달러의 위기 세계경제의 몰락』, 국일미디어, 2004.

마스이 츠네오(이진복 역),『대청제국』, 학민사, 2004.
마크 C. 엘리엇(이훈 외역),『만주족의 청제국』, 푸른역사, 2009.
마르티나 도이힐러(이훈상 역),『한국사회의 유교적 변환』, 아카넷, 2003.
마르크 블로크(고봉만 역),『역사를 위한 변명』, 한길사, 2007.
마키아벨리(이상두 역),『군주론·전술론』, 범우사, 1975,
마틴 버낼(오홍식 역),『블랙아테나1: 날조된 고대 그리스, 1785-1985』, 소나무, 2006.
막스 베버(금종우 외역),『지배의 사회학』, 한길사, 1981.
몽테스키외(이명성 역),『법의 정신』, 홍신문화사, 1988.
무하마드 깐수(정수일),『신라·서역교류사』, 단국대출판부, 1994.
미셸 옹프레(남수인 역),『계몽주의 시대의 급진철학자들』, 인간사랑, 2010.
미스기 다카토시(김인규 역),『동서도자교류사: 마이센으로 가는 길』, 눌와, 2001.
미야 노리코(김유영 역),『조선이 그린 세계지도: 몽골제국의 유산과 동아시아』, 소와당, 2010.
민족문화추진회 역,『국조보감』1-14, 한국학술정보, 2006.
백남운(하일식 역),『조선사회경제사』, 이론과실천사, 1994.
베네데토 크로체(최윤오 역),『사고로서의 역사 행동으로서의 역사』, 새문사, 2013.
베네딕트 앤더슨(윤형숙 역),『상상의 공동체: 민족주의 기원과 전파에 대한 성찰』, 나남, 2002.
베리 아이켄그린(강명세 역),『글로벌라이징 캐피털: 국제통화체제는 어떻게 진화하는가』, 미지북스, 2011a
베리 아이켄그린(김태훈 역),『달러제국의 몰락』, 북하이브, 2011b.
볼프강 케스팅(전지선 역),『홉스』, 인간사랑, 2006.
부사년(정재서 역),『이하동서설』, 우리역사연구재단, 2011.
샘 와인버그(한정호 역),『역사적 사고와 역사교육』, 책과함께, 2007.

石井壽夫(홍순민 역), 「後期李朝黨爭史에 관한 一考察」, 『조선시대 정치사의 재조명』, 범조사, 1985.
세종대왕기념사업회 역, 『국역 동국통감』1-7, 세종대왕기념사업회, 1997.
신웬어우(허일 외역), 『중국의 대항해자 정화의 배와 항해』, 심산, 2005.
신채호(박기봉 역), 『조선상고사』, 비봉출판사, 2006.
신채호(박기봉 역), 『조선상고문화사 외: 독사신론, 조선사연구초, 사론』, 비봉출판사, 2007.
안드레 군더 프랑크(이희재 역), 『리오리엔트』, 이산, 2003.
안확(송강호 역주), 『조선문명사』, 우리역사연구재단, 2015.
안확(정숭교 윤문), 『자각론·개조론』, 한국국학진흥원, 2003.
야마구치 게이지(김현영 역), 『일본근세의 쇄국과 개국』, 혜안, 2001.
앤서니 기드슨(한상진 외역), 『제3의 길』, 생각의나무, 1998.
에드워드 H. 카(김택현 역), 『역사란 무엇인가』, 까치, 1997.
에드워드 W. 세드(박홍규 역), 『오리엔탈리즘』, 교보문고, 1991.
에드워드 W. 와그너(이훈상 편, 이훈상 외역), 『조선사회의 성취와 귀속』, 일조각, 2007.
에릭 홉스봄(강성호 역), 『역사론』, 민음사, 2002.
에릭 홉스봄(강명제 역), 『1780년이후의 민족과 민족주의』, 창작과비평사, 1994.
에릭 홉스봄(이용우 역), 『극단의 시대: 20세기 역사』상·하, 까치, 1997.
엔리케 두셀(박병규 역), 『1492년 타자의 은폐: '근대성 신화'의 기원을 찾아서』, 그린비, 2011.
오다니 나카오(민혜홍), 『대월지』, 아이필드, 2008.
오스발트 슈펭글러(박광순 역), 『서구의 몰락』1-3, 1995.
와다 마사오(김숙경 역), 『흉노』, 아이필드, 2007.
요시미즈 츠네오(오근영 역), 『로마문화 왕국신라』, 씨앗을뿌리는사람, 2002.

융이(류방승 역), 『백은비사』, RHK, 2013.
이건창(이민수 역), 『당의통략』, 을유문화사, 1972.
이긍익(민족문화추진회 역), 『연려실기술』1-12, 민족문화추진회, 1982.
이매뉴얼 월러스틴(나종일·백영경 역), 『역사적 자본주의/자본주의 문명』, 창작과비평사, 1993.
이매뉴얼 월러스틴(나종일 외 역), 『근대세계체제 I: 자본주의적 농업과 16세기 유럽 세계경제의 기원』, 까치, 1990.
李明輝(이기훈·김기주 역), 『유교와 칸트』, 예문서원, 2012.
이시바시 다카오(홍성구 역), 『대청제국』, 휴머니스트, 2009.
이을호 편(임석진 감역), 『계몽주의시대의 서양철학』, 중원문화, 1998.
임마누엘 칸트(이한구 역), 『영구 평화론: 하나의 철학적 기획』, 서광사, 2008.
林泰輔(편무진 외역), 『조선사: 번역·해제』, 인문사, 2013.
장진퀘이(남은숙 역), 『흉노제국 이야기: 유라시아 대륙 양단에 강력한 흔적을 남기고 사라진 흉노를 찾아서』, 아이필드, 2010.
재닛 아부 루고드(박홍식 외역), 『유럽패권이전: 13세기 세계체제』, 까치글방, 2006.
잭 웨더포드(정영목 역), 『칭기즈칸 잠든 유럽을 깨우다』, 사계절, 2013.
제임스 팔레(김범 역), 『유교적 경세론과 조선의 제도들: 유형원과 조선후기』1·2, 산처럼, 2008.
조지 세이빈·토마스 솔슨(성유보·차남희 역), 『정치사상사』2, 한길사, 1983.
존 B. 던컨(김범 역), 『조선왕조의 기원』, 너머북스, 2013.
존 M. 홉슨(정경옥 역), 『서구문명은 동양에서 시작되었다』, 에코리브로, 2005.
존 킹 페어뱅크(중국사연구회 역), 『신중국사』, 까치, 1994.
朱謙之(전홍석 역), 『중국이 만든 유럽의 근대』, 청계, 2010.

천관우, 「자료소개: 傅斯年 '夷夏東西說'」, 『한국학보』5-1, 일지사, 1979.
최남선(정재승·이주현 공역), 『불함문화론』, 우리역사연구재단, 2008.
콜링우드(김봉호 역), 『서양사학사』, 탐구당, 2017.
토마스 모어(원창엽 역), 『유토피아』, 홍신문화사, 1994.
토마스 홉스(김용환 역), 『리바이어던』, 살림, 2005.
토머스 핸킨스(양유성 역), 『과학과 계몽주의』, 글항아리, 2011.
티머시 브룩(박인균 역), 『베르베르의 모자: 베르메르의 그림을 통해 본 17세기 동서문명교류사』, 추수밭, 2008.
파울 W. 프리츠(염정용 역), 『위기의 달러경제: 브레튼우즈의 종말에서 서브모기지 사태까지』, 비즈니스맵, 2007.
페르낭 브로델(강주헌 역), 『지중해의 기억』, 한길사, 2006
프랑스와 줄리앙(허경 역), 『맹자와 계몽철학자의 대화』, 한울, 2009.
프랑수와 케네(나정원 역), 『중국의 계몽군주정』, 앰애드, 2014.
프레데릭 바이저(김주휘 역), 『낭만주의의 명령, 세계를 낭만화하라』, 그린비, 2011.
플라톤(최현 역), 『플라톤의 국가론』, 집문당, 1995.
풍우란(박성규 역), 『중국철학사』상·하, 까치, 1999.
피터 게이(주명철 역), 『계몽주의의 기원』, 민음사, 1998.
헤겔(권기철 역), 『역사철학강의』, 동서문화사, 1978.
헤겔(김준수 역), 『자연법』, 한길사, 2004.
현채(임이랑 역), 『근대역사교과서2: 중등교과 동국사략』, 소명, 2011.
히사유끼 미야가와(이개석 역), 「內藤·宮崎 시대구분론」, 『중국사시대구분론』, 창작과비평사, 1984.
H. 더글라스 브라운(권오량 외역), 『원리에 의한 교수』(3판), 피어슨 에듀케이션 코리아, 2012.
H. G. 크릴(이성규 역), 『공자, 인간과 신화』, 지식산업사, 1988.
J. J. 클라크(장세룡 역), 『동양은 어떻게 서양을 계몽했는가』, 우물이있는집,

2004.

5. 해외논저

宮岐市定, 『大唐帝國』, 河出書房, 1968.
今井修, 「解說」, 『津田左右吉歷史論集』, 巖波書店, 2006.
旗田巍 編, 『シンポジウム·日本と朝鮮』, 勁草書房, 1969.
金榮美, 「私の'セマウル'硏究と東アジア」, 『第1回 日中韓若手歷史家セミナー基調講演集』, 東京, 早稻田大學, 2013.08.08.
內藤虎次郞, 『中國近世史』, 弘文堂, 1947.
唐文基, 『明代賦役制度史』, 中國社會科學出版社, 1991, pp.18-45.
大井健輔, 『津田左右吉, 大日本帝國との對決』, 勉誠出版, 2015.
杜乃濟, 『明代內閣制度』, 商務印書館, 1969.
邓志峰, 「师道精神的裂变与声气集团之形成: 晚明时代的诸生与社局」, 『第1回東アジア若手歷史家セミナー』, 東京, 早稻田大學, 2013.08.07.
石井壽夫, 「後期李朝黨爭史についての一考察」, 『社会経済史学』 10-6, 社會經濟史學會, 1940.
王家槐, 『大學衍義補之硏究』, 久新彩色印刷, 1987
王其矩, 『明代內閣制度史』, 中華書局, 1989.
小林多加士, 『海のアジア史: 諸文明の'世界=經濟'』, 藤原書店, 1997.
松丸道雄 外, 『中國史4: 明·淸』(世界歷史大系), 山川出版社, 1997.
余英時, 『宋明理學與政治文化』, 允晨文化實業股份有限公司, 2004.
栗林宣夫, 『里甲制の硏究』, 文理書院, 1971,
李盛煥, 『近代東アジアの政治力學: 間島をめぐる日中朝關係の史的展開』, 錦正社, 1991.
林泰輔, 『朝鮮史』, 吉川半七, 1892.
林泰輔, 『朝鮮近世史』, 吉川半七, 1901.

林泰輔, 『朝鮮通史』, 富山房, 1912.

長野虎太郎·細井肇, 『朋黨士禍の檢討』, 自由討究社, 1921.

朱謙之, 『中國思想對於歐洲文化之影響』, 商務印書館, 1940.

池田末利, 『中國古代宗敎史硏究』, 東海大學出版會, 1982.

川島眞·服部龍二 編, 『東アジア國際政治史』, 名古屋大學出版會, 2007.

板垣哲夫, 『丸山眞南の思想史學』, 吉川弘文館, 2003.

平木實, 「朝鮮後期 圜丘壇 祭祀について-2」, 『朝鮮學報』176, 朝鮮學會, 2000.

幣原坦, 『韓國政爭志』, 三省堂書店, 1907.

中村榮孝, 「朝鮮 世祖の圜丘壇祭祀について」, 『朝鮮學報』54. 千里: 朝鮮學會, 1970.

談民擇 譯, 『中華帝國的專制制度』, 商務印書店, 1992.

勝谷在登 譯, 『支那論』, 白揚社, 1940.

Cho Sung-san, "The Formation and Transformation of the Awareness of a Common Cultural Identity in 19th Century Chosŏn", *International Journal of Korean History*, Vol. 16-1, Center for Korean History, Korea University, 2011.

David E. Mungello, *Curious land : Jesuit accommodation and the origins of Sinology*, University of Hawaii Press, 1989.

David E. Mungello, *The great encounter of China and the West, 1500-1800*, Rowman & Littlefield Publishers, 2005.

E.W. Wagner, "Social statification in 17th century Korea", *Occasional Papers on Korea*, Vol.1, University of Washington, 1974.

François Quesnay, Despotisme de la Chine, 1767 [translated by Lewis Adams Maverick, "Despotism in China", *China, a model for Europe*, Paul Anderson Company, 1946].

George Rudé, "Englightenment", *Europe in the Eighteenth century:*

Aristocracy and Bourgeois Challenge, Weidenfeld and Nicolson, 1972.

Georg Wilhelm Friedrich Hegel, translated by H. B. Nisbet, *Lectures on the Philosophy of the World History*, Cambridge University Press, 1975.

Georg Wilhelm Friedrich Hegel, translated by R.F. Brown and J.M. Stewart with the assistance of H.S. Harris, *Lectures on the History of Philosophy* 1825-6, Vol. II, Oxford University Press, 2009.

Herrlee Glessner Creel, *Confucius : the man and the myth*, The John Day Company, 1949.

H. Douglas Brown, *Principles of Language Learning and Teaching*, 6th ed. White Plains: Pearson Education, 2014.

James B. Palais, *Confucian statecraft and Korean Institutions: Yu Hyongwon and the late Choson Dynasty*, University of Washington Press, 1996.

Jaremy Black, "Enlightened Despotism", *Eighteenth Century Europe 1700-1789*, Macmillan Education Ltd, 1990.

Jahyun Kim Haboush, *A Heritage of Kings*, Columbia Uni. Press, 1988.

Jonathan D. Spence, *Ts'ao Yin and Kang-Hsi Emperor, Bondservant and Master*, Yale Uni. Press, 1965.

Jonathan D. Spence, "Autocracy at Work: A Study of the Yungcheng Period, 1723-1735 by Pei Huang", *The American Historical Review* Vol. 81-4, The American Historical Association, 1976.

John B. Duncan, *The origins of the Choson dynasty*, University of Washington Press, 2000.

John M. Hobson, *The Eastern origins of Western Civilisation*, Cambridge University Press, 2004. 2012.

J. H. Burns, "The Idea of Absolutism", John Miller, ed., *Abosolutism in Seventeenth Century Europe*, Macmillan Education Ltd., 1990.

J. J. Clark, *Oriental enlightenment: the encounter between Asian and Western thought*, Routledge, 1998.

Karl August Wittfogel, *Oriental Despotism : A Comparative Study of Total Power*, Yale University Press, 1955.

L. A. Maverick, "Chinese Influence Upon the Physiocrats", *History*, 3(3), Feburary, 1938[Mark Blaung, ed., François Quesnay, vol. II, Edward Elgar Publishing company, 1991].

Lsser Woloch, "Political Thought and Enlightened Absolutism", *Eighteenth-Century Europe: Tradition and Progress, 1715-1789*, W.W. Norton & Company Inc., 1982.

Martina Deuchler, *The Confucian Transformation of Korea; A Study of Society and Ideogy*, Havard University Press, 1992.

Matthew Smith Anderson, "Monarchs and Despots : tensions with in the state", *Europe in the Eighteenth Century 1713-1718*, Longman Inc., 1961.

Montesquieu, translated by Thomas Nugent, *The Spirit of Laws*, Hafner Publishing Co., Inc., 1949.

Plato, translated by Andrea Tschemplik, *The Republic*, Rowman & Littlefield Publishers, Inc., 2005.

Ray Huang, *Taxation and Governmental Finance in Sixteenth-century Ming China*, literature and institutions Cambridge, Cambridge University Press, 1974.

R. G. Collingwood, *The Idea of History*, Oxford University Press, 1946.

Yi, Tae-jin, "A Historical Reading of Ch'unhyang Tale", *Seoul Journal of Korean Studies*, vol.16, Seoul National University, 2004.

6. 교과서 자료

[4차 교육과정]『고등학교 국사(상·하)』, 문교부, 1982.
[5·6·7차 교육과정]『고등학교 국사(상·하)』, 교육부, 1990·1996·2002.
[2010년 검정(6종)]『고등학교 한국사』, 법문사·미래엔·비상교육·천재교육·지학사·삼화, 2011.
[2011년 검정(7종)]『중학교 역사(하)』, 대교·교학사·교학도서·미래엔·천재교육·지학사·비상교육, 2012.
[2012년 검정(9종)]『중학교 역사(1)』, 교학사·미래엔·천재교육·천재교과서·지학사·비상교육·금성·두산동아·좋은책신사고, 2013.
[2019년 검정(9종)]『고등학교 한국사』, 천재교육·해냄에듀·씨마스·금성·지학사·동아·비상교육·미래엔·베르스쿨, 2020.
[2019년 검정(7종)]『중학교 역사(2)』, 지학사·금성·천재교육·비상교육·동아·미래엔·리베르스쿨, 2020.

7. 언론자료(이름 및 제목순)

강민영, 「SM, K팝 수출액 1000억돌파…YG도 200여억 증가」, 『세계일보』, 2013.09.08.
고승희, 「한류플러스: 드라마 K-POP넘은 예능수출시대 열렸다」, 『헤럴드경제』, 2013.05.29.
고경석, 「단7일만에…소녀시대, 원더걸스와 다르네: K팝해외진출 공식이 바뀐다. 美 진출 위해 2,3년씩 해외체류는 옛말」, 『한국일보』, 2012.02.06.
고미혜, 「국립국어원, 38년만에 문맹률조사」, 『연합뉴스』, 2008.01.29.
곽찬호, 「외국인 150만시대, 다문화사회 가속화」, 『신아일보』, 2013.08.22.
곽현수, 「中 웨이보에 '런닝맨' 촬영 현장 사진 한가득 가는 곳마다 '인산인해'」,

『티브이데일리』, 2013.02.14.

권희정, 「싸이 '젠틀맨' 뮤비 유투브 조회수 5억건 돌파」, 『OBS플러스』, 2013.07.31.

김나나, 「유럽, 이슬람화 급속 진행」, 『KBS뉴스』, 2009.08.10.

김범수, 「"한일 강제병합 원천무효" 한일지식인 공동성명」, 『한국일보』, 2010.07.08.

김순배, 「유럽을 물들인 이슬람 포비아」, 『한겨레21』872, 2011.08.08.

김영선, 「韓드라마 日안방 점령에 반발 확산」, 『파이낸셜뉴스』, 2011.09.21.

김유나·박요진, 「"재능 키우는 미교육 선망"-"높은 교육열이 한국의 힘"」, 『국민일보』, 2013.08.23.

김유나·박요진, 「한국은 "미국 유학", 미국은 "한국 배워라"…서로 교육제도 부럽다는 한국과 미국」, 『국민일보』, 2013.08.22.

김은구, 「빅뱅·싸이 앞세운 YG, 매출 1000억돌파…SM과 '빅2체제'」, 『이데일리』, 2013.01.25.

김원철, 「中주류사학계 "그래도 고구려는 한국사"…베이징대 등 동북공정 동참 안해」, 『국민일보』, 2006.09.18.

김재일, 「콘디 라이스 전 美 국무장관 "DJ는 이상주의자…노무현은 속을 알 수 없었죠"」, 『한국경제』, 2012.08.23.

김정태, 「LH '신도시 한류'…알제리에 분당 두배 크기: 2013 해외건설대상 국토교통부장관상 한국토지주택공사」, 『머니투데이』, 2013.03.25.

김종철, 「10조 날리고도 밑빠진 시장에 달러붓기」, 『오마이뉴스』, 2008.08.07.

김지희, 「미국 드라마 중국서 한류에 좌초(?)」, 『세계일보』, 2006.01.04.

김진석, 「새마을운동, 싸이·소녀시대 잇는 신한류 아이템 각광」, 『일간스포츠』, 2013.01.07.

김효순, 「일본내 조선학생 124건 피해」, 『한겨레신문』, 1994.06.17.

김효순, 「조선인은 조선으로 떠나라" 찢긴 치마…찢긴 일본양심」, 『한겨레신문』, 1994.07.22.
남승원, 「런닝맨 중국 베이징서 '폭풍환영'에 함박웃음」, 『TV리포트』, 2011.09.14.
노세극, 「이란에서의 대장금」, 『부천타임즈』, 2009.06.27.
노창현, 「쿠키 찍어내듯 K팝스타 제조하는 한국 NY타임스」, 『뉴시스』, 2013.08.11.
문다영, 「SS탑사보도-연습생 현주소(1): 바늘 구멍 노리는 3천 연습생, 청춘도 미래도 올인」 『스포츠서울』, 2012.05.17.
문다영, 「SS탑사보도-연습생 현주소(4): 한류때문에 대책 안 서는 정부 이유 있었다」 『스포츠서울』, 2012.05.17.
박창신, 「중동, 한국가전 전성시대」, 『조선일보』, 2005.05.19.
백만석, 「반기문 UN사무총장 내정, 노무현 외교성과의 50%」, 『데일리서프라이즈』, 2006.10.05.
선정수, 「고용정체 10년…20-24세 높은 대학진학률이 주범」, 『국민일보』, 2013.06.25.
송기용, 「농심 "중국 긴축정책 큰 영향없어"」, 『머니투데이』, 2004.05.03.
신나리, 「지구촌 '한류 실핏줄' 흐른다(5): 아랍문명 원류 이집트」, 『동아일보』, 2011.07.06.
이규성, 「위대한 문명 개척자 '혜초', 터키 이스탄불에서 부활」, 『아시아경제』, 2013.09.08.
이나래, 「최시원, 韓최초 팔로워300만 돌파쾌거 역시 '글로벌 아이돌'」, 『뉴스엔』, 2013.01.05.
이동현, 「겨울연가 가을동화 중동 진출」, 『스포츠한국』, 2004.08.10.
이용욱, 「중국, '한국드라마 쿼터제" 강력 요구」, 『마이데일리』, 2006.03.05.
이진영, 「탄자니아에 '겨울연가' 뜨고 이집트에서는 '대장금' 돌풍」, 『동아일보』, 2006.03.14.
이형섭, 「터키가 형제의 나라인 진짜이유」, 『뉴스에이』, 2010.07.02.

임미나, 「애니 진격의 거인 한국열풍…일본서도 놀랐대요」, 『연합뉴스』, 2013.09.08.

임혜현, 「외환보유고 떨어져 제2 IMF우려(?): 강만수 외환정책여파 나타나 경제계 긴장」, 『프라임경제』, 2008.08.04.

정강현, 「Special Knowledge(389): 韓流가 달려온 길」, 『중앙일보』, 2011.12.08.

조해수, 「2011, 한국 누가 움직이는가-NGO지도자: NGO도 이제 글로벌」, 『시사저널』1138, 2011.08.10.

조성대, 「한국음식맛 중국진출 활발」, 『연합뉴스』, 2003.11.18.

최은혜, 「이공계 살리자는 오바마…"한국교육에 답 있다"」, 『머니투데이』, 2012.07.20.

최진석, 「몽골어로 한국은 '솔롱고스'…어떤 의미?」, 『한국경제』, 2010.06.24.

최창식, 「지난해 대학진학률 71.3%」, 『대학저널』, 2013.06.23.

주성하, 「오바마 "교실 디지털 혁명, 한국 본받아라"」, 『동아일보』, 2013.06.08.

황준호, 「노무현정부의 '동북아균형자론' 부활시킬 때가 왔다」, 『프레시안』, 2011.05.29.

「가을동화 중동 안방극장 상륙…이집트 국영TV 'ERTU'방송」, 『파이낸셜뉴스』, 2004.08.15.

「국사교과서 개편주장에 편찬위원회서 반박성명 "제시된 의견은 신빙성 희박"」, 『경향신문』, 1978.11.15.

「"국사교과서 일잔재 없애야" 재야역사단체 "반영 안 되면 소송도 불사"」, 『경향신문』, 1988.05.06.

「대만, 황금시간대 한국드라마 방송에 연예계 강력반발」, 『위클리홍콩』, 2009.04.23.

「대만 입법위원 후보 "나라 치료하는 대장금 되겠다"」, 『국민일보』,

2004.10.12.

「'대장금', 대만교과서에 실린다」,『머니투데이』, 2006.08.16.

「'대장금' 이란시청률 90% 열풍속 중동 아프리카 유럽 전세계 진출」,『뉴스엔』, 2007.11.24.

「드라마 '대장금' 대만교과서에 실려」,『교통신문』, 2006.08.19.

「불타는 파리, 프랑스 소요사태 확산」,『KBS 9시뉴스』, KBS1, 2005.11.07.

「불타는 파리, 프랑스 소요사태 확산」『한겨레신문』, 2005.11.08.

「소송제기에 경고성명 맞서 2라운드에 접어든 국사논쟁」,『경향신문』, 1978.11.24.

「싸이 30억뷰, 곧 유투브 신기록 달성??」,『컨슈머타임즈』, 2013.07.13.

「앙카라 학교, 터키 참전용사들의 감동사연에 누리꾼 뭉클」,『아시아투데이』, 2013.07.13.

「유럽의 이슬람 이민자들, 시한폭탄이 될 것인가」,『KBS스페셜』, KBS1, 2010.11.20.

「이집트도 가을동화」,『KBS뉴스9』, KBS1, 2004.08.15.

「1심서 패소한 "국사교과서 오류확인 소송" 불복 항소제기」,『경향신문』, 1980.08.14.

「정부 100억달러 푼다 사상최대 외환개입」,『노컷뉴스』, 2008.09.26.

「중국인의 입맛을 잡아라! 한국라면! 중국진출기」,『신화창조』, KBS1, 2005.11.13.

「중동, 한국에 빠지다」,『경제매거진M』, 2008.12.13. ; 신버들,「중동, 한국 색깔에 떠들썩」,『월간중앙』, 2011.12.01.

「캐나다 최대 소수인종 서남아계, 중국인 추월」,『연합뉴스』, 2008.04.03.

「KBS '뮤직뱅크' 72개국으로 생방송 확대」,『연합뉴스』, 2011.06.30.

「"한국교실처럼" 오바마 디지털 교육정책 재원논란」,『연합뉴스』, 2013.08.15.

「해외로 수출하는 한국형 신도시」,『MBN뉴스』, 2013.03.30.

「해외건설 4.0 새 성장동력 찾아라(3): 성과 잇따른 한국형신도시 수출」, 『서울경제신문』, 2013.07.18.
「홍콩 런닝맨 인기폭발, 어딜가나 팬들로 인산인해 이뤄」, 『엑스포츠뉴스』, 2011.12.12.

8. 영상자료(제목순)

「경제한류, 세계를 이끌다1: '세계의 하늘을 품다'」, 『MBC특집다큐멘터리』, MBC, 2011.10.25.
「경제한류, 세계를 이끌다2: '한국형 모델을 전파하라'」, 『MBC특집다큐멘터리』, MBC, 2011.10.26.
「동방신기」, 『스타 더 시크릿』, MBC에브리원, 2009.10.23.
「동방신기」, 『13억이 본 한류』, KBS-CCTV, 2012.08.27.
「랜턴박사의 역사추적 1부: 신라 인명유리구슬의 비밀」, 『역사스페셜』, KBS1, 2012.01.05.
「문명의 기억 '지도' 제2부: 프톨레마이오스 지도」, 『공사창립특집 KBS 대기획』, KBS1, 2012.03.04.
「Made in Twenty BOA: BoA, reason of tears」, 2006.12.30.
「BOA」, NHK BS2, 2003.05.19.
「보아」, 『심야스페셜』, MBC, 2003.07.14.-15.
「보아, 일본을 삼키다, K-POP의 새로운 도전」, 『그것이 알고 싶다』, SBS, 2003.07.19.
「세계를 건설하라! 한국 건설인의 땅과 꿈」, 『일요특선』, SBS, 2013.12.30.
「소녀시대」, 『BOOM the K-POP』, Mnet, 2011.07.14.
「少女時代」, 『情熱大陸』, MBS, 2013.03.24.
「슈퍼주니어, K-POP의 전설을 꿈꾸다」, 『MBC스페셜』, MBC, 2012.04.27.
「싸이 스타일 세계는 춤춘다」, KBS2, 2012.10.20.

「싸이 GO, 지금은 강남스타일-!」, 『MBC스페셜』, MBC, 2013.09.21.
「원더풀사이언스, 세계로 가는 우리 造船」, 『다큐프라임』, EBS, 2008.09.11.
『웰컴 투 원더랜드』1-12, Mnet, 2009.03.06.-04.10.
「일본열도를 사로잡은 '겨울연가' 열풍」, 『일요스페셜』, KBS1, 2004.07.25..
「K-POP 스타 세계를 홀리다」, 『MBC특별기획』, MBC, 2012.04.14.
「코리아 브랜드 연합군, 러시아의 마음을 열다」, 『신화창조』, KBS1, 2004.11.05.
「한국과 일본 2부: 적대」, 『국권침탈 100년 특별기획』, KBS1, 2010.08.21.
「한류의 꿈」, 『한국 방문의 해 기념, 특집다큐』, 대구MBC, 2012.11.03.

출 전

구분	학술지 및 단행본	비고
1부 1장	「오래된 미래교과서: 안확의 『조선문명사』」, 『동아시아고대』 50, 동아시아고대학회, 2018.	改稿
1부 2장	「朝鮮時代 歷史像과 共時性의 재검토: 14-18세기 한국사 발전모델의 모색」, 『한국사상사학』44, 한국사상사학회, 2013 ; 김백철, 『두 얼굴의 영조』, 2014 축약수록.	改稿
1부 3장	「세계 속 한류의 대두와 역사적 배경」, 『국학연구』24, 한국국학진흥원, 2014.	改稿
2부 4장	「朝鮮의 儒敎的 理想國家 만들기: 西周와 堯舜의 재인식과정」, 『국학연구』17, 한국국학진흥원, 2010 ; 김백철, 『법치국가 조선의 탄생』, 이학사, 2016 일부수록.	改稿
2부 5장	「17-18세기 대동·균역의 위상: 조선시대 재정개혁 모델의 모색」, 『국학연구』28, 한국국학진흥원, 2015 ; 김백철, 『정조의 군주상』, 이학사, 2023 축약수록.	改稿
2부 6장	「영성군 박문수(1691-1756)의 정계활동: 탕평관료의 중층적 위상에 관한 검토」, 『한국사연구』163, 한국사연구회, 2013.	改稿

찾아보기

가

가산관료제(家産官僚制) 67, 93; ~ 논쟁 32; ~설 37; ~론 94
『각사정례(各司定例)』 198
간도 27
감사(監司) 129
감진어사(監賑御史) 178, 194
감필(減疋) 165, 167
갑술환국 153
강원도관찰사 129
강희제(康熙帝) 75, 78, 79
개명군주제(開明君主制) 63
『개조론』 25
개천절(開天節) 28
거란족 68
건륭제(乾隆帝) 64, 79
건저(建儲) 문제 43
게르만민족 대이동 23, 87
게르만인 32
「겨울연가」 82
격쟁(擊錚) 31
견훤 32
결(結) 76, 77
결부법(結負法) 148
결전(結錢) 79, 167, 168, 202; ~론(結錢論) 163, 167
결포론(結布論) 161, 163
『경국대전』 70, 123, 139, 188, 189
경기 선혜법 154, 155
경무법(頃畝法) 148
『경세유표(經世遺表)』 38

『경제문감(經濟文鑑)』 57
『경제와 사회』 37, 93→베버
『경제육전(經濟六典)』 69, 115
경종 174, 175, 185, 214, 224
경주인(京主人) 151
경천교(敬天敎) 30
계급사관 26
계몽사상 66; ~가 93
계몽주의 23, 49, 57, 59, 60, 93, 94; ~시대 63, 65, 79, 92
계유정란 146
고구려 30, 119
고려(왕조) 32, 33, 53, 70, 90, 97, 111~115, 119, 121, 122, 126, 130, 132, 133, 136, 137, 142, 145; ~시대 116, 129, 131; ~율 32; ~인 90
『고려사』 116
『고려사절요(高麗史節要)』 20
고려양(高麗樣) 91
고인(雇人) 71, 149
고조선(古朝鮮) 20, 29, 30, 55, 119
곡총(穀摠) 169
공가(貢價) 154, 170
공납(貢納) 70, 72. 78, 151~154, 156, 161; ~제(貢納制) 74, 75
공노비 149, 156, 170, 172, 203; ~ 혁파 42, 171
공론정치 38, 146
공물(貢物) 151; ~가(貢物價) 196; ~주인(貢物主人) 154; ~의 방납화 152

공민왕 70, 112, 113
공시(貢市) 169; ~순문(詢問) 170; ~이정당상(釐正堂上: 貢市堂上) 170, 192, 203, 209; ~인 156, 170, 172; ~ 정책 214
공안(貢案) 151
공양왕(恭讓王) 70, 115, 145
공인(貢人: 공물주인) 152, 154, 169, 170, 203
『공자: 인간과 신화』 23→크릴(H. G. Creel)
공화정(共和政) 26
과거제 62
과전법(科田法) 70, 71, 145, 146, 149; 과전(科田) 72, 147
곽전(藿田) 201; 곽세(藿稅) 166
관동백(關東伯) 129
관료제 93
관보(官報) 39
관북백(關北伯) 129
관서군역내고이정구관당상(關西軍役勅庫釐正句管堂上) 192
관서백(關西伯) 129
관서번(關西藩) 132
관수관급제(官需官給制) 71, 147, 150
관습법 29
관용 상인 154
관찰사 129; ~제도 115
광주유수(廣州留守) 189
광해군 74, 75, 154; ~정권 42
교환경제 151
구경(九卿) 123
구다라(百濟) 열풍 81, 89, 91
구선행(具善行) 197
구성임(具聖任) 205

구언(求言) 207
구이(九夷) 27
구전(口錢) 167; ~론 163, 164
구준(丘濬) 34, 57, 58; ~의 국가 개조론 58
구체제(舊體制) 47, 65
구포론(口布論) 161, 163
국수주의 48, 107
국왕 중심주의 124
국제결혼 106
『국조보감(國朝寶鑑)』 20
『국조오례의(國朝五禮儀)』 70, 139, 189
『국혼정례(國婚定例)』 164, 198
군관포(軍官布) 202
『군국총목』 169
군사(君師) 65, 140, 143
군역(軍役) 71, 150, 151, 156; ~당상(堂上) 192
군적수포(軍籍收布) 72; ~법(法) 71; ~제 150
군주독재 33, 41
군주성학론(君主聖學論) 59, 64
군주제 29, 63
군총(軍摠) 169
군포(軍布) 155, 156, 199, 200, 207
궁방 147, 166; ~면세결 208
궁예 32
궁정직사(宮庭職司) 30
궁정회의 35
권문세족 112
권적(權襫) 181, 182
귀족정치 33, 35; ~시대 32
귀천균전(貴賤均田) 73
균세사(均稅使) 200, 202

균역(均役) 168~171, 202; ~법(法) 78, 79, 144, 156, 163, 164, 167~169, 171, 194, 197, 200, 202, 203, 209, 214, 218, 225; 균역청 156, 169, 171; 균전~법 73, 74, 77, 78; ~, 경제분야의 171
균전제(均田制) 70
균형자론(均衡者論) 101
근대국가 52, 63, 92; ~상 63, 65, 92; 근대정신 54; 근대주의자 87
금(金) 27
금관 88; 금관의 전통 88
금관가야 89
금군(禁軍) 188, 190; ~별장(別將) 191; ~청(廳) 188, 191
「금군절목(禁軍節目)」 188
금납화(金納化) 72~74, 79, 150, 157, 172, 224; ~ 현상 151
「금영절목(禁營節目)」 190
금위영(禁衛營) 188, 190, 197, 199; 금위대장 190
금은(金銀) 유통 72
급대(給代) 164, 169
급암(汲黯) 212
급진파[急少] 179
기경전(起耕田) 147
기묘사림(己卯士林) 59→조광조
기백(畿伯) 129
기병(騎兵) 150
기억담론(記憶談論) 48
기자(箕子) 55, 114
김수로(金首露) 90→허황옥
김씨(金氏) 유일세습체제 89
김약로(金若魯) 204, 205, 211
김재로(金在魯) 177, 191, 194, 197, 206
김정(金淨) 127
김치 82
김치인(金致仁) 206
김홍경(金興慶) 204

나

나이토 토라지오(內藤虎次郎/內藤湖南) 23, 52→『중국근세사』
나치정권 68
나학천(羅學川) 180
남만주철도주식회사 27
남북국시대론 31
남북조시대(한국) 31
남송대(南宋代) 112
남아메리카 96
남인(南人) 42, 64, 138, 207
남한대토벌작전(南韓大討伐作戰) 27
남한산성 164
납공노비화 150
낭만주의 66; ~ 사조 65; ~시대 94
내각대학사(內閣大學士) 36
내물왕계(奈勿王系) 88
내사정전(內司正典) 30
내재적 발전론 47, 48, 219
내정직사(內廷職司) 30
냉전체제 99; 냉전 이데올로기 48
노덕서원(老德書院) 184
노론 42, 173, 175, 179~182, 185, 186, 206, 207; ~정권 175, 180, 181
노비소송 허용 149
노비신공 171
노사(虜使) 117
노주(虜主) 117
농민반군 69

농본주의 145
농업국가 146

다

「다모」 103
다문화사회 106
단군(檀君) 25, 26, 28~30, 55; ~시대 24; ~조선 28
단일민족 107
단종(端宗) 118, 149
당(唐)(나라, 제국) 31, 69, 70, 87, 89, 92; 당선(唐船) 187→바닷길, 비단길, 신라방
당삼채(唐三彩) 89
당송변혁기(唐宋變革期) 23, 51~53
당습(黨習) 180
『당의통략(黨議通略)』 20, 21, 41, 45, 46→이건창
당쟁(黨爭) 21; ~사관(史觀) 19, 46; 당파성론(黨派性論) 46, 47
대간(臺諫) 32, 57
대공수미법(代貢收米法) 153
대구판관(大丘判官) 176
『대당제국(大唐帝國)』 23→미야자키 이치사다
대동법(大同法) 74, 75, 77~79, 144, 152~158, 161~163, 168~170, 172, 218, 224; 대동목 159; 대동미(大同米) 79, 154, 156, 159, 167; ~의 효용성 171
대립(代立) 72, 74, 149, 150; ~가(價) 149; ~제(制) 71; ~ 관행 150
대마도(對馬島) 131
대만(臺灣) 75, 80~82, 84~86, 103; ~연예인 노조 85

『대명률(大明律)』 70
『대명률직해(大明律直解)』 70
『대명회전(大明會典)』 70
『대명집례(大明集禮)』 70
대몽항쟁기 112
대보단(大報壇) 190
대봉(代捧) 159
대사마(大司馬) 187→병조판서
대성(臺省) 35
대윤차(大輪次) 35→임시회의
대의제 63
대일무역 157
「대장금」 85, 103
대종(代宗: 景泰帝) 57
대종교(大倧敎) 27
대중가요 84, 98
대천교(代天敎) 30
대청무역 157
대통령직선제 100
『대학연의보(大學衍義補)』 34, 57
대항해시대 88
도가(都家) 37
도고(都賈) 38
도관찰출척사(都觀察黜陟使) 70, 129, 145
도성 방어체계 190
도자기 90, 93→비단길, 바닷길
도쿠가와막부 157
도통(道統) 140, 143
도학(道學) 143; ~ 정치론 121
독립혁명, 미국의 64
독일 34, 35, 37, 66, 106; ~제국 68; ~제국의 시대 67; ~혁명 68
돌궐 87, 119
돌무지덧널무덤[積石木槨墓] 88

동관(冬官) 123
『동국통감(東國通鑑)』 20, 21
동궁속료(東宮屬僚) 174, 178, 214
동남아시아 98
『동방견문록(東方見聞錄)』 89, 92→폴로
동방기독교[大秦景教] 89
동방신기 105
동번(東藩) 132
『동사강목(東史綱目)』 20, 21
동서교류사 15
『동양적 전제주의』 94→비트포겔
동유럽 87, 96
동이(東夷) 26; ~족 27→화하족, 푸스니앤
동전(銅錢) 157, 158, 163; ~납(納) 158
둔전(屯田) 75
드라마 98
DVD 84

라

라틴문화권 80, 96
러시아 34, 75, 96; ~어 문화권 80; ~연방 96
런닝맨(예능) 84, 98
레반트 89→인면유리구슬, 황금보검
로마 29, 88; ~시대 88; ~인 32
로크, 존(J. Locke) 63
루소 67→사회계약설
르네상스 23, 54, 56, 60, 92; ~기 51, 69; ~인 58; ~ 지식인, 영국의 56
리스트, 프리드리히 22

마

마르크시즘 94

마키아벨리즘 59
만리장성 76
만선사관 28; 만선지리역사조사실 27
만적(萬積) 연설 25
만주사변 27
『만주원류고(滿洲原流考)』 27
만주족 27, 65, 66; 만주족론 27
『매천야록(梅泉野錄)』 43
맹자(孟子) 57; ~관(觀) 62; ~의 혁명사상 171
메이지유신(明治維新) 51
면리제 37
면포 163
명(나라, 제국) 56, 57, 69, 70, 73~77, 99, 145, 190
명목화폐 158, 159
명예혁명 62, 63, 66, 67
『명이대방록(明夷待訪錄)』 60→황종희
명종(明宗) 71, 122, 127, 128, 131, 147, 152
명지도(鳴止島) 194~196
명청교체기 65
모곡(耗穀) 156
모어, 토마스(Sir T. More) 58→유토피아
목(木) 159
목릉성세(穆陵盛世) 136→선조
몽골 56, 75, 80, 90, 96, 97, 119, 157; ~제국 56, 69, 90, 92, 97, 145; 몽고풍(蒙古風) 90
몽테스키외 34, 66, 67
무곡(貿穀) 162, 192, 199, 214
무단통치 25
무신란(武臣亂) 111; 무신정권 25, 111

무신란(戊申亂)　173, 176, 177, 179, 181, 182, 186, 189, 190, 207, 213, 224
무역로　87
무장투쟁　27
문묘(文廟)　123
문무왕　25
문벌귀족　32
문예부흥　56
문화교류　100
문화산업　222
문화정치　25
문화콘텐츠　80
「뮤직뱅크」　105
미(米)　159, 169
미국　35, 37, 49, 80; ~의 독립혁명　92
미야자키 이치사다(宮岐市定)　23 →『대당제국』
민간교류　100
민국　134
민권(民權)　35
민론(民論)　38
민본주의　57
민우하(閔宇夏)　202
민응수(閔應洙)　196
민정(閔珽)　204
민족지(民族誌)　88
민중사관　43
민진원　180
민회(民會)　40

바

바닷길　87~89, 92→비단길, 당제국
바이마르공화국　68
박문수(朴文秀)　173~175, 177, 178, 180, 182, 183, 185, 186, 189, 190, 191, 194, 197, 198, 200, 202, 204, 205, 206, 208, 209, 211, 212, 224 →소론, 탕평
박세채(朴世采)　64
박원량(朴元亮)　126
박은식　99
박찬신朴纘新　182
박필주(朴弼周)　185
박혁거세　30
반 탕평파　206
『반계수록(磻溪隧錄)』　38, 64
반기문　101
반정(反正)　62
발해(渤海)　31, 53, 89→성모마리아상
밝다함　26
방군수포(放軍收布)　150; ~제(制)　71
방납(防納)　72, 74, 151, 154; ~상인　152
배용준　82; ~ 신드롬　83→욘사마
100년전쟁　58
백강전투　90
백남운　25→『조선사회경제사』
백제　30, 81, 90, 119; ~계　89
번상의무　150
법사학 연구　34→박병호
법제의 참작　32
법치주의　64, 66, 67, 70
베르사유조약　68
베버, 막스(M. Weber)　34, 37, 67, 68, 93, 94→『경제와 사회』
별건어사　178
별동대　186
별읍(別邑)　29

병마절도사 187
병자호란 74
『병장도설(兵將圖說)』 189
병조 155; ~정랑(正郎) 175; ~판서 187, 189, 190→대사마
보갑(保甲) 73; 보법(保法) 71, 150; 보인(保人) 150
보댕, 장(J. Bodin) 58, 61→왕권신수설
보아(가수) 105
볼테르(Voltaire) 63
봉건제 29, 49; ~론 29
봉오동전투 27
봉족(奉足) 150
부르셴샤프트운동 67
부병제(府兵制) 70
부세제도 75, 78; 부세체계 73, 76, 79, 201; 부세개혁 75, 203; ~ 논의 199; 부세이권(賦稅利權) 72
부여 30, 119
『부역실총(賦役實摠)』 78, 159, 169
부원배(附元輩) 112, 113
북방외교 100, 101, 222
북번(北藩) 132
북인 42
북학 운동 66
북한산성 164, 189
분단체제 99, 100, 107
분당신도시 조성 106
분무공신(奮武功臣) 179
분정(分定) 166, 168, 202
『불함문화론』 28→최남선
붕당(朋黨) 41~43, 47, 74, 138; ~정치 59, 60, 62, 122, 128, 133, 136, 143, 223; ~정치기 137; ~정치론 19, 25, 43, 47
『붕당사화의 검토』 21, 41→호소이 하지메
브레튼우즈체제 95
비공(婢貢) 혁파 203
비단 89
비단길 87, 89, 92→바닷길, 당제국
비변사(備邊司) 36, 75, 162, 191, 193
비색청자(秘色靑磁) 90
비선(飛船) 187
비잔티움제국 92
비총제(比摠制) 77, 163
비트포겔 34, 67, 68, 93, 94→『동양적 전제주의』
빈청회의(賓廳會議) 35→임시회의

사

사공(司空) 123, 125
사관(史官) 175
사구(司寇) 123, 125
사극 85
사기그릇 197
『사기』 130
사대강령(四大綱領), 신정치의 32
사도(司徒) 123, 125
사도부흥(師道復興)운동 56, 58, 60, 61→사림정치, 르네상스 지식인
「사랑이 뭐길래」 103
사로도순무사(四路都巡撫使) 177, 186
사림(士林) 59, 61, 72~74, 121, 122, 128, 133, 136, 137, 143, 146, 148, 152, 223; ~ 공론 133; ~세력 132; ~정권 133; ~정치 47, 56, 59→조광조,
사마(司馬) 123, 125

사복시 149
사사노비(寺社奴婢) 149
사상(私商) 152→경주인, 사주인
사성(賜姓) 32
사스(SARS) 97
사우(祠宇) 146
사원경제 149
사원전(寺院田) 149
사정부(司正府) 30
사족 지배 질서 146
사주인(私主人) 151, 152, 154→경주인, 사상
사직 134
사찰 노비 149
사헌부(司憲府) 30
사화(士禍) 41, 59, 61, 72, 133→훈구, 사림
사회계약론(설) 60, 67→홉스, 루소
사회구성체론 14, 47, 48
사회변동 논쟁 47
사회주의 47, 49
사회진화론 38
산림(山林) 39, 59, 138, 143, 223
3·1운동 25
『삼국사절요(三國史節要)』 20
『삼국유사(三國遺事)』 89
삼국통일 31
삼군문(三軍門) 187, 190, 197, 214
삼권분립 31, 34
삼번(三藩) 75. 76
삼성 98
삼한사회론 28, 29→안확
상고주의 28
상대등(上大等) 30, 31
『상방정례』 164

상서도성(尙書都省) 32
상언(上言) 31→격쟁, 순문
상정법 153
상참(常參) 35→정기회의
상평통보 158, 159, 163
상품유통 72
새마을운동 106
서거정(徐居正) 127
『서경』 123, 125
『서경집전(書經集傳)』 138→채침
서단(西端; 페르시아·아랍·비잔티움) 89
서명균(徐命均) 209
서얼(庶孼) 170, 203; ~허통 42, 171
서연관(書筵官) 175
서원(書院) 146, 184; ~ 억제정책 184; ~ 철폐 184
서인(西人) 64, 138
서주(西周) 114, 124; ~ 국가 만들기 122; ~ 이상향 124
선무군관(選武軍官) 170; ~포(布) 79, 166~168, 202
선박(船舶) 201
선비(鮮卑) 27
선상노자(選上奴子) 149, 150
선세(船稅) 166
선조 41, 43, 62, 72, 76, 122, 127, 128, 129, 131, 132, 134, 135, 147, 148, 152, 154→목릉성세
선혜법(宣惠法) 74, 153
선혜청(宣惠廳) 154~156, 169, 170
성골(聖骨) 119
성균관(成均館) 113, 115, 123, 124
성리학 55, 112, 113, 121; ~의 군주성학론 121

성모마리아상 90→동방기독교, 발해
성문법(成文法) 28, 29
성읍(城邑)국가론 29
성인군주론(상) 65, 121, 122; 성인군
 주론[聖學], 사림의 57, 61, 121,
 122, 136
성절사(聖節使) 116, 119
성조(聖祖: 康熙帝) 34, 64
성종(成宗) 71, 119, 121, 123, 125,
 127, 131, 139, 147
성탁(成琢) 182
『성호사설』 27→이익
세계대전 49, 68, 95
세계체제 49
세도(世道) 43, 138, 143; ~가문 142;
 ~정치 143; ~정치기 142
세습군주제 30
세실(世室) 141
세제개혁 170, 171, 172
세제시강원(世弟侍講院) 174
세조 71, 118, 125, 128, 146, 150, 151,
 158
세종 71, 72, 126, 139, 147~149, 151,
 158
세종(世宗: 雍正帝) 34, 64
「세 친구」 103
소금 정책 195
소녀시대 105
소론 42, 173~175, 179, 180, 184, 207,
 214, 224; ~정권 213; ~ 탕평파
 175, 181, 182, 185, 214
소사공(小司空) 127
소사구(小司寇) 127
소사도(小司徒) 127
소아시아 88

『속대전』 189
『속병장도설(續兵將圖說)』 164, 189
속오군(束伍軍) 75
『속오례의』 189
송(宋) 90
송인명(宋寅明) 191, 194, 196, 205
송진명(宋眞明) 191
수군절도사 187
수도 방위전략 164
수등이척(隨等異尺) 148
수렴청정 141
『수성윤음(守城綸音)』 164, 190
『수성절목』 164, 190
수속(收贖) 158
수어사 189
수어청(守禦廳) 164, 188
수조권 147
수충갈성결기분무공신이등(輸忠竭誠
 決幾奮武功臣二等) 186
수포군화(收布軍化) 150, 199
숙종 64, 75~78, 141, 153, 154, 156,
 158, 162, 170, 183
순문(詢問) 31, 169; 공시~(貢市詢問)
 170; 3차 ~ 167; 1차 ~ 165; 2차
 ~ 165
순조 140, 141, 171
숭무사상 28
숭무주의(崇武主義) 25
숭문주의(崇文主義) 25
숭정제(崇禎帝) 190
숭천교(崇天敎) 30
슈퍼주니어 105
스위스 34, 35
스파르타 40 ~ 헌법 24
승륙(陞六) 175

승정원(承政院) 175
『승정원일기(承政院日記)』 45
시노비(寺奴婢) 203
시대구분론 24
시대사 구분 논쟁 14
시무만언소(時務萬言疏) 64
시민회(市民會) 31
시베리아 88
시인(市人: 시전상인) 170, 203
『시조시학』 19
시차발전론(時差發展論) 52
식년시(式年試) 175
식민사관 219; 식민사학 44
식민지 근대화(론) 48
신공(身貢) 171, 203; ~ 감면(정책) 170, 171, 203; 여비(女婢) ~ 171
신농법 146→신유학
『신단실기(神壇實記)』 27
신도시 건설 프로젝트 106
신돈(辛旽) 113
신라 30~32, 37, 53, 88~90, 119, 131; ~방(坊) 89; ~인 89
신만(申晩) 200
신비주의 93, 103; ~ 이미지 92
신사층(紳士層) 73
신성동맹 67
신역(身役) 70~72, 148
신유학(新儒學) 51, 55, 57, 62, 113, 122, 133, 142
신임옥사 180, 181, 184, 214, 224
신임환국 174, 214
신자유주의 48
『신증동국여지승람』 169
신진사류(新進士類) 55, 62, 113, 114, 115, 129, 130, 137, 145

신채호 28→『조선사연구초』, 『조선상고사』
신축옥사 175
신포(身布) 200, 202
신해통공 171
신흥무장세력 115
실학(實學) 46; 실학 담론 47, 172
심양왕(瀋陽王) 112
십단법(十段法) 73, 77, 78
12동표(銅標) 29
십자가 문양 90→동방기독교, 발해
십자군 원정 56
싸이 105
쌍거호대(雙擧互對) 207

아

아라비아 31
아메리카 93
『아방강역고(我邦疆域考)』 27
아케이아 동맹 29
아프리카 93, 106
안렴사(按廉使) 129
안무사(按撫使) 178
안재홍 28→『조선상고사감』
안확(安廓) 15, 19, 20, 22~24, 26, 28, 33, 34, 38, 41~44, 217, 218
알제리 106
야나기 무네요시(柳宗悅) 24
야마토(大和) 왜(倭) 89, 90
양계초(梁啓超) 99
양역(良役) 78, 153, 160; ~구관당상(句管堂上) 192; ~변통 78, 162, 164, 165, 170, 197, 201, 205, 207, 214, 225; ~변통론(안) 161, 197, 199

『양역실총(良役實摠)』 78, 163, 169
『양역총수』 163
양인 149, 164
양전(量田) 148; ~사업 70
양정(良丁) 149
양천제 149
어사대 32
어염선세(魚鹽船稅) 79, 163, 168, 202, 214, 225
어염세(魚鹽稅) 166, 194, 200, 201
어영대장 189
어영청(御營廳) 188, 197, 198
어전(漁箭) 166, 194
『어제대훈(御製大訓)』 183~185
어조(魚條) 201
에도(江戶)막부 91
SNS 105
엔터테인먼트 시장 82
엘지(LG) 98
여결(餘結) 166
여몽연합군 90
『여유당전서(與猶堂全書)』 46
여중요순(女中堯舜) 141
『여지도서(輿地圖書)』 78, 169
역성혁명(易姓革命) 33, 55, 62, 145
『연려실기술(燃藜室記述)』 20
연분구등(年分九等) 147; ~제(制) 76
연산군 41
연습생 제도 105
연예산업 105
연호(煙戶) 71
연호군(煙戶軍) 150, 151
염분(鹽盆) 162, 166, 192, 194, 195, 199, 200, 201, 214; ~ 사업 194

염철(鹽鐵) 196
『염철론(鹽鐵論)』 196
영국 34, 37, 49, 58, 62, 66, 106
영남백(嶺南伯) 130
영남별견어사(嶺南別遣御史) 176, 208
영성군(靈城君) 173, 186
영웅사관 28
영정법(永定法) 76, 79, 154
영조(英祖) 34, 65, 77~79, 138, 140~142, 156, 162, 164, 165, 168, 169, 171, 173, 178, 182, 207, 212~214, 224→순문, 양역변통
영종(英宗: 正統帝) 57
예능 84; ~ 프로그램 80, 84, 88
예문관(藝文館) 174, 175
예수회(Society of Jesus) 62, 65, 92
예종 125, 126
5군영 164, 188
5위(衛) 150
오광운(吳光運) 181
오리엔탈리즘(Orientalism) 65, 66
오리엔트 88
오명항(吳命恒) 177, 178, 186
오바마 정부 104
오삼계(吳三桂) 75
오스만 투르크 88
오스만제국 92
오왕(吳王) 70
오위제(五衛制) 189
오호십육국(五胡十六國) 23
오회연교(五晦筵敎) 141
옥당(玉堂) 176, 213
온라인 카페 84
완론(緩論) 173
완소(緩少) 176, 180, 206

왕건   33
「왕과 비」   103
왕권신수설(王權神授說)   59~61→보댕
왕기(王畿)   130
『왕오천국국전(往五天竺國傳)』   89→혜초
왕위계승   32
왕자의 난   57
왕정복고   61→크롬웰, 제임스 2세
왕정체제   62
왕학(王學)   61
왜구   90, 115
왜은(倭銀)   72, 156
요(遼)   27, 53, 68
요순 군주상, 사림의   137
요순시대   55
요순 정치론   59
요순(堯舜: 唐·虞) 인식, 유교 전통의   138
요역(徭役)   70, 71, 73, 77, 78, 150, 151
욘사마   83; ~ 열풍 82→배용준
「용의 눈물」   103
용호영(龍虎營)   191
우랄-알타이어족어족   88
우왕(禑王)   70, 114, 115
원(元)제국   56, 89, 90, 111~113
원더걸스   105
위성방송   85
위화도회군   25, 33, 145
6월항쟁   100
UN 사무총장   101
YouTube   105
유가(儒家)   121; ~의 이상사회   124

유건기(兪健基)   204
유계(兪棨)   171
유교   63, 111; ~정치 23, 92; ~정치모델 63; ~ 정치문화 65; ~ 정치이념 63; ~관료제 93, 94; ~의 이상국가 65; ~적 이상사회(향) 114, 223
유기(鍮器) 그릇   197
유라시아 대륙   90, 145
유목민족   88, 102, 119; ~의 대이동 92
유소(儒疏)   39
유척기(兪拓基)   177
유최기(兪最基)   204
유토피아(Utopia)   58→모어
유포론(游布論)   161, 162, 167
유향소(留鄕所)   40
유형원(柳馨遠)   64, 148, 157, 166, 169, 172, 224
유회(儒會)   40
6·25전쟁   97, 104
육경   123
육관   123, 126, 128
육부직주, 명의   56
육전(六典) 체제   69
육조(六曹)   123, 126, 128, 133; ~직계(直啓) 56; ~직계제(直啓制) 59, 126
윤대(輪對)   35→정기회의
윤유(尹游)   191, 205
『율령직해(律令直解)』   70
은(銀)   73; ~ 경제(유통)망 146, 157; 은광 개발 71, 72; 은점(銀店) 158
은결(隱結)   166
은납(銀納)   77

은주교체기(殷周交替期) 55
은화(銀貨) 157; 은전 주조책 197
을사환국 175, 180
을해옥사(乙亥獄事) 174, 182, 185, 212
읍지(邑誌) 169
의병 74
의정부(議政府) 36, 123; ~서사제 126
의회파 60, 62
이갑(里甲) 73, 77; ~제(制) 70, 76
이강(李橿) 209
이건창(李建昌) 21, 41→『당의통략』
이괄(李适)의 난 74
이광덕(李匡德) 178, 182, 191, 194
이광좌 177, 180, 184
이기백 24, 29, 31
이도장(李道章) 181
이량신(李亮臣) 181
이무(移貿) 159
이방원 124
이상백 33
이상사회 114, 133; ~, 삼대의 55, 137; ~, 유교적 137, 143
이상주의 93
이상향, 사림의 133; ~, 서주의 136
이성계(李成桂) 25, 33, 115, 145
이슬람 56, 89; ~ 문화권 80, 96; ~ 상인 89, 90; ~제국 56
이시이 도시오(石井壽夫) 25
이익(李瀷) 27→『성호사설』
이인좌(李麟佐) 178→무신란(戊申亂)
이자성(李自成) 73, 74
이정구(李廷龜) 127
이정제(李廷濟) 191
이정청(釐正廳) 202; 이정당상(釐正堂上) 192
이조판서 126
이종성(李宗城) 183
이주진(李周鎭) 204
이철보(李喆輔) 181
「이하동서설(夷夏東西說)」 27→푸스니앤(傅斯年)
이항복 184
이획(移劃) 169
인도 31, 66, 89
인두세(人頭稅) 73, 78,79
인면(人面)유리구슬 88→레반트
인정(人丁) 73, 77, 78, 161, 164
인조 62, 76, 135, 148, 158; ~반정 74
인징(隣徵) 161
인터넷 문화 105
일본 31, 80, 82, 86, 103; 일본 작품 86
『일본서기(日本書紀)』 90
일선동조론(日鮮同祖論) 28
일조편법(一條便法) 73, 77~79
임노동자 151
임방(任房) 37
임시회의 35→빈청회의, 대윤차
임진왜란 47, 74, 135, 157, 189
입법부 32
입본(立本) 159
입헌국가 34, 39
입헌군주제 30, 35, 38, 63, 66

자

『자각론』 25
자금성 190
자기(磁器) 기술 89, 93
자대(自代) 71, 149

찾아보기_347

자바섬 88
자본주의 맹아론 46, 47, 50
『자성편(自省篇)』 34→영조
자유의지 67
자치론 25
자치제 24, 38
작목(作木) 159
작미(作米) 159
작전(作錢) 159
잡역 70
장미전쟁 43
장시(場市) 71, 146, 151, 156, 157, 159, 168
재일교포 82
재정개혁 172
저치미(儲置米) 155, 162
저화(楮貨) 158
적장자(嫡長子) 135
전(錢) 159, 169
전결(田結) 77
전국시대(戰國時代) 119
전근대성 51
전륜성왕(轉輪聖王) 119
전문 유료 채널 84
전민변정도감(田民辨正都監) 70
전부(田賦) 73, 77
전분육등(田分六等) 147; ~법(法) 76
전세(田稅) 70, 73, 76~78, 147, 150, 152~156, 161, 167
『전율통보』 169
전장제도(典章制度) 189
전제개혁(田制改革) 70, 145, 223
전제군주 47; 전제정치 34, 39, 63, 66; ~, 긍정적 34; ~, 부정적 34
전제주의 38, 94

전주(全州) 괘서(掛書)사건 176
전총(田摠) 169
전폐(箭幣) 158
전환(錢還) 159
전황(錢荒) 163
절대군주제 93
절대왕정 58, 60, 68, 92~94; ~, 서구의 65
절일(節日) 116
정군(正軍) 71, 149, 150
정기회의 35→상참, 차대, 윤대
정당(政黨) 41; ~정치 25
정도전(鄭道傳) 57, 123, 124, 129 →『조선경국전』
정동행성(征東行省) 112
정묘호란 74
정미환국 176
정복왕조 102
정사룡(鄭士龍) 127
정사신문지(政事新聞紙) 39
정성공(鄭成功) 75
정세(丁稅) 77
정순왕후(貞純王后) 140, 141
정시(庭試) 175
정액토지(定額土地) 77
정약용(丁若鏞) 27, 46, 166, 168, 172, 224→『여유당전서』
정유길(鄭惟吉) 127
정은(丁銀) 77, 78, 158
정조(正祖) 38, 43, 65, 78, 79, 140, 141, 159, 169
정체성론 48
정치적 민주화 107, 222
정회(政會) 40
정희량(鄭希亮) 181→무신란(戊申亂)

제3세계 101
제국주의 48, 49, 66; ~시대 88, 91, 93
제네바 67
제언사(堤堰司) 38→준천
제임스 2세 61→크롬웰, 왕정복고
제후국 체제 116
조(租)·용(庸)·조(調) 79, 145, 147, 156; ~의 중심 151; ~ 체계 72, 146
조가(朝家) 134
조광조(趙光祖) 59→사림, 기묘사림
조문명(趙文命) 194
조상경(趙尙絅) 191
조선 56, 69, 90, 136, 144
『조선경국전(朝鮮經國典)』 57, 69, 123→정도전
『조선경제사』 22
조선광문회(朝鮮光文會) 21, 45
『조선근세사(朝鮮近世史)』 21→안확
『조선무사영웅전』 19, 25→안확
『조선문명사』 15, 19, 22, 43, 217→안확
『조선문법』 19→안확
『조선문학사』 19, 22→안확
『조선미술사개론』 22
『조선민족사고』 22
『조선사(朝鮮史)』 21→하야시 타이스케
『조선사연구초』 28→신채호
『조선사회경제사』 25→백남운
『조선상고문화사』 28→신채호
『조선상고사감』 28→안재홍
『조선상고사』 28→신채호
조선시대사 51; ~ 구분론 114

조선왕조 51, 54, 55, 111, 121
『조선외교사』 22
『조선육해군사』 22, 25
조선전쟁(6·25전쟁) 83
『조선정치사』 22→안확
조선족 26
조선통보(朝鮮通寶) 158
『조선통사(朝鮮通史)』 21→하야시 타이스케
조선통신사(朝鮮通信使) 81, 91
조선학 운동 46, 172
조선학교 83
『조선학예사』 22
조세 금납화 158
조센징 82
조종성헌(祖宗成憲) 111, 113, 124
조지(朝紙) 38
조차지(租借地) 29
조현명(趙顯命) 177, 182, 202, 205
족징(族徵) 161
존왕(尊王)사상 61
종교 32; ~전쟁 67
종국(宗國) 134, 135; ~, 선조·인조대의 135
종묘 134
종묘사직 134
종백(宗伯) 123, 126
종사(宗社) 134
종주국(宗主國) 134, 135
좌수 40
주(周)(나라) 128, 135, 188
『주관육익(周官六翼)』 69, 123
『주례(周禮)』 57, 123, 125~128, 133, 188; ~ 체제 122
주몽 30

주무왕(周武王)　55
주시경학파　19
주원장(朱元璋)　70, 145
주자(朱子)　131, 138; 주자학(朱子學) 51; ~성리학 51, 112
주전(鑄錢)　162, 192, 197, 214; ~ 정책 163
주치앤즈(朱謙之)　23
준론(峻論)　173, 183, 184, 208
준소(峻少)　174, 180, 206
준천(濬川)　197; ~ 사업 190; ~당상(堂上) 192→제언사
중가르(Züüngar)　75
중개무역　92
중국　66, 80, 86
『중국근세사』　23, 34, 51→나이토 토라지오
『중국사상이 유럽문화에 미친 영향』 23→주치앤즈
『중국의 전제정치』　34, 63→케네
『중국철학사』　22→펑유란
중농학파(重農學派)　63
중동　93
『중등교과 동국사략』　21
중립외교　100
중서문하성　32
중서층(中庶層)　166, 202; ~ 편입 168
중세 질서　58
중우(衆愚)정치　30
중종　71, 72, 125, 127, 149, 150
중추원　32
중화권　81, 82, 84
증광시(增廣試)　175
지공거(知貢擧)　127
지관(地官)　123

지방자치　132
지정은제(地丁銀制)　77~79, 218
지주　153, 154; ~ 전호제(佃戶制) 71, 147
직전(職田)　72; 직전법(職田法)　71, 146; 직전제 71
진관체제　150
진보사관　25
진전(陳田)　147
진휼청(賑恤廳)　195; 진청당상(賑廳堂上) 193; 진휼당상(賑恤堂上) 192; 진휼사(賑恤使) 162; 진휼정책 156, 163, 199, 214
진흥왕　31

차

차(茶) 문화　89
차대(次對)　35→정기회의
China　90
참여정부　100
창왕(昌王)　114, 115, 129, 130
채침(蔡沈)　138→『서경집전』
책화(責禍)　29
처용설화(處容說話)　89→이슬람
천관(天官)　123
천명(天命)사상　33
천손(天孫) 의식　119
천수대왕(왕건)　32
천인(賤人)　149
천자(天子)　116; 천자국(天子國) 135; ~ 체제, 고려의 120; 천자호(天子號) 사용, 중국의 119
천하관(天下觀), 조선의 119
철인(哲人) 정치　63, 92→플라톤
청(淸)　67, 74, 75, 77~79, 99, 218;

청전(淸錢) 196
청교도혁명 61, 62
청구(靑邱) 26
청산리대첩 27
청자 93; ~ 기술 90; ~백자 93
초원의 길 87, 92→비단길, 바닷길
촌제(村制)정치 29
촌회(村會) 40
총액제 77, 78, 163
총융청(摠戎廳) 164, 188, 189; 총융사 189; ~북한구관당상 192
총재(冢宰) 123, 125
최규서(崔奎瑞) 176
최남선 28→『불함문화론』
최충헌 25→무신란(武臣亂)
추관(秋官) 123
춘관(春官) 123
춘방(春坊) 175
춘추관(春秋館) 175
『춘향전』 37
충주목사 200
충청도관찰사 130
취재(取才) 166
치우(蚩尤) 26, 27
치통(治統) 140, 143
7년전쟁(임진왜란) 63, 91

카

캐나다 80, 103
Ceramics 90→청자, 송
케네, 프랑수아(F. Quesnay) 34, 63→ 『중국의 전제정치』
KBS WORLD 85
K-Pop 98, 103
Corea 90

콘스탄티누스 대제 30
크롬웰(R. Cromwel) 60→청교도혁명, 제임스 2세, 왕정복고
크릴(H. G. Creel) 23→『공자: 인간과 신화』
키노쿠니야(紀伊國屋) 84

타

『탁지정례(度支定例)』 78, 164, 198
『탁지지(度支志)』 78
탈문의 변(奪門之變) 58
탕평(蕩平) 47, 140, 171, 173, 180, 183, 202, 207, 208; ~관료 173, 224; ~군주 64, 140, 143, 171, 173, 223; ~군주상 37; ~인사 207; ~정국 153, 173, 202; ~정치 64, 139, 140, 143, 173, 174, 191, 214, 223, 224; ~정치기 54, 156, 215; ~정치론 47; ~파 179, 183, 206, 207; ~, 정치분야의 171
태조 131, 134
태종 57, 123, 128, 149, 158
토목의 변(土木之變) 57, 73
토역정시(討逆庭試) 175
토호 166
통문(通文) 39
통사체계 21
통신사 91
퇴계학 51
투르크(Turks) 87
튀르키예 97
튜턴족 28, 29

파

판돈녕부사 202

팔결작부(八結作夫)　150
팔도관찰사　129
팔도구관당상　37, 162, 191
팔방통보(八方通寶)　158
팬클럽　105
퍼거슨, 아담(A. Ferguson)　63
펑유란(馮友蘭)　22→『중국철학사』
페르시아　31→폴로
평안도관찰사　129, 187
평안병사　177
포(布)　159, 169
포스트모더니즘　48
폴로, 마르코　89, 92→『동방견문록』, 페르시아
폴리스　29
푸스니앤(傅斯年)　27→이하동서설
품주(稟主)　30, 31
프랑스　34, 35, 37, 66, 106
프랑스혁명　47, 49, 64, 67, 92
프랭클린, 벤자민(B. Franklin)　64
프렌즈」　103
프로이센　34, 40
플라톤(Platon)　63, 92→철인정치
하관(夏官)　123
하야시 타이스케(林泰輔)　21→『조선통사』, 『조선사』
하호(下戶)　25
한(漢)제국　87
한국 대중음악　103
한국 드라마　84, 103; ~의 남성상 103
한국거래소　106
『한국정쟁지(韓國政爭志)』　21
한류(韓流)　80~82, 84, 86, 96, 98, 99, 102, 103, 220, 222; ~ 드라마 85, 102; ~ 문화 현상 15; ~ 붐 83;

~ 콘텐츠 102; ~ 콘텐츠의 세계화 102; ~의 순기능 86; 공중파 드라마　84; 혐한류嫌韓流 86
한미 FTA 체결　100
한사군(漢四郡)　24, 27
한일 동시상영　86
한일 월드컵 공동 개최　87
한일병합의 원천무효 선언　87
한(漢)제국　88
한족(漢族)　29
한현모(韓顯謨)　204
함경도관찰사　129
해변(海藩)　132
해서백(海西伯)　130
해양국가　50
해외여행 자율화　100, 106
향교　40
향사례(鄕射禮)　146
향약(鄕約)　146
향음주례(鄕飮酒禮)　146
향청회(鄕廳會)　40
향촌자치　38
향회(鄕會)　40
허황옥(許黃玉)　89→금관가야, 김수로
헌종(憲宗)　141
헤겔　34, 67
혁명　49; ~론 62; 부재론 49, 94
현물화폐　158, 159
현종　125, 150, 160
현채(玄采)　21
혜초　89→『왕오천축국전』
호소이 하지메(細井肇)　41→『붕당사회의 검토』
호위청(扈衛廳)　188

호전론 163, 164, 167
호전제(戶錢制) 165, 197
호조 154, 155; ~참의 127
호족연합제설 32
호포(戶布) 200; 론(論) 161, 163; ~제 164
「혼일강리역대국도지도」 90→몽골제국
홉스, 토마스(T.homas Hobbes) 60~62→왕당파, 사회계약론
홍건적 116, 146; ~의 난 146→주원장
홍경래의 난 43
홍계희 194, 199, 201, 202, 206
홍국영 43
홍무제 73
홍문관(弘文館) 174
홍문록(弘文錄) 176, 213
홍범(洪範) 55
홍봉한(洪鳳漢) 197, 206
홍치중흥기(弘治中興期) 58
홍콩 98; ~영화 82
화폐 172; ~경제 167; ~납 78, 79
화하족(華夏族) 27, 119→동이족, 푸스니앤, 「이하동서설」

환곡(還穀) 38, 155, 156, 172
환국(換局) 173, 180, 191
환전이익 159
황극탕평론 64
황금보검(黃金寶劍) 88→레반트, 바닷길
황제 독재체제 73
황제국 체제 120
황제독재권 59
황제호(皇帝號) 119
황종희(黃宗羲) 60. 62→『명이대방록』
황해도관찰사 130
황현(黃玹) 43
회교도(回敎徒) 89
효종 148
효종(孝宗: 弘治帝) 58
후쿠시마 원전사태 85
훈구(勳舊)세력 59, 61, 72, 133, 138→사림
훈련도감(訓鍊都監) 188, 197
훈족(Huns) 88→몽골제국
흉노 88, 119→훈족
흠정법(欽定法) 31